Luserke-Jaqui / Wille (Hrsg.)

—

Heinrich Leopold Wagner

Heinrich Leopold Wagner

Neue Studien zu seinem Werk

Herausgegeben von
Matthias Luserke-Jaqui und Lisa Wille

Königshausen & Neumann

Bibliografische Information der Deutschen Nationalbibliothek

Die Deutsche Nationalbibliothek verzeichnet diese Publikation in der Deutschen
Nationalbibliografie; detaillierte bibliografische Daten sind im Internet
über http://dnb.d-nb.de abrufbar.

© Verlag Königshausen & Neumann GmbH, Würzburg 2020
Gedruckt auf säurefreiem, alterungsbeständigem Papier
Umschlag: skh-softics / coverart
Printed in Germany
ISBN 978-3-8260-6785-3
www.koenigshausen-neumann.de
www.ebook.de
www.buchhandel.de
www.buchkatalog.de

Inhaltsverzeichnis

Vorwort 7

Lisa Wille
‚Goethes Jugendgenosse' vergessen, verkannt … und wiederentdeckt.
Ein Überblick zur Heinrich Leopold Wagner-Forschung........................ 9

Nils Lehnert
Heinrich Leopold Wagners „Reimereien" (i.e. Gedichte) revisited 21

Annette Ripper
„Voran ein Prologus und zulezt ein Epilogus."
Zur Funktion des Paratextes in Heinrich Leopold Wagners
Prometheus, Deukalion und seine Recensenten (1775) 49

Lisa Wille
Bürgerliche Identitäts- und Subjektkonstitutionen in
Heinrich Leopold Wagners empfindsamem Lustspiel
Der wohlthätige Unbekannte (1775) 61

Gaby Pailer
Medeas neue Masken: Dramatische Aktualisierungen zwischen
femme forte und zärtlicher Tochter in Heinrich Leopold Wagners
Die Reue nach der That (1775) und *Die Kindermörderin* (1776).............. 81

Susanne Lepsius
„Heiße Magister, heiße Doktor gar …" – Heinrich Leopold Wagners
juristische Dissertation *De aurea bulla/Über die Goldene Bulle*
an der Universität Straßburg.. 103

Heribert Tommek
Digressiver Milieu-Realismus in Heinrich Leopold Wagners
Romanfragment *Leben und Tod Sebastian Silligs* (1776) 145

Matthias Luserke-Jaqui
Heinrich Leopold Wagners *Kinderpastorale* (1777) 165

Barbara Beßlich
Ein Pendant und Prequel zu Merciers Zukunftsroman
L'an 2440. Prognostizierte Retrospektive und
Nebentext-Experimente in Heinrich Leopold Wagners
Literatursatire *Voltaire am Abend seiner Apotheose* (1778) 187

Grit Dommes
Wagner neu beleuchtet: Hacks' *Kindermörderin*-Bearbeitungen
(1957 und 1963) und Harigs *Ein Fest für den Rattenkönig* (1982) 213

Biobibliografie 239

Vorwort

Heinrich Leopold Wagner (1747–1779) zählte lange Zeit erst zu den Vergessenen der Literaturgeschichte, dann zu den Geschmähten. Berühmt machte den aus Straßburg stammenden Juristen seinerzeit vor allem sein Skandal umwobenes Bürgerliches Trauerspiel *Die Kindermörderin* (1776), das von der Zensur verboten wurde, heute jedoch zu den wichtigsten Dramen des Sturm und Drang zählt und Wagner unstrittig zu dessen Vertretern. Als ,Goethes Jugendfreund' der Straßburger und Frankfurter Tage sowie als konstitutives Mitglied der damaligen Gruppenkonstellation unterhält Wagner zu Jakob Michael Reinhold Lenz, Friedrich Maximilian Klinger, Maler Müller und anderen Autoren freundschaftliche Beziehungen und nimmt mit seinen Texten wesentlichen Anteil am literarischen Leben der 1770er-Jahre.

Der Sturm und Drang, der aus dem Protest der jungen Autoren entsteht, konstituiert sich als kritische Auseinandersetzung mit repressiven Strukturen, die sowohl die Gesellschaft des 18. Jahrhunderts als auch die tradierten Regeln der Kunst betreffen. Diese Diskurse lassen sich auch bei Wagner wiederfinden. So bringt er mit der dramatisch innovativ gestalteten *Kindermörderin* als Erster Themen wie gewalttätige Sexualität, ungewollte Schwangerschaft, familiale und soziale Zwänge sowie die missliche Lage der Frau und den Kindsmord auf die zeitgenössische Bühne. Dabei wird der Blick nicht nur auf den tugendhaften Bürger gelenkt, auch seine Wert- und Normvorstellungen werden infrage gestellt und die Determination des Einzelnen durch die Gesellschaft aufgedeckt. Wenngleich Wagner bereits mit 32 Jahren verstirbt, umfasst sein Œuvre weitere wichtige Werke, darunter mehrere Gedichte sowie die als anekdotische Verserzählungen konzipierten *Confiskablen Erzählungen* (1774), die Literatursatiren *Prometheus, Deukalion und seine Recensenten* (1775) und *Voltaire am Abend seiner Apotheose* (1778), das empfindsame Lustspiel *Der wohlthätige Unbekannte* (1775), das Bürgerliche Trauerspiel *Die Reue nach der That* (1775), der Fragment gebliebene Roman *Leben und Tod Sebastian Silligs* (1776), die theaterkritischen *Briefe die Seylerische Schauspielgesellschaft und Ihre Vorstellungen zu Frankfurt am Mayn betreffend* (1777) sowie Übersetzungen von Lamberg, Montesquieu, Shakespeare und Mercier, insbesondere von dessen Programmschrift *Neuer Versuch über die Schauspielkunst* (1776), die alle im Kontext des Sturm und Drang zu lesen sind.

Der vorliegende Band weitet den Blick über *Die Kindermörderin* hinaus und widmet sich mit neuen Studien einem großen Teil des wagnerschen Œuvres. Dabei werden einige seiner Texte erstmals ausführlich untersucht (wie *Der wohlthätige Unbekannte*, die Dissertation, seine Lyrik sowie die *Kinderpastorale*), vertraute Texte werden unter neuen Gesichtspunkten diskutiert (wie *Prometheus, Deukalion und seine Recensenten, Die Reue nach der That, Die Kindermörderin, Leben und Tod Sebastian Silligs, Voltaire am Abend seiner Apotheose*) und nicht zuletzt auch die Adaptionen wie Hacks' *Kindermörderin*-Bearbeitungen und Harigs *Ein Fest für den Rattenkönig* (1982) in den Blick genommen. Im Zentrum der Analyse steht dabei stets die Verschränkung der wagnerschen Werke mit den historischen, kulturellen und literaturgeschichtlichen Kontexten. Somit kann und soll Heinrich Leopold Wagner als bedeutender Autor des 18. Jahrhunderts im Allgemeinen und des Sturm und Drang im Besonderen neu entdeckt werden.

Prof. Dr. Matthias Luserke-Jaqui / Dr. Lisa Wille
Darmstadt, den 15. April 2020

,Goethes Jugendgenosse' vergessen, verkannt ... und wiederentdeckt.

Ein Überblick zur Heinrich Leopold Wagner-Forschung[1]

Lisa Wille

Der Autor Heinrich Leopold Wagner wird nach seinem frühen Tod 1779 zunächst vergessen, der Fokus der Literaturgeschichtsschreibung liegt seit Mitte des 19. Jahrhunderts vornehmlich auf Goethe und Schiller, die als ,große Klassiker' gefeiert werden. Mit *Heinrich Leopold Wagner. Goethes Jugendgenosse* veröffentlicht Erich Schmidt 1875 die erste Wagner-Monografie, die 1879 in einer zweiten, überarbeiteten Ausgabe erscheint.[2] In positivistischer Manier, mit strenger Konzentration auf die textphilologische Erarbeitung literarischer Antiquarien, sammelt Schmidt grundlegendes Quellenmaterial, wobei sich der Einfluss von Scherers methodologischer Konzeption deutlich zu erkennen gibt. So gelingt es Schmidt, einen Großteil des bis dahin nicht beachteten Gesamtwerks zusammenzutragen; als Beilage stellt er seiner Arbeit zudem mehrere Briefe von und über Wagner sowie einzelne Gedichte hintenan.[3] Wenngleich die positivistische Herangehensweise und die unangefochtene Vormachtstellung Goethes nur eine eingeschränkt kritische Betrachtung Wagners zulassen (worauf bereits der Titel verweist), muss hervorgehoben werden, dass die Wiederentdeckung Wagners Schmidt zu verdanken ist. Und dennoch, sein Urteil bleibt unter dem Einfluss des Goethe-Zentrismus eingeschränkt; er sieht in Wagner vor allem einen Autor „dritten und vierten Ranges" (Schmidt 1879, S. VI). Dieses Verdikt dominiert die Forschungsmeinung bis in die zweite

---

[1]   Bei diesem Beitrag handelt es sich um die gekürzte und leicht veränderte Fassung des Forschungsberichtes aus meiner Dissertation *Zwischen Autonomie und Heteronomie. Bürgerliche Identitätsproblematik in Heinrich Leopold Wagners dramatischem Werk.* Würzburg 2020 [in Druck].

[2]   Schmidt ist weiterhin bemüht, Lücken in Wagners Biografie zu schließen, was durch mehrere Ergänzungen, Nachträge etc. deutlich wird, die nach 1875 folgen.

[3]   Schmidts Untersuchung behandelt verschiedene Gedichte von Wagner sowie die *Confiskablen Erzählungen*, die Dramen *Der wohlthätige Unbekannte* und *Die Reue nach der That*, verschiedene Übersetzungen, die *Briefe die Seylersche Gesellschaft betreffend*, Theatergedichte, Merciers *Neuer Versuch über die Schauspielkunst* sowie Wagners *Leben und Tod Sebastian Silligs*, *Prometheus, Deukalion und seine Recensenten*, das Bürgerliche Trauerspiel *Die Kindermörderin* sowie Lessings Bearbeitung und Wagners *Evchen Humbrecht*; vgl. dazu Schmidt 1875), Inhaltsverzeichnis.

Hälfte des 20. Jahrhunderts. Noch im Jahr 2000 attestiert Ulrich Karthaus Wagner erneut Mittelmäßigkeit, wenn er im Rekurs auf die Rezeption der *Kindermörderin* schreibt:

> Die absprechenden Urteile [der Zeitgenossenschaft Wagners; L.W.] dürfen nicht nur von Wagners Drama und seinen literarischen Qualitäten her gesehen werden; man muß, um ihm gerecht zu werden, die Äußerungen Boies, Schillers, Musils und anderer aus den theoretischen Überzeugungen ihrer Verfasser verstehen. Und auch wenn man ihnen zustimmt, ist zu bedenken, daß sich die Mentalität einer Zeit bisweilen deutlicher in ihrem Durchschnitt als in ihren höchsten Leistungen zeigt. (Karthaus 2000, S. 123)

Bemühungen um Wagners Rehabilitation gehen einher mit der Dissertation von Elisabeth Genton (1955) und den politisch orientierten Bearbeitungen der *Kindermörderin* durch den Dramatiker Peter Hacks (1957/1963)[4], der die sozialkritischen Aspekte im Drama fokussiert und aktualisiert. Mit der durch viele Materialien ergänzten Herausgabe der *Kindermörderin* in der Originalfassung von Jörg-Ulrich Fechner (1969) wird eine Wende in der Wagner-Forschung eingeleitet, was in den 1970er- und 1980er-Jahren, einhergehend mit dem Aufblühen der sozialgeschichtlichen Orientierung in den Literaturwissenschaften, zu einem regelrechten Boom der *Kindermörderin*-Rezeption führt und das Drama in den Kanon befördert. Einen weiteren wesentlichen Beitrag in der Wagner-Forschung stellt bis heute die auf umfassenden Quellenstudien fußende Habilitation von Genton (1981) dar, die jedoch weniger zu einer intensiveren Betrachtung von Wagner geführt hat, als anzunehmen wäre, wohl vor allem deshalb, weil die Arbeit nur in Französisch vorliegt.

Zur *Kindermörderin* lassen sich vereinzelt Monografien finden,[5] daneben können insbesondere Aufsätze verzeichnet werden.[6] *Die Kindermörderin* ist in der Vergangenheit primär Teilaspekt vieler verschiedener Untersuchungen gewesen, die sich mit dem Sturm und Drang befasst

---

[4]   Siehe dazu den Beitrag von Grit Dommes in diesem Band.
[5]   Werner: Gesellschaft in literarischer Form. H.L. Wagners *Kindermörderin* als Epochen- und Methodenparadigma (1977); Klinge: Literatur und Methode. Heinrich Leopold Wagner. *Die Kindermörderin*. Einführung in literatursoziologische Arbeitsweisen (1980), sowie Haffner: Heinrich Leopold Wagner / Peter Hacks. *Die Kindermörderin*. Original und Bearbeitungen im Vergleich (1982).
[6]   Dazu zählen u.a. W(idmann): Heinrich Leopold Wagners *Kindermörderin* (1891), S. 64; Jantzen: Eine zeitgenössische Beurteilung von H.L. Wagners *Kindermörderin* (1908), S. 282–288; Haupt: *Die Kindermörderin*. Ein bürgerliches Trauerspiel vom 18. Jahrhundert bis zur Gegenwart (1977), S. 285–301, sowie Mayer: Heinrich Leopold Wagners Trauerspiel *Die Kindermörderin* und die Dramentheorie des Louis Sébastien Mercier (1981), S. 79–92.

haben.[7] Ferner gewann auch die Bedeutung des Werks im zeitgenössischen Kontext des Kindsmorddiskurses große Beachtung[8], ebenfalls wurde der Schwerpunkt auf die familialen Strukturen[9] sowie auf die Aspekte des Melancholie- und Gefühlsdiskurses im 18. Jahrhundert gelegt.[10] Darüber hinaus erhielten in jüngster Zeit vermehrt die Kodierung von Geschlechterrollen und das Verhältnis von Gewalt und Sexualität einen zentralen Stellenwert bei der Analyse.[11]

---

[7] Zu nennen sind u.a. Fechner: Nachwort [¹1969] (1997), S. 163–174; Huyssen: Heinrich Leopold Wagner: *Die Kindermörderin* (1980), S. 173–188; Karthaus: Heinrich Leopold Wagner: *Die Kindermörderin* (2000), S. 113–123; Elm: Heinrich Leopold Wagner: *Die Kindermörderin. Ein Trauerspiel* (1776). Die Strafe des Körpers und das Recht der Seele (2004), S. 69–87; Luserke: Heinrich Leopold Wagner *Die Kindermörderin* (1997), S. 161–196, sowie Luserke-Jaqui: [Art.] *Die Kindermörderin* (Wagner) (2017), S. 328–338.

[8] Dazu zählen v.a. B. Weber: Evchen Humbrecht (1974), S. 80–108; Heinz-Dieter Weber: Kindsmord als tragische Handlung (1976), S. 75–97; Pilz: Heinrich Leopold Wagner: *Die Kindermörderin* (1982), S. 17–45; Nakamura: *Die Kindermörderin* von Heinrich Leopold Wagner (1978), S. 1–19; Mabee: Die Kindesmörderin in den Fesseln der bürgerlichen Moral. Wagners Evchen und Goethes Gretchen (1993), S. 1–12; Luserke: Körper – Sprache – Tod. Wagners *Kindermörderin* als kulturelles Deutungsmuster (1999), S. 203–212; Luserke, Glaser: Lustverbot und Kindsmord. Zivilisationsgeschichtliche Überlegungen zur Mannheimer Preisfrage von 1780 (1996), S. 197–218; Luserke: Heinrich Leopold Wagner *Die Kindermörderin* (1997), S. 161–196; Peters: Ein Schauspiel für den denkenden Leser. Heinrich Leopold Wagner: *Die Kindermörderin* (2001), S. 64–77; Ott: Kindsmord als soziales und literarisches Drama (2001), S. 203–208; Luserke-Jaqui: Medea begegnet Evchen. Wagners *Kindermörderin* (2002), S. 131–146; Schönenborn: Kindsmord als dramatische Handlung: Sexualität und Aggression in Heinrich Leopold Wagners *Die Kindermörderin* (2004), S. 182–199; Lee: Vor Gericht. Kindsmord im Sturm und Drang und Heinrich Leopold Wagners Drama *Die Kindermörderin* (1776) (2013), S. 89–109; Luserke: Wagner: *Die Kindermörderin* und der Kindsmord als literarisches und soziales Thema [¹1997] (2019), S. 218–243.

[9] Sørensen: Heinrich Leopold Wagner (1984), S. 130–142; Mayer: Vater und Tochter. Anmerkungen zu einem Motiv im deutschen Drama der Vorklassik. Lessing: *Emilia Galotti*; Lenz: *Die Soldaten*; Wagner: *Die Kindermörderin*; Schiller: *Kabale und Liebe* (1980), S. 135–147; Kaarsberg Wallach: Emilia und ihre Schwestern: Das seltsame Verschwinden der Mutter und die geopferte Tochter (1993), S. 53–72; Hassel: Die Familiendarstellung im bürgerlichen Trauerspiel: Ausgewählte Dramen von Lessing, Wagner und Schiller (2002), S. 21–93.

[10] Vgl. hierzu v.a. Saße: „Mutter! Rabenmutter! Schlaf, – schlaf ewig! – deine Tochter ist zur Hure gemacht –". Zum Verhältnis von Liebe und Gewalt in Wagners *Die Kindermörderin* (1996), S. 184–204; El-Dandoush: Das Natürliche im Menschen in Wagners *Die Kindermörderin* (2004), S. 123–147; Alefeld: Texte und Affekte. Zur Inszenierung der Leidenschaften in Heinrich Leopold Wagners *Die Kindermörderin* (2007), S. 163–188.

[11] Vgl. hierzu v.a. Künzel: Dramen hinter den Kulissen: Anmerkungen zur Repräsentation sexueller Gewalt bei Lenz, Wagner und Lessing (2003), S. 339–353; Dane: Heinrich Leopold Wagner: *Die Kindermörderin* (2005), S. 225–235; Heyer: Heinrich Leopold Wagner: *Die Kindermörderin* (2005), S. 33–69; Künzel: Johann [!]

11

Im Gegensatz zur *Kindermörderin* können für das restliche Werk Wagners mithin nur vereinzelte Untersuchungen konstatiert werden. Im Zusammenhang mit der Satireproduktion und der *Werther*-Rezeption erfährt vorrangig noch *Prometheus, Deukalion und seine Recensenten*[12] vermehrt Aufmerksamkeit in der Forschung, teilweise auch Wagners Roman *Leben und Tod Sebastian Silligs*[13] sowie seine Übersetzung von Merciers *Neuer Versuch über die Schauspielkunst*.[14] Zu Wagners Bürgerlichem Trauerspiel *Die Reue nach der That* (1775), mit dem er als Dramatiker reüssierte und das als konstitutiver Beitrag zur Sturm-und-Drang-Dramatik gesehen werden kann, lassen sich nur einzelne, meist kleinere Untersuchungen verzeichnen.[15] Vorrangig wird das Werk in einen Konnex mit der *Kindermörderin* gestellt; eine tiefgreifende Erforschung steht bislang aus. Zu den anderen Werken Wagners liegt im Einzelnen nur wenig bis keine Sekundärliteratur vor. Eine Tagung von 2003 mit dem Titel

---

Heinrich Leopold Wagners *Die Kindermörderin*. Geschlechterkodierung und Geschlechtskritik im Sturm und Drang (2013), S. 203–219.

[12] Vgl. Schmidt (1875/1879); Genton: *Prometheus, Deukalion und seine Recensenten. Eine umstrittene Literatursatire der Geniezeit* (1971), S. 236–254; Herboth: Wagner: *Prometheus, Deukalion und seine Recensenten* (1775) (2002), S. 221–238; Dörr: „Wie die Kerls mit dem guten W** umgehn". Heinrich Leopold Wagners *Prometheus, Deukalion und seine Recensenten* im Kontext der *Werther*-Kontroverse (2011), S. 463–476; Braese: Hanswurst und Geniekultur. Die Idee vom Ende der Kritik in Heinrich Leopold Wagners *Prometheus, Deukalion und seine Recensenten* (2013), S. 123–135; Ripper: [Art.] *Prometheus, Deukalion und seine Recensenten* (Wagner) (2017), S. 577–581.

[13] Schmidt (1875/1879); Friedrich: Ein vergessener Roman der Sturm-und-Drang-Zeit (1959), S. 562–567; Sauder: Kein Sturm und Drang in Saarbrücken. Heinrich Leopold Wagners Hofmeisterzeit (1979), S. 57–62; Genton (1981); Voit: „Ein Roman für allerley Leser"? Zu Heinrich Leopold Wagners Romanfragment *Leben und Tod des Sebastian Silligs* (1990), S. 1–15; Sauder, Weiß: Nachwort (1991), S. 89–97 sowie Wille: [Art.] *Leben und Tod Sebastian Silligs* (Wagner) (2017), S. 491–495.

[14] Schmidt (1875), Mayer (1981); Martin: *Gedanken des Verfaßers der Anmerkungen übers Theater*. Wagners Mitteilung wirkungsästhetischer Bemerkungen von Lenz im *Neuen Versuch über die Schauspielkunst* (2012), S. 49-57; Meyer-Sickendiek: Ein neues Theater, mit und gegen Rousseau: Louis-Sébastien Merciers *Neuer Versuch über die Schauspielkunst* (1776) (2016), S. 360–363, sowie Wille: [Art.] *Neuer Versuch über die Schauspielkunst* (Mercier) (2017), S. 516–522.

[15] Schmidt (1875); Genton (1981); Greis: Drama Liebe (1991), S. 86; Wittkowski: Plädoyer für die Dramen Heinrich Leopold Wagners (1994), S. 151–180 (ebenfalls erschienen in ders.: Hausväter im Drama Lessings und des Sturms [!] und Drangs [!] [2013], S. 267–304); Hart: *Die Reue nach der Tat* and *Die Kindsmörderin*. Heinrich Leopold Wagner's Standards of Critical Deviancy (1996), S. 77–91; McCarthy: Faktum und Fiktion. Die Darstellung bürgerlicher Schichten zur Zeit des Sturm und Drang (2006), S. 241–267; Zaffarana: Heinrich Leopold Wagner: *Die Reue nach der That* – Freitod als Weltflucht (2012), S. 155–172; Wille: [Art.] *Die Reue nach der Tat* (Wagner) (2017), S. 386–392.

Heinrich Leopold Wagner und die Sturm und Drang Literatur seiner Zeit[16] bekräftigt das Interesse an Wagner. Der geplante Tagungsband *Heinrich Leopold Wagner im Kontext des Sturm und Drang* von Friedhelm Marx, Andreas Meier und Sabina Becker ist bislang ungedruckt geblieben, veröffentlicht wurde nur der für den Band geplante Aufsatz von Stephan Braese, der 2013 im *Lessing Yearbook* erschienen ist. Ebenso wird auch in erinnerungskultureller Hinsicht dem Autor Wagner wenig gedacht, da weder Dichterhäuser, Gedenkstätten noch eine Wagner-Gesellschaft existieren. Einzig 1997, zum 250. Jubiläum des Autors, erinnert Christoph Weiß im *Lenz-Jahrbuch* mit dem Abdruck der *Confiskablen Erzählungen* und des Hörspiels *Ein Fest für den Rattenkönig* (1982) von Ludwig Harig, das sich mit Wagner und zwei seiner Texte, *Der Fuchs als Gratulant* (1773) und *Phaeton* (1774), auseinandersetzt, an ihn (vgl. Lenz-Jahrbuch 1997, S. 7–49[17]).

So bleibt festzuhalten, dass sich mit der ersten Wagner-Monografie 1875 von Erich Schmidt und dem daraus resultierenden Beginn einer Wagner-Forschung ein diskontinuierlicher Forschungsverlauf verzeichnen lässt, wofür drei Gründe verantwortlich sind: (1) der Plagiatsvorwurf Goethes gegenüber Wagner im 14. Buch von *Dichtung und Wahrheit*,[18] (2) das vernichtende Urteil Erich Schmidts, welches lange Zeit unhinterfragt von der Forschung übernommen wurde, sowie (3) das Fehlen einer Gesamtausgabe und damit die erschwerte Möglichkeit, Wagners Œuvre einer

---

[16] *Heinrich Leopold Wagner und die Sturm und Drang Literatur seiner Zeit.* Tagung an der Bergischen Universität Wuppertal, FB 4: Sprach- und Literaturwissenschaften, 4.–6. Dezember 2003.

[17] Die Unterteilung im *Lenz-Jahrbuch* Bd. 7 (1997) gliedert sich wie folgt: S. 7–9 führt zunächst mit der *Vorbemerkung* von Christoph Weiß ein, worauf der Abdruck von Wagners *Confiskablen Erzählungen* auf S. 10–26 und danach Harigs Hörspiel *Ein Fest für den Rattenkönig* auf S. 27–49 folgen.

[18] Goethe bezichtigte Wagner, ihm das Sujet des Kindsmords seiner Gretchen-Tragödie gestohlen zu haben, wodurch sich ein negativ konnotiertes Wagner-Bild etablierte, das sich überwiegend in Ressentiments Wagner gegenüber niederschlug. Heute gilt dieser Verdacht als unbegründet und Wagner als exkulpiert. Dass der Kindsmord ein allgemeines, öffentlich diskutiertes Thema darstellte, das intensiv von den Sturm-und-Drang-Autoren bearbeitet wurde, negiert diesen Vorwurf und Goethes Anspruch auf gedankliches Eigentum. Vgl. MA Bd. 16, S. 636. – So zeigt sich, dass der Plagiatsvorwurf als Konstituens einer lang geführten Wagner-Kontroverse im frühen 20. Jahrhundert fungiert, wodurch das Wagner-Bild entschieden unterminiert wurde. Vgl. hierzu die Ausführungen und Gegenüberstellungen der frühen, geisteswissenschaftlichen Wagner-Forschung bei Jürgen Haupt: *Die Kindermörderin.* Ein bürgerliches Trauerspiel vom 18. Jahrhundert bis zur Gegenwart, in: Orbis Litterarum 32 (1977), S. 285–301, bes. S. 295. – Vgl. auch die Auflistung der oftmals vernachlässigten positiven Urteile über die *Kindermörderin* im frühen 20. Jahrhundert bei Kurt Binneberg: Über die Dramensprache des „Sturm und Drang". Am Beispiel der Aposiopesen in H.L. Wagners *Kindermörderin*, in: Jahrbuch des Freien Deutschen Hochstifts 1977, S. 27–54, Fn 31.

breiten Öffentlichkeit zugänglich zu machen. Darüber hinaus lassen sich zwei Aspekte erkennen, die die Forschungsdiskussion in der Vergangenheit sichtlich geprägt haben: einerseits die Tradierung dieses Negativurteils, andererseits die Kritik an den unreflektierten Vorurteilen gegen Wagner und daraus resultierend der Versuch, das sich verfestigende Wagner-Bild zu revidieren. In diesem Kontext zählt Heinrich Leopold Wagner erst zu den Vergessenen der Literaturgeschichte, dann zu den Geschmähten; mittlerweile hat er eine zentralere, wenn auch noch nicht vollends definierte Position in Forschung und Literaturgeschichte erhalten. Allein die Tatsache, dass *Die Kindermörderin* neben Goethes *Götz von Berlichingen* (1773) und Lenz' *Der Hofmeister* (1774) sowie *Die Soldaten* (1776) zu den wichtigsten Dramen des Sturm und Drang zählt, ist unstrittig.

Bezeichnenderweise zeigt sich, dass Wagners Rezeptionsgeschichte markante Parallelen zu derjenigen von Lenz aufweist. Wenngleich Lenz heutzutage als einer der Leitautoren des Sturm und Drang gesehen wird, was die Fülle an wissenschaftlichen Beiträgen zu seinem Werk bezeugt, wurde auch dieser Autor zunächst gänzlich verkannt. Carolin Steimer weist in ihrer Arbeit darauf hin, dass Friedrich Gundolfs Einschätzung, Lenz' *Anmerkungen übers Theater* seien für die deutsche Shakespeare-Rezeption irrelevant, bis Mitte des 20. Jahrhunderts repräsentativ war (vgl. Steimer 2012, S. 225). Und auch Karthaus widmet noch im Jahr 2000 in seiner Sturm-und-Drang-Überblicksdarstellung den *Anmerkungen* kein eigenständiges Kapitel, sondern geht in seiner *Hofmeister*-Analyse nur knapp auf diese ein (vgl. Karthaus 2000, S. 104)[19] – wenngleich zu dieser Zeit die Lenz-Rezeption innerhalb der Forschung längst begonnen hatte.[20] Wie auch bei Wagner ist es Goethes Urteil über Lenz in *Dichtung und Wahrheit*, das maßgeblich dazu beigetragen hat, dass Lenz in der Literaturwissenschaft lange Zeit herabgewürdigt wurde. Goethe beschreibt Lenz als einen „vorübergehende[n] Meteor, [er] zog nur augenblicklich über den Horizont der deutschen Literatur hin und verschwand plötzlich, ohne im Leben eine Spur zurückzulassen" (MA Bd. 16, S. 636/639). Wie Lenz zählt Wagner heute ebenfalls fraglos zu den Vertretern des Sturm und Drang.

Für die *Kindermörderin* ist es bereits gelungen, die Vielfältigkeit des Dramas im Allgemeinen und das sozialkritische Potenzial sowie die dramatische Innovation im Besonderen herauszuarbeiten und damit den literarischen und kulturgeschichtlichen Wert des Trauerspiels zu konturieren. Indes ging mit der positiven Hervorhebung der *Kindermörderin*

---

[19] Vgl. die kritischen Anmerkungen bei Steimer 2012, S. 292.

[20] Bereits 1991 erschien der erste Band des *Lenz-Jahrbuchs. Sturm-und-Drang-Studien.* Hg. von Matthias Luserke und Christoph Weiß in Verbindung mit Gerhard Sauder. Vgl. auch: Jakob Michael Reinhold Lenz im Spiegel der Forschung. Hg. von Matthias Luserke. Hildesheim, New York 1995.

oftmals die gleichzeitige Abwertung der anderen Werke einher, wodurch sich das negative Wagner-Bild seit Schmidt nur schwer auflösen konnte. So hat gerade die Wertschätzung der *Kindermörderin* lange den Blick auf das Gesamtwerk verstellt. Noch immer sind zentrale Aspekte des wagnerschen Œuvres ungenannt und tiefergehend zu erforschen. So ist es nur zu begrüßen, dass zunehmend, wenn auch sukzessive, Wagners Werke erschlossen werden und ihm nachhaltig ein fester, vor allem eigenständiger und über Goethes Jugendgenossenschaft hinausgehender Platz in der Literaturgeschichte zugeschrieben wird.

Werke

Goethe, Johann Wolfgang: Aus meinem Leben. Dichtung und Wahrheit. Hg. von Peter Sprengel. [= Sämtliche Werke nach Epochen seines Schaffens. Münchner Ausgabe Bd. 16] München, Wien 1985 (= 14. Buch, Dritter Teil). [= MA]

Harig, Ludwig: Ein Fest für den Rattenkönig. Ein Hörspiel von Ludwig Harig, in: Lenz-Jahrbuch. Sturm-und-Drang-Studien. Bd. 7 (1997) Hg. von Christoph Weiß in Verbindung mit Matthias Luserke, Gerhard Sauder und Reiner Wild, S. 27–49.

Wagner, Heinrich Leopold: Confiskable Erzählungen [1774], in: Lenz-Jahrbuch. Sturm-und-Drang-Studien. Bd. 7 (1997) Hg. von Christoph Weiß in Verbindung mit Matthias Luserke, Gerhard Sauder und Reiner Wild, S. 10–26.

Forschung

Alefeld, Yvonne-Patricia: Texte und Affekte. Zur Inszenierung der Leidenschaften in Heinrich Leopold Wagners *Die Kindermörderin*, in: Von der Liebe und anderen schrecklichen Dingen. Festschrift für Hans-Georg Pott. Hg. von ders. Bielefeld 2007, S. 163–188.

Binneberg, Kurt: Über die Dramensprache des „Sturm und Drang". Am Beispiel der Aposiopesen in H.L. Wagners *Kindermörderin*, in: Jahrbuch des Freien Deutschen Hochstifts 1977, S. 27–54.

Braese, Stephan: Hanswurst und Geniekultur. Die Idee vom Ende der Kritik in Heinrich Leopold Wagners *Prometheus, Deukalion und seine Recensenten*, in: Lessing Yearbook/Jahrbuch 40 (2013), S. 123–135.

Dane, Gesa: Heinrich Leopold Wagner: *Die Kindermörderin*, in: Dies.: „Zeter und Mordio". Vergewaltigung in Literatur und Recht. Göttingen 2005, S. 225–235.

Dörr, Volker C.: „Wie die Kerls mit dem guten W** umgehn". Heinrich Leopold Wagners *Prometheus, Deukalion und seine Recensenten* im Kontext der *Werther*-Kontroverse, in: Neophilologus 2011, S. 463–476.

El-Dandoush, Nagla: Das Natürliche im Menschen in Wagners *Die Kindermörderin*, in: Dies.: Leidenschaft und Vernunft im Drama des Sturm und Drang. Dramatische als soziale Rollen. Würzburg 2004, S. 123–147.

Elm, Theo: Heinrich Leopold Wagner: *Die Kindermörderin*. Ein Trauerspiel (1776). Die Strafe des Körpers und das Recht der Seele, in: Ders.: Das soziale Drama. Von Lenz bis Kroetz. Stuttgart 2004, S. 69–87.

Fechner, Jörg-Ulrich: Nachwort, in: Heinrich Leopold Wagner: *Die Kindermörderin*. Ein Trauerspiel. Im Anhang: Auszüge aus der Bearbeitung von K.G. Lessing (1777) und der Umarbeitung von H.L. Wagner (1779) sowie Dokumente zur Wirkungsgeschichte. Hg. von dems. Stuttgart 1969. Bibliographisch ergänzte Ausgabe 1997, S. 163-174.

Friedrich, Wolfgang: Ein vergessener Roman der Sturm-und-Drang-Zeit, in: Weimarer Beiträge 5. Heft 1 (1959), S. 562–567.

Gerecke, Anne-Britt: *Die Reue nach der That. Ein Schauspiel*. Frankfurt am Mayn 1775, in: Dramenlexikon des 18. Jahrhunderts. Hg. von Heide Hollmer und Albert Meier. München 2001, S. 316f.

Genton, Elisabeth: Lenz – Klinger – Wagner: Studien über die rationalistischen Elemente in Denken und Dichten des Sturmes und Dranges. Berlin 1955.

Genton, Elisabeth: *Prometheus, Deukalion und seine Rezensenten*. Eine umstrittene Literatursatire der Geniezeit, in: Revue d' Allemagne 3. Heft 1 (1971), S. 236–254.

Genton, Elisabeth: La Vie et les Opinions de Heinrich Leopold Wagner (1747–1779). Frankfurt a.M., Bern, Cirencester 1981.

Greis, Jutta: Drama Liebe. Zur Entstehungsgeschichte der modernen Liebe im Drama des 18. Jahrhunderts. Stuttgart 1991.

Haffner, Herbert: Heinrich Leopold Wagner / Peter Hacks. *Die Kindermörderin*. Original und Bearbeitungen im Vergleich. Paderborn u.a. 1982.

Hart, Gail K.: *Die Reue nach der Tat* and *Die Kindsmörderin*. Heinrich Leopold Wagner's Standards of Critical Deviancy, in: Tragedy in Paradise: Family and Gender Politics in German Bourgeois Tragedy, 1750–1850. Columbia 1996, S. 77–91.

Hassel, Ursula: Die Familiendarstellung im bürgerlichen Trauerspiel: Ausgewählte Dramen von Lessing, Wagner und Schiller, in: Dies.: Familie als Drama. Bielefeld 2002, S. 21–93.

Haupt, Jürgen: *Die Kindermörderin*. Ein bürgerliches Trauerspiel vom 18. Jahrhundert bis zur Gegenwart, in: Orbis Litterarum 32 (1977), S. 285–301.

Herboth, Franziska: Wagner: *Prometheus, Deukalion und seine Recensenten* (1775), in: Dies.: Satiren des Sturm und Drang. Innenansichten eines literarischen Feldes zwischen 1770 und 1780. Hannover 2002, S. 221–238.

Heyer, Katrin: Heinrich Leopold Wagner: *Die Kindermörderin*, in: Dies.: Sexuelle Obsession. Die Darstellung der Geschlechterverhältnisse in ausgewählten Dramen von Goethe bis Büchner. Marburg 2005, S. 33–69.

Huyssen, Andreas: Heinrich Leopold Wagner: *Die Kindermörderin*, in: Ders.: Drama des Sturm und Drang. Kommentar zu einer Epoche. München 1980, S. 173–188.

Jakob Michael Reinhold Lenz im Spiegel der Forschung. Hg. von Matthias Luserke. Hildesheim, New York 1995.

Jantzen, Hermann: Eine zeitgenössische Beurteilung von H.L. Wagners *Kindermörderin*, in: Archiv für das Studium der neueren Sprachen und Literaturen 120 (1908), S. 282–288.

Kaarsberg Wallach, Martha: Emilia und ihre Schwestern: Das seltsame Verschwinden der Mutter und die geopferte Tochter, in: Mütter – Töchter – Frauen: Weiblichkeitsbilder in der Literatur. Hg. von Helga Kraft und Elke Liebs. Stuttgart, Weimar 1993, S. 53–72.

Karthaus, Ulrich: Heinrich Leopold Wagner: *Die Kindermörderin*, in: Ders.: Sturm und Drang. Epoche – Werke – Wirkung. 2. aktualisierte Aufl. München 2000, S. 113–123.

Klinge, Reinhold: Literatur und Methode. Heinrich Leopold Wagner. *Die Kindermörderin*. Einführung in literatursoziologische Arbeitsweisen. Text- und Arbeitsbuch. Frankfurt a.M. 1980.

Künzel, Christine: Dramen hinter den Kulissen: Anmerkungen zur Repräsentation sexueller Gewalt bei Lenz, Wagner und Lessing, in: „Die Wunde Lenz". J.M.R. Lenz. Leben, Werk und Rezeption. Hg. von Inge Stephan und Hans-Gerd Winter. Bern u.a. 2003, S. 339–353.

Künzel, Christine: Johann [!] Heinrich Leopold Wagners *Die Kindermörderin*. Geschlechterkodierung und Geschlechtskritik im Sturm und Drang, in: Sturm und Drang: Epoche – Autoren – Werke. Hg. von Matthias Buschmeier und Kai Kauffmann, Darmstadt 2013, S. 203–219.

Lee, Hyunseon: Vor Gericht. Kindsmord im Sturm und Drang und Heinrich Leopold Wagners Drama *Die Kindermörderin* (1776), in: Mörderinnen: Künstlerische und mediale Inszenierungen weiblicher Verbrechen. Hg. von ders. und Isabel Maurer Queipo. Bielefeld 2013, S. 89–109.

Lenz-Jahrbuch. Sturm-und-Drang-Studien. Bd. 1 (1991). Hg. von Matthias Luserke und Christoph Weiß in Verbindung mit Gerhard Sauder.

Luserke, Matthias: Heinrich Leopold Wagner *Die Kindermörderin*, in: Interpretationen: Dramen des Sturm und Drang. Erweiterte Ausgabe. Stuttgart 1997, S. 161–196.

Luserke, Matthias: Körper – Sprache – Tod. Wagners *Kindermörderin* als kulturelles Deutungsmuster, in: Theater im Kulturwandel des 18. Jahrhunderts. Inszenierung und Wahrnehmung von Körper – Musik – Sprache. Hg. von Erika Fischer-Lichte und Jörg Schönert. Göttingen 1999, S. 203–212.

Luserke, Matthias und Renate Glaser: Lustverbot und Kindsmord. Zivilisationsgeschichtliche Überlegungen zur Mannheimer Preisfrage von 1780, in: Ich und der Andere. Aspekte menschlicher Beziehungen. Hg. von Reiner Marx und Gerhard Stebner. St. Ingbert 1996 (Annales Universitatis Saraviensis Bd. 8), S. 197–218.

Luserke-Jaqui, Matthias: Medea begegnet Evchen. Wagners *Kindermörderin*, in: Ders.: Medea. Studien zur Kulturgeschichte der Literatur. Tübingen, Basel 2002, S. 131–146.

Luserke-Jaqui, Matthias: [Art.] *Die Kindermörderin* (Wagner), in: Handbuch Sturm und Drang. Hg. von Matthias Luserke-Jaqui unter Mitarbeit von Vanessa Geuen und Lisa Wille. Berlin, Boston 2017, S. 328–338.

Luserke, Matthias: Wagner: *Die Kindermörderin* und der Kindsmord als literarisches und soziales Thema, in: Ders.: Sturm und Drang. Autoren – Texte – Themen. Bibliographisch ergänzte Ausgabe. Stuttgart 2019 [¹1997], S. 218–243.

Mabee, Barbara: Die Kindesmörderin in den Fesseln der bürgerlichen Moral. Wagners Evchen und Goethes Gretchen, in: Women in German Yearbook 3 (1986), S. 29–45.

Mayer, Dieter: Heinrich Leopold Wagners Trauerspiel *Die Kindermörderin* und die Dramentheorie des Louis Sébastien Mercier, in: literatur für leser, Heft 2 (1981), S. 79–92.

Mayer, Dieter: Vater und Tochter. Anmerkungen zu einem Motiv im deutschen Drama der Vorklassik. Lessing: *Emilia Galotti*; Lenz: *Die Soldaten*; Wagner: *Die Kindermörderin*; Schiller: *Kabale und Liebe*, in: literatur für leser, Heft 3 (1980), S. 135–147.

Martin, Ariane: *Gedanken des Verfaßers der Anmerkungen übers Theater*. Wagners Mitteilung wirkungsästhetischer Bemerkungen von Lenz im *Neuen Versuch über die Schauspielkunst*, in: Lenz-Jahrbuch Bd. 19 (2012), S. 49–57.

McCarthy, John A.: Faktum und Fiktion. Die Darstellung bürgerlicher Schichten zur Zeit des Sturm und Drang, in: Bürgerlichkeit im 18. Jahrhundert. Hg. von Hans Edwin Friedrich, Fotis Jannidis und Marianne Willems. Tübingen 2006, S. 241–267.

Meyer-Sickendiek, Burkhard: Ein neues Theater, mit und gegen Rousseau: Louis-Sébastien Merciers *Neuer Versuch über die Schauspielkunst* (1776), in: Ders.: Zärtlichkeit. Höfische Galanterie als Ursprung der bürgerlichen Empfindsamkeit. Paderborn 2016, S. 360–363.

Nakamura, Motoyasu: Das Kindesmörderin-Motiv und die bürgerliche Moral bei Goethe und Wagner, in: Goethe-Jahrbuch. Hg. von der Goethe-Gesellschaft in Japan. Bd. 35 (1993), S. 1–12.

Nakamura, Motoyasu: *Die Kindermörderin* von Heinrich Leopold Wagner, in: Forschungsberichte zur Germanistik. Hg. vom Japanischen Verein für Germanistik im Bezirk Osaka-Kobe. Bd. 20 (1978), S. 1–19.

Ott, Michael: Kindsmord als soziales und literarisches Drama, in: Ders.: Das ungeschriebene Gesetz. Ehre und Geschlechterdifferenz in der deutschen Literatur um 1800. Freiburg i.Br. 2001, S. 203–208.

Peters, Kirsten: Ein Schauspiel für den denkenden Leser. Heinrich Leopold Wagner: *Die Kindermörderin*, in: Dies.: Der Kindsmord als schöne Kunst betrachtet. Eine motivgeschichtliche Untersuchung der Literatur des 18. Jahrhunderts. Würzburg 2001, S. 64–77.

Pilz, Georg: Heinrich Leopold Wagner: *Die Kindermörderin*, in: Ders.: Deutsche Kindesmord-Tragödien. Wagner, Goethe, Hebbel, Hauptmann. München 1982, S. 17–45.

Ripper, Annette: [Art.] *Prometheus, Deukalion und seine Recensenten* (Wagner), in: Handbuch Sturm und Drang. Hg. von Matthias Luserke-Jaqui unter Mitarbeit von Vanessa Geuen und Lisa Wille. Berlin, Boston 2017, S. 577–581.

Saße, Günter: „Mutter! Rabenmutter! Schlaf, – schlaf ewig! – deine Tochter ist zur Hure gemacht –“. Zum Verhältnis von Liebe und Gewalt in Wagners *Die Kindermörderin*, in: Ders.: Die Ordnung der Gefühle: Das Drama der Liebesheirat im 18. Jahrhundert. Darmstadt 1996, S. 184–204.

Sauder, Gerhard: Kein Sturm und Drang in Saarbrücken. Heinrich Leopold Wagners Hofmeisterzeit, in: Saarheimat, Heft 3–4 (1979), S. 57–62.

Sauder, Gerhard und Christoph Weiß: Nachwort, in: Heinrich Leopold Wagner: *Leben und Tod Sebastian Silligs. Erster Theil. Ein Roman für allerley Leser zur Warnung nicht zur Nachfolge.* Frankfurt und Leipzig 1776. Neudruck mit einem Nachwort hg. von Gerhard Sauder und Christoph Weiß. St. Ingbert 1991, S. 89–97.

Schmidt, Erich: Heinrich Leopold Wagner. Goethes Jugendgenosse. Nebst neuen Briefen und Gedichten von Wagner und Lenz. Jena 1875.

Schmidt, Erich: Heinrich Leopold Wagner. Goethes Jugendgenosse. 2. völlig umgearbeitete Aufl. Jena 1879.

Schönenborn, Martina: Kindsmord als dramatische Handlung: Sexualität und Aggression in Heinrich Leopold Wagners *Die Kindermörderin*, in: Dies.: Tugend und Autonomie. Die literarische Modellierung der Tochterfigur im Trauerspiel des 18. Jahrhunderts. Göttingen 2004, S. 182–199.

Sørensen, Bengt Algot: Heinrich Leopold Wagner, in: Ders.: Herrschaft und Zärtlichkeit. Der Patriarchalismus und das Drama im 18. Jahrhundert. München 1984, S. 130–142.

Steimer, Carolin: „Der Mensch! die Welt! Alles". Die Bedeutung Shakespeares für die Dramaturgie und das Drama des Sturm und Drang. Frankfurt a.M. 2012, S. 292.

Voit, Friedrich: „Ein Roman für allerley Leser"? Zu Heinrich Leopold Wagners Romanfragment *Leben und Tod Sebastian Silligs*, in: A Journal of Germanic Studies Seminar 1 (1990), S. 1–15.

Weber, Beat: Evchen Humbrecht, in: Dies.: Die Kindsmörderin im deutschen Schrifttum von 1770–1795. Bonn 1974, S. 80–108.

Weber, Heinz-Dieter: Kindsmord als tragische Handlung, in: Der Deutschunterricht, Jahrgang 28 Heft 2 (1976), S. 75–97.

Weiß, Christoph: Vorbemerkung, in: Lenz-Jahrbuch. Sturm-und-Drang-Studien. Bd. 7 (1997) Hg. von Christoph Weiß in Verbindung mit Matthias Luserke, Gerhard Sauder und Reiner Wild.

Werner, Johannes: Gesellschaft in literarischer Form. H.L. Wagners *Kindermörderin* als Epochen- und Methodenparadigma. Stuttgart 1977.

W(idmann), J.V.: Heinrich Leopold Wagners *Kindermörderin*, in: Berner Bund, Nr. 63 (1891), S. 64.

Wille, Lisa: [Art.] *Die Reue nach der Tat* (Wagner), in: Handbuch Sturm und Drang. Hg. von Matthias Luserke-Jaqui unter Mitarbeit von Vanessa Geuen und ders. Berlin, Boston 2017, S. 386–392.

Wille, Lisa: [Art.] *Leben und Tod Sebastian Silligs* (Wagner), in: Handbuch Sturm und Drang. Hg. von Matthias Luserke-Jaqui unter Mitarbeit von Vanessa Geuen und ders. Berlin, Boston 2017, S. 491–495.

Wille, Lisa: [Art.] *Neuer Versuch über die Schauspielkunst* (Mercier), in: Handbuch Sturm und Drang. Hg. von Matthias Luserke-Jaqui unter Mitarbeit von Vanessa Geuen und ders. Berlin, Boston 2017, S. 516–522.

Wille, Lisa: [Art.] Wagner, Heinrich Leopold, in: Handbuch Sturm und Drang. Hg. von Matthias Luserke-Jaqui unter Mitarbeit von Vanessa Geuen und ders. Berlin, Boston 2017, S. 179–185.

Wittkowski, Wolfgang: Plädoyer für die Dramen Heinrich Leopold Wagners, in: Literaturwissenschaftliches Jahrbuch 35 (1994), S. 151–180 [ebenfalls erschienen in: Ders.: Hausväter im Drama Lessings und des Sturms und Drangs. Frankfurt a.M. 2013, S. 267–304.]

Zaffarana, Maria: Heinrich Leopold Wagner: *Die Reue nach der That* – Freitod als Weltflucht, in: Dies.: „Nah am Grabe ward mir's heller": das Motiv des Freitods in Goethes *Werther* und bei seinen dramatischen Nachfolgern. Bonn 2012, S. 155–172.

Heinrich Leopold Wagners „Reimereien"
(i.e. Gedichte) revisited

Nils Lehnert

Heinrich Leopold Wagner unternahm seine ersten literarischen Gehver-
suche bekanntlich in lyrischen Gefilden. Diese als kunstlose „Reimereien"
(Schmidt 1875, S. 15) abgetanen Gedichte[1] sind von der zeitgenössischen
Kritik im 18. Jahrhundert (vgl. Schmidt 1896, S. 503), über die wirkmäch-
tigen Aussagen Erich Schmidts (1853–1913) im 19. (vgl. Schmidt 1875;
Schmidt 1879)[2] bis ins 20. Jahrhundert hinein (vgl. Scheuer 1989, S. 70)
harsch kritisiert und (wenn überhaupt) als Weg zum Ziel des Dramatikers –
gleichsam als temporärer Irrweg der literarischen Selbstfindung – verworfen worden.[3]

Die andauernde wissenschaftliche Geringschätzung zementiert indirekt die vorherrschende Meinung, derzufolge Wagner „nicht über epigonale
Gedichte im anakreontischen Stil (*An Chloe*) oder Gelegenheitsgedichte für
die Saarbrücker Gesellschaft hinaus[gekommen]" (Scheuer 1989, S. 70) sei,
die man seiner Jugendlichkeit oder schlimmer: seiner prinzipiellen Unfä-
higkeit, anlasten müsse. Schmidt, der die künftige Wagner-(Lyrik-)Re-
zeption (respektive deren Unterbleiben) maßgeblich beeinflusst hat, urteilt in der *Allgemeinen Deutschen Biographie* diesbezüglich, Wagners

> zerstreuten Lyrika sind schwache Nachzügler der Anakreontik
> [...] untermischt mit derberer sinnlicher Contrebande, die ihm
> schon bei der Straßburger Censur Verweigerung des Imprimatur
> eintrug, und mit leeren elegischen Stücklein. Boie und Wieland
> wiesen ihn ab. (Schmidt 1896, S. 503)

---

[1] Zum Verhältnis der Begriffe ‚Lyrik' und ‚Gedicht' vgl. Burdorf 1997, S. 2–6.
[2] Eine seltene und in der Titelgebung (*Goethe und Heinrich Leopold Wagner. Ein
Wort der Kritik an unsere Goethe-Forscher*) unmittelbar auf Schmidt Bezug neh-
mende Position vertritt Froitzheim 1889. Eine weitere Ausnahme der wohlwollen-
den Würdigung findet sich bei Schneider (1952), der Wagner (auch als Lyriker!)
mit den Worten wertschätzt, er sei „vielleicht kein Charakter, aber doch ein an-
sehnliches Talent" (Schneider 1952, S. 104) gewesen.
[3] Dass Wagners Gedichte in einschlägigen Sturm-und-Drang-Einführungen nicht
einmal gelistet werden und auch Inge Stephan (2019, S. 173) in Metzlers *Literaturgeschichte* bloß eine Drittel Seite für Wagner überhaupt reserviert, spricht Bände.
Zur Tatsache und zu den Ursachen dafür, dass Wagner aus Forschungsperspektive
„lange Zeit stiefmütterlich behandelt" worden ist, vgl. Wille 2017, S. 182f.

Damit werden zwei Fixpunkte in den Diskurs gemeißelt, zwischen denen dieser Artikel aufgespannt wird: das Epigonentum und die Kunstlosigkeit. Dass es dessen ungeachtet von just diesen beiden Warten aus ergiebig sein kann, Wagners Lyrik ernst zu nehmen, bildet die grundlegende Setzung dieses Beitrags. Erstens legt Schmidt 1875 nämlich selbst die Nähe von Wagners Lyrik zum Sturm und Drang nahe, indem er im Untertitel mit den *neuen [...] Gedichten von Wagner und Lenz* eine unverkennbare Parallele zieht. Dieser Lesart folgend kann mithin nicht nur dieser, sondern auch jener aus der Distanz als musterhafter Vertreter für Sturm-und-Drang-Lyrik gelesen werden, um ihm einen kleinen Platz in der Ahnengalerie einzuräumen. Außerdem steht in diesem Zug eine Revision des Verhältnisses von ‚Originalgenie‘ und Nachahmung im letzten Drittel des 18. Jahrhunderts generell an (II). Ausgewählte Gedichte zudem wertfrei als Kunstwerke sui generis analysierend zu würdigen, ist zweitens eine vielversprechende Möglichkeit, um Wagner über seine Bedeutung für den Sturm und Drang hinaus als eigen- und selbstständigen Lyriker zu porträtieren und dabei auch weniger bekannte Gedichte in den Blick zu rücken (III). Beide Wege sollen für das schmale lyrische Œuvre Wagners miteinander verbunden werden.

Zunächst ist allerdings eine Bestandsaufnahme angezeigt (I), da zu klären ist, was in einer Zeit vor dem erneuten ‚Sündenfall‘ der typologischen Dreiteilung in Drama, Epik und Lyrik (vgl. Müller 2011, S. 65f.) überhaupt in Betracht zu ziehen sei, wenn es um Wagners „zerstreuten Lyrika" geht.[4] Zuvörderst muss also das Korpus umzäunt werden, welches schließlich in Ermangelung einer über die Dramen hinausgehenden Gesamtausgabe nirgends endgültig festgeschrieben ist.

I Die Korpusfrage

In einer dreistufigen Nachzeichnung ist Klarheit zu schaffen. Den Auftakt gibt einmal mehr Erich Schmidt. Bereits im Titel seiner Habilitationsschrift *Heinrich Leopold Wagner, Goethes Jugendgenosse. Nebst neuen Briefen und Gedichten von Wagner und Lenz* (1875) gibt sich der spätere Professor einerseits als Goethe-Liebhaber zu erkennen, andererseits als

---

[4] Vgl. dazu auch Kemper 2012, S. 202, der zwar für das 18. Jahrhundert eine „Autonomisierung der Gattung" festhält, es aber wohl nicht in Abrede zu stellen ist, dass es auch im besagten und hier verhandelten Jahrhundert noch gang und gäbe ist, dass sich „gereimte Verse und Versreden [...] in den unterschiedlichsten Gebrauchs- und Funktionszusammenhängen [finden]" (ebd.), was nicht zuletzt an dem (manchmal willkürlich anmutenden) Subklassifizierungsgebaren der Sturm-und-Drang-Autoren offenbar wird. Vgl. zur Gattungsfrage auf die Lyrik bezogen auch Richter 1983, S. 20f.

Positivist erster Güte.[5] Dass die aus heutiger Sicht leicht befremdliche Festlegung auf race, milieu und moment zugleich eine immense philologische Akribie entband, ist für die Wagner-Forschung freilich ein Segen: Schmidt listet neben den zum Entstehungszeitpunkt der Studie bereits veröffentlichten Gedichten Wagners auch seinerzeit neue, ungedruckte. Dabei orientiert er sich maßgeblich an Karl Goedekes (1814–1887) *Grundrisz zur Geschichte der deutschen Dichtung aus den Quellen* (1891 [¹1859]) – rearrangiert (und desystematisiert) allerdings das dort vorfindliche Material und ergänzt es um vier bis dato ‚ungedruckte‘ Gedichte (genauer: unveröffentlichte; Typoskripte gab es unter Umständen durchaus [vgl. Goedeke, S. 307]). Auffällig ist insbesondere, dass Schmidt die goedeksche Trennung in ‚gewichtigere‘, teils selbstständig erschienene Veröffentlichungen und zerstreute Gedichte graduell aufhebt und also etwa die elf in den *Confiscablen Erzählungen* (1774) erschienenen eingliedert.[6]

Spätestens hier bricht sich die Problematik Bahn, was ein ‚Gedicht‘ sei: Goedeke (1891; s.u.) etwa listet in seinem *Grundrisz* die ungedruckte Epistel *An Herrn von Türkheim* als selbstständige Nummer 22, Schmidt nahm sie noch als Gedicht – und auch die (Sub-)Genre-Bezeichnungen ‚Epistel‘, ‚Lied‘, ‚Romanze‘ (vgl. Schmidt 1879, S. 24) etc. sind weder trennscharf noch begründet, geschweige denn für die Lesenden plausibel nachzuvollziehen (oder generell aus heutiger Sicht ganz zutreffend gewählt).

Allerdings eint alle Lieder, Episteln, Romanzen eindeutig eine gegen Romanhaftigkeit in Stellung zu bringende Kürze, die Personenlosigkeit gegenüber den dramatischen Texten und die Versform als Unterscheidungskriterium, das gegen eine Subsumierung unter die Reden, Briefe etc. spricht.

Die folgende synoptische Übersicht orientiert sich an der lesechronologischen Erwähnung bei Schmidt (1875), kommentiert manche Diskrepanz zu Goedeke und verweist – sofern ermittelbar – auf die Erstveröffentlichung:

---

[5] Vgl. dazu etwa die *Wissenschaftsgeschichte der Germanistik in Porträts* 2012 [¹2000], S. 108f.

[6] Dass sie auch hier zum Korpus hinzugezählt werden, erklärt sich nicht zuletzt aus der von Schmidt gewählten Gattungsbezeichnung ‚Gedicht‘ (vgl. Schmidt 1875, S. 111; vgl. Schmidt 1879, S. 27), obwohl etwa Scheuer (1989, S. 70) sie zur Epik zählt.

‚Gedicht'	Erwähnt bei/(erst-) veröffentlicht in	Bemerkung
Phaeton (Romanze)	Schmidt 1875, S. 13 (auch bei Goedeke 1891 [¹1859], S. 305, der die Romanze als eigenständige Veröffentlichung nicht unter die zerstreuten Gedichte fasst und zusätzlich den Untertitel: *dem durchl. Fürsten von Nassau-Saarbrück in tiefster Ehrfurcht erzählt von Heinrich Leopold Wagner* ergänzt hatte) / Saarbrücken: bey Hofer 1774	„herzlich unbedeutend" (ebd.)
Die verbotenen Verwandlungen. Eine Romanze gesungen am Neujahrstage	Schmidt 1875, S. 13f. (auch bei Goedeke [1859] 1891, S. 308) / *Almanach der deutschen Musen* 1775, S. 7–11 (auch in den *Romanzen der Deutschen*, zwote Abthlg. 1778, S. 52–55)	„abgeschmackte Dichtung" (ebd.)
Ernestinchens Empfindungen an dem Grabe der hochsel. Frau Landgräfinn von Darmstadt	Schmidt 1875, S. 14 (auch bei Goedeke [1859] 1891, S. 308) / *Almanach der deutschen Musen* 1776, S. 153f.	„voll gezierter Empfindsamkeit und Unnatur" (ebd., S. 15)
An den Mond	Schmidt 1875, S. 14f. (auch bei Goedeke [1859] 1891, S. 308) / *Almanach der deutschen Musen* 1776, S. 154 (nicht wie Goedeke sagt: 144!); auch in: Kayser: *Gesänge mit Begleitung des Claviers*, Leipzig, Winterthur 1777, S. 18	„voll gezierter Empfindsamkeit und Unnatur" (ebd., S. 15)
Die unheilbare Krankheit	Schmidt 1875, S. 16 / *Confiscable Erzählungen*, S. 7–10	„bedenkliche Frivolität" (ebd.)
Die ungereimte Frage	Schmidt 1875, S. 16 / *Confiscable Erzählungen*, S. 14–16	„bedenkliche Frivolität" (ebd.)

Der Schein betrügt	Schmidt 1875, S. 16 / *Confiscable Erzählungen*, S. 23f.	„bedenkliche Frivolität" (ebd.)
Die gute Absicht	Schmidt 1875, S. 16 (auch ebd., S. 111) / *Confiscable Erzählungen*, S. 35–37	„bedenkliche Frivolität" (ebd.)
Die Repress/ßalien	Schmidt 1875, S. 16 / *Confiscable Erzählungen*, S. 25f.	„in der Art einiger Lessingscher Fabeln und Erzählungen" (ebd.)
Der Schinken	Schmidt 1875, S. 16 / *Confiscable Erzählungen*, S. 27–32	
Der (verstockte) Tischler	Schmidt 1875, S. 16; auf S. 111 erwähnt Schmidt erstmals den korrekten Titel: *Der verstockte Tischler* und preist es als neu an/ *Confiscable Erzählungen*, S. 11–13	„Religionsverspottung" (ebd.)
Das ***Fest (eine Rapsodie)	Schmidt 1875, S. 16 (auf S. 111 als *Das … Fest. Eine Rapsodie* betitelt) / *Confiscable Erzählungen*, S. 19–22	„Religionsverspottung" (ebd.)
Seraphine und Don Alvar	Schmidt 1875, S. 16 / *Confiscable Erzählungen*, S. 38–44	lobende Worte (s.u.)
(Theaterreden)	Schmidt 1875, S. 27f. (auch bei Goedeke [1859] 1891, S. 307)	
An Madame Abt	Schmidt 1875, S. 111f. / erstveröffentlicht	„ungedruckt" (ebd.)
An Kloen	Schmidt 1875, S. 113f. / erstveröffentlicht	
Der Schmetterling	Schmidt 1875, S. 114f. / erstveröffentlicht	
Die vergebliche Warnung. Ein Lied	Schmidt 1875, S. 115f. (auch bei Goedeke [1859] 1891, S. 308) / *Der Bürgerfreund* vom 7. Juni 1776 (1, S. 360)	Schmidt druckt zwei Versionen ab, Goedeke (S. 308) bezieht sich nur auf eine
Bitte an die Vorsicht	Schmidt 1875, S. 116 (auch bei Goedeke [1859] 1891, S. 308) / *Der Bürgerfreund* vom 7. Juni 1776 (1, S. 342f.)	

Lob der Freundschaft	Schmidt 1875, S. 116 (auch bei Goedeke [1859] 1891, S. 308) / *Der Bürgerfreund* vom 7. Juni 1776 (1, S. 390–392)	
Ein Abschiedsliedchen (Ohne Herz was thät ich hier)	Schmidt 1875, S. 116f. (auch bei Goedeke [1859] 1891, S. 308) / Kayser: *Gesänge mit Begleitung des Claviers*, Leipzig, Winterthur 1777, S. 16	
An Herrn von Türkheim am Tage seiner Vermählung, eine Epistel von H. L. Wagner	Schmidt 1875, S. 117–120 (auch bei Goedeke [1859] 1891, S. 307) / Olla Potrida. Berlin, Wever 1778, S. 1; wiederholt abgedruckt in Schmidt 1875, S. 117–120	„ungedruckt" (ebd.); Schmidt (1879) lobt, die Epistel „spricht durch den schlicht vorgetragenen erlebten Inhalt an" (ebd., S. 25)

In der zweiten, völlig umgearbeiteten Auflage von 1879 fügt Schmidt einige hinzu, – obwohl diese mutmaßlich teilweise bereits bei Goedeke gelistet waren –, gibt aber mit der Kapitelüberschrift *Lyrik und Verwandtes* implizit die Schwierigkeit einer Zuordnung zum engeren Feld der Lyrik preis. Es handelt sich um:

Gedicht	Erwähnt bei/(erst-) veröffentlicht in	Bemerkung
(Kinderpastorale, aufzuführen am Geburtstage eines rechtschaffenen Vaters)	Schmidt 1879, S. 23 (auch bei Goedeke [1859] 1891, S. 307) / *Der Bürgerfreund* 2, 1777, S. 155–160	Genau genommen der dramatischen Gattung zuzuordnen
Der Fuchs als Gratulant (Fabel)	Schmidt 1879, S. 23f.	Laut Schmidt eine Gelegenheitsdichtung für den 9. März 1773
Apolls des ersten Bänkelsängers Leben und Thaten auf dieser Welt nebst seiner letzten Willens-Ordnung allen seinen unächten Söhnen die nichts von ihm erhalten haben, zum Aergerniss, dem Herrn, Herrn	Schmidt 1879, S. 24 (auch bei Goedeke [1859] 1891, S. 305) / 1772 ungedruckt aus Rings Nachlass	„Musenklänge von Deutschlands Leierkasten" (ebd.)

David Friedrich Döllin Med. Lt. bey seiner Abreise von Strassburg, zur nöthigen Einsicht kund gemacht und übergeben von einigen seiner zärtlichen Freunde. Strassburg bei Jonas Lorenz, Buchdrucker. Mit Hoher Approbation		
Neujahrswunsch	Schmidt 1879, S. 25 (auch bei Goedeke [1859] 1891, S. 308) / Almanach der deutschen Musen 1774, S. 221–223 (vorher im Saarbrücker Wochenblatt)	„heuchlerische Gratulationen" (ebd.)
(Wagners Beweiss dass die Kinder von jeher Klüger als d. Elt. Romanze)	Schmidt 1879, S. 123, Anm. 21	„verloren" (ebd.)
An Thaliens jüngste Schülerin, Lotte Grosmann auf ihren zweyten Geburtstag den 9. September 1777	Schmidt 1879, S. 124, Anm. 21 (auch bei Goedeke [1859] 1891, S. 307) / Litteratur- und Theaterzeitung I, 1777, S. 322f.; wiederholt von Erich Schmidt im Archiv für Litt.-Gesch. 6, S. 524f.	

Schmidt weigert sich übrigens beharrlich, obwohl er häufiger von elf Stücken spricht, zwei Gedichte aus den *Confiscablen Erzählungen* zu listen: *Der leidige Trost* (S. 17f.) und *Das überflüssige Brillenglas* (S. 33f.).

Danach bleibt es eine ganze Weile lang ruhig um neue lyrische Wagneriana. Elisabeth Genton bringt schließlich mit ihrer Untersuchung *La Vie et les Opinions de Heinrich Leopold Wagner (1747–1779)* neuen Wind in die Angelegenheit und vergrößert das lyrische Œuvre um die folgenden Fundstücke:

Gedicht	Erwähnt bei/(erst-)veröffentlicht in
Erklärung an alle Schönen	Genton 1981, S. 229 / Leipziger Musenalmanach 1776, S. 103–106
Der reiche Stax	Genton 1981, S. 229 / Leipziger Musenalmanach 1776, S. 269
Der Fürst und der Naturkündiger	Genton 1981, S. 229 / Leipziger Musenalmanach 1777, S. 57

Der Edelmann und sein Knecht	Genton 1981, S. 229 / *Leipziger Musenalmanach* 1777, S. 110
Grabschrift	Genton 1981, S. 229 / *Leipziger Musenalmanach* 1777, S. 232
Der Wittwer bey seiner Frauen Grabe	Genton 1981, S. 229 / *Leipziger Musenalmanach* 1777, S. 233
Der Sudelkoch	Genton 1981, S. 93 / *Frankfurter gelehrte Anzeigen* 39 (1774), S. 762 sowie im *Almanach der deutschen Musen*, Leipzig 1775, S. 229f.; abgedruckt bei Schmidt 1879, S. 18f. sowie bei Genton (ebd.)

Warum Goedeke und Schmidt es verabsäumten, diese Gedichte aufzunehmen, muss gemutmaßt bleiben – die Kürze? die Güte? –; denn zumindest Schmidt hatte von Wagners Veröffentlichungen im *Leipziger Musenalmanach* durchaus Kenntnis (vgl. Schmidt 1879, S. 25f.). Außerdem reiht Genton *Die vergebliche Warnung*, anders als Goedeke und Schmidt, in die *Confiscablen Erzählungen* ein.

Erst auf dieser Basis lässt sich zu den konsekutiven Schritten ausgreifen: Zum einen Wagners Lyrik im Kontext des Sturm und Drang zu betrachten (II), zum anderen eine Revision seiner (unbekannteren) lyrischen Texte anzugehen (III).

II Wagners Gedichte als Kulminationspunkte des Sturm und Drang oder: Apologie des Epigonalen

Erich Schmidt urteilt über Wagners Gedichte in den *Confiscablen Erzählungen* (hier konkret zu: *Das ***Fest*): „Der Stil erinnert an die Sprache der poetischen Fabeln und Erzählungen Gellerts und Lessings. Das Metrum sind ebenfalls die beliebten jambischen Systeme, in denen Alexandriner und kürzere Zeilen desselben Rhythmus wechseln." (Schmidt 1875, S. 16) Indessen ist nicht nur Wagners Lyrik hinsichtlich ihrer (vermeintlichen) Nicht-Originalität kritisiert worden; auch Texte, die ihm seine heutige Bekanntheit eintrugen, wurden Gegenstand der Rüge. Folgendes sollte dabei gewärtigt werden:

> Die absprechenden Urteile dürfen nicht nur von Wagners Drama [= *Die Kindermörderin* (1776); N.L.] und seinen literarischen Qualitäten her gesehen werden; man muß, um ihnen gerecht zu werden, die Äußerungen Boies, Schillers, Musils und anderer aus den theoretischen Überzeugungen ihrer Verfasser verstehen. Und auch wenn man ihnen zustimmt, ist zu bedenken, daß sich die Mentalität einer Zeit bisweilen deutlicher in ihrem Durchschnitt als in ihren höchsten Leistungen zeigt. (Karthaus 2007, S. 123)

Es fällt schwer, diese ‚Entschuldigung' post festum gelten zu lassen, wenn man hinwiederum Schmidt konstatieren liest:

> Ein boshaftes Geschick hat seine [Wagners; N.L.] sentimentalsten Versuche zweimal in die unmittelbare Nachbarschaft Goethescher Lyrik gestellt [...]. Goethes Spielerei ‚Das Schreyn' ist nicht allzu gefährlich, wenn sich aber Wagners Mondlied das andere Mal neben die Verse an Lili ‚Warum ziehst du mich unwiderstehlich' wagt, so steht bei dem blühenden Baum ein dürrer Strauch, der auch gegen die bescheidenen Reiser Millers, Kaysers, selbst Klingers verschwinden muss, obgleich Wagner den früheren bösen Anfang ‚Wolkenleeres Silberlicht, Jungfernkeuscher Mond' auf Mahnung der Kritik in das erträglichere ‚Unbewölktes Silberlicht, Heiligkeuscher Mond' gebessert hat. (Schmidt 1879, S. 26)

Das Verdikt allerdings vom Verfasser aus zu lesen, wie Ulrich Karthaus es vorschlägt, lohnt: Hatte doch die Rezension ihrerseits Schmidts erster Ausgabe vorgeworfen (vgl. Schmidt 1879, S. Vf.), jedes ‚dürre Stöckchen' in das Licht zu rücken. Was die jeweilige literarische Wertung für schicklich und modern hält, ist immer diskutabel: Hölderlins kanonisiertes „heilignüchterne[s] Wasser" (Hölderlin 1804, S. 85) aus dem berühmten Gedicht *Hälfte des Lebens* (1804) jedenfalls – um einen zumindest der Vokabel nach behelfsmäßigen Vergleich zu bemühen – ist auch nicht per se unstrittig, sondern nur aufgrund der gewogeneren Rezeptionsgeschichte unantastbar geworden.

Damit ist auch ein von hinten aufgezäumter Einstieg in dieses Unterkapitel gefunden. Denn wo angekündigt war, ein Muster des Sturm und Drang zu finden, ist es der Kardinalvorwurf, einer überwunden geglaubten lyrischen Epoche neuen Nährboden zu geben. So liest man nämlich aus der zweiten Auflage von Schmidts *Wagner* etwa dessen subjektive Abneigung gegen die Anakreontik deutlich heraus:

> Für den Leipziger Musenalmanach waren solche platte Proben der ‚launigen' Gattung gut genug. Sobald er jedoch ins ernstere Lied oder nur in die tändelnde Nippespoesie der Anakreontik überzugehen versuchte, hatte der Recensent alles Recht warnend zu rufen: ‚Leopold Wagner leyert erbärmlich.' [...] [A]ber die Liebeslieder an Chloe, Iris oder Minchen schmücken sich mit den verschossenen Kunstblumen und sinngedichtlichen Spitzen der anakreontischen Renaissance und sind durch thörichte Phrasen [...] aufgebauscht, unempfunden, durchaus unwahr. (Schmidt 1879, S. 25f.)

Der Vorwurf, dem abgeschmackten Vorbild einer Epoche nachzueifern, wird ins Epigonentum ad personam überführt (ohnehin ist die zeitgenössische Kritik weit weniger als heutzutage gewillt, eine Grenze von Autor und Werk anzuerkennen; vgl. Luserke 2019 [¹1997], S. 309; vgl. Lehnert

2016, S. 474 u. S. 480f.)[7]: Wagner „hinkt [...] neben Klamer Schmidt dem Catull nach", „folgt [...] Wielands, Ariosts oder der Hallenser Spuren" (Schmidt 1879, S. 26), von Goethe, Miller, Kayser, Klinger war bereits die Rede, von „Claudiusscher Treuherzigkeit" (ebd.) und einer Unterlegenheit gegenüber Lenz (vgl. ebd.) spricht Schmidt weiter.

Allerdings muss dabei dringend berücksichtigt werden, dass es immer (mindestens) zwei Sichtweisen gibt auf die Welt (auf Menschen, kulturelle und mediale Artefakte etc.): Wenn man penibel argumentieren will, dann müssen sich letztlich alle Versuche wie Nacheiferei ausnehmen: Gellert, Lessing, Lafontaine, Rost etc. (vgl. ebd., S. 27) werden durch weitere abwärtsgerichtete Vergleiche aufgewertet, Wagners *Die unheilbare Krankheit* mithin als Bearbeitung einer „sehr alte[n], verbreitete[n] Geschichte" (ebd.) geringgeschätzt – obwohl es zumindest expressis verbis nie Wagners Anspruch war, dies zu behaupten bzw. generell ‚originell' zu sein.

Wie man Wagner vorgeworfen hat (und vorwerfen kann), nachzuahmen, so ist auch Schiller bei näherem Besehen zu testieren, dass er „versuchte, durchaus erfolgreich, im Stil des Sturm und Drang zu schreiben" (Luserke 2019, S. 322) – selbst seine *Räuber* mithin nicht den Gipfel des Sturm und Drang, sondern bereits dessen Überwindung markieren. Und auch „Schillers Jugendlyrik aus den Jahren zwischen 1776 und 1785 war überwiegend epigonal" bzw. „selten von hoher Qualität" (Buschmeier, Kauffmann 2010, S. 73).[8] Die Göttinger Hainbündler adaptieren von den ‚Bremern' ihr „Themenspektrum" (Kemper 2012, S. 179), Herder (1744–1803) macht trotz seines ausgeprägten Geniekultes überhaupt keinen Hehl aus seinen *Nach*dichtungen – das Barock als letzte Bastion des poeta doctus ist so lange dann eben doch noch nicht her und im weiteren Sinne „hat sich jeder deutsche Dichter des 18. Jahrhunderts [...] einmal des literarischen Diebstahls schuldig gemacht." (Schneider 1952, S. 216)

Wenn es nun so ist, dass sich „Goethe, Lenz, Klinger und Wagner [...] als die legitimen Erben der Aufklärung" (Luserke 2019, S. 118) gesehen haben – warum ist es dann nicht wertfrei feststellbar, dass auch die Anakreontik nun einmal in der Makroepoche der Aufklärung ihren Ort und ihre Berechtigung hatte, die Wagner aufnimmt?[9] Und hat nicht auch Goethe bei Gellert, Geßner und Klopstock sowie Herder ‚abgeschrieben',

---

[7] Vgl. zur Begründung Lavaters „von Hamann übernommene" (Kemper 2012, S. 161) Position im Diskurs: „So wie sich Gottes immer noch Wunder wirkender Geist in Bibel und ‚Buch der Natur' offenbart und wie aus dem Sichtbaren des Buchstabens und der Schöpfung auf den unsichtbar darin anwesenden Geist geschlossen werden kann [...], so erschließt sich der Geist jedes Autors aus der Erscheinungsform seines Werkes." (Ebd., S. 162)

[8] Vgl. für einen ähnlichen Befund, bezogen auf Lenz, Kemper 2012, S. 175.

[9] Jørgensen, Bohnen, Øhrgaard (1990) sprechen demgemäß ganz zu Recht wertfrei von Wagners „Versuche[n] in den üblichen Gattungen der Zeit" (ebd., S. 477).

ja auch anakreontische Anteile in seine frühe Lyrik aufgenommen (vgl. Kemper 2012, S. 168-170) und Gelegenheitsdichtungen gefertigt, indem er etwa in *Ilmenau* (1783) Herzog Carl Augusts „26. Geburtstag [...] zum Anlass nimmt, um im Rahmen einer Landschaftsbeschreibung auf die gemeinsamen Lebensjahre zurückzuschauen und ein Arbeitsprogramm für die Zukunft zu entwerfen" (Buschmeier, Kauffmann 2010, S. 71), wie es Wagner mit *An Herrn von Türkheim* ‚vorgemacht' hatte?

Der Argumentationsstrang soll damit fürs erste die harsche Kritik an Wagners ‚Reimereien' mit einem Gedanken beschließen: Das eingeführte Begriffspaar von ‚Epigonalität' und ‚mangelnder Kunstfertigkeit' lässt sich insofern variieren, als es Wagner wohl ganz gut gelang, nicht nur nach den Mustern der Älteren zu arbeiten, sondern auch die Zeitgenossen durch kunstvolle Imitation zu täuschen, indem er etwa „seine Satire *Prometheus, Deukalion und seine Recensenten* im Stil Goethes verfaßt und anonym veröffentlicht" hatte, und diese in der Folge „Goethe zugeschrieben [wurde], der sich daraufhin veranlaßt sah, sich in einer öffentlichen Erklärung davon zu distanzieren" (Luserke 2019, S. 94; vgl. ebd., S. 308) – das ist originelle Mimikry auf ganz eigene Weise.

Nun ist der Blick freigeräumt auf Wagner als Lyriker ‚des' Sturm und Drang. Die einfachen Anführungszeichen lassen freilich sofort neue Undurchschaubarkeiten gewärtigen: Wie ist ‚die' Lyrik des Sturm und Drang zu verschlagworten? Trotz der virulenten Gefahr, die Mikroepoche beim Versuch, sie „in einer adjektivischen Formel" (Luserke 2019, S. 9) zu fassen, illegitim zu verknappen, soll dies nun – zugeschnitten auf die Lyrik – versucht werden, um Wagners Gedichte dort ‚einzusortieren'.

Den Sturm und Drang in seiner Genre übergreifenden Ausprägung eint zunächst sein „Anspruch, gegenüber der erstarrenden Formkultur des spätbarocken Stils und den herrschenden Überzeugungen in moralischen, ästhetischen und theologischen Fragen das Recht des einzelnen und seiner Subjektivität auf Selbstbestimmung zu verfechten." (Karthaus 2002, S. 12) Matthias Luserke-Jaqui apostrophiert den letzten Punkt der Aufzählung und präzisiert, dass „die Emanzipation der Leidenschaften, die Rebellion gegen ihre Unterdrückung [...] ein wesentliches Anliegen des Sturm und Drang" (Luserke-Jaqui 2017, S. 1) war. Damit greift er einen häufiger wiederkehrenden Punkt aus jenen „dreizehn Merkmalen" (Luserke 2019, S. 10–13, hier S. 10) auf, welche die Epoche profilieren und in der Reihenfolge auf ihre Passung mit Wagners Lyrik zur Einleitung dienen mögen: Der Wunsch nach den „Originaldichter[n]" (ebd., S. 10; Luserke-Jaqui 2017, S. 10) ist es nämlich – erstens –, der graduell die Abkanzelung durch Schmidt erklärlich werden lässt. In Verschränkung mit dem (Selbst-)Anspruch der Sturm-und-Drang-Autoren, sich – zweitens – „bewußt formal wie inhaltlich von den bewährten Mustern der aufgeklärten Literatur der 1760er Jahre ab[zu]setz[en]" (Luserke 2019, S. 10), erhellt

Schmidts unermüdliche Einschätzung Wagners als (...-)Epigone (s.o.). Allerdings verkennt eine Fokussierung auf diese avantgardistischen Merkmale, die den „Rebell" (ebd., S. 249) akzentuieren, dass es mehrere Konstituenten gibt, die sich mit Wagner problemlos parallelisieren lassen. Zumal bezogen auf die Charakterisierung des Sturm und Drang – drittens – als „Literatur, die politisch sensibilisiert neue Themen sucht [...] oder alte Themen neu zur Anschauung bringt (Liebe, Sexualität, Standesunterschiede [...])" (Luserke 2019, S. 10), muss man konzedieren, dass Wagner in seiner Lyrik durchaus ins Profil passt. Auch die – viertens – ‚Aufklärung der Aufklärung', also die Kritik der ‚Gegenwart' vermittels der aufgeklärten Geisteshaltung (vgl. ebd.), findet sich in Wagners lyrischem Œuvre etwa in Form der kritischen Beschäftigung mit dem Aberglauben, der nach wie vor die Religion davon abhalte, ‚vernünftig' zu sein: „Vom Aberglauben trunken / Vernunft, wie tief bist du gesunken!" (*Das *** Fest*, S. 21) Andererseits finden sich durchaus lyrische Töne, die auf die Unfehlbarkeit der unergründlichen Wege Gottes referieren – und damit teilweise der späteren 13. These Luserkes gegenüberstehen:

> Verhängniß! deine räthselhaften Schlüsse
> Verehr' ich stündlich mehr;
> Sie sind mir dunkel: – doch vom HErrn der Herren
> Entsprungen,
> sind sie gut – wie Er. (*Bitte an die Vorsicht*, S. 342)

Fünftens finden sich Reflexe sowohl der Tendenz, dass der Sturm und Drang „in der Geschichte [...] das sucht und findet, was [er] in der Gegenwart vermisst" (Luserke 2019, S. 10), wenn im *Neujahrswunsch* etwa von der „alte[n] goldne[n] Zeit" (*Neujahrswunsch*, S. 223) die Rede ist, welche der sozioökonomisch, politisch und philosophisch verderbten Gegenwart vorzuziehen sei (vgl. ebd., S. 222f.), als auch der Tendenz, „ungebändigte Sexualität statt zivilisatorisch überformter Empfindsamkeit" (Luserke 2019, S. 10) zum Gegenstand lyrischer Texte zu machen. Hauptsächlich die Gedichte *Ein Abschiedsliedchen* und *Lob der Freundschaft* legen – sechstens – beredt Zeugnis von der „Entdeckung des Individuellen als authentisches Erlebnis" (ebd., S. 12) ab. Wenn die Sprechinstanz über den Adressaten – sein eigenes Herz! – verlauten lässt:

> Ohne dich würd ich mein Leben
> Heute noch den Parcen geben;
> Gutes, Bestes, bleib bey mir!
> Ohne Herz, was thät ich hier? (*Abschiedsliedchen*, S. 117),

so entzieht er gleichsam dem personifizierten Schicksal die Verantwortung für sich selbst, ja: für sein Selbst; damit beglaubigt Wagner den „unvergleichbaren Individualisierungsschub" der Literatur genauso wie die Adelung (vgl. Luserke-Jaqui 2017, S. 2) derselben „als Medium der Ichfindung" (Luserke 2019, S. 12). Dass die Literatur des Sturm und Drang weiterhin – siebtens – „versucht, ihren gesellschaftlichen Standpunkt jenseits der [...] ständisch-hierarchischen Zuweisungen zu finden" (ebd.), und dass sie – achtens – „nicht Vorschläge macht, sondern sich wehrt, [...] sich nicht arrangiert, sondern kritisiert" (ebd.), obwohl beide Punkte an ihrem eigenen Anspruch scheiterten (vgl. ebd.), bricht sich sowohl in der Anprangerung der Missstände im Allgemeinen (dann durchaus auch im Gewand einer ‚polemischen Pöbellaune') wie in der Fürstenkritik im Speziellen auch bei Wagner Bahn (s.u.). Demgegenüber findet sich – neuntens – die Suche nach einem „neuen Ton", der sich beispielhaft durch „Auslassungen, Ellipsen und [...] Techniken der Verknappung" ausdrückt, um „der unverfälschten Sprache der Leidenschaft Gehör zu verschaffen" (ebd., S. 12f.). Diese lässt sich in Grundzügen an Wagners Gedicht *An den Mond* demonstrieren: Neben der oben bereits angesprochenen, dort aber nicht als ebenfalls dem Sturm und Drang eignende Form der Genialität markierte Vorliebe für Neologismen („Jungfernkeuscher / Heiligkeuscher Mond"[10]) sowie der exklamativen Machart („ach" und „O" [*An den Mond*, S. 154]) und der Trias an Ausrufungszeichen, der doppelten Inversion zu Beginn der dritten Strophe (bemerkenswert auch die Voranstellung der Personalpronomen „Meiner", „mir", „Uns", „Unser" [*An den Mond*, S. 154]; Goethes *Maifest* [1771] wird ebenso alludiert wie sein *Prometheus* [entstanden verm. 1773] mit dem überpointierten Ich-Bezug im letzten Vers[11]), ist die Verknappung allenthalben sichtbar. Dass im Sturm und Drang bezogen auf die Literatur generell – zehntens – die „Gattungsgrenzen ignoriert" (Luserke 2019, S. 13) werden, ist ohne Weiteres auf Wagners Lyrik übertragbar und an der bereits oben geführten Debatte um die Zuordnung der Epistel wie der *Kinderpastorale* zum engeren Zirkel lyrischer Texte ablesbar. Die (eng mit dem vierten Merkmal verwandte) „Selbstbestimmung des Menschen", welche der Sturm und Drang – elftens – „nicht nur fordert, sondern literarisch beschreibt und damit Ideale der Aufklärung und ihr Scheitern konsequent vor Augen führt", sowie – zwölftens – der damit einhergehende „erste Versuch, ein Mißlingen der Aufklärung zu denken, den Vollkommenheitsanspruch der Aufklärung mit den Unzulänglichkeiten der gesellschaftlich-historischen Wirklichkeit zu konfrontieren", gipfeln – dreizehntens und letztens – in der „Binnenrebellion", im „Aufstand gegen die Vaterinstanz in der Fremdbestimmtheit" (Luserke 2019, S. 13). Obwohl

---

[10] „Jungfernkeusch" wird der Mond in der Fassung im *Almanach der deutschen Musen* genannt (*An den Mond*, S. 154), „Heiligkeusch" laut Schmidt (1875, S. 116) in derjenigen bei Kayser 1777, S. 18.

[11] Zum „selbstbewussten' Ton" und dem „extreme[n] Individualismus des Sturm und Drang" besonders bei Goethe vgl. Elit 2008, S. 101. Zum *Maifest*-„mir" vgl. auch Jürgensen, Irsigler 2010, S. 39.

Luserke an dieser Stelle nicht ausdrücklich von der ‚väterlichen Dreifaltigkeit' spricht und weitaus eher den Familien- als den Landes- oder (als oberste Instanz) Gottvater im Blick hat, bietet es sich an, hier Wagners Gedichte *Neujahrswunsch* und *Der Fürst und der Naturkündiger* als unverhohlene Landesvaterkritik zu erwähnen:

„Dem prasserischen Landesherrn, / Der Geisel seines Volks, den jeder Bürger gern / im Nothfall mit dem Großsultan vertauschte [...]" (*Neujahrswunsch*, S. 221),[12] gilt der *Neujahrswunsch*. Auch der Adelige in *Der Fürst und der Naturkündiger* kommt nicht gut weg, wenn seiner ignoranten Sensationslust:

> Vom Winde soll das Chamäleon leben
> Gern wollt ich tausend Thaler geben
> Das Wunderthier zu sehn (*Der Fürst und der Naturkündiger*, S. 57),

vom Naturkundler, der sich jedoch nicht nur als kundig in der exotischen Fauna, sondern auch in menschlichen Lebensbelangen ausweist, mit den prophetisch-schnippischen Worten entgegnet wird:

> O dieses kann gar bald geschehn
> Es muß nur noch ein Jahr verstreichen
> So wird ihr Unterthan dem Chamäleon gleichen. (Ebd.)

Insgesamt kann man Wagner also guten Gewissens mindestens als Vertreter einer Sturm-und-Drang-Lyrik werten, an der „sich die Mentalität einer Zeit [...] in ihrem Durchschnitt [...] zeigt" (Karthaus 2007, S. 123). Zumal die neuere Forschung Wagners wichtige Rolle für den damaligen Diskurs mittlerweile klar erkannt und beispielsweise anhand seiner *Briefe die Seylerische Schauspielergesellschaft und Ihre Vorstellungen zu Frankfurt am Mayn betreffend* (1777) die epochale Namensgebung ihm zugeschrieben hat (vgl. Luserke 2019, S. 27), was als Ausweis der Sensibilität Wagners für den Zeitgeist und seiner Expertise gewertet werden kann. Allerdings sind die Fundstellen, an denen sich Zeitgenossen unumwunden positiv über Wagner äußern, gelinde gesagt spärlich. Und wenn Justus Möser (1720–1794) in *Über die deutsche Sprache und Literatur* (1781) Wagner – zumindest implizit – in seine Aufwertung der Literatur der 1770er-Jahre mit der Formel von „herkulische[r] Stärke" (ebd., S. 39) einbezieht, im nächsten Moment aber auf dessen frühzeitiges Ableben umschwenkt, dann ist zumindest in Erwägung zu ziehen, ob nicht auch das Tabu von übler Nachrede die Einschätzung eingefärbt haben könnte. Dieser Lesart gemäß urteilt noch 1952 Ferdinand Josef Schneider – zynischerweise

---

[12] Hingegen findet sich in *Ernestinchens Empfindungen* Lob auf „die beste Landesmutter", die „hochselge Frau Landgräfinn von Darmstadt" (*Ernestinchens Empfindungen*, S. 153).

unter der makaberen Überschrift: *Lebensuntüchtigkeit* –, dass Wagner als „verheißungsvolles Talent" (Schneider 1952, S. 35) zu früh verstorben sei.

Aber immerhin *hatte* Wagner Gruppenanbindung zu den Sturm-und-Drang-Autoren, immerhin *hatte* er mit anderen zusammen auf dem Turm des Straßburger Münsters ,unterzeichnet' (vgl. Luserke 2019, S. 163) und *wurde* „durch die persönliche Bekanntschaft mit Autoren des Sturm und Drang [...] sehr schnell als Vertreter der neuen Literatur wahrgenommen" (ebd., S. 230).

Wertneutral oder leicht wollwollend ist also zu fragen: Was genau bemängeln Schmidt und Scheuer und andere eigentlich? Schließlich beinhaltet etwa Wagners *Lob der Freundschaft* nahezu mustergültig alle Ingredienzien der ,Erlebnislyrik' des Sturm und Drang: „Begeistert sing ich ein Gefühl" (*Lob der Freundschaft*, S. 390) hebt das Lob an. Vier Häkchen an den wichtigen Stellen einer ungeschriebenen Hitliste: Ein enthusiasmiertes, begeistertes „ich" (ebd.), das singt und Gefühle vermittelt – das ist schon nicht mehr empfindsam, das ist klar einen Schritt weiter. Das besungene Gefühl nun „glüht" „in uns allen" (ebd.): Eine dem Menschen eigene Schicht wird angesprochen, eine Gemeinschaft und zugleich das Subjekt des Gedichts heraufbeschworen: „Die Freundschaft stimmt mein Saitenspiel, / Und Freundschaft ist mein Lied!" (Ebd.) Nicht nur wird durch die wieder-wiederholte Nennung des Instruments und des Lieds klar die musikalische Komponente betont, wie es bekanntlich Herder nicht müde wurde hervorzuheben. Darüber hinaus ist in den nächsten Versgruppen etwa von einem präsentischen (fiktiven) Erlebnis die Rede („Jetzt seh ich trunken vom Affekt" [ebd., S. 391]), das direkt umschwenkt in ein Wir-Gefühl:

> Hier lieben wir voll Zärtlichkeit,
> Und fühlen fremden Schmerz,
> Und streben nach Vollkommenheit,
> Und bessern unser Herz. (Ebd.)

Jetzt kann zwar wieder der übergenaue Kritiker einhaken und die Empfindsamkeit (Gefühls- und Freundschaftskult etc.) obsiegen sehen, aber Wagner deswegen die Aufnahme in den Kreis der mindestens durchschnittlich guten Lyriker des 18. Jahrhunderts zu verweigern, dürfte sich zumindest teilweise überlebt haben:

> Man würde die Lyrik des 18. Jahrhunderts verzerrt beurteilen, wenn man ihr Hochwerteigenschaften abverlangte, die, egal ob mit Recht oder nicht, erst später der Gattung zugeschrieben wurden. Sie war weder überwiegend auf Erlebnis- und Stimmungsausdruck angelegt, der im 19. Jahrhundert von ihr erwartet wurde, noch sollte sie, wie um 1900, dem Wesen der Dinge eine Sprache verleihen, noch mittels Komplexität, Polyvalenz oder Verfremdung Sand ins

Getriebe reibungsloser Anschlusskommunikation streuen. (Müller 2013, S. 104)

Allerdings markiert Müller im Folgenden auch die bereits gescholtene und verteidigte Anakreontik insofern als Bruch mit der „französischen Hofkultur", als die Lyriker, am antiken Anakreon geschult, „erstmals in der Geschichte der neuzeitlichen Lyrik auf den Reim als notwendigen Bestandteil der Versdichtung [verzichteten]" (Müller 2013, S. 104). Wagner hingegen verschreibt sich weiterhin dem (End- und Binnen-)Reim auch in seinen anakreontischen Gedichten. Das wäre beispielsweise ein handfestes Kriterium, um Wagner als dem Zeitgeist nachhängenden Lyriker abzuqualifizieren. Allerdings wäre selbst dieser Maßstab – und die wenigsten harschen Kritiken machen sich die Mühe, ihre Messlatten offenzulegen, obwohl allzumal die Sturm-und-Drang-Kritik (namentlich Herder) sich dies auf die Fahnen geschrieben hatte (vgl. Lehnert 2016, S. 472) – bei näherem Besehen nur partiell haltbar.

III Revision ausgewählter Gedichte oder: Wertneutral-wohlwollende und wertschätzende Würdigung derselben

Durch verschiedene Kniffe mildert Wagner die Dominanz des Endreims ab:

> Wärst du so zärtlich grausam, jede Wünsche
> Die blinder Unverstand
> Erdenkt, zu krönen; – so erflehten tausend
> Sich selbst an des Verderbens Rand. (*Bitte an die Vorsicht*, S. 343)

Erstens ist die vierzeilige Anordnung dafür verantwortlich, dass sich in der *Bitte an die Vorsicht* stets nur der zweite und vierte Vers realiter reimen, graduell also von einer ‚freieren' Versverwendung gesprochen werden kann – wenngleich die Alternation als bindendes Glied wirksam bleibt –, zweitens wird in der zitierten Versgruppe durch das Enjambement („Unverstand / Erdenkt") der ohnehin weniger im Vordergrund stehende Reim weiter zurückgeregelt. Weiterhin ist diesbezüglich das „Formular", von welchem im *Schinken* (S. 29f.) die Rede ist, zu erwähnen, verzichtet es doch konsequent auf den Endreim. Natürlich ließe sich einwenden, dass es um einen Text im (lyrischen) Text geht, mithin die Gattungskonvention aufgehoben ist, aber die Kunstfertigkeit metrischer Art und auch die Wortwahl weisen das ‚Formular' als durchaus dem Formgestaltungswillen unterworfenes Dokument aus. Zudem zeigt es, dass Wagner durchaus bereit war, nicht auf Biegen und Brechen Reime produzieren zu müssen und auch die zunächst noch deutliche metrische Bindung in Form von Daktylen („Ihr sollt schwören bey Gott eurem Schöpfer" [*Schinken*, S. 29]) zuweilen gelockert oder gar in dem Sinne aufgegeben wird, als der rasche

Wechsel der Versfüße eine Grundstruktur unterminiert („Könnt ihr ohne meineydig zu werden / Alle diese wichtge Punkte / Beschwören, so bekommt ihr den Schinken" [ebd., S. 30]).

Selbst Schmidt legt hinsichtlich der Gedichte aus den *Confiscablen Erzählungen* ein Gegengewicht zu seinen eigenen Verrissen von Wagners übriger Lyrik in die Waagschale – jedenfalls, wenn es um die formale Gestaltung geht: „Formell sind die Gedichte [in den *Confiscablen Erzählungen*; N.L.] nicht übel, etwa in der Art des Lessingschen ‚Eremiten'. Auch die schon berührte falsche spanische Romanze in der vierzeiligen Mordgeschichtenstrophe fehlt nicht: ‚Seraphine und Don Alvar' […]." (Schmidt 1879, S. 28) Allerdings lenkt er direkt wieder ein, indem er das relativierte Gebiet der Kunstlosigkeit verlässt, um das der Epigonalität erneut zu betreten: „Die Manier ähnelt der Löwens, Bretschneiders u.s.w. und gleicht auffallend der – He[i]nrich (Leopold?) Wagners." (Ebd.) Spätestens dieser Anwurf nivelliert das positive Votum, verwahrte sich Wagner doch bekanntlich vehement gegen eine Verwechslung beider (vgl. ebd., S. 29f.).

In der Tat sind Wagners Gedichte aber auch über diejenigen *confiscablen* hinaus in puncto der Gestalt von Finesse geprägt:

> Mich hiess indess mein guter Genius […]
> […]
> In frühster Jugend schon nach Teutschland wandern:
> Kaum war Ich zurück so führt auf der andern
> Seite der Deine nach Frankreich Dich hin. (*An Herrn von Türkheim*, S. 119)

Durch die spürbare, aber nicht markierte oder gar durch eine Versform, die eine solche an dieser Stelle obligatorisch erscheinen ließe, Zäsur („zurück / so") wird das Gewesene vom ‚historischen Präsens' getrennt. Diesem folgenschweren Weggang des angesprochenen Freundes wird zusätzliche Bedeutung durch einen Zeilensprung beigemessen, der die andere Seite auch formal als unüberbrückbare Entfernung nicht nur lokal, sondern auch emotional markiert. Mit der Wahl des Daktylus als gemessenere Form des Abschieds (nach der Zäsur) und der Entschleunigung des bis dato (vor der Zäsur) regsamen Ablaufs wird der Trennung zusätzliches Gewicht verliehen, ohne dass sich eine dieser Stil-Figuren in den Wahrnehmungsvordergrund spielen müsste und damit riskierte, einem ‚Pomp-Verdikt' zum Opfer zu fallen.

Ausgehend von der Überzeugung jedenfalls, dass die Gedichte nicht per se ‚übel' zu nennen sind, sollen einige weitere kursorische Blicke in sie geworfen werden, um eine Neukartierung hinsichtlich der Wagner-Typik vorzunehmen. Dies ist vor der Folie von Oliver Müllers Einschätzung gut zu bewerkstelligen:

Gerade, weil man den Vorbilddichter Klopstock als Originalgenie wahrnahm, konnte man seinen Stil, wenn man selbst originell sein wollte, nicht einfach abkupfern. Da Klopstocks Komplexstil jedoch nur um den Preis weiter gesteigerter Schwerverständlichkeit zu überbieten gewesen wäre, mussten die Nachwuchsmänner im Allgemeinen zu einfacherem Sprechen zurückkehren, dabei zugleich aber neue Schreibweisen und Inhalte finden, mit denen sie nicht hinter die von Klopstock erreichte Aufwertung der Lyrik zurückfielen. (Müller 2013, S. 106)

Neben den bereits allgemein für den Sturm und Drang genannten Kategorien – Antifeudalismus, Antiabsolutismus (vgl. Richter 1983, S. 19) bei gleichzeitigem Nationalbewusstsein (vgl. Karthaus 2002, S.18f.) etc. – hieß ein ‚Buzz-Word‘ der Lyrik also ‚neue Einfachheit‘, mit allem, was dazu gehört: der Glorifizierung der „Volksdichter" (Luserke 2019, S. 249), volkstümlichen Formen, Sprache und Themen generell, Trochäen und freien Rhythmen statt Hexametern, teilweise der Anstrich des ‚work in progress‘, die Unterteilung in Ballade, Lied, Ode und Hymnus,[13] wobei das vordergründig Kunstlosere des Lieds nicht weniger kunstvoll konzipiert war und nur inszenierte Naivität erzeugt wurde (vgl. Richter 1983, S. 17f.).[14]

Wagner fährt in dieser Hinsicht einen Mittelweg zwischen Volkspoesie (einfache Strophen, unreine Reime, freie[re] Rhythmen) und „‚gemachte[r]‘ ‚Lettern‘-Poesie" (Kemper 2012, S. 170). Ein Beispiel für die Verbindung beider Verfahrensweisen in *einem* Gedicht ist etwa *Der Schinken*, hinsichtlich der eher freien Gestaltung lässt sich *An Kloen* herausgreifen. Bereits optisch fällt das ins Auge, was Stefan Greif insgesamt „krumme Linien'" (Greif 2013, S. 140) in der Architektur lyrischen Sprechens nennt. Eignet sich das starre Korsett etwa „besonders für belehrende Gedichte" (etwa *Die Verbotenen Verwandlungen*), so versagt es – zumindest in den Augen der Sturm-und-Drang-Autoren –, sobald „ein lyrisches Ich [...] den Leser an seiner spirituellen Ergriffenheit teilhaben lassen will." (Ebd.) Dementsprechend finden sich in *An Kloen* Verse mit nur zwei Worten und weitere emphatische Stellen, um die „Schwärmereien" (*An Kloen*, S. 113), ‚brennenden Herzen‘ (vgl. ebd.), das „himmlische Entzücken" (ebd., S. 114), „die Zaubertöne" (ebd.) etc. adäquat einzukleiden. Damit wird, wenn man an dem problematischen Begriffspaar von Gelegenheits- versus Erlebnisdichtung festhalten möchte (vgl. Felsner, Helbig, Manz 2012, S. 34), die Grenze vom anlassgebundenen zum individuellen Dichten weit überschritten.

---

[13] Bezogen auf den Göttinger Hain hebt Richter „Lied, Ode, Hymne und Elegie" (Richter 1983, S. 15) hervor.

[14] Vgl. zum Dualismus von Gemachtheit und Volksnähe unter den Auspizien des literarischen Feldes um 1770 Herboth 2002, S. 282.

Bei aller persönlichen Involviertheit und höchsten Erregung fügt Wagner dennoch stilistische Distanzmarker ein, die (der Inszenierung) einer unmittelbaren Authentizität(ssimulation) entgegenstehen. Mit der Wiederaufnahme des Gedichtbeginns („Mich Flattergeist") in der sechsten Verszeile schlägt er, der durchschnittlichen Aufmerksamkeitsspanne geschuldet, einen Bogen zurück:

> Mich Flattergeist, der Schwärmereien dachte,
> Und dessen zephyrlich Gefühl
> Von Lottchen Ihn zu Friedericken jagte,
> Der aus des Amors Pfeil ein Spiel
> Ein Jugendspiel nur machte,
> Mich Flattergeist wies Kloens Blick
> Zur ewigen Beständigkeit zurück. (*An Kloen*, S. 113)

Ungeachtet des anakreontischen Einschlags und der Referenz auf barocke Beständigkeit interessiert hier die Themenentfaltung: Um die Sprechinstanz als „Flattergeist" einzuführen, wird ein mehrzeiliges Attributionsverfahren bemüht. Da es sich indessen zumal in ‚leichteren' Gedichten nicht schickt, durch komplexe Satzkonstruktionen mit einem gefühlten Wechsel der Person von der ersten zur dritten die Leserschaft zu überfordern, wird in der sechsten Zeile neu angehoben – wie man es aus konzeptionell schriftlichen, aber performativ mündlich realisierten Texten kennt.

Für Wagner könnte man darin Tendenzen einer ‚Episierung' erkennen. So macht auch sein Gedicht *Das überflüssige Brillenglas* Anleihen bei der ‚erzählenden' Großgattung:

> Was nur den Schein des Ueberflusses hat,
> Das – sprach er, – schneid ich ab. Denn dieses einzge Blatt –
> Hier pflanzt er langsam eine Brill sich auf
> Die Nase – hemmt der ganzen Sache Lauf.
> (*Das überflüssige Brillenglas*, S. 34)

Durch die gleich doppelte Verwendung der – aufgrund der Gedankenstriche auch formal deutlich markierten – Einschübe wird einerseits Gedichtimmanent der Inhalt in der Form gespiegelt, wird andererseits aber auch die „Unmittelbarkeit, Spontaneität und Authentizität der Sprecherinstanz, die nach damaligem Verständnis noch den Autor repräsentiert" (Kemper 2012, S. 171), untergraben oder positiver formuliert: als künstliches Konstrukt ausgestellt.

Lenkt man den Blick auf Wagners Romanzen (allen voran: *Seraphine und Don Alvar*), lässt sich konstatieren, dass es sich architextuell[15] um die ‚ursprünglichere' Form der Gattung handelt, wirkt sie doch trotz der

---

[15] Leider kann an dieser Stelle nicht umfassend auf die transtextuellen Bezüge der Romanzen (und Gedichte generell) eingegangen werden.

belehrenden Sätze bei weitem nicht so ‚verkopft‘ und didaktisierend wie etwa bei Gleim (vgl. Greif 2013, S. 146). Denn „moralpädagogische Leseanweisung[en]“, „eingestreute Lehrsätze sowie ein polarisierender Adjektivgebrauch“ tragen letztlich, wie auch Bürger (1747–1794) in seinem *Herzensausguß über Volks-Poesie* (1776) meint, „erst zur Verdummung der Rezipienten bei“ (Greif 2013, S. 146). Und trotz der auch bei Wagner hin und wieder aufblitzenden „volksbelehrende[n] Absicht“ (Schneider 1952, S. 197) ist in Wagners Romanzen hingegen das „Zwanglos-Unterhaltende“ (Greif 2013, S. 146) weitgehend unbeschnitten. In seinen *Verbotenen Verwandlungen* thematisiert Wagner dieses Verhältnis explizit: „Ein Mährchen ist kein Lehrgedicht! – / Drum nutzet diese Mordgeschicht / Zur Beßrung eurer Sitten“ (*Die Verbotenen Verwandlungen*, S. 11). Diese direkte Ansprache an die Leserschaft lädt allerdings – zumal aufgrund ihrer prominenten Platzierung am Ende der Romanze an Brechts offenen Vorhang erinnernd – eher dazu ein, sie auf einer Metaebene zu rezipieren, sodass Komik und Ironie ins Spiel kommen, sodass mit der „Poetik des Satirischen […] nach Sulzer“ die dann doch wieder im besten Sinne volksaufklärerische „Forderung, direkt den Verstand der Rezipienten anzusprechen“, mitgedacht werden muss (Greif 2013, S. 86). Dass sich Wagner mit seinen Satiren[16] und Farcen (vgl. Schneider 1952, S. 286f.) eher (erfolgreich) in einen bestehenden Diskurs einschreibt, als die Gattungen zu revolutionieren, liegt auf der Hand, kann ihn aber einmal mehr als ‚prototypischen‘ Sturm-und-Drang-Autoren ausweisen, der durchaus an den *Verformungen einer formstrengen Gattung* – so der Untertitel von Kempers Monografie *Komische Lyrik – Lyrische Komik* (2009) – teilnimmt.

Mit der Begabung zu Ironie und Komik ist ein weiteres, für Wagners Lyrik typisches Feld betreten. Bislang wurde nämlich einem verbreiteten Missverständnis nicht explizit genug begegnet: dass schlicht eine ‚böse‘ Kritik einem missverstandenen Naivling dessen Werk verleiden kann. Dagegen ist ein mehrteiliges, auf Selbstreflexivität beruhendes Argument in Stellung zu bringen. *Apolls des ersten Bänkelsängers Leben und Thaten auf dieser Welt* hebt an:

> Apoll, der alte Leyermann,
> Mit seinem glatten Kinn
> War schon als Knabe lobesan
> Was ich als Jüngling bin. (*Apolls des ersten Bänkelsängers Leben und Thaten auf dieser Welt*, zit. nach Schmidt 1879, S. 24)

Natürlich kann man (begründet) über den „neckischen Scheidegruss für seinen Freund Dölling“, über die Originalität oder Kunstfertigkeit „in den üblichen achtzeiligen Strophen“ streiten (Schmidt 1879, S. 24); aber

---

[16] Vgl. zu den Satiren des Sturm und Drang (auch Wagners) grundlegend Herboth 2002.

Schmidts Kritik, dass diese Verse von „Deutschlands Leierkasten" (ebd.) stammten, läuft wohl eher ins Leere, wenn man die bewusste Engführung von ‚Bänkelsänger' und ‚Leyermann' als selbstironischen Kommentar Wagners ernst nimmt. Ihn selbst als „Leierkasten" zu bezeichnen, wäre dann das Abgeschmackte, da Offensichtliche. Man könnte sogar so weit gehen, Wagner eine mitunter vorherrschende Absichtlichkeit im ‚Leiern' zu unterstellen, wie sie profiliert im *Repreßalien*-Gedicht (mit der nahezu forciert zu nennenden Deklamation aller Silben des titelgebenden Wortes) sowie in *Die gute Absicht* hervortritt:

> Weit hinter der andern Gesellschaft einher,
> Und dachte nicht – ich sag es ihm zur Ehre
> Wie groß der Unterschied vom Pabst zu Luthern wäre?
> (*Die gute Absicht*, S. 36)

Grenzt es nicht schon fast ans Kunstvolle, da die Lesenden das Ehre-‚e' gedanklich bei stummer wie lauter Lektüre abschneiden werden, um im Gleichklang zu bleiben – um dann späterhin aber vom „wäre" überrascht zu werden?[17] In diese Selbstreflexivität (und im Konnex mit den kurzen Ausführungen zu Ironie, Komik etc.) fügt sich Wagners Neigung zum Understatement ein, sein Kokettieren mit der Unzulänglichkeit:

> Allein zu diesem hohen Flug / Sind mir die Schwingen nicht verliehen, / Mein zärtlich Herz sei Dir genug. / Ich will im Thale wo, Dein Bild, die Rosen blühen / Von Deinem Reitz entzündet / Dir kleine Lieder singen; / Und wenn der Vers mir da nicht glückt / So wird er ewig nicht gelingen. (*An Kloen*, S. 114)

‚Kanonisierter Bescheidenheitsgestus!', könnte einer rufen, auch wenn es um die Verse: „Jetzt ist mir diese Schwärmerey / Von Herzen lächerlich" (*An Kloen*, S. 113) geht; aber damit würde er sich in die Verlegenheit bringen, zu rechtfertigen, warum man etwa in Wagners *Erklärung an alle Schönen*, ein im Duktus sonst ein *An Kloen* erinnerndes Liebesgedicht in schmachtendem Ton, diesen Zug gänzlich vermisst? Dass Wagner überdies dezidiert davon spricht, „nach Vater Gleims Gebrauch" (ebd.) Gedichte verfertigt zu haben, ist zusätzlicher Ausweis der protektiven, intertextuellen Selbstreflexivität.

Nicht nur intertextuell, sondern auch pazifistisch steigt Wagner in *Lob der Freundschaft* in die Thematik ein. Die zweite Strophe eröffnet mit den Worten:

---

17 Die Varianz des Rhythmus ist ebenfalls beachtlich, da der äußeren Beschreibung der Situation mit dem Daktylus ein anderes Betonungsschema unterlegt wird als der darauffolgenden Gedankenwiedergabe im Jambus.

Von Schlachten singe wer da will,
Und wer es kann wie Gleim.
Ein Held, ein Würger, ein Achill
Schreckt mich auch noch im Reim. (*Lob der Freundschaft*, S. 390)

Obwohl diese Verse einerseits noch von scherzhaft-intertextuellem Understatement getragen sind, ist das lyrische Ich andererseits ganz unironisch dankbar dafür, nicht von Schlachten singen zu können, da es sich in den folgenden Versgruppen massiv vom National(ismus)gedanken des 18. Jahrhunderts entfernt und die vermeintlichen ‚Helden‘ als „Würger" entlarvt. Schließlich greift es auch die Kriegsdichter selbst an:

Du, dessen rauhe Muse blos
Von Krieg und Schlachten singt,
Entscheide, wer wahrhaftig groß
Ins Ohr der Nachwelt dringt? (*Lob der Freundschaft*, S. 391)

Zugegeben: Das waren dann doch eher die Schlachtendichter als Wagner mit seinem Pazifismus. Kein Wunder, wenn ihm Schmidt schon 1875 folgendes Verdikt entgegenschleudert: „Der Dichter zeigt eine weichliche und zaghafte Stimmung, indem er zuerst alle Schlachtenpoesie verwirft" (Schmidt 1875, S. 116) – wer hätte also Grund zur Nachlese, wenn im Jahrzehnt der Kraftkerle einer „Siege sonder Tod, / Und Helden ohne Krieg" (*Lob der Freundschaft*, S. 391) wünscht, um der „Sterbenden Geschrey" (ebd.) nicht vernehmen zu müssen, und dem „stromweis[en]" (ebd.) Blutvergießen abschwört?

IV Fazit

Das, was Goethe in Sesenheim gelang, nämlich die „Reste anakreontischer Motivik [...] mit der ‚Herzens‘-Sprache" zu verschränken, sodass jene „ihre gesellschaftliche Konventionalität einbüßen und in dem gedrängten exklamativen Duktus, der diesen Gedichten eignet, eine neue, unmittelbare Ausdrucksqualität gewinnen" (Kemper 2012, S. 170), konnte Wagner nicht einlösen. Wagners Lyrik post festum als vitalen Ausdruck eines Originalgenies zu lesen, das die Lyrikgeschichte maßgeblich beeinflusst hätte, ist ebenfalls überzogen und auch „das Pathos des Neuen und der Jugend" (Burdorf 2015, S. 50) konturiert aus seinen Gedichten herauszupräparieren, misslingt allzu meist.

Seine Lyrik deswegen samt und sonders mit den Etiketten ‚kunstlos‘ und ‚epigonal‘ zu bekleben, tut ihr aber aus zwei Gründen unrecht: Erstens verkennt es die durchaus geläufige Handhabe des Umgangs mit Vorbildern und Vorläufern von Autor*innen und Epochen und insinuiert in der Dauerschleife, Wagner sei in einer Welt von Kraftkerlen und göttlichen Dichtergenies der einzige gewesen, der bereits gewiesene Wege be-schritten habe (zumal es auch bei Wagner durchaus eigene Zugänge gibt).[18] Zweitens ist die weitgehend „konventionell[e]" (Luserke 2019, S. 230) Machart seiner (auch frühen) Gedichte sowohl tendenziell anzu-zweifeln (vgl. die Prägung unter III; Wagner ist durchaus ein eigenständi-ger Lyriker) als auch die von Schmidt bis Scheuer gängige Sippenhaft *aller* Lyrika als kunstlos zu monieren, die Einzeltextanalysen bis dato entge-genstand. Bis sich diese Forschungsmeinung auch in der Breite gelockert hat, und dazu versteht sich der vorliegende Aufsatz als Aufschlag, gilt Wagners Wort:

> Aber so machts halt euer schäuslich Kritik
> Verfolgt's Genie, erstickt manch Mästerstück (*Prometheus, Deuka-lion und seine Recensenten*, S. 25)

Werke

Bürger, Gottfried August: Herzensausguß über Volks-Poesie, in: Deut-sches Museum 1776, I, S. 443ff.

Hölderlin, Johann Christian Friedrich: Hälfte des Lebens, in: Taschen-buch für das Jahr 1805. Der Liebe und Freundschaft gewidmet. Frankfurt am Mayn 1804, S. 85.

Möser, Justus: Über die deutsche Sprache und Literatur, in: Sämtliche Werke. Hist.-krit. Ausg. Hg. Von der Akademie der Wissenschaften zu Göttingen. 14 Bde. in 16 Tln., Bd. 3. Oldenburg u.a. 1943ff. [1781].

Wagner, Heinrich Leopold:
- Apolls des ersten Bänkelsängers Leben und Thaten auf dieser Welt nebst seiner letzten Willens-Ordnung allen seinen unächten Söhnen die nichts von ihm erhalten haben, zum Aergerniss, dem Herrn, Herrn David Friedrich Döllin *Med. Lt.* bey seiner Abreise von Strassburg, zur nöthigen Einsicht kund gemacht und übergeben von einigen seiner zärtlichen Freunde. Strassburg bei Jonas Lorenz, Buchdrucker. Mit Hoher Approbation [laut Schmidt 1879, S. 24, 1772 ungedruckt aus Rings Nachlass].
- Der Fuchs als Gratulant (Fabel) [laut Schmidt 1879, S. 23f., eine Gelegenheitsdichtung für den 9. März 1773; vermutlich ungedruckt].
- Confiscable Erzählungen. Wien: bey der Büchercensur 1774 [laut Schmidt 1879, S. 27, gedruckt bei Krieger in Gießen].
- Die unheilbare Krankheit, in: Ders.: Confiscable Erzählungen, S. 7–10.

---

[18] Zudem verdeckt eine solche Zuweisung, dass Wagner (deutlicher etwa als der pietistisch geprägte Lenz; vgl. Kemper 2012, S. 126) die Sexualität ungebändigt und des zivilisatorischen Firnisses entkleidet darstellt und mithin einige Sturm-und-Drang-Autoren in der Vorhut auf die Plätze verweist.

- Der (verstockte) Tischler, in: Ders.: Confiscable Erzählungen, S. 11–13.
- Die ungereimte Frage, in: Ders.: Confiscable Erzählungen, S. 14–16.
- Der leidige Trost, in: Ders.: Confiscable Erzählungen, S. 17f.
- Das ***Fest (eine Rapsodie), in: Ders.: Confiscable Erzählungen, S. 19–22.
- Der Schein betrügt, in: Ders.: Confiscable Erzählungen, S. 23f.
- Die Repress/ßalien., in: Ders.: Confiscable Erzählungen, S. 25f.
- Der Schinken, in: Ders.: Confiscable Erzählungen, S. 27–32.
- Das überflüssige Brillenglas, in: Ders.: Confiscable Erzählungen, S. 33f.
- Die gute Absicht, in: Ders.: Confiscable Erzählungen, S. 35–37.
- Seraphine und Don Alvar, in: Ders.: Confiscable Erzählungen, S. 38–44.
- Phaeton. Eine Romanze. Dem durchlauchtigsten Fürsten und Herrn Ludwig, Fürsten zu Nassau / Grafen zu Saarbrücken und Saarwerden, Herrn zu Lahr, Wisbaden und Idstein etc. etc. etc. in tiefster Ehrfurcht erzehlet von Heinrich Leopold Wagner. Nachdruck der Ausgabe Saarbrücken 1774. Hg. von Christoph Weiß mit einem umfassenden Nachwort. St. Ingbert 1990.
- Der Sudelkoch, in: Frankfurter gelehrte Anzeigen 39 (1774), S. 762 sowie im Almanach der deutschen Musen, Leipzig 1775, S. 229f.
- Neujahrswunsch, in: Almanach der deutschen Musen 1774, S. 221-223 [vorher bereits im Saarbrücker Wochenblatt].
- Prometheus, Deukalion und seine Recensenten, in: Heinrich Leopold Wagner: Gesammelte Werke in fünf Bänden. Zum ersten Mal vollständig hg. durch Leopold Hirschberg. Bd. 1: Dramen. [Mehr nicht ersch.] Potsdam: Hadern Verlag [1775] 1923, S. 7–26.
- Die verbotenen Verwandlungen. Eine Romanze gesungen am Neujahrstage, in: Almanach der deutschen Musen 1775, S. 7–11.
- Marchand beym Schluss der Bühne in Maynz den 19. Febr. 1776, in: Theaterkalender 1778, S. IXf.
- Anrede ans Mainzer Publikum, im Namen der Madam Seyler den 17. Jun. 1777 [laut Schmidt 1875, S. 27, nicht gehalten], in: Theaterkalender 1780, S. 13f.
- Antrittsrede gehalten von Madam Seyler zu Frankfurt am Mayn 1778, in: Theaterkalender 1779, S. IXff.
- Antrittsrede von Mad. Seyler zu Anfang der Herbstmesse 1778 [laut Schmidt 1875, S. 28, „nach einer schweren in Köln überstandenen Krankheit in Frankfurt a. M. eines Rückfalls wegen nicht gehalten"], in: Theaterkalender 1779, S. XIXff.
- Antrittsrede gehalten von Mad. Seyler in Mannheim den 27. Oct. 1778, in: Theaterkalender 1779, S. XXIVf.

- Die vergebliche Warnung. Ein Lied, in: Der Bürgerfreund, eine Straßburgische Wochenschrift vom 7. Juni 1776, 1 (1776), Bd. 1, S. 360.
- Bitte an die Vorsicht, in: Der Bürgerfreund, eine Straßburgische Wochenschrift. Erster Jahrgang. Erster Band. Straßburg, bey Johann Friedrich Stein. 7. Juni 1776, S. 342f.
- Lob der Freundschaft, in: Der Bürgerfreund, eine Straßburgische Wochenschrift. Erster Jahrgang. Erster Band. Straßburg, bey Johann Friedrich Stein. 7. Juni 1776, S. 390–392.
- Ernestinchens Empfindungen an dem Grabe der hochsel. Frau Landgräfinn von Darmstadt, in: Almanach der deutschen Musen 1776, S. 153f.
- An den Mond, in: Almanach der deutschen Musen 1776, S. 154.
- Erklärung an alle Schönen, in: Leipziger Musenalmanach 1776, S. 103–106.
- Der reiche Stax, in: Leipziger Musenalmanach 1776, S. 269.
- Der Fürst und der Naturkündiger, in: Leipziger Musenalmanach 1777, S. 57.
- Der Edelmann und sein Knecht, in: Leipziger Musenalmanach 1777, S. 110.
- Grabschrift, in: Leipziger Musenalmanach 1777, S. 232.
- Der Wittwer bey seiner Frauen Grabe, in: Leipziger Musenalmanach 1777, S. 233.
- An Thaliens jüngste Schülerin, Lotte Grosmann auf ihren zweyten Geburtstag den 9. September 1777, in: Litteratur- und Theaterzeitung I, 1777, S. 322f.
- Kinderpastorale, in: Der Bürgerfreund. X. Stück. Freytags den 14ten März 1777, S. 155–160.
- Ein Abschiedsliedchen (Ohne Herz was thät ich hier), in: Kayser: Gesänge mit Begleitung des Claviers, Leipzig, Winterthur 1777, S. 16.
- Briefe die Seylerische Schauspielergesellschaft betreffend. Frankfurt 1777.
- An Herrn von Türkheim am Tage seiner Vermählung[,] eine Epistel von H.L. Wagner. Frankfurt am Mayn. Den zweyten Hornung 1778.
- An Madame Abt, in: Schmidt 1875, S. 111f.
- An Kloen, in: Schmidt 1875, S. 113f.
- Der Schmetterling, in: Schmidt 1875, S. 114f.

Forschung

Burdorf, Dieter: Einführung in die Gedichtanalyse. 2., überarb. und aktual. Aufl. Stuttgart, Weimar 1997.
Burdorf, Dieter: Geschichte der deutschen Lyrik. Einführung und Interpretationen. Stuttgart 2015.

Buschmeier, Matthias; Kauffmann, Kai: Einführung in die Literatur des Sturm und Drang und der Weimarer Klassik. Darmstadt 2010.

Elit, Stefan: Lyrik. Formen – Analysetechniken – Gattungsgeschichte. Paderborn 2008.

Felsner, Kristin; Helbig, Holger; Manz, Therese: Arbeitsbuch Lyrik. 2., aktual. Aufl. Berlin 2012.

Froitzheim, Johannes: Goethe und Heinrich Leopold Wagner. Ein Wort der Kritik an unsere Goethe-Forscher, in: Beiträge zur Landes- und Volkskunde von Elsaß-Lothringen. Bd. 2. Straßburg 1889.

Genton, Elisabeth: La Vie et les Opinions de Heinrich Leopold Wagner (1747–1779). Frankfurt a.M. u.a. 1981.

Goedeke, Karl: Grundrisz zur Geschichte der Deutschen Dichtung aus den Quellen [¹1859]. 2., ganz neu bearb. Aufl. Bd. 4: Vom siebenjährigen bis zum Weltkriege. Erste Abteilung. Dresden 1891.

Greif, Stefan: Literatur der Aufklärung. Paderborn 2013.

Herboth, Franziska: Satiren des Sturm und Drang. Innenansichten des literarischen Feldes zwischen 1770 und 1780. Hannover 2002.

Jørgensen, Sven Aage; Bohnen, Klaus; Øhrgaard, Per: [Wagner], in: Geschichte der deutschen Literatur von den Anfängen bis zur Gegenwart. Bd. 6: Aufklärung, Sturm und Drang, frühe Klassik 1740–1789. München 1990, S. 477f.

Jürgensen, Christoph; Irsigler, Ingo: Sturm und Drang. Göttingen 2010.

Karthaus, Ulrich unter Mitarbeit von Tanja Manß: Sturm und Drang. Epoche – Werke – Wirkung. 2., aktual. Aufl. München 2007.

Kemper, Hans-Georg: Geschichte der deutschen Lyrik. Bd. 2: Von der Reformation bis zum Sturm und Drang. Stuttgart 2012.

Kemper, Hans-Georg: Komische Lyrik – Lyrische Komik. Über Verformungen einer formstrengen Gattung. Tübingen 2009.

König, Christoph; Müller, Hans-Harald; Röcke, Werner (Hg.): Wissenschaftsgeschichte der Germanistik in Porträts. Berlin 2012 [¹2000].

Lehnert, Nils: [Art. II.3.2.4] Rezensionen 1769–1800, in: Herder Handbuch. Hg. von Stefan Greif, Marion Heinz und Heinrich Clairmont. Paderborn 2016, S. 469–484.

Luserke, Matthias: Sturm und Drang. Autoren – Texte – Themen. Bibliographisch ergänzte Ausgabe. Stuttgart 2019 [¹1997].

Luserke-Jaqui, Matthias: I Einleitung – Sturm und Drang. Genealogie einer literaturgeschichtlichen Periode, in: Handbuch Sturm und Drang. Hg. von dems. unter Mitarbeit von Vanessa Geuen und Lisa Wille. Berlin, Boston 2017, S. 1–28.

Müller, Oliver: Einführung in die Lyrik-Analyse. Darmstadt 2011.

Müller, Oliver: Lyrik der siebziger Jahre – Hölty, Goethe, Lenz, in: Sturm und Drang. Epoche – Autoren – Werke. Hg. von Matthias Buschmeier und Kai Kauffmann. Darmstadt 2013, S. 104–121.

Richter, Karl: Einleitung, in: Gedichte und Interpretationen. Bd. 2: Aufklärung und Sturm und Drang. Hg. von dems. Stuttgart 1983, S. 9–21.

Scheuer, Helmut: Heinrich Leopold Wagner, in: Deutsche Dichter. Bd. 4: Sturm und Drang, Klassik. Stuttgart 1989, S. 68–74.

Schmidt, Erich: Heinrich Leopold Wagner, Goethes Jugendgenosse. Nebst neuen Briefen und Gedichten von Wagner und Lenz. Jena 1875.

Schmidt, Erich: Heinrich Leopold Wagner, Goethes Jugendgenosse. 2., völlig umgearbeitete Aufl. Jena 1879.

Schmidt, Erich: „Wagner, Heinrich Leopold", in: Allgemeine Deutsche Biographie 40 (1896), S. 502–506.

Schneider, Ferdinand Josef: Die Deutsche Dichtung der Geniezeit. Band III/Zweiter Teil. Stuttgart 1952.

Stephan, Inge: Aufklärung, in: Deutsche Literaturgeschichte. Von den Anfängen bis zur Gegenwart. 9., akt. u. erw. Aufl. Berlin 2019, S. 151–184.

Stürmer und Dränger. Bd. II: Lenz und Wagner. Hg. von August Sauer. Berlin, Stuttgart: Spemann 1883 (= Deutsche National-Litteratur. Historisch kritische Ausgabe 80. Hg. von Joseph Kürschner).

Wille, Lisa: Wagner, Heinrich Leopold, in: Handbuch Sturm und Drang. Hg. von Matthias Luserke-Jaqui unter Mitarbeit von Vanessa Geuen und Lisa Wille. Berlin, Boston 2017, S. 179–185.

„Voran ein Prologus und zulezt ein Epilogus."

Zur Funktion des Paratextes in Heinrich Leopold Wagners
Prometheus, Deukalion und seine Recensenten (1775)

Annette Ripper

Nach einem Wort Novalis' ist gerade dem Prolog eines Werkes besondere
Beachtung zu schenken, da es zum einen über das Wesen desselben Aus-
kunft gibt, aber gleichsam auch dessen Rezeption steuert (vgl. Dembeck
2007, S. 4). Tatsächlich sind die einen Text umgebenden formalen, inhaltlichen und strukturellen Elemente, die unter dem Terminus „Paratexte"
(Genette 2001) gefasst werden, inzwischen – und nicht zuletzt durch
Genettes gleichnamige Monografie – zu einiger Popularität gelangt. Sie
erfüllen mithin wichtige textinterne und textexterne Funktionen. Insbesondere die Autoren der bewegten literarischen Periode des Sturm und
Drang bedienten sich des zum Paratext zählenden Repertoires – und das,
wie zu zeigen sein wird, aus unterschiedlichen Gründen. Im Folgenden
soll Heinrich Leopold Wagners Literatursatire *Prometheus, Deukalion und
seine Recensenten* (1775)[1] auf die dem Basistext beigefügten Elemente hin
untersucht und deren Funktion für die Textproduktion sowie für die
Textrezeption erörtert werden. Einleitend werden zeitgenössische pro-
duktions- und rezeptionsästhetische Besonderheiten dargelegt. In diesem
Zusammenhang wird Wagners anonym erschienene Schrift kurz vorgestellt. Der Hauptteil des Beitrags ist dem Paratext, genauer dem Peritext,
in Wagners Satire gewidmet. Die dem Text beigegebenen Elemente werden eingehend besprochen und im Anschluss daran mit Genettes Konzeption von Paratexten hinsichtlich ihrer Funktionen analysiert. Eine abschließende Betrachtung resümiert die Analyse und gibt einen Ausblick
auf künftige Forschungsfelder.

I

Den zwar zahlenmäßig überschaubaren, doch dafür umso umtriebigeren
Autoren des Sturm und Drang gebührt das Verdienst, frischen Wind in
eine stark an aufklärerischen Traditionen orientierte Literaturproduktion

---

[1] Zitiert wird nach einer 1775 anonym erschienenen Ausgabe, in der Leipzig als
Verlagsort genannt wird. Sie wird im Folgenden mit PDR abgekürzt.

hinein getragen und provokant und kritisch mit neuen ästhetischen Mitteln für Furore gesorgt zu haben. Doch auch wenn einige Autoren unter ihnen hinsichtlich persönlicher Invektiven ein wenig über die Stränge schlugen, so schmälert das keineswegs die auf mehreren Ebenen durchdachte Komposition der Texte, die uns diese lebhafte literarische Praxis vor Augen führen. Bekannt ist, dass sich der Sturm und Drang in einer Umbruchsphase konstituiert und diese wiederum dynamisiert hat. Das betrifft die stark angestiegene Buchproduktion und die rasch wachsende Zahl von Leserinnen und Lesern ebenso, wie die Herausbildung bürgerlicher Gesellschafts- und Lebensformen (vgl. Luserke 2019, S. 14). Aus produktionsästhetischer Perspektive richtet sich die Rebellion der Autoren gegen Regelhaftigkeit, oder um es etwas differenzierter zu fassen, gegen die Verfestigung gesellschaftlicher Praktiken, die unhinterfragt zu Regeln gerinnen, Konformität erzeugen und Individualität verhindern. Damit werden Machtmechanismen adressiert, die angegriffen und bewusst gemacht werden sollen; der sich etablierende Literaturbetrieb steht stellvertretend hierfür, sowohl auf dem Gebiet der Literaturproduktion als auch auf dem der Rezeption und der Literaturkritik, denn die Verbreitung gesellschaftlicher Normen findet außerhalb der Romanliteratur und der Belletristik in den sich etablierenden Magazinen, Zeitungen und moralischen Wochenschriften statt, in denen auch literarische Neuerscheinungen der Kritik unterzogen werden. Literatursoziologisch gefasst stellt das Buch als Medium daher einen Diskursraum bereit, der an der Schnittstelle zwischen literarischem und gesellschaftlichem Diskurs angesiedelt ist. Mit dem wachsenden Buchmarkt und der gesteigerten Distribution der Werke besteht zudem die Möglichkeit, eine neue Leserschaft zu erreichen und bei der Werkproduktion noch stärker auf Elemente zu achten, die die Rezeption anregen (vgl. Dembeck 2007, S. 86).

Ein interessanter Aspekt dieser wagnerschen Satire ist nun, dass sie nicht nur die Literaturkritik aus der realen Welt in das kleine Werk hineinholt, sondern bereits im Prolog in einer Art vorweggenommener satirischer Nacherzählung der zeitgenössischen Reaktionen auf die Kritik an Goethes *Werther* (1774) antwortet. Bereits dieser Sachverhalt ist es, der in dieser Zeit „im literarischen Feld eine Regelverletzung darstellt" (Herboth 2002, S. 236). Entgegen gängiger Praktiken in anderen Literatursatiren der Zeit – wie etwa Goethes *Götter, Helden und Wieland. Eine Farce* (1774) – richtet sie ihr kritisches Augenmerk weniger auf andere Dichter und Schriftstellerkollegen, als auf die zeitgenössische Literaturkritik als einer kulturpolitischen Praxis, welche die erschienene Literatur in vorhersehbarer Weise nach immer gleichen Mustern entweder auf- oder abwertet. Dabei greift Wagner selbst auf literarische Praktiken und Traditionen zurück, die aus der Narrenliteratur, dem Fastnachts- und dem Puppenspiel bekannt sind (vgl. Genton 1971, S. 238 u. 253). Deren formale und inhaltliche Merkmale sind die volkstümliche Sprache mit zuweilen derben Ausdrücken, häufig in Knittelversen verfasst, ebenso die Verwendung von dekorativen Illustrationen, die den Texten beigegeben sind und die burleske, volksnahe Verballhornung gesellschaftlicher Ordnung. Das Fastnachtsspiel ist zudem ein Element der Karnevalskultur, in der Regeln und gesellschaftliche Normen zumindest für die Dauer des Karnevals außer Kraft gesetzt werden (vgl. Bachtin 1990 [¹1969], S. 33).

II

Der Peritext, der im Folgenden näher besprochen wird, bildet den gestaltbaren Grenzraum zwischen literarischer und realer Welt, der in der hier vorliegenden Satire mehrere Funktionen erfüllt. Er macht zeitgenössische Rezensionspraktiken der Verleger, Herausgeber und Beiträger diverser Literatur-, Rezensions- und Wochenzeitschriften zum Gegenstand der eigenen satirischen Perspektive. Zum Peritext zählen alle Textelemente, die nicht Bestandteil des Basistextes sind wie beispielsweise Titel, Vorwort, Nachwort, Kapitelüberschriften, Abbildungen oder ähnliche Bildelemente, Anmerkungen und Fußnoten. Gemeinsam mit dem Epitext, zu dem Genette Rezensionen, Interviews und Briefwechsel zählt, bildet er den Paratext. In der bei Genette beliebten formalistischen Schreibweise heißt es: *„Paratext = Peritext + Epitext.“* (Genette 2001, S. 13, Hervorhebung im Original)

Auch Paratexte haben sich im Laufe der Zeit gewandelt, wann immer die formale Organisation von Texten durch eine neue Technik und/oder neue Techniken verändert wurde. Zwei Umbrüche sind von besonderer Relevanz; zum einen der Schritt in die Moderne im 12. Jahrhundert und die Erfindung des modernen Buchdrucks durch die Verwendung beweglicher Lettern in der Mitte des 15. Jahrhunderts. In seiner Untersuchung zu Hugo von St. Viktors *Didascalicon de Studio legendi* (ca. 1128) unterscheidet Illich zwei Arten des Lesens, die monastische und die scholastische, und macht daran den Umbruch im 12. Jahrhundert von einer eindimensionalen hin zu einer zweidimensionalen Textgestalt aus, die neue Kommunikations- und Anschlussformen des Textes ermöglicht (vgl. Illich 1991, S. 101). Diese Zweidimensionalität lässt sich als conditio sine qua non für alle weiteren Entwicklungsprozesse begreifen, vom Buchdruck bis hin zur Digitalisierung mittelalterlicher Bücher, selbst wenn letztere eine „Loslösung von der fixen Topographie der Buchseite" (Gehring, Rapp 2018, S. 282) bedeutet. Dembeck zufolge konsolidieren sich durch die zweidimensionale Textgestalt neue paratextuelle Ordnungen, die wiederum in verschiedenen Epochen unterschiedliche Funktionen erhalten (vgl. Dembeck 2007, S. 19).

Im 18. Jahrhundert geht es Vertretern aufgeklärter Positionen vor allem darum, eine vernunftbasierte Ordnung zu etablieren. Diese Bemühungen schlagen sich auch in theoretischen Überlegungen zur Literatur nieder, und man findet verstreute Belege, dass hierfür auch paratextuelle Elemente genutzt werden. Gottsched beispielsweise richtet sich in seinem *Versuch einer critischen Dichtkunst vor die Deutschen* (1729) zwar einerseits gegen die im Barockzeitalter gebräuchlichen sehr langen Titel literarischer Werke, andererseits plädiert er selbst aber für eine „doppelte Adressierungsstruktur" (Dembeck 2007, S. 84), die „für das Verhältnis von Text und Paratext eine quasi-emblematische Struktur der Doppelungen und Korrespondenzen in Anschlag bringt." (Ebd., S. 103) Auch für Christian Friedrich von Blankenburg (1744–1796), Autor einer literaturtheoretischen Schrift mit dem Titel *Versuch über den Roman* (1774) und zudem einer der *Werther*-Rezensenten, bilden Romane Schnittstelle und Konstruktionsraum, über deren Ordnung sich eine übergreifende rationale Ordnung göttlicher Fügung norm(alis)ieren lässt (vgl. Dörr 2011, S. 462). Die Gestaltung und die Anordnung einzelner Textelemente zu einem Textganzen wird also zu keiner Zeit dem Zufall überlassen und die Sturm und Drang-Autoren sind sich der Bedeutsamkeit des Beiwerks der Texte mehr als bewusst. Spielereien mit anspielungsreichen Titeln, die Vorgabe diverser Verlagsorte, oder auch eine entsprechende Positionierung der Werke in Vor- und Nachworten dient häufig nicht nur der Gruppenstabilisierung, sondern auch der Wirkungssteigerung im umkämpften Raum um die Lesergunst und des sich etablierenden Literaturbetriebs.

Wagners kleine Schrift trägt den Titel *Prometheus, Deukalion und seine Recensenten*. Sie wird im Jahr 1775 anonym[2] veröffentlicht, ein Jahr nach dem Erscheinen von Goethes *Die Leiden des jungen Werthers*. Die außergewöhnlich starken Reaktionen der Kritik auf das Erscheinen des *Werthers* sind Belege für die entfachten Kontroversen (vgl. Flaschka 1987, S. 239). Wagner gießt nun Öl ins Feuer: Er positioniert sich bereits mit dem Titel im diskursiven Dreieck zwischen Goethe als Autor des *Werthers*, Goethe als Identitätsstifter der Gruppe der jungen Generation, also der Sturm und Drang-Autoren und schließlich, den aus dem Lager der Aufklärer stammenden Rezensenten. Die im Titel ausgewiesene Figur des Prometheus markiert eine doppelte Verortung im Diskurs: Prometheus ist einerseits zum „literarischen Selbstbild der jungen Autoren des Sturm und Drang" (Luserke-Jaqui 2017, S. 4) avanciert, weil die Entwendung des Feuers von Zeus als ein Akt des Ungehorsams und als ein Akt der Rebellion gegen die väterliche Machtposition verstanden werden

---

[2] Dass Wagner sich entschließt, die Schrift anonym erscheinen zu lassen, ist vermutlich weniger einem „eifrig gehüteten Inkognito" (Genette 2001, S. 46) geschuldet. Eher stellt die Anonymität eine Komponente des ganzen satirischen Vexierspiels dar, das Wagner hier inszeniert hat.

kann, und zudem, weil dadurch ein Demokratisierungsprozess in Gang gesetzt wird, der in der Folge mehr Bestimmung des Selbst zulässt (vgl. ebd.). Doch Prometheus steht auch für den *Werther*-Autor höchstpersönlich. Gemeinsam mit der Nennung Deukalions, dem Sohn des Prometheus, den dieser der Sage nach mit einem selbst gebauten Schiff durch den Sturm und die tosenden Wellen navigiert und damit vor dem Ertrinken rettet (vgl. Schwab 1975, S. 18), versinnbildlicht das Ensemble Prometheus – Deukalion, den Werkvater Goethe und dessen erschaffene Werther-Figur. Die vorgenommene Verschränkung zwischen Werk und Rezeption geschieht durch die Erwähnung der „Recensenten" in Kombination mit dem Personalpronomen „seine". In der zitierten Ausgabe ist unter dem Haupttitel eine Hanswurst-Vignette zu sehen, und darunter wiederum ist der Untertitel *Voran ein Prologus und zulezt ein Epilogus* gesetzt. Die emblematische Struktur des Titels verweist auf die Genre-Programmatik, die dabei gleichzeitig literarhistorisch unterfüttert wird. Um den Hanswurst, der auf Jahrmarkttheatern und Wanderbühnen zu Hause ist und der schon seit dem 16. Jahrhundert zum festen Repertoire der Fastnachtsliteratur gehört, ist ein Streit entbrannt (vgl. Eybl 1995, S. 24f.). Von den Aufklärern geschmäht, wird er hier gerade an zentraler Stelle positioniert, um zu provozieren und um den derben, satirischen Charakter der vorliegenden Schrift anzukündigen und zu betonen. In gleicher Weise, wie der Titel *Prometheus, Deukalion und seine Recensenten* Anklänge an Goethes *Götter, Helden und Wieland* (1774) enthält, lässt der Untertitel eine Anspielung auf ein Werk von Friedrich Nicolai (1733–1811), dem Herausgeber der Rezensionszeitschrift *Allgemeine Deutsche Bibliothek* vermuten (vgl. Dörr 2011, S. 464 u. 467). Dieser hatte ganz im Geiste der Aufklärung eine *Werther*-Replik verfasst, der er den Haupttitel *Freuden des jungen Werthers. Leiden und Freuden Werthers des Mannes* (1775) und den Untertitel *Voran und zulezt ein Gespräch* gab und darin insbesondere den Schluss verändert, um zu zeigen, „wie vernünftige Menschen den Konflikt gelöst hätten." (Herboth 2002, S. 224) Nicolai ist seinerzeit ein renommierter Herausgeber und Autor, die vierteljährlich erscheinende Zeitschrift *Allgemeine Deutsche Bibliothek*, sein ehrgeiziges Rezensionsprojekt, gewinnt als „Informationsmedium der deutschen Gelehrtenrepublik" stetig an Bedeutung. (Schneider 1995, S. 8) Wagners Referenz auf Nicolais *Werther*-Parodie ist Adressierung und Herausforderung zugleich. Ehe dieser auf der nächsten Seite ein Zitat des englischen Autors Matthew Priors (1664–1721) folgt, ist noch ein Verlagsort genannt, der hier mit „Leipzig" angegeben ist. Es sind aber mehrere Exemplare von Wagners Schrift im Umlauf, die zum Erscheinungsort jeweils andere Angaben machen, vermutlich um den Anschein zu erwecken, es handele sich um ein überregional nachgefragtes und aufgelegtes Werk einer größeren literarischen Gruppierung und um den der Aufklärung anhängigen Autoren, Verlegern und Rezensenten zu suggerieren, dass der Wirkungskreis der Sturm und Drang-Autoren nicht auf wenige Orte, allen voran Frankfurt a.M. und Straßburg, begrenzt sei (vgl. Flaschka 1987, S. 249). Genton vermutet, dass die unterschiedlichen Angaben zu den Erscheinungsorten bereits zum Inhalt der Satire gehören, da diese mit den Wirkungskreisen und den Heimatstädten der persiflierten Kritiker übereinstimmen (vgl. Genton 1971, S. 237).

Das oben erwähnte Prior-Zitat ist eine trotzige Herabwürdigung der zensierenden Literaturkritik, eine Absage an deren Autorität und die Negierung jeglicher Wirkung auf den englischen Autor Prior, der selbst Satiren schrieb, ehe er im Feld der Politik tätig wurde. Dass Wagner sich dieses Zitat zu eigen macht, unterstreicht die Kampfansage an die *Werther*-Kritiker. Dem Zitat an die Seite gestellt, genauer auf der zweiten Seite der Doppelseite, findet sich das Figurenverzeichnis, welches aber als Dramatis Personae keine Personen als Figuren benennt, sondern nur Götter, Titanen, Tiere und den oben bereits erwähnten Hanswurst. Dass mit den Tieren zeitgenössisch bekannte Verleger, Autoren und Rezensenten bezeichnet werden, ist in der Forschung gut dokumentiert (vgl. Flaschka 1987; Genton 1971; Herboth 2002). Nicolai beispielsweise, figuriert im Text selbst als „Orang=Outang" (PDR, S. 20f.), zwar mächtig, aber primitiv und nur zum „Nachäffen" (Herboth 2002, S. 226) in der Lage; der *Werther*-Verleger Weygand aus Leipzig hingegen als „Papagey" (PDR, S. 8). Er hat Goethes Autorschaft preisgegeben, obgleich Goethe ihn gebeten hatte, dies zu unterlassen (vgl. Genton 1971 S. 238f.).[3]

Dem Tier-Personal und damit den persiflierten Kritikern, sind im Text selbst kleine, holzschnittartige Abbildungen beigegeben, die den Beginn ihrer Rede markieren. Hier mag Brant der Ideengeber gewesen sein (vgl. Herboth 2002, S. 227). Sein *Narrenschiff* (1494) gehört bis zum Erscheinen des *Werthers* zu einem der größten weltlichen Bucherfolge. Dieser Erfolg wird auf mehrere Gründe zurückgeführt. Neben der Auffassung, das *Narrenschiff* sei ein „formal ungemein kunstreiches Gebilde" (Lemmer 2004, S. XIII), weil es Stilmittel der römischen Satire verwende und die Metrik an Dante anlehne, werden auch die teilweise sehr sublim gearbeiteten Holzschnitte für diesen Erfolg verantwortlich gemacht, die Brants *Narrenschiff* (1494) illustrieren. Gerade die mediale Vielgestaltigkeit und besonders die Holzschnitte seien es gewesen, die dem Werk zu seiner außergewöhnlichen Beliebtheit verholfen hätte (vgl. Brant 1995, S. 467). In diesem Sinne knüpft Wagner an Brant an und ordnet jedem Rezensenten-

---

[3]   Eine kompakte Übersicht über das Tier-Personal und die damit bezeichneten Kritiker, Autoren und Verleger findet sich im Handbuch Sturm und Drang. Hg. von Matthias Luserke-Jaqui unter Mitarbeit von Vanessa Geuen und Lisa Wille. Berlin, Boston 2017, S. 577–581.

„Narren" das seiner Meinung nach passende Abbild zu; die der beiden oben erwähnten Personen Weygand und Nicolai sind hier abgebildet:

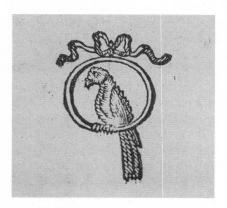

Abb. 1: Der „Papagey" ziert die Rede von Verleger Weygand (PDR, S. 8).

Abb. 2: Autor und Herausgeber Nicolai ist als tierisches Abbild
der „Orang=Outang" zugedacht (PDR, S. 20).

Doch auch wenn Brants *Narrenschiff* sehr viel aufwändiger gearbeitete Holzschnitte enthält und sein Text sehr viel komplexer ist und weit mehr intertextuelle Bezüge zum gesamten, bis dahin verfügbaren Wissen aufweist, wie etwa zur Bibel, zur Rechtsprechung, zur Mythologie und zur antiken Literatur, so dienen Brant diese Bezüge weniger der Repräsentation dieses Wissens für einen gelehrten Adressatenkreis, als vielmehr der argumentativen Fundierung im Dienste der eigenen Sache (vgl. Lemmer 2004, S. 329).[4] Bei Wagner verhält es sich ähnlich, der zwar einen sehr viel

---

[4] Brants Ziel ist es nach Lemmer „in die Welt hinein zu wirken zur Besserung der Menschen und zugleich ins Jenseits zu zielen in der Sorge um das menschliche Seelenheil" (Lemmer 2004, S. X).

engeren diskursiven Rahmen wählt, diesen aber auch mit zahlreichen Referenzen versieht.

Die Verwendung von Bildelementen wird – wie bei Brant – bis zum Schluss durchgehalten. Im Epilog wird noch einmal die Hanswurst-Vignette abgebildet, die bereits auf dem Titelblatt zu sehen ist. Prolog und Epilog rahmen den Text; beide sind im Dialekt gehalten und beiden ist ein Sprecher zugewiesen, „Prologus" (PDR, S. 5f.) und „Hannswurst" (ebd., S. 27). Während die Sprache des Prologus hessisch eingefärbt ist, spricht der Hannswurst im Straßburger Dialekt und damit sind wiederum zwei der Wirkungszentren des Sturm und Drang-Kreises benannt (vgl. Luserke-Jaqui, 2017, S. 4). Prologus greift die *Werther*-Rezensenten direkt an: „Kans nit länger mehr ansehn, wie die Kerls mit dem guten W** umgehn" (PDR, S. 5), insbesondere platziert er aber auch hier noch einmal einige Spitzen gegen Nicolai. Dieser wird porträtiert als „Bürschchen", welches am Schluss noch „hervorgekrochen" kommt und sein „Alltagsgesicht" dem des „guten W**" anpassen" will (PDR, S. 5). Könnte man zunächst meinen, Goethe und dessen *Werther* würden damit uneingeschränkt verteidigt, so ist man auf den zweiten Blick geneigt, Genton zuzustimmen, die eine „doppelte Persiflage" (Genton 1971, S. 250) identifiziert. Als Beleg zieht sie einen Brief Wagners an Friedrich Dominicus Ring (1726–1809)heran, in dem dieser sich als „eben kein geschworner *Göthianer*" (Wagner, zit. nach Genton 1971, S. 250[5]) bezeichnet. Das ließe sich stützen mit der abschließenden Bemerkung des Hannswurst, der sich an alle im Stück auftretenden Figuren als Narren wendet und ironisch auf die symbolischen und verbalen Schläge verweist, die er mit seiner Peitsche ausgeteilt hat: „Mei Peitsch hat manche Narr gscheiter gemacht – Auch euch ihr Herrn? Wünsch geruhige Nacht." (PDR, S. 28)

Zusammenfassend lassen sich zwei Funktionstypen des Peritextes ausmachen: ein textexterner und ein textinterner, die aber unter einer kardinalen Funktion, nämlich der sogenannten Kommunikationsfunktion, subsumiert werden können (vgl. Genette 2001, S. 15). Diese funktioniert in doppelter Hinsicht: textextern, weil der liminale Gestaltungsraum des Peritextes von Wagner so genutzt wird, dass er aktiv in den Literaturbetrieb eingreifen kann. Textintern, weil die gleichen Elemente, die in der Realität Wirksamkeit entfalten, auch als inhaltliche Konstituenten der Satire dienen. Die Figur der Dopplung, auch das ist für die kleine Satire kennzeich-

---

[5] Genton weist in einer Fußnote darauf hin, dass der Brief kein Datum trägt, identifiziert ihn aber als Antwort auf einen Brief von Ring an Wagner vom 18. April. Sie bezieht sich hier auf ein als „Ringnachlass Nr. 87" bezeichnetes Dokumentenkonvolut: „Dieser Brief trägt kein Datum. Da er aber eine Antwort auf Rings Brief vom 18. April ist und eine Aufführung von Erwin und Elmir [sic!] vom 26. Mai erwähnt, kann er nicht vor Ende Mai/Anf. Juni geschrieben sein. Ringnachlass Nr. 87."

nend, nimmt ebenfalls eine besondere Funktion ein, die aber den beiden anderen immanent ist. Sie zeigt sich auf der Figurenebene insofern, indem jeder Figur eine doppelte Zuschreibung zukommt und sie zeigt sich in der semantischen Dopplung durch Bild und Text auf der inhaltlichen und der formalen Ebene.

III

Die Ausführungen zeigen, dass Wagner seine kleine Satireschrift auf mehreren Ebenen angelegt hat. Der wohl überlegte Einsatz peritextueller Elemente, den er hierbei vornimmt, dient dem Versuch, den Epitext entsprechend zu orientieren. Deutlich wird auch, dass damit die Grenzen zwischen dem Inhalt der Satire und ihrem beabsichtigten Wirkungsspektrum fließend werden. Das betrifft vor allem das Vorhaben, aktiv in die Gestaltung des Literaturbetriebs einzugreifen. Als Vorbilder dienen Puppentheater, Fastnachtsspiel und Narrenliteratur. Damit werden volksnahe, auf Unmittelbarkeit und derbe Komik setzende Elemente in Anschlag gebracht, die insgesamt in der literarischen Periode des Sturm und Drang eine Aufwertung erfahren. Die zahlreichen Referenzierungen, die bereits im Titel enthalten sind, stecken den Diskursraum ab und sollen ihre Adressaten täuschen, verunsichern und provozieren. Selbst die Angaben zum Erscheinungsort sind manipuliert und suggerieren eine größere Wirkungsebene. Die schelmische Verspieltheit aber auch die Dreistigkeit, mit der Wagner dabei vorgeht, verfehlen ihre Wirkung nicht. Verunsicherung herrscht darüber, wer nun der Autor dieser Satire sei. Zunächst wird Goethe als Autor angenommen, bei dem man Rachepläne für die zahlreichen Kritiken an dessen *Werther* vermutet. Zudem hatte dieser im Jahr zuvor eine Satire mit ähnlich klingendem Titel verfasst. Doch wird dieser Gedanke recht schnell verworfen: Heinse, der den *Werther* in der von Jacobi herausgegebenen Zeitschrift sehr positiv besprochen hatte, die im Text unter ihrem Titel als „Miß Iris" (PDR, S. 18) persifliert wird und der Abbildungen von Engelsgesicht, Himmel und Wölkchen attribuiert werden, schreibt in einem Brief vom 28. März 1775 an Gleim, er sehe in der Satire weder „Goethes Manier in Knittelversen, geschweige denn sein Geist" (Heinse zit. nach Genton 1971, S. 242). Viel eher glaube er, sie sei aus der Feder des „Menschen Wagner", dessen, so ein Freund, „Gesichtsbildung […] mehr faunisch, als natürlich oder menschlich" (Heinse zit. nach Genton 1971, S. 242) sei. Nicolai hingegen war überzeugt, die Satire stamme aus Goethes Feder. Auch er zeigte sich über die Satire empört und äußerte sich dazu in einer Weise, die nicht nur den Inhalt des kleinen Werks, sondern auch den vermeintlichen Verfasser, Goethe, kritisierte und die Goethe schließlich veranlasste, Wagner als Verfasser preiszugeben (vgl.

Herboth 2002, S. 230). Die Bekanntgabe erfolgte am 21. April 1775 in den *Frankfurter gelehrten Anzeigen*. Sie hatte zur Folge, dass Wagner sich von Goethe distanzierte und sich nicht länger zu dessen engem Kreise zählen mochte (vgl. Flaschka 1987, S, 252f.).

Für weitere Forschungsarbeiten lohnt sich sicher der paratextuelle Blick auf die anderen Ausgaben der kleinen Satire, denn so wie es aussieht, hat Wagner sein satirisches Vexierspiel noch ein wenig weitergetrieben (vgl. Genton 1971, S. 251). Diese Untersuchung hat auch gezeigt, dass es lohnt, die oft selbstverständlich hingenommenen Angaben auf Bucheinbänden und Titelblättern zu hinterfragen. Die Arbeiten von Genton und Herboth haben bezüglich Wagners Werk wertvolle Pionierarbeit geleistet, durch die sich einige historische Fehleinschätzungen speziell zu Wagners Satire revidieren ließen.[6] Sicher sind noch andere unentdeckt geblieben – ein Umstand, über den Wagner vermutlich schmunzeln würde.

Werke

[Wagner, Heinrich Leopold:] Prometheus, Deukalion und seine Re-
censenten. Voran ein Prologus und zuletzt ein Epilogus. Leipzig [recte: Frankfurt a.M.] 1775. [= PDR]

Blankenburg, C.F.v.: Versuch über den Roman. Leipzig [u.a.] [1774].

Brant, Sebastian: Das Narrenschiff. Übertragen von H.A. Junghans. Durchgesehen und mit Anmerkungen sowie einem Nachwort neu hg. von Hans-Joachim Mähl. Stuttgart 1995.

Goethe, Johann Wolfgang von: Götter, Helden und Wieland. Eine Farce. Leipzig [recte: Kehl] [1774].

Goethe, Johann Wolfgang von: Die Leiden des jungen Werthers. Studienausgabe. Paralleldruck der Fassungen von 1774 und 1787. Hg. von Matthias Luserke. Stuttgart 1999.

Gottsched, Johann Christoph: Versuch einer critischen Dichtkunst [vor die Deutschen]. Darmstadt 1962.

Lemmer, Manfred (Hg.): Sebastian Brants *Narrenschiff*. Nach der Erstausgabe (Basel 1494) mit den Zusätzen der Ausgaben von 1495 und 1499 sowie den Holzschnitten der deutschen Originalausgaben. 4. Aufl. Tübingen 2004.

Nicolai, Friedrich; Chodowiecki, Daniel Nikolaus [Illustrator]: Freuden des jungen Werthers. Leiden und Freuden Werthers des Mannes. Voran und zuletzt ein Gespräch. Berlin [1775].

---

[6] Das betrifft beispielsweise die Einschätzung Wagners als „wenig talentierten Epigonen Goethes" (Schmidt, zit. nach Genton 1971, S. 250).

Forschung

Bachtin, Michail Michailowitsch: Literatur und Karneval. Zur Romantheorie und Lachkultur, München 1990 [¹1969].

Dembeck, Till.: Texte rahmen. Grenzregionen literarischer Werke im 18. Jahrhundert (Gottsched, Wieland, Moritz, Jean Paul). Berlin, New York 2007.

Dörr, Volker C.: „Wie die Kerls mit dem guten W** umgehn". Heinrich Leopold Wagners *Prometheus, Deukalion und seine Recensenten* im Kontext der *Werther*-Kontroverse, in: Neophilologus 95 (2011), S. 461–476.

Eybl, Franz M.: Hanswurststreit und Broschürenflut: die Struktur der Kontroversen in der österreichischen Literatur des 18. Jahrhunderts, in: Konflikte – Skandale – Dichterfehden in der österreichischen Literatur. Hg. von W. Schmidt-Dengler. Berlin 1995, S. 24–35.

Flaschka, Horst: Goethes *Werther*. Werkkontextuelle Deskription und Analyse. München 1987.

Gehring, Petra; Rapp, Andrea: Vordigitale und digitale Buchseite. Der Text als Raum, in: Technik – Macht – Raum. Das Topologische Manifest im Kontext interdisziplinärer Studien. Hg. von A. Brenneis, O. Hohner, S. Keesser, A. Ripper und S. Vetter-Schultheiss. Wiesbaden 2018, S. 273–285.

Genette, Gérard: Paratexte. Frankfurt a.M. 2001 [¹1989].

Genton, Elisabeth: *Prometheus, Deukalion und seine Rezensenten.* Eine umstrittene Literatursatire der Geniezeit, in: Revue d'Allemagne 3. Heft 1 (1971), S. 236–254.

Herboth, Franziska: Satiren des Sturm und Drang. Innenansichten des literarischen Feldes zwischen 1770 und 1780. Hannover 2002.

Illich, Ivan: Im Weinberg des Textes. Als das Schriftbild der Moderne entstand. Ein Kommentar zu Hugos *Didascalicon*. Frankfurt a.M. 1991.

Luserke, Matthias: Sturm und Drang. Autoren – Texte – Themen. Bibliographisch ergänzte Ausgabe. Stuttgart 2019 [¹1997].

Luserke-Jaqui, Matthias: Einleitung. – Sturm und Drang. Genealogie einer literaturgeschichtlichen Periode, in: Handbuch Sturm und Drang. Hg. von dems. unter Mitarbeit von Vanessa Geuen und Lisa Wille. Berlin, Boston 2017.

Ripper, Annette: *Prometheus, Deukalion und seine Recensenten* (Wagner), in: Handbuch Sturm und Drang. Hg. von Matthias Luserke-Jaqui unter Mitarbeit von Vanessa Geuen und Lisa Wille. Berlin, Boston 2017, S. 577–581.

Schwab, Gustav: Sagen des Klassischen Altertums. Erster Teil. Mit Zeichnungen von Johann Laxmann und einem Nachwort von Manfred Lemmer. Leipzig 1975.

Schneider, Ute: Friedrich Nicolais *Allgemeine Deutsche Bibliothek* als Integrationsmedium der Gelehrtenrepublik. Wiesbaden 1995.

Bürgerliche Identitäts- und Subjektkonstitutionen in Heinrich Leopold Wagners empfindsamem Lustspiel *Der wohlthätige Unbekannte* (1775)[1]

Lisa Wille

I Zum Entstehungskontext

Heinrich Leopold Wagners erstes dramatisches Werk *Der wohlthätige Unbekannte – eine Familien-Scene* mit dem Motto *Je erhabner, je simpler!* thematisiert die Situation einer in Not geratenen Familie, der ein Unbekannter mit seiner großzügigen Wohltat zu Hilfe kommt, ohne dass die Identität und die Beweggründe des Unbekannten aufgelöst werden. Das Drama entsteht vermutlich 1775 und erscheint im selben Jahr in Frankfurt am Main bei den Eichenbergischen Erben. Genton schätzt, dass *Der wohlthätige Unbekannte* im Juni oder Juli 1775 publiziert wurde (vgl. Genton 1981, S. 154). Von Wagner stammt auch die französische Übersetzung *L'inconnu bienfésant*[2], die er im selben Jahr, nur kurze Zeit später, veröffentlicht (vgl. ebd.). In *Der wohlthätige Unbekannte* verarbeitet Wagner eine Marseiller Anekdote, die als populäres Thema von den zeitgenössischen Zeitungen mehrfach aufgegriffen wurde. Das erste Mal erschien die Anekdote in der französischen Zeitschrift *Mercure de France* und im August 1775 in den *Frankfurter gelehrten Anzeigen*[3]. Enthalten ist *Der wohlthätige Unbekannte* in der Ausgabe *Gesammelte Schauspiele fürs deutsche Theater* von 1780, in dem 1784 von Sartorius herausgegebenen Sammelband *Theater für die Jugend* sowie in dem ersten Band (mehr nicht

---

[1] Bei diesem Aufsatz handelt es sich um die leicht veränderte Fassung des Kapitels *Zwischen Empfindsamkeit und Sturm und Drang: „Der wohlthätige Unbekannte" (1775)* aus meiner Dissertation *Zwischen Autonomie und Heteronomie. Bürgerliche Identitätsproblematik in Heinrich Leopold Wagners dramatischem Werk.* Würzburg 2020 [in Druck].

[2] *L'inconnu bienfésant – Drame en un acte.* Par Henri Leopold Wagner. A Francfort chés les heritiers de J.L. Eichenberg 1775.

[3] *Anekdote von einem Kosmopoliten.* Frankfurter gelehrte Anzeigen vom 18. August 1775, Nr. 66/67, S. 547–555. Es handelt sich hierbei um die Übersetzung der Anekdote von Wagner, die zuvor im *Mercure de France* erschienen ist. Die Anekdote ist ebenfalls als Epilog in Wagners *Der wohlthätige Unbekannte* zu finden. Vgl. dazu auch Genton 1981, S. 156 sowie Goedeke: Grundrisz. 4. Buch. Nationale Dichtung, § 230, 3. Aufl., S. 49.

erschienen) der *Gesammelten Werke in fünf Bänden* (1923), herausgegeben von Leopold Hirschberg.

Die zeitgenössische Rezeption hat den *Wohlthätigen Unbekannten* sehr positiv aufgenommen, das Stück erfreut sich mehrfacher Aufführungen (vgl. Genton 1981, S. 160); vor allem der pädagogische Aspekt wird von der Kritik hervorgehoben. In den *Göttingischen Gelehrten Anzeigen* heißt es: „Und wann alle Schauspiele von der Art wären, [...] so würden die Schauspiele eine Schule der Tugend seyn." (*Zugabe zu den Göttingischen Anzeigen von gelehrten Sachen* 1776, S. CCCLIV) Ebenfalls findet sich eine kurze Besprechung im *Almanach der deutschen Musen auf das Jahr 1777*, die konstatiert: „Die Wahl des Sujets und die gute Absicht verdient gelobt zu werden" (AM 1777, S. 84), und auch die Rezension in der *Allgemeinen deutschen Bibliothek* bezieht sich auf den „Stoff dieses Stücks", der „ungemein in viel Anziehendes" aufweist, „indeß wird sich auch der Verfasser, der ihn mit Glück und Talent bearbeitet hat, mit allem Rechte einen Antheil von der vorteilhaften Wirkung anmaßen können, deren eine gute Vorstellung gewiß nicht verfehlen wird." (AdB 1777, S. 475) Das Jahr 1775 markiert für Wagner eine Phase intensiver literarischer Beschäftigung. Es entsteht die Literatursatire *Prometheus, Deukalion und seine Recensenten*, er übersetzt Louis-Jérôme Gohiers *Die Königs-Krönung*[4], Lambergs *Tagebuch eines Weltmannes* sowie Merciers *Der Schubkarn des Eßighändlers*. Darüber hinaus verfasst Wagner mehrere Zeitschriftenartikel und publiziert neben *Der wohlthätige Unbekannte* auch das Bürgerliche Trauerspiel *Die Reue nach der That*.

Für die Sturm-und-Drang-Forschung ist Wagners empfindsames Lustspiel ein gänzlich unbekanntes Drama, es finden sich diesbezüglich weder Einträge in Lexika oder Handbüchern zum 18. Jahrhundert noch wissenschaftliche Aufsätze oder dergleichen. Erich Schmidt erwähnt den *Wohlthätigen Unbekannten* nur beiläufig in seiner Arbeit, für ihn ist „das kleine, geschickt und in glücklichem Tone geschriebene Rührstück [...] sehr simpel, aber nicht eben erhaben." (Schmidt 1875, S. 17) Lediglich Elisabeth Genton widmet sich in ihrer Wagner-Monografie dem Text, was die bislang erste und einzige ausführlichere Auseinandersetzung darstellt. Ihr zufolge gibt es keinen Grund, Wagners erstes Drama nur als ‚Versuch' auf dem Gebiet der Dramatik zu bezeichnen (vgl. Genton 1981, S. 154). Ihre Analyse konzentriert sich auf Quellen- und Entstehungsstudien und stellt einen Bezug zu Merciers *Nouvel Essai* (1773) her, ohne jedoch eine tiefgreifende Interpretation anzubieten, die das Werk in das umfangreiche Diskursgeflecht der Zeit einbettet. Ferner findet *Der wohlthätige Unbekannte* in der Arbeit von Bengt A. Sørensen Erwähnung, die aber auf eine kurze Einordnung in die Entstehungsgeschichten der beiden größeren

---

[4] Zur Argumentation, dass die Wagner zugeschriebene Übersetzung auch von diesem stammt, vgl. die Ausführungen von Genton 1981, S. 100f.

Dramen, *Die Reue nach der That* (1775) und *Die Kindermörderin* (1776), beschränkt bleibt und nicht über eine konzise Inhaltsangabe hinausgeht (vgl. Sørensen 1984, S. 131).

II Epigonale Trivialliteratur? Der Einakter und die Einbettung in die zeitgenössische Theaterpraxis

Dass *Der wohlthätige Unbekannte* von der Sturm-und-Drang-Forschung bislang konsequent ausgespart wurde, lässt sich einerseits mit dem apodiktischen Urteil von Schmidt erklären, der wie kein Zweiter die wissenschaftliche Perspektive auf Wagner geprägt hat.[5] Andererseits kann die Gattungswahl eine Antwort geben, handelt es sich doch gerade nicht um ein Bürgerliches Trauerspiel oder eine Tragikomödie, sondern um einen Einakter, der schnell im Kontext einer trivialisierten epigonenhaften Unterhaltungsliteratur situiert wird. Dabei sind diese (kleineren) literarischen Werke insbesondere vor dem Hintergrund der strukturellen Veränderungen des Theaterbetriebs im 18. Jahrhundert nicht uninteressant: Zunehmend werden ,stehende Theater' ins Leben gerufen, die sich von der traditionellen Form des Wandertruppentheaters abgrenzen und für ihre Finanzierung auf ein nachhaltiges Publikumsinteresse angewiesen sind. In diesem Zusammenhang steigt der Bedarf an Theatertexten, weshalb es vermehrt zur Produktion kleinerer Stücke kommt, die als ,bürgerliche Familiengemälde' dem Bürgerlichen Trauerspiel und der Rührkomödie entlehnt sind (vgl. Hochholdinger-Reiterer 2012, S. 258). Während diese Unterhaltungsstücke von der früheren Forschung noch dem Vorwurf der „Trivialisierung" (Schulte-Sasse 1971, S. 46) ausgesetzt waren, liegt das neuere literaturwissenschaftliche Interesse mittlerweile auf „der wechselseitigen Bedingtheit von Unterhaltungsdramatik und Theaterpraxis", welche – unabhängig von einem kanonischen Werturteil – vielmehr mit einer „differenzierteren qualitativen Einschätzung und gattungsmäßigen Zuordnung der Stücke" verbunden ist. (Hochholdinger-Reiterer 2012, S. 258) Hierbei ist zu berücksichtigen, dass erst mit dem Kanonisierungsprozess ab den 1810er-Jahren eine Abgrenzung zwischen kanonischer Hoch- und abzuwertender Trivialliteratur einsetzt, die sich an den Kategorien Originalität und Innovation versus Serialität und Wiederholbarkeit misst (vgl. Birgfeld, Conter 2007, S. XV).

Die Theaterpraxis des ausgehenden 18. Jahrhunderts kennt diese Wertungsmaßstäbe noch nicht. Vielmehr ist sie an einem Austausch interessiert, der zwischen den Vertretern der aufkommenden „Ästhetik der Innovation und Autonomie" und denen der „Ästhetik der Professionalität"

---

[5] Siehe dazu meinen Beitrag ,*Goethes Jugendgenosse' vergessen, verkannt … und wiederentdeckt. Ein Überblick zur Heinrich Leopold Wagner-Forschung* in diesem Band.

stattfindet. (Ebd., S. X) Birgfeld und Conter verweisen darauf, dass wenngleich „ein Großteil der Unterhaltungsliteratur […] zwar nicht den Prinzipien von Originalität und Autonomie, wohl aber einem aufklärerischen Literaturkonzept verpflichtet" ist, das Unterhaltungstheater dennoch „als ein wichtiges Reflexionsmedium von Gesellschaft, Politik und Literatur" sowie „als Begleit- und Beobachtungsmedium der um 1800 sich vollziehenden Modernisierungsprozesse" angesehen werden muss. (Ebd., S. XVII) In diesem Kontext ist auch *Der wohlthätige Unbekannte* einzuordnen, der zudem als Übergangsstück zwischen Empfindsamkeit und Sturm und Drang bedeutungskonstitutive Übergänge verhandelt und transparent werden lässt.

Vordergründig ist *Der wohlthätige Unbekannte* noch der (gängigen) Tradition der Empfindsamkeit verpflichtet, obgleich sich bereits der Bruch mit dieser andeutet. Das wesentliche Indiz dafür (die ‚Bruchstelle'), dass es sich nicht um ein genuin empfindsames Werk handelt, ist – wie im Folgenden gezeigt werden soll – die Nähe Wagners zu Mercier. In summa soll deutlich werden, wie fruchtbar die Werkanalyse auch von Einaktern wie *Der wohlthätige Unbekannte* ist und wie gut sich an diesem Genre bürgerliche Identitätskonzepte transparent machen lassen.

III Thematische Schwerpunkte, dramatischer Aufbau und sprachliche Gestaltung

Der Aufbau des Stücks ist einfach gehalten: Der Gattung des Einakters entsprechend steht nicht die Progression einer konfliktreichen Handlung wie im Drei- oder Fünfaktdrama im Vordergrund, sondern die auf eine spannungsreiche Situation konzentrierte Darstellung (vgl. Neumann 1997, S. 4419). Das Zentrum der Handlung bildet der verzweifelte Versuch der Familie Robert, den sich in der Sklaverei befindenden Vater freizukaufen. Dabei wird ihnen von einem wohltätigen Unbekannten geholfen, der den Sohn zunächst mit Geld beschenkt und schlussendlich den Vater freikauft. Die Identität des Unbekannten bleibt innerhalb des Dramas ungeklärt. Erst in einem Prosaepilog gibt „der Verfasser" (WU, S. 56) Wagner die Information preis, dass dem Stück eine zeitgenössische Anekdote zugrunde liegt, die sich in Marseille zugetragen hat und den französischen Dichter und Philosophen Charles-Louis de Secondat, Baron von Montesquieu als den wohltätigen Unbekannten benennt.

Der Einakter spielt in Marseille in der Wohnstube der Familie, die aus der Mutter, den Kindern Franz, Louise sowie der achtjährigen Marie und dem Vater Karl Robert besteht. Die Einhaltung der aristotelischen drei Einheiten bleibt bis auf den Verzicht einer Szeneneinteilung gewahrt. Die Handlung ereignet sich innerhalb eines Sonnenumlaufs und ist ausschließlich in der Stube der Familie Robert situiert. Die Zuschauenden und Lesenden erfahren mithilfe der Analepse von handlungsbestimmenden Ereignissen aus der Vergangenheit, wie etwa der Zusammenkunft des Sohnes mit dem wohltätigen Unbekannten. Die dramatische Spannung orientiert sich an der Tektonik der traditionellen Dramenform, wobei die Einführungsszene als Exposition dient, die die Situation der notleidenden Familie Robert zeigt. Das Stück beginnt mit Frau Robert, Louise und Marie, die sich mit Strick- und Näharbeit befassen. Dass die Lage der Familie überaus prekär ist, wird gleich zu Beginn durch die Beschreibung der ärmlichen Wohnstube als *„ein kleines armselig meublirtes Zimmer"* angedeutet, in dem nicht mehr als vier Stühle, ein alter Schrank und ein Bett *„mit ganz schlechten Vorhängen"* vorhanden sind. (WU, S. 30) Dieser Ort dient zugleich der Vergegenwärtigung des bürgerlichen Milieus. Die Rezipierenden erfahren indirekt, dass sich die Familie seit etwa eineinhalb Jahren in dieser ausweglosen Situation befindet (vgl. WU, S. 36). Das Gespräch zwischen der Mutter und Louise verrät deren Sorge um den Bruder, der der Schwermut verfallen ist, nachdem er von einem Fremden Geld für die Rettung des Vaters geschenkt bekommen hat. Denn „es thut ihm weh, daß er aller seiner Mühe, ihn zu finden, ungeachtet, ihn noch nicht wieder hat zu Gesicht bekommen, vielweniger ihm für seine Wohlthat danken können." (WU, S. 36f.) Dem erregenden Moment entsprechend, erfährt die Handlung einen ersten Aufschwung, als eine Magd erscheint und einen anonymen Brief mit dem Inhalt einer teuren Halskette überbringt. Kurz danach tritt Franz das erste Mal auf, er ist in bester Laune, da er glaubt, den Unbekannten am Hafen gesehen zu haben und so die Hoffnung hegt, diesem nun angemessen danken zu können. Den Höhepunkt stellt die unerwartete Rückkehr des Vaters dar, der die Familie beim kargen Mittagessen überrascht, während diese zeitgleich in Gedanken beim Vater ist. In der Regieanweisung heißt es, *„sie werden alle gerührt, schweigen eine Zeitlang still und suchen ihre Rührung zu verbergen"* (WU, S. 45). Die Familie ist zunächst fassungslos, den geliebten Vater zu erblicken, Louise will zu ihm, zittert aber zu sehr, Marie glaubt, einen Geist zu sehen und Franz fällt in Ohnmacht. Sie weinen, küssen den Vater und fallen ihm um den Hals. Dieser ist wohlauf, neu eingekleidet und mit 50 Louisdor ausgestattet (vgl. WU, S. 46). Er berichtet der Familie, dass er in der Stadt Tetuan und auf dem Weg nach Smyrna war, als er versklavt wurde (vgl. WU, S. 52). Im Zuge der glücklichen Wiedersehensbekundungen wird deutlich, dass es nur der Unbekannte vom Hafen gewesen sein kann, der den Vater freigekauft hat. Dies zum Anlass nehmend, bricht Franz sofort auf, um den anonymen Retter zu suchen und mit ihm gemeinsam die Freiheit des Vaters zu feiern. Währenddessen erfährt der Vater (und mit ihm die Rezipierenden) von der Mutter in einer zeitlichen Rückblende, wie sich Franzens Begegnung mit dem Unbekannten etwa sechs Wochen zuvor am Hafen zugetragen hat, als jener dort mit Spazierfahrten zusätzlich Geld für die Befreiung verdienen wollte. Dort traf er den Fremden, erzählte ihm auf dessen Bitten hin seine Geschichte und erhielt beim Abschied ein Säckchen mit 414 Louisdor geschenkt (vgl. WU, S. 49f.). Im Zuge des retardierenden Moments trifft Franz völlig aufgelöst wieder zu Hause ein und berichtet, wie er den – vermeintlich – Unbekannten traf und „angefleht" (WU, S. 54) hat, jedoch von diesem mit dem Hinweis, es handle sich um eine Verwechslung, abgewiesen wurde. Franz ist daraufhin vollends aufgewühlt und verzweifelt und „bricht […] in einen Strohm von Thränen aus" (WU, S. 53). Mit dem alternativen Lösungsvorschlag des Vaters, dem unbekannten Retter zu Ehren eine Tafel anfertigen zu lassen, auf der dessen Tat für die Ewigkeit festgehalten wird, stellt sich Franzens Seelenheil wieder her und damit das glückliche Ende ein.

Die sprachliche Ebene des Dramas weist einen die Empfindungen und den inneren Gemütszustand der Figuren widerspiegelnden Stil aus, deren Wirklichkeitsnähe durch die Prosaform konstatiert wird. Es wird geweint (vgl. WU, S. 43, 53f.) sowie „zärtlichst" (WU, S. 44) und „feurigst" (WU, S. 53) geküsst, „mit Feuer" gesprochen, es wird umarmt und beschuldigt (vgl. WU, S. 54) und „gefleht" (WU, S. 54) und jedes Familienmitglied ist zeitweilig „gerührt" (WU, S. 45). Es ist vom „Herz[en]" (WU, S. 38) die Rede und neben unzähligen Ausrufezeichen findet sich auch die Empfindungsinterjektion ‚O' wieder. Insbesondere Franzens Sprachgestus präsentiert einen gesteigerten Gefühlsausbruch und markiert damit eine Verbindung zum Sturm und Drang. Franzens innerer Affektrausch changiert zwischen empathischer und pathetischer Sprachführung, die mehrere Exklamationen sowie Anakoluthe beinhaltet. Gleichzeitig ist es auch Franz, dessen Sprache sich extensiv des empfindsamen Vokabulars bedient, weshalb er innerhalb des Figurenensembles eine herausragende Position einnimmt.

IV Soziografische Merkmale

Die Familie als zentrales Sujet des Bürgerlichen Trauerspiels stellt das notorische Thema in den Dramen der zweiten Hälfte des 18. Jahrhunderts dar. Obzwar das Hauptmotiv des Werks die wohltätige Tat eines Unbekannten ist, liegt der Fokus vielmehr auf der – dem Untertitel eine Familien-Scene entsprechend – szenischen Darstellung der Familie Robert. Gezeigt wird ein der Empfindsamkeit geltendes emotionalisiertes Familienmodell, das die bürgerliche Kleinfamilie proklamiert, an deren Spitze der Vater steht. Anders als in Wagners Die Reue nach der That (1775) und Die Kindermörderin (1776) ist die Familie hier als Gemeinschaftsbund, der eine geschlossene Einheit bildet, noch intakt. Mit der Versklavung des Vaters ist jedoch die prägende Hauptposition der Familie unbesetzt, was für alle einen existenziellen Konflikt darstellt. Die Leerstelle des Vaters wird von Franz aufgefüllt, der zwischen der Rolle des Sohnes und der des Vaters wechseln muss. Parallelen zeigen sich zu Fritz Langen aus *Die Reue nach der That*, der ebenfalls die (vermeintliche) Position des Oberhaupts in der Familie einnimmt und diese finanziell und emotional zu versorgen hat, gleichzeitig jedoch als Sohn sich seiner Mutter, der Justizrätin, unterordnet. Frau Robert, Louise und Marie entsprechen, gleichwohl mit einer je differenzierten Persönlichkeitsstruktur, dem Bild der sitt- und arbeitsamen Frau bürgerlichen Standes. Hierbei fungieren auch die Schwestern Louise und Marie als Vorlage für die Töchter des Kutschers Walz in *Die Reue nach der That*. Louise, deren Gemüt ähnlich wie das von Friderike ruhig, reflektiert und besonnen ist, steht kontrastiv dem der kleinen Schwester Marie gegenüber, die wie Lenchen als aufgeweckt, neckisch und offenherzig charakterisiert wird.

In dieser Familienkonstellation findet sich zugleich die neue bürgerliche Geschlechterordnung repräsentiert. So wie Franz die Leerstelle des Vaters besetzt und als „Retter" (WU, S. 47) der Familie wahrgenommen wird, ist er auch der Einzige, der innerhalb des Stücks die Wohnstube mehrmals verlässt und wieder betritt, wohingegen die (namenlose) Mutter und die Töchter kontinuierlich im Haus bleiben. Franz fungiert hierbei sinnbildlich als Bindeglied zwischen der häuslichen und der öffentlichen Welt. Klare Genderrollen, weibliche Moralität und hierarchische Strukturen werden auch konturiert, wenn die Mutter den Wert und das ‚Können' der Frauen dem des Sohnes gegenüberstellt:

> Wir schwachen Weibsleute können mit aller unsrer Bemühung das freylich nicht, was ein rüstiger junger Mensch kann; indessen thun wir, was wir können, und bitten den lieben Gott, daß er uns Franz gesund halte. (WU, S. 32)

Bedeutungskonstitutiv ist an dieser Stelle nicht nur die Analogie Mann/Mensch, sondern auch die dem 18. Jahrhundert entsprechende Denkfigur der passiven Frau in ihrer gesellschaftlich sekundären Position.

V Gehorsam und Moralität als Regulativ des bürgerlichen Selbstverständnisses

Wagner vermag es, in den Mittelpunkt das seelische Befinden der Figuren zu stellen und deren Not zu artikulieren. Die Figuren gehen über die figurale Eindimensionalität der Sächsischen Komödie hinaus, sie sind in ihrer Charakterzeichnung mehr als bloße ‚Typen', die bürgerliche Kategorien zur Identitätssicherung versinnbildlichen sollen. Dabei orientiert sich Wagner an der Forderung Merciers, entgegen der Vorstellung von Form und Sprache des Dramas in der tragédie classique „das Wahre der Personen aus sanft geschmolzenen und gemischten Farben" ([Mercier/Wagner] [¹1776] 1967, S. 23) zu zeigen. Das heißt, es geht um gemischte Charaktere, realistische Figuren, die nicht aus ihrem sozialen Kontext herausgehoben werden, sondern mit denen sich die Zuschauenden identifizieren sollen. Einen direkten Zusammenhang zwischen Merciers *Nouvel Essai* und dem *Wohlthätigen Unbekannten* erkennt auch Genton, die mutmaßt, dass Wagner Merciers Schrift schon vor seiner Übersetzung im Herbst 1775 gekannt haben muss (vgl. Genton 1981, S. 154). Darüber hinaus stellt Wagner selbst einen direkten Bezug zwischen seiner Übersetzung und dem *Wohlthätigen Unbekannten* her. Bei Mercier heißt es im zehnten Kapitel *Von den neuen dramatischen Gegenständen, die man bearbeiten könnte*:

> Einen großmüthigen Mann sollte man auf die Bühne bringen *). Das wäre ein schönes Muster, und würde die Seele desjenigen, der seine Züge entwerfen wollte, gewiß erweitern. Welche Wollust würde er nicht bey seiner Arbeit fühlen! Die Größe der Seele schildern, welche ihre Wohlthaten künstlich einzurichten, selbst die wohlthätige Hand zu verstecken *). ([Mercier/Wagner] 1967, S. 164f.)

Wagner übersetzt den Originalwortlaut Merciers „un homme généreux" ([Mercier] [¹1773] 1973, S. 123) in „ein großmüthige[r] Mann". Zudem findet sich zweimal die ‚Wohlthätigkeit' angeführt, sodass mit dem Titel *Der wohlthätige Unbekannte* direkte Assoziationen zu diesem Passus hergestellt werden, der die Vermutung fundiert, dass Wagner für seinen Einakter von Merciers Schrift angeregt wurde. Diesen Abschnitt kommentiert Wagner mit der Fußnote:

> [*) Hier hätte der Verfaßer, wenn er ihn gewußt hätte, gewiß den neulich im *Mercure de France* und aus demselben in verschiedenen andern französischen und deutschen Blättern bekannt gemachten herrlichen Zug von dem von den Pfaffen verfolgten, von seinen Verwandten für einen Geitzigen ausgescholtenen *Montesquieu* angeführt, und mit warmen Herzen sein verdientes Lob angestimmt. – Ich wage michs nur den großen und guten Mann hier an seiner Stelle zu nennen.] A. d. U. ([Mercier/Wagner] 1967, S. 165)

Als Wagner Merciers Schrift übersetzt, hatte er den *Wohlthätigen Unbekannten* längst verfasst und veröffentlicht. Dass Wagner hier nicht auf sein eigenes Drama verweist (immerhin hätte die oben angeführte Passage aus Merciers *Nouvel Essai* seinen Text nur bestätigt), interpretiert Genton als ein Zeichen seiner Bescheidenheit (vgl. Genton 1981, S. 156). Wahrscheinlicher ist hingegen, dass Wagner aufgrund des Zerwürfnisses mit Goethe und der harschen Kritik, die ihn infolge seiner aufsehenerregenden und zeitlich noch nahen Literatursatire *Prometheus, Deukalion und seine Recensenten* traf, zu diesem Zeitpunkt zurückhaltend ist, was die direkte Exposition seiner Werke betrifft.

Das Familientableau des Stücks zeigt, dass Franz und die achtjährige Marie eine akzentuierte Position einnehmen. Während Wagner die Handlungsthematik gekonnt durch die Gespräche und Reflexionen zwischen der Mutter und Louise kommentieren lässt, hebt er im Gegenzug die analogen Charakterzüge von Franz und Marie hervor. In ihrer Hingabe eifert Marie den Tugendbekenntnissen des Bruders an mehreren Stellen nach: Wenn Franz sich etwa den Kopf darüber zerbricht, wie schlecht es dem Vater ergehen mag, und er unermüdlich nach Möglichkeiten des zusätzlichen Gelderwerbs sucht, ist auch Marie unablässig bestrebt, so viel zu arbeiten, wie sie nur kann. Christlich-bürgerliche Tugenden und Frömmigkeitspostulate werden unterstrichen, wenn der Bruder sagt, der Tag, an dem er den Unbekannten traf, solle ihm, so lang er lebe, ein Fest sein, und das Kind sich dem Bruder mit dem Bekenntnis anschließt, sie wolle „allemal an dem Tag die Kirchen besuchen" (WU, S. 42) und gemeinsam mit ihm beten. Der Glaube an die Gnade Gottes spielt für die Figuren eine zentrale Rolle. Mehrfach wird im Stück von dem „liebe[n] Gott" (WU, S. 32), dem „gütig[en] Gott" (WU, S. 50) oder der „Gnade Gottes" (WU, S. 32) gesprochen. Während Louise „Engel in Menschengestalt" (WU, S. 33) erwähnt, bezeichnet Franz den Unbekannten als „Schutzengel, den mir Gott zuschickte" (WU, S. 41). Christlich-bürgerliche Tugenden werden auch in einem Gespräch zwischen der Mutter und Louise reflektiert, wenn Frau Robert über die Wohltätigkeit des Unbekannten nachsinnt und die Hoffnung hegt, dass sich auch die restliche, beachtliche Summe von 2.352 Livres noch auftreiben lasse, und ihr die Tochter nüchtern entgegnet:

> Aber, liebe Mama! unser Herr Gott schickt nicht alle Tage Engel in Menschengestalt zu uns.
> *Frau Robert.* Engel in Menschengestalt! Warum willst du denn der Menschheit nicht die Ehre gönnen, sie einer edelmüthigen That fähig zu halten? Ich versichere dich, Louise, es gibt gewiß gute Menschen.
> [...]
> *Louise.* Ich glaub Ihnen, Mama; ich glaub aber auch, daß die guten Menschen selten sind (WU, S. 33).

Während die Position der Mutter dem Perfektibilitätsgedanken der Aufklärung entspricht und die empfindsame Menschenliebe als Katalysator für die Ausbildung von Humanität und Sittlichkeit begreift, stellt Louise den Ansatz der Nächstenliebe als gesellschaftlich-anthropologische Konstante infrage. Das Gespräch wird von einer Magd unterbrochen, die einen an Frau Robert adressierten Brief abgibt und sodann gleich wieder verschwindet mit den bedeutungsvollen Worten: „Es braucht keine Antwort." (WU, S. 34) Indem gerade dieses Gespräch über den Perfektibilitätsgedanken von einer Magd unterbrochen wird, wird auf einer symbolischen Ebene der bürgerliche Diskurs durch die Unterschichtigen gestört, das heißt, dass an dieser Stelle die bürgerliche Distinktion nach unten noch nicht funktioniert. In dem Brief ist neben dem Schreiben einer unbekannten Wohltäterin, die „viel Gutes von Ihnen gehört hat" (WU, S. 34), eine goldene Halskette enthalten. Auch hier bleibt die Identität der unbekannten Wohltäterin unklar. Genton vermutet, dass als Vorbild für die Figur die in Marseille lebende Schwester von Montesquieu gedient hat (vgl. Genton 1981, S. 158). Für die Rezipierenden (und die Familie) wird diese Frage innerhalb des Dramas jedoch nicht aufgelöst. Diese Unsicherheit, das Nichtwissen der Identität ist als Chiffre für die Kontingenzerfahrung der Zeit zu deuten.

Kritik am Adel wird jedoch dann laut, wenn die Familie ihre Ersparnisse und Zuwendungen aufrechnet und dabei auf die Marquise d'Obincourt zu sprechen kommt, die sich sehr viel Zeit lässt, ihre Schulden bei der Familie zu begleichen. Wenn Louise, die schon länger von ihr hingehalten wird, in gutgläubiger Naivität erzählt, sie würde die Schulden bald bezahlen, denn „sie hat es mir ganz gewiß versprochen" (WU, S. 40), so erwidert Franz darauf: „Gewiß versprochen! Mein liebes Kind! die Großen versprechen gar viel, aber halten –" (WU, S. 40). An dieser Stelle werden der Gutgläubigkeit und Naivität Louises die Rationalität und das Realitätsbewusstsein ihres Bruders gegenübergestellt. Zu erkennen ist hier die im 18. Jahrhundert entstehende generalisierte Geschlechterauffassung von der emotional-moralischen Frau und dem rational-besonnenen Mann. Louise will den Bruder besänftigen, indem sie sich jedoch nur tiefer in Naivität verstrickt. Franz solle sich keine Sorgen machen, dass die Marquise zahlungsunfähig sein könnte, denn „es ist ja nicht, als wenn sie es nicht hätte, Franz! Erst gestern hat sie ein Tractament gegeben, da sie für das Desert allein hundert kleine Thaler bezahlt hat." (WU, S. 40) Daraufhin entgegnet ihr Franz empört:

> Das ist's eben! Ihr Vergnügen, ihre Pracht, ihren Ehrgeiz, und was weiß ich, zu befriedigen, schleudern sie ganze Summen weg, und genießen doch nichts dafür; den armen Handwerksmann aber, der ihnen das Nothwendige liefert, vertrösten sie von einem Tage zum andern, und sollt er derweile Hungers sterben. (WU, S. 40)

Diese Szene dient dazu, der Tugend des Bürgertums die Untugend des Adels gegenüberzustellen und damit das Sujet der Standesdistinktion innerhalb einer sich neu formierenden bürgerlichen Gesellschaft aufzugreifen, die sich durch bestimmte Wert- und Normvorstellungen vom Adel abzugrenzen sucht.

Franz und Marie sind sich in ihrer Emotionalität sehr ähnlich. Während Franz immer wieder zwischen zärtlich-empfindsamer Gesinnung, emotionalem Aufbegehren und resignierender Verzweiflung schwankt, verliert sich auch Marie in ihren Gefühlen. Sie weint recht schnell, ist im nächsten Moment aber gleich wieder freudig und reagiert auf Liebkosungen und Zärtlichkeit. Insgesamt ist sie ein aufgewecktes Kind, liebenswert und mit kindlicher Neugierde ausgestattet. Was an ihr als dem jüngsten Familienmitglied jedoch besonders deutlich wird, ist eine auf Disziplinierung ausgerichtete Erziehung, durch die sie bürgerlich-familiale Wertvorstellungen internalisiert. Wagner zeigt auf subtile Weise die Stabilisierung allgemeingültiger Normvorstellungen, wenn bürgerliche Verhaltensweisen Marie gegenüber immer wieder doziert, ihr regelrecht *eingebürgert* werden. Bereits die erste Szene beginnt mit dem Appell der Mutter und Louise, Marie solle sorgfältiger arbeiten, da ihr Verdienst für die Familie existenziell ist:

> *Louise.* Pfui, das hätt ich nicht geglaubt, daß du nicht besser Acht geben würdest! – Wenn du es so machst, werden sich die Leut für deiner Arbeit bedanken, und dann verdienst du auch kein Geld mehr.
> *Marie.* Da könnten wir ja den Papa nicht loskaufen.
> *Frau Robert.* Drum eben must du besser Acht geben, mein Kind! Sieh, hier hat dir deine Schwester die Arbeit einer ganzen Stunde wieder aufziehn müssen. (WU, S. 30)

An dieser Disziplinierung sind – bemerkenswerter Weise bis auf den Vater – alle Familienmitglieder beteiligt. An dieser Stelle zeigt sich in Anlehnung an die These Judith Frömmers das latente Gesetz des Vaters bestätigt. Diese These bezieht sich auf die Empfindsamkeit und die bürgerliche Kleinfamilie, in der sich die Rolle des Vaters von der allgemeinen Übermacht zur vorwiegend moralischen Autorität wandelt. Laut Frömmer produziert die zeitgenössische Literatur mit der notorischen Darstellung der bürgerlichen Kleinfamilie als Gefühlsverband nicht nur das Ideal des zärtlichen Vaters, sondern affirmiert und reinterpretiert damit zugleich auch eine darunterliegende patriarchalische Ordnung, die sich als ‚Gesetz des Vaters‘ in die Selbstkonstitution der Familienmitglieder einschreibt. Damit wird eine Ordnung hergestellt, die nicht auf eine reale Vaterfunktion angewiesen ist (vgl. Frömmer 2008, S. 22f. und passim). Auch im *Wohlthätigen Unbekannten* funktionieren patriarchale Strukturen ohne die Anwesenheit des patriarchalen Repräsentanten. Von ihrem Bruder wird Marie ebenfalls bestraft. Als sie sich in einer kindlich-naiven Neigung das geschenkte Halsband anzieht, um es Franz vorzuführen, wird dieser „sehr ernsthaft" (WU, S. 43) und spricht voller Ironie und im Zorn mit ihr, indem er sie „meine gestrenge Dame" nennt und ihr vorwirft: „Sie tragen goldne Ketten; ich gratuliere Ihnen – mein Vater trägt auch Ketten – freylich etwas schwerer als diese, auch nicht von Gold, und nur an den Füßen. Pfui!" (WU, S. 42f.) Franz verkennt die Situation, da er von dem geschenkten Halsband noch nichts weiß. Marie beginnt zu weinen und wirft „das dumme Halsband" (WU, S. 43) auf die Erde. Louise versucht zu vermitteln, jedoch vergeblich, denn Franz „will nicht hören –" (WU, S. 43), woraufhin dieser entgegnet: „Hören! Hören, wozu? Man braucht hier nur zu sehn, um zu fühlen, wie schön der Tochter eine goldne Halskette steht, indessen daß der Vater in Fesseln liegt." (WU, S. 43) Durch die Repetitio und Franz' emotional zu kurzgefasste Argumentationslogik, „man braucht hier nur zu sehn, um zu fühlen", wird sein aufbrausendes Gemüt verstärkt dargestellt. Als die Mutter ihn über die Situation aufklärt und festhält: „Du hast ihr Unrecht gethan" (WU, S. 44), schlägt seine Wut in sofortiges zärtliches Bedauern um, er „will Marie küssen", wobei *„sie [...] die Händ ihm um den Hals [schlingt]"* und er sich mit den Worten „Verzeih, Mariechen! – ich hab mich übereilt" entschuldigt (WU, S. 44).

Und auch als der Vater kurz nach seiner Wiederkehr die Familie bittet, sie solle doch weiteressen, da sie gerade beim Nachtisch gewesen sei (bezeichnenderweise etwas, das im 18. Jahrhundert dem Adel vorbehalten ist), und ihm Marie entgegnet, sie hätten doch nur „ein Stück Brod und höchstens ein paar Mandeln" (WU, S. 52), wird sie erneut ermahnt mit den Worten Louises: „Hättest du gewünscht, es besser zu haben, als der Papa?" und denen der Mutter: „Nu, wofür prahlst du denn mit deiner Mäßigkeit?" (WU, S. 52) Die Manifestation bürgerlicher Normvorstellungen zeigt sich an der Selbstdisziplinierung des Kindes, als Marie auch während des Essens weiterstricken will – ihrer Begründung zufolge war sie „unachtsam heut Morgen; jetzt büß ich dafür", und als Franz die Mutter nach dem Grund für die Strenge fragt, verweist diese darauf, Marie habe „sich das Gesetz selbst gemacht." (WU, S. 45) Im Kern wird deutlich, dass der Subjektkonstitution der jungen Marie der Aspekt der Disziplinierung bereits konstitutiv eingeschrieben ist. Die an Individualität orientierten bürgerlichen Werte dienen nicht nur als neue, einfache Verhaltensregularien in einer als kontingent erfahrenen Zeit, sondern erweisen sich auch als disziplinierende Norm. Primär Gehorsam und Moralität etablieren sich als Ausdruck und Regulativ des bürgerlichen Selbstverständnisses.

VI „Ich begreife nicht –" (WU, S. 34). Bürgerliche Tugendgebote und die Kontingenzerfahrung der Zeit

Während sich an Marie die Disziplinierungstechniken der bürgerlichen Erziehung zeigen, wird analog dazu an Franz deutlich, in welchem Maße er sich über Sittlichkeit und Moralität identifiziert und inwiefern seine Identität an ein bürgerliches Tugendgebot gekoppelt ist. Hierin bestätigt sich die intrikate Verbindung zwischen einem bürgerlichen Handlungskonzept und der Tugendhaftigkeit. In der Eingangsszene bildet Franz den Gegenstand des Gesprächs zwischen der Mutter und Louise und damit die Folie für seine unbeherrschten Gefühlsausbrüche im Drama, in denen seine moralischen Empfindungen zum Ausdruck kommen. Der Fokus des Stücks konzentriert sich an mehreren Stellen auf Franz und dessen unbedingten, drängenden Wunsch, dem Unbekannten seinen Dank auszusprechen, sodass die Rettung des Vaters fast sekundär wird:

> *Robert S[ohn].* [...] Er soll mir aber gewiß nicht entwischen, – heut Abend – in der Kühle, – beym Haven – o ich bin außer mir, wenn ich nur daran denke, daß ich so glücklich seyn soll, mein Herz vor ihm auszuschütten, ihm meine ganze Dankbarkeit zu Füßen legen zu können! *(wirft sich auf einen Stuhl, springt aber gleich wieder auf)* Nicht doch! vor Freuden hätt ich beynahe vergessen, daß es noch nicht Zeit ist, müßig zu gehen. (WU, S. 38)

Es zeigt sich, dass sich Franz' Ethos, seine in hohem Maße durch sittliche Werte geprägte Gesinnung, im Verlauf des Dramas in einem Konflikt verliert, der existenziell bedrohlich wird, sodass die Mutter kurzzeitig befürchtet: Er ist „gebrochen" (WU, S. 53). Die Zurückweisung des Unbekannten macht es für Franz unmöglich, der zu sein, der er sich zu sein bemüht. Die Abweisung des Fremden geht für ihn einher mit der Verweigerung seiner gesellschaftlichen Integrität. Tugendhaftigkeit wird als primäre bürgerliche Identitätsinstanz gesellschaftlich derart inthronisiert, dass sie zum zwangsläufigen Bestandteil der Subjektkonstitution wird. Gleichzeitig entwickelt sich Identität zum Problem, wenn keine Möglichkeit besteht, sich auch darüber hinaus individualisieren zu können. Franz weist so bereits auf das voraus, was später in der *Reue nach der That* und der *Kindermörderin* ausgebreitet wird: Die innere Zerrissenheit des Einzelnen aufgrund von tugendhaften Zwängen, die der Bildung einer Identität im bürgerlichen Sinn zuwiderlaufen.

Die empfindsame Kultivierung der Gefühle, vor allem innerhalb der intimisierten Familie, ist für die Entstehung moderner Subjektivität grundlegend. Bei Franz lässt sich bereits eine völlige Individualisierung der Gefühle und des Empfindens erkennen. Die Hoffnung auf die Anerkennung des Dankes zerschlägt sich, als er von dem Unbekannten zurückgewiesen wird. Franz „*kommt ganz außer Athem herein, wirft sich neben seiner Mutter auf einen Stuhl, will reden, kann aber nicht*", er „*küßt seiner Mutter feurigst die Hand, und bricht endlich in einen Strohm von Thränen aus*", er hat den Unbekannten „angefleht", mit ihm nach Hause zu kommen, er spricht „*mit Feuer*". (WU, S. 53f.) Als Franz seine Sprache wiederfindet, berichtet er seiner Familie, was ihm widerfahren ist:

> ,Befreyer meines Vaters – sagte ich – Retter einer Familie, der Sie keinen Wunsch mehr übrig gelassen haben, als den: Sie zu sehn! Kommen Sie, theilen Sie unsre Freude; weinen Sie eine Zähre der Rührung in unsre Thränen der Freude, der Dankbarkeit – Wir haben Ihnen alles – alles zu danken; kommen Sie!' (WU, S. 54)

Der Fremde jedoch gibt an, Franz nicht zu kennen und vermutet eine Verwechslung. Franz fiel ihm in seiner Erzählung „nochmals zu Füßen, umarmte seine Kniee, beschuldigte ihn der Grausamkeit – der Barbarey" (WU, S. 54), der Fremde jedoch riss sich los und verschwand in der Menschenmenge am Hafen. Das Motiv des Verschwindens erweist sich bei genauerer Lektüre als ein zentraler Topos: Vom unangekündigten Verschwinden des Vaters über den Eskapismus des Wohltäters bis hin zur nur kurz auftauchenden Magd prägt dieses Motiv das Drama. Das Verschwinden führt zu Unsicherheit und Unklarheit und steht sinnbildlich für die Kontingenzerfahrung im 18. Jahrhundert und damit für eine Welt, die durch die Aufklärung und den Verlust von feststehenden religiösen Glaubenssätzen keine Sicherheit mehr geben kann. Frau Roberts Ausspruch: „Ich begreife nicht –" (WU, S. 34) ist hierfür programmatisch. Auch die Anonymität des wohltätigen Unbekannten geht damit einher, indem dieser flüchtig, fremd und nebulös bleibt.

VII Zwischen Empfindsamkeit und Sturm und Drang

Mit dem *Wohlthätigen Unbekannten* als sentimentalem Rührstück greift Wagner auf den empfindsamen Diskurs zurück, indem er die Natürlichkeit des Menschen und den privat-intimisierten Raum der Familie ins Zentrum stellt, die Figuren in ihrem natürlichen Mensch-Sein zeigt und bürgerlich-empfindsames Handeln als moralische Maxime illustriert. Bereits der Titel enthält die adjektivierte Wohltätigkeit und verweist damit auf die vordergründige Didaxe des Stücks, die empfindsame Menschenliebe, die als zentrales Paradigma angeführt wird. Marianne Willems hebt hervor, dass „Selbstverwirklichung und Gemeinschaftskonstitution, Identitätsstiftung und sozialer Nutzen [...] in dieser Moral [der empfindsamen Menschenliebe; L.W.] unauflöslich verknüpft" (Willems 2006, S. 181) sind. Dabei konstituiert sich die „Identität des Menschen [...] auf der Basis der allgemeinmenschlichen, zum Zuge des Herzens erklärten Moral". (Ebd.) Die hierin angelegte Idee ist die eines sich selbst vervollkommnenden Individuums, wobei die Vorstellung von dem reziproken Verhältnis individueller Selbstvervollkommnung und dem gemeinschaftlichen Nutzen und Glück, den es stiftet, amalgamiert.

Wagners *Der wohlthätige Unbekannte* steht in einer Entwicklung, die von Gottsched über Schlegel und Gellert bis hin zu Lessing führt. Das rührende oder empfindsame Lustspiel wendet sich gegen den gottschedschen Vernunftanspruch, forciert aber weiterhin den wirkungsästhetisch didaktischen Aspekt des Dramas. Der Tugenddiskurs wird bei Gellert und Lessing anstatt von der Vernunft vom Gefühl dominiert. Nicht mehr durch Verlachen soll Besserung erreicht werden, sondern nun durch Mitgefühl und Rührung. Der Überzeugung Lessings ist inhärent, dass Mitleid den Menschen zur Tugendhaftigkeit veranlasse. Im Zusammenhang mit der Weiterentwicklung des Dramas als Erziehungsinstrument konstatiert Christian Neuhuber:

> Wenden sich die Bemühungen der Verlachkomödie an die Gesellschaft als Kollektiv, deren Regeln sie einfordert, so zielt diese Form [des rührenden Lustspiels; L.W.] auf den Einzelnen, der in seiner Tugendhaftigkeit bestärkt werden soll. Denn positiv verstandene Individualität lässt sich in der Differenz zum Allgemeinen über das positiv darüber Hinausgehende leichter beschreiben als über negative Abweichung. (Neuhuber 2003, S. 40)

Während bei Gellerts *Die zärtlichen Schwestern* (1747) noch der moralphilosophische Aspekt ausschlaggebend ist und die Tugendhaftigkeit in ihrer Idealität aufgezeigt wird, lassen Lessings *Die Juden* (1754) jene gesellschaftlichen Scharnierstellen transparent werden, aufgrund derer dem Individuum – trotz normativ richtigem, ,vollkommenem' Verhalten – die gesellschaftliche Integration verwehrt bleibt (vgl. Neuhuber 2003, S. 49). Es wird deutlich, dass „durch Tugendkataloge allein […] sich gesellschaftliche Einheit nicht mehr herbeispielen [lässt], ihre Befolgung garantiert für nichts, solange nicht auch der Wille und die Möglichkeit zur Integration gegeben sind." (Ebd.)

Wenngleich *Der wohlthätige Unbekannte* in der Tradition der gellertschen rührenden Lustspiele steht, darf das Stück jedoch nicht einfach als Affirmation eines sentimentalen Rührstücks gelesen werden. Vielmehr changiert *Der wohlthätige Unbekannte* zwischen den Polen der empfindsamen Tradition und den Dramen des Sturm und Drang. Die entscheidende Weiterentwicklung zeigt sich in der Problemkonstellation, dass es hier nicht mehr um vermeintliches Fehlverhalten – im Sinne der Dramenpoetik Gottscheds oder Gellerts – geht, sondern die prinzipielle Unmöglichkeit angedeutet wird, überhaupt richtig handeln zu können, um individuellen Selbstanspruch und gesellschaftliche Forderungen zu vereinen. Das heißt, der Konflikt speist sich nicht aus einem fehlenden Willen zur Tugendhaftigkeit (der im *Wohlthätigen Unbekannten* permanent figural expliziert wird), sondern aus äußeren repressiven Faktoren, die die gesellschaftliche Teilhabe verhindern. Wenn Frau Robert beklagt, dass „wir nichts thäten, als weinen, beten und arbeiten" (WU, S. 50), so wird deutlich, dass sittsames Verhalten an sich nicht ausreicht, es bedarf in der Not nach wie vor der Güte und Menschenliebe anderer.

Tugend und moralisch richtiges Verhalten werden – der Didaxe Gellerts verpflichtet – auch hier vom Schicksal belohnt; der Vater wird befreit. In diesem Kontext kann *Der wohlthätige Unbekannte* – wie es die zeitgenössische Rezeption vorsah – als gelungenes Beispiel für die Glorifizierung der gellertschen Menschenliebe gelesen werden. *Der wohlthätige Unbekannte* kann aber auch als ein Drama rezipiert werden, das die existenziellen Bedingungen hinterfragt und die Repression materieller und ideeller Werte aufführt. Bei genauer Lektüre zeigt sich, dass im Drama nicht nur die Glorifizierung der Tugend thematisiert wird, sondern auch die Grundbedingungen des Seins und die Teilnahme am öffentlich-gesellschaftlichen Leben.

Durch den wohltätigen Unbekannten wird der Vater im Stück wieder in die Gesellschaft integriert, das heißt, die ursprüngliche Ordnung wird wiederhergestellt. Dabei ist nicht nur die Güte und Nächstenliebe des Unbekannten für die physische Integration wesentlich, sondern auch der materielle Wert des Geldes: Durch den wirtschaftlichen Aufstieg der bürgerlichen Schicht im 18. Jahrhundert erhält Geld für das bürgerliche Selbstverständnis einen hohen Stellenwert. Nicht nur durch spezifische bürgerliche Werte versucht sich das Bürgertum vom Adel abzugrenzen, auch das wirtschaftliche Erstarken unterstützt das Selbstbewusstsein dieser sich neu herausbildenden Schicht. Wagner stellt jedoch nicht – wie viele andere Dramen der Zeit – Verlockung und Widerstand des Geldes ins Zentrum seines Einakters, sondern die existenzielle Abhängigkeit, die davon ausgeht. Bei Wagner gibt es keine ‚Bewährungsprobe' mehr, die die Tugendhaftigkeit der Figuren belegen soll, wie es etwa noch in den Dramen Lessings vorgeführt wird. Durch ihre bedingungslose Aufopferung für die Rettung des Vaters verkörpern alle Figuren der Familie Robert das empfindsame Tugendideal. In diesem Sinn werden die bürgerlichen Moral- und Tugendvorstellungen infrage gestellt, wenn die Mutter zu ihrer Tochter Louise sagt: „Man muß niemand beneiden, auch nicht einmal um seine Tugenden; nachahmen muß man sie" (WU, S. 31), und diese entgegnet: „Es ist aber doch hart, die besten Absichten zu haben, und nicht Kräfte genug, sie auszuführen." (WU, S. 31) Der Tenor dieser konzisen Aussage hinterfragt tugendhaftes Handeln als bürgerliche Maxime für die existenzielle Grundlage des Einzelnen. Gleichzeitig fungiert auch der Ehrbegriff bereits als soziales Regulativ, das sowohl im häuslichen als auch im außerhäuslichen Bereich zunehmend eine Rolle spielt. Wie massiv dieses Regulativ bereits im bürgerlichen Selbstverständnis verankert ist, zeigt sich, als der Vater darüber nachsinnt, wie sein Sohn so viel Geld hat auftreiben können (er weiß noch nichts von dem Unbekannten) und zu dem Schluss kommt, dass dieser dies nicht hat tun können, „ohne [s]eine Tugend aufzuopfern" (WU, S. 48), woraufhin der Vater ihn anfleht: „– Komm – gesteh mirs, mein Sohn! sey aufrichtig – und hast du dich eines Verbrechens schuldig machen können, so laß uns sterben – alle." (WU, S. 48)

Was am Ende bleibt, ist die Ernüchterung. Dem unbändigen Drang folgend, dem „Märtyrer" (WU, S. 55) doch noch zu danken, will der Vater „noch heute [...] mit goldnen Buchstaben die Worte: *Dem wohlthätigen Unbekannten*, auf eine Tafel mahlen lassen" (WU, S. 55), die in der Stube zwischen den Landkarten hängen soll. Die Tafel, „dieß Denkmaal, [soll] von Robert zu Robert jedem ein Beyspiel des Glaubens seyn." (WU, S. 55) Dieses bewusst entworfene ‚Stillleben', die huldigende Tafel zwischen den wegweisenden Landkarten, kann symbolisch als ‚Seelengeographie'[6] assoziiert werden, welche suggeriert, wo das ‚Land' der hierarchischen Normativität liegt: im Inneren des Einzelnen. Es geht an dieser Stelle um die existenzielle Kontingenzerfahrung nicht nur des Seins, sondern auch der Seele. Das Ende fungiert als optimistischer Weg, eine alternative Perspektive zu eröffnen, durch die Franz' Tugendpostulat nach bürgerlichen Maßgaben doch noch eingelöst werden kann. Das glückliche Ende der Familie überspielt die Abhängigkeit der eigenen Identität von der Einhaltung bürgerlicher Normen. Die affirmative Lektüre scheint auf den ersten Blick berechtigt zu sein und aufzugehen, jedoch zeigt das Stück auch, dass „die Aufklärung des bürgerlichen Subjektes, die sich nur in der Privatheit zu artikulieren vermag, an den Zwängen und Gesetzmäßigkeiten der äußeren Sphäre [...] ihre Grenze findet." (Hofmann 1999, S. 26) Wie bei Lessings *Emilia Galotti* (1772) kommt auch in *Der wohlthätige Unbekannte* der Konflikt noch von außen, die Protagonisten unterscheiden (noch) nicht zwischen exklusivem Selbstverständnis und gesellschaftlicher Rollenzuweisung. Jedoch werden die Probleme selbstreferenzieller Individualitätskonstitution, wie Wagner sie nur kurze Zeit später in der *Reue nach der That* thematisiert, hier bereits vorgezeichnet. So dominiert in Wagners *Der wohlthätige Unbekannte* nicht die Komik, sondern der Ernst. Das Drama endet nicht nur mit einer wieder zusammengeführten Familie, sondern auch mit der Erkenntnis, dass die bürgerlichen Regeln

---

[6]   *Die Seelengeographie. Ein deutsches Originallustspiel in fünf Aufzügen* ist ein 1772 anonym in Leipzig publiziertes Drama von Christian Gottlob Klemm, wobei der Begriff der Seelengeographie für die Beschreibung der vier Thesen von Reiner Marx und Matthias Luserke (Chiffrenthese, Verschiebungsthese, Dialektikthese und Kokonisierungsthese) aufgenommen wurde. Vgl. dazu Luserke [¹1997] 2019, S. 16f. Wiederabdruck in Luserke-Jaqui: Sturm und Drang. Ausgewählte Beiträge zur Binnenkritik und Dynamisierung der Aufklärung. Würzburg 2020.

und Normen noch einmal ihre Gültigkeit bewiesen haben, auch wenn sich bereits auf einer tieferliegenden Ebene ihre Brüchigkeit offenbart.

Werke

Allgemeine deutsche Bibliothek. Hg. von Friedrich Nicolai. Bd. 32. Berlin, Stettin 1777. [= AdB]

Almanach der deutschen Musen auf das Jahr 1777. Hg. von Christian Heinrich Schmid und Friedrich Traugott Hase. Leipzig 1777. [= AM]

Anekdote von einem Kosmopoliten. Frankfurter gelehrte Anzeigen vom 18. August 1775, Nr. 66/67, S. 547–555.

Gesammelte Schauspiele fürs deutsche Theater. Erste – Vierte Sammlung. Frankfurt am Mayn, bey Eichenbergs Erben, 1780.

Gohier, Louis-Jérôme: Die Königs-Krönung. Aufgeführt auf dem Theater zu Rennes in Gegenwart Ihro Durchlaucht der Prinzessin von Lamballe. Haag [vielm. Erlangen]: [Walther] 1775.

[Klemm, Christian Gottlob:] Die Seelengeographie. Ein deutsches Originallustspiel in fünf Aufzügen. Leipzig 1772.

Lamberg, Maximilian Joseph Graf von: Tagebuch eines Weltmannes. Übers. von Heinr. Leop. Wagner. St. Frankfurt am Main. Eichenberg 1775.

[Mercier, Louis-Sébastien:] Du Théâtre ou Nouvel Essai sur l'Art Dramatique. Nachdruck der Ausgabe Amsterdam 1773. Hildesheim u.a. 1973.

[Mercier, Louis-Sébastien:] Der Schubkarn des Eßighändlers. Ein Lustspiel in drei Aufzügen. Aus dem Französischen des Herrn Mercier [von Heinrich Leopold Wagner]. Frankfurt a.M. 1775.

[Mercier, Louis-Sébastien/Heinrich Leopold Wagner:] Neuer Versuch über die Schauspielkunst. Aus dem Französischen. Mit einem Anhang aus Goethes Brieftasche. Faksimiledruck nach der Ausgabe von 1776. Mit einem Nachwort von Peter Pfaff. Hg. von Arthur Henkel. Heidelberg 1967.

Wagner, Heinrich Leopold: L'inconnu bienfésant – Drame en un acte. Par Henri Leopold Wagner. A Francfort chés les heritiers de J.L. Eichenberg 1775.

Wagner, Heinrich Leopold: Der Wohlthätige Unbekannte. In einem Aufzug. Theater für die Jugend. [Hg. von Ernst Ludwig Sartorius.] Bd. II, Nr. 2. Frankfurt a.M. 1784.

Wagner, Heinrich Leopold: Der wohlthätige Unbekannte, in: Ders.: Gesammelte Werke in fünf Bänden. Zum ersten Mal vollständig hg. durch Leopold Hirschberg. Bd. 1: Dramen I. Potsdam 1923, S. 27–66. [= WU]

Zugabe zu den Göttingischen Anzeigen von gelehrten Sachen unter der Aufsicht der königl. Gesellschaft der Wissenschaften. Auf das Jahr 1776, 48. Stück, 28. Dezember 1776.

Forschung

Birgfeld, Johannes; Claude D. Conter: Das Unterhaltungsstück um 1800. Funktionsgeschichtliche und gattungsgeschichtliche Vorüberlegungen, in: Das Unterhaltungsstück um 1800. Hg. von dens. Hannover 2007, S. VII–XXIV.

Frömmer, Judith: Vaterfiktionen. Empfindsamkeit und Patriarchat in der Literatur der Aufklärung. München 2008.

Genton, Elisabeth: La Vie et les Opinions de Heinrich Leopold Wagner (1747–1779). Frankfurt a.M., Bern, Cirencester 1981.

Grundriss zur Geschichte der deutschen Dichtung. Aus den Quellen von Karl Goedeke. 3., neu bearb. Aufl. Hg. von Edmund Goetze. Bd. 4, Abt. 1: Vom siebenjaehrigen bis zum Weltkriege – Nationale Dichtung. 6. Buch, 1. Abt., I. Teil. Dresden 1916. [vgl. Art. zu Wagner, Heinrich Leopold: S. 766–773].

Hochholdinger-Reiterer, Beate: [Art.] Aufklärung, in: Handbuch Drama. Theorie, Analyse, Geschichte. Hg. von Peter W. Marx. Stuttgart 2012, S. 251–264.

Hofmann, Michael: Aufklärung. Tendenzen – Autoren – Texte. Stuttgart 1999.

Luserke, Matthias: Sturm und Drang. Autoren – Texte – Themen. Bibliographisch ergänzte Ausgabe. Stuttgart 2019 [[1]1997].

Luserke-Jaqui, Matthias: Sturm und Drang. Ausgewählte Beiträge zur Binnenkritik und Dynamisierung der Aufklärung. Würzburg 2020.

Neuhuber, Christian: Das Lustspiel macht Ernst. Das Ernste in der deutschen Komödie auf dem Weg in die Moderne: von Gottsched bis Lenz. Berlin 2003.

Neumann, Gerhard: [Art.] Einakter, in: Reallexikon der deutschen Literaturwissenschaft. 3., neubearb. Aufl., gemeinsam mit Harald Fricke u.a. hg. von Klaus Weimar. Bd. 1: A-G. Berlin, New York 1997, S. 4419–4422.

Schmidt, Erich: Heinrich Leopold Wagner. Goethes Jugendgenosse. Nebst neuen Briefen und Gedichten von Wagner und Lenz. Jena 1875.

Schulte-Sasse, Jochen: Die Kritik an der Trivialliteratur seit der Aufklärung. Studien zur Geschichte des modernen Kitschbegriffs. München 1971.

Sørensen, Bengt Algot: Herrschaft und Zärtlichkeit. Der Patriarchalismus und das Drama im 18. Jahrhundert. München 1984.

Willems, Marianne: Individualität – ein bürgerliches Orientierungsmuster. Zur Epochencharakteristik von Empfindsamkeit und Sturm und Drang, in: Bürgerlichkeit im 18. Jahrhundert. Hg. von Hans-Edwin Friedrich, Fotis Jannidis und ders. Tübingen 2006, S. 171–200.

Medeas neue Masken: Dramatische Aktualisierungen zwischen *femme forte* und zärtlicher Tochter in Heinrich Leopold Wagners *Die Reue nach der That* (1775) und *Die Kindermörderin* (1776)

Gaby Pailer

„Sieh in mir eine neue Medea!" (LS, II/7, S. 40) – Mittels dieser Äußerung der von Mellefont verlassenen Marwood erfolgt in Lessings *Miß Sara Sampson* (1755) eine prominente Aktualisierung des antiken Medea-Mythos, die im Wesentlichen darin besteht, dass sich das Interesse von der Mutterfigur Marwood auf die Tochterfigur Sara und damit vom antiken Vorbild der Medea auf deren Konkurrentin Kreusa verschiebt (vgl. Ter-Nedden 1986, S. 28). Bezogen auf die Palette von Frauenfiguren im deutschsprachigen Aufklärungsdrama des 18. Jahrhunderts lässt sich dies auch als eine Verschiebung vom Typus der *femme forte* des heroischen auf den der zärtlichen Tochter des Bürgerlichen Trauerspiels betrachten.

Marwoods ureigenster Zug ist das Maskenspiel, kaum ist im Stück die Rede von ihr, ohne sie als „böse" (LS, I/4, S. 15), „buhlerisch" (LS, I/8, S. 23), „wollüstig" (LS, II/3, S. 32), „gefährlich" oder „barbarisch" (LS, II/4, S. 35) zu attribuieren bzw. sie als „Mörderin", „Schlange" (LS, II/3, S. 28f.) oder „Furie" (LS, II/8, S. 42) zu stigmatisieren. Nur an einer Stelle ist sie allein und fragt sich, ob sie „die Muskeln des Gesichts in ihre natürliche Lage fahren lassen […] geschwind einmal in allen Mienen die wahre Marwood sein" (LS, IV/7, S. 73) könne. Doch diese ‚wahre' Marwood gibt es ebenso wenig wie die ‚wahre' Medea, deren Wesen durch Verwandlung, Rollenspiel und Performativität gekennzeichnet ist:

> Like any other outsider, the rootless Medea has learned that the assumption of new roles is a way of life. But in Medea's case, she comes to see that an ability to perform is really her only guarantee of survival. (Macintosh 2000, S. 1).

Gegenüber anderen, die Antike beerbenden zivilisationsgeschichtlichen ‚Urszenen' wie dem freudschen Ödipus-Komplex oder der List des Odysseus, den Gesang der Sirenen in gefahrlosen Kunstgenuss zu transformieren als „ahnungsvolle Allegorie der Dialektik der Aufklärung" (Horkheimer, Adorno 1984, S. 34), ist es schlechterdings unmöglich, für die antike Medea-Gestalt einen „Urmythos" zu identifizieren, da „gerade die vielen, sich widersprechenden und überkreuzenden Versionen die Vielschichtigkeit Medeas ausmachen" (Stephan 2006, S. 4). Als zauberkundige Tochter, die über das Geheimnis verfügt, ewige Jugend zu verleihen, bedient sie sich eines Zerstückelungsritus, der allerdings auch in grausame Rache umschlagen kann, wenn sie den Töchtern des Pelias den von ihnen zerstückelten Vater eben nicht wieder zusammenfügt; nicht zuletzt ist sie liebende Mutter und Gattin, die zur Meuchlerin ihrer Nebenbuhlerin und Mörderin ihrer eigenen Kinder wird. Ist sie bei Aischylos und Sophokles noch die zauberkundige Zerstücklerin, so wird sie in Euripides' *Medea* zur Kindermörderin, die am Ende in einer Deus-ex-Machina-Lösung entschwebt (vgl. Kerényi 1963, S. 16–19).

Beim Vergleich der attisch-tragischen Medea-Aktualisierungen ist der kultische Veranstaltungszusammenhang – wie wenig auch davon tatsächlich überliefert ist – in Erinnerung zu rufen, denn die Masken stellen Wiedergänger aus dem Totenreich dar (vgl. Kerényi 1963, S. 15). Dass erst der jüngste der drei großen attischen Tragöden, Euripides, Medea zur Kindermörderin werden lässt, verdient Aufmerksamkeit mit Blick auf Nietzsche, dessen *Geburt der Tragödie* (1872) Euripides vorwirft, durch Verfahren der Rationalisierung und Plausibilisierung eine demokratisierende ‚Verbürgerlichung' der Tragödie vorgenommen zu haben. Statt der „Kunsttriebe, des *Dionysischen und Apollinischen*" (NGT, S. 82, Herv. i.O.), die im Kräftespiel zwischen Chor und Held eine schmerzvolle „Zerstückelung" der Natur „in Individuen" (NGT, S. 33) vornehmen, werde nun sokratische Intellektualität vorgeführt: „Im Wesentlichen sah und hörte jetzt der Zuschauer seinen Doppelgänger auf der euripideischen Bühne und freute sich, dass jener so gut zu reden verstehe." (NGT, S. 77)

Medea-Reprisen im bürgerlichen Zeitalter der Moderne sind daher, wenig überraschend, vor allem Reprisen der euripideischen ‚Kindermörderin': Explizit zeigt sich dies in Friedrich Maximilian Klingers (1752–1831) *Medea in Korinth* (1786), dessen „Remythologisierungsstrategie" darin besteht, die halbgöttliche Medea durch die Liebesbeziehung zu einem Irdischen zu ‚vermenschlichen' und ‚vermütterlichen', und dies um den Preis einer „inverse[n] Geschlechterhierarchie, die letztlich für das tragische Scheitern und das Scheitern der Beziehung verantwortlich ist" (Loster-Schneider 2004, S. 121). Implizit verbindet sich das Motiv des mütterlichen Kindsmords aus Schmerz, Rage und Rache am treulosen Kindsvater schon eine Dekade früher im Sturm und Drang mit dem Medea-Motiv. Neben Goethes Gretchen-Tragödie im *Urfaust* (entst. 1773/1775) gilt hier als wegbereitend insbesondere Heinrich Leopold Wagners *Die Kindermörderin* (1776) (vgl. Luserke-Jaqui 2002, S. 131–146).

In der Forschung wurde vor allem diesem Drama Wagners Beachtung zuteil, während *Die Reue nach der That* (1775) nach wie vor ein vergleichsweises Schattendasein fristet. Beide Dramentexte werden im Folgenden als Medea-Reprisen gelesen, wobei zentral die spezifisch intertextuelle Dramaturgie Wagners herausgearbeitet werden soll. Einerseits anknüpfend an Lessings „Modernisierungspraxis", die „ohne Kenntnis der Werke, auf die er sich bezieht," nicht nachvollziehbar ist, dessen „Sprache der Schlüsselzitate" und „Zeigetechnik" (Vellusig in Ter-Nedden 2016, S. 11), verweigert Wagner andererseits Lessings Einfühlungsdramaturgie der Tränen und anderer körpersprachlicher Ausdrucksformen (vgl. Košenina 1995, S. 1 u. S. 31f.). Beide Stücke Wagners erweisen sich vielmehr als eine Aktualisierung von ‚Masken', allerdings nicht antikisierend, sondern als Griff in den ‚Raritätenkasten' moderner Dichtung, wie ihn der junge Goethe in seiner Rede *Zum Schäkespears Tag* (entst. 1771) beschreibt:

> Shakespears Theater ist ein schöner Raritäten Kasten, in dem die Geschichte der Welt vor unsern Augen an dem unsichtbaaren Faden der Zeit vorbeywallt. Seine Plane sind, nach dem gemeinen Styl zu reden, keine Plane, aber seine Stücke, drehen sich alle um den geheimen Punckt, |: den noch kein Philosoph gesehen und bestimmt hat :| in dem das Eigenthümliche unsres Ich's, die prätendirte Freyheit unsres Willens, mit dem nothwendigen Gang des Ganzen zusammenstösst. (GST, S. 133).

Wie die folgenden Analysen zeigen wollen, entwickelt Wagner in beiden Stücken sukzessive – im Aufrufen von Versatzstücken aus dem Fundus an Lust- und Trauerspielen der Frühaufklärung und Amalgamieren heroischer und bürgerlicher Theatermittel, zwischen Luise A.V. Gottsched (1713–1762) und Gotthold E. Lessing (1729–1781) – seine eigentümliche intertextuelle Sturm und Drang-Dramaturgie rund um den ‚Medea-Komplex'.

I *Die Reue nach der That*

Das Bürgerliche Trauerspiel *Die Reue nach der That* erscheint 1775 anonym in Frankfurt am Main, erfährt in den 1770er-Jahren mehrere Aufführungen und 1777 eine Umarbeitung durch Gustav Friedrich Wilhelm Großmann für die Seylersche Truppe, die 1779/1780 unter dem neuen Haupttitel *Der Familienstolz* in Mannheim gegeben wird. Thematisch behandelt das Stück „eine Liebe jenseits der Standesschranken" (Wille 2017, S. 386f.) und wird daher interpretatorisch mit Shakespeares *Romeo und Julia*, Lessings *Minna von Barnhelm* und Goethes *Werther* in Verbindung gebracht.

Weit konkreter sind indes – sowohl motivisch als auch strukturell – die Bezüge auf eine Reihe von Stücken Gottscheds und Lessings. Grundsätzlich ist im Auge zu behalten, dass sich die Lustspiele der Frühaufklärung durch Typen- und Situationskomik kennzeichnen; Lacheffekte werden überwiegend auf der Ebene der Paradigmatik (also der Einzelepisoden) ausgelöst, während die Syntagmatik (der übergeordnete Handlungszusammenhang) eine in den meisten Fällen recht konstruierte Intrigenhandlung darstellt (vgl. Warning 1976, S. 279–282). Für die heroischen Trauerspiele der Frühaufklärung ist – in gewisser Parallele hierzu – das Überwiegen der Rede über die Handlung zu beachten, d.h. die Figuren erklären sich selbst, sprechen ihre Motivationen und Besorgnisse aus. Die ‚Überwindung der Rede im Drama‘ (vgl. Zeißig 1990) und eine Dynamisierung der Handlung im Lust- wie im Trauerspiel machen sich bereits in der Frühaufklärung bei Autoren wie Georg Behrmann und Johann Elias Schlegel bemerkbar, zum großen Katalysator wird allerdings Lessing.

Zunächst zum Handlungs-Syntagma von *Die Reue nach der That*, Schauplatz ist Wien: Assessor Fritz Langen liebt Fridericke, Tochter des kaiserlichen Kutschers Walz (1. Akt), der den Antrag des jungen Mannes gerne annimmt (2. Akt); nicht so Langens Mutter, verwitwete „Justizräthin", die den Sohn mit einem Fluch belegt (3. Akt). Langens Freund Werner bringt überraschend Nachricht, dass seine Mutter in die Verbindung eingewilligt habe (4. Akt), was sich allerdings als Finte erweist: Tatsächlich hatte sie mittels Fußfalls vor der Kaiserin Maria Theresia erwirkt, dass Fridericke ins Kloster geschickt und Langen arretiert wurde (5. Akt). Die Mutter bereut ihr Handeln zu spät: Durch Vermittlung eines Staatsrates kommt Fridericke zwar frei, erliegt aber der Wirkung eines am Vortag eingenommenen Giftes; Langen will sich daraufhin ebenfalls das Leben nehmen. (6. Akt).

Durchsetzt ist diese an und für sich magere Handlung von eingeflochtenen Episoden, die auf paradigmatischer Ebene als ‚Zitate‘ gottschedscher und lessingscher Figuren und Konstellationen erkennbar werden und sich tendenziell von zunächst harmloser Komik zu brutaler Drastik formieren.

Justizrätin Langen exponiert sich als Dame von Stand, betont mehrfach und in epischer Ausdehnung, inwiefern sie einen „Karakteer" (WRT, I, S. 19) für sich selbst beanspruchen und einen solchen von denen, die ihres Umgangs würdig sind, erwarten kann, und verwirft, gewissermaßen in einem Atemzug, alle „Mesalliansen" (WRT, I, S. 22). Ihr Besuch in der Studierstube Langens, den sie kokettierend als „Fußfall" (WRT, I, S. 29) bezeichnet, dient dazu, diesem Geld für eine der neumodischen „allegorischen Hauben" des Pariser Modisten „Mußie Beaulard" zu entlocken, „daß jedermann gleich meinen Karakteer und leider – allzufrühen Wittwenstand gleich an der Haube absehen könnte." (WRT, I, S. 30) Ihre Anrede des Sohnes wechselt von „der Herr Assessor" zum Vertraulicheren: „wirsts deiner Mutter doch nicht abschlagen, Fritz?" (WRT, I, S. 29) Mit dem Hinweis auf seine berufliche Stellung appelliert sie an ihn als den Versorger der Familie, der ihr den Ehemann ersetzt, und in dieser Kapazität antwortet er ihr: „Aber bedenken Sie Mama! bis von meiner Besoldung die Haushaltung bestritten, das nöthige besorgt ist; bleiben nicht viel Dukaten übrig sie für nichts und wieder nichts wegzuwerfen." (WRT, I, S. 31) Doch nun legt sie nach und imaginiert ihn als das Kind, das er einstmals war: „bey meinem einigen Kind, das ich so lang unterm Herzen getragen habe" (WRT, I, S. 31). Im dritten Akt, der erneut im Hause Langen spielt, steigert sich die Typenkomik der Mutterfigur, indem sie ihren eigenen Standesdünkel ihrer 14-jährigen Tochter Caroline anerzieht, entgegen den vernünftigeren Maximen der Französin, und zur Furie wird, als ihr Sohn ihr mitteilt, er wolle sich mit Friderike Walz verheiraten: „Mit des Kutschers Tochter? – *(nach einer Pause nach und nach zur Furie schwellend)* Nein!" (WRT, III, S. 74)

Bereits anhand dieser wenigen Beispiele lassen sich drei Komödien Gottscheds erkennen: Die Justizrätin Langen erinnert an die verwitwete Obristin Tiefenborn in *Das Testament* (1745), die ihre Mühe damit hat, die erbschleicherischen Pläne ihres Neffen Kaltenbrunn und ihrer Nichte Amalie bzw. deren Freier Kreuzweg und Wagehals zu durchkreuzen, indem sie sich selbst erneut verheiratet (vgl. Bohm 1986; Loster-Schneider 1999). Alternieren bei Wagner die Schauplätze ‚Langens Haus' und ‚Walzens Haus', so alternieren bei Gottsched – bei gleichbleibendem Schauplatz, „einem großen Saale in dem Landhause der Frau von Tiefenborn" (GT, S. 82) – die Intrige der jüngeren und die Gegenlist der älteren Generation. Allerdings sind die Kapitalverhältnisse bei Wagner genau umgekehrt, die ‚Unvernunft' der Justizrätin besteht darin, ihrem Sohn die Heirat zu verbieten unter dem Vorwand der Mesalliance, aber mutmaßlich, um ihn für sich als Versorger und Surrogat der verlorenen ‚Ehehälfte' beizubehalten.

Ein weiterer verbindender Aspekt ist die Ärztesatire. Bei Wagner durchkreuzt diese als komisches Paradigma die bereits ins Tragische umgeschlagene Handlung im sechsten Akt. Der zu Langen gerufene Doktor wird von Werner gebeten, „ein Attestat zu geben, daß die Krankheit meines Freundes mehr im Gemüth als im Körper sitzt" (WRT, VI, S. 122). Dieser antwortet:

> Den *Statum morbi* aufsetzen, das kann ich schon gegen billige – wie Sie gar wohl bemerkt haben. Den Augenblick! *(setzt sich an den Schreibtisch, indem er das Papier zurecht legt)* Man hat mich zwar schon dreimal in ein gewisses Haus zu einer Frau rufen lassen, die seit drey Tagen in Geburtsschmerzen liegt, sie kann aber noch ein Stündchen warten; warum lassens die Leut auf die lezte Extremität kommen, und schicken nicht eher? *(schreibt.)* (WRT, VI, S. 122)

Nebenbei verwickelt Walz ihn in ein Gespräch über „Aderlässe" (WRT, VI, S. 122), womit die Figur des Scharlatans und Quacksalbers, der am liebsten ‚Exitus' attestiert, perfekt wäre, wie sie in Lesages *Gil Blas-*

Romanen (1715–1735) meisterhaft konturiert ist und vermutlich bereits in der verdoppelten Doktor-Figur in Gottscheds *Testament* alludiert wird. Bei Gottsched ist es die jüngere Generation, die der Tante nichts weniger als den baldigen Tod wünscht und hierfür den Doktor Hippokras engagiert hat; dieser freilich steht im Bunde mit der Obristin. Im zweiten Aufzug erinnert sie ihn daran, „daß Sie bey Tische, mich brav krank machen sollen" (GT, II/9, S. 125), und ergänzt: „Es hat seine Ursachen; und damit meine Hausgenossen es noch mehr glauben: so wird nach Tische ein gewisser Doctor herkommen, der zwar keiner ist; allein das schadet ihm nicht." (GT, II/9, S. 125)

Dieser zweite Doktor namens Schlagbalsam tritt im vierten Akt auf und unterhält sich zuerst mit Hippokras über medizinische Praktiken, sodann mit der Nichte Amalie über den Krankheitszustand der Obristin:

> FRL. AMALIE. An der Obristinn bekommen Sie eine rechte seltsame Patientinn, Herr Doctor.
> D. SCHLAGBALSAM. Ey, ich hoffe daß ich Sie mit des Himmels Hülfe, gar bald curiren will.
> FRL. AMALIE *erschrocken.* Ey, Herr Doctor! Was sagen Sie? Der lieben Frauen wäre nach ihren Umständen wohl nicht besser zu rathen, als wenn sie zur ewigen Ruhe käme. (GT, IV/2, S. 160).

Werners Bitte um ein Attest, das Langens Krankheit dem Gemüts- und nicht dem Körperzustand zuschreibt, verkehrt das Motiv in Gottscheds *Testament*, bei dem sich die junge Generation mit einem zweiten Arzt konfrontiert sieht, dem es den Todeswunsch der Erbtante in die Feder zu diktieren gilt. Führt bei Wagner das Einsprengsel des komischen Paradigmas zu einem Umschlagen von Komik in Drastik, so verweist es zugleich auf die Diskrepanz zwischen paradigmatischer Komik und syntagmatischer Ernsthaftigkeit, wie sie bereits bei Gottsched durchscheint. Auf der Ebene des Handlungsablaufs entpuppt sich Schlagbalsam als der Bräutigam der Obristin, der Bruder ihres Schwagers (d.h. des Ehemanns ihrer Schwester) Ziegendorf, den sie zugleich als ihren Universalerben einsetzt. Kaltenbrunn – dessen kriminelle Energie am größten ist – schickt sie zu den Soldaten, auf jeden Fall aber aus dem Haus. Tiefenborns abschließende Einladung zum Essen: „Die Tafel wird fertig seyn, und ich will, daß ferner von diesen Verdrießlichkeiten nicht geredet werde, und heute alles in meinem Hause vergnügt sey", quittiert Kaltenbrunn mit den Worten: „Ein Schelm, der einen Bissen frißt!" (GT, V/9, S. 202)

Amalie, deren Schuld der ‚Hoffart' nicht kriminell, sondern moralisch dimensioniert ist, wird mit lebenslänglicher Abhängigkeit von der Gunst ihrer Tante bestraft, „daß dir künftighin mein Leben so lieb seyn muß, als dir bisher mein Tod angenehm geschienen" (GT, V/9, S. 203). Ihr Freier Wagehals zieht sich zurück: „Mit einer Bettlerin ist mir nichts gedient!" (GT, V/9, S. 203), eine Stelle, auf die möglicherweise Wagners nicht komisches, sondern drastisches Paradigma der Bettelweib-Episode Bezug nimmt. Im fünften Akt, der auf einem *„große[n] öffentliche[n] Platz"* (WRT, V, S. 100) spielt, an dem sich zwei Straßen kreuzen, geht es um den Fußfall der Justizrätin vor der Kaiserin – Langens ‚Mutter' also vor der ‚Landesmutter' – was in der Begegnung Werners mit einem Bettelweib konterkariert wird, insofern sich sein blindwütiger Hass in bizarrer Verstümmelungsfantasie gegen alle Mütter richtet:

> Man sollt euch die Kehle zuschnüren, die Brüste mit glühenden Zangen auspfetzen, und die Lücken mit Pech und Schwefel füllen; [...]
> Seyd ihr nur deswegen Frau geworden um Kinder auf die Welt zu setzen, und sie alsdann jedem Unfall, jedem Unglück Preis geben? (WRT, V, S. 109)

Eine Reprise der harmloseren Art unternimmt Wagner mittels der Figur der Französin im dritten Akt, die ohne Mühe als Kontrafaktur von Gottscheds *Hausfranzösinn* (1744) erkennbar ist. Die Gouvernanten-Figur hat dort die Position der Unvernunft, der Hofsucht und Extravaganz inne, und verführt – als Tochter einer betrügerischen ‚Familienbande' von Exilfranzosen, zugleich aber auch als Stellvertreterin der toten Mutter – den Sohn Franz (der einmal als 17-jährig, einmal als 15-jährig bezeichnet wird) zur Planung einer Kavalierstour nach Paris, was der gleichfalls verblendete Vater Germann bereitwillig unterstützt. Stimme der Vernunft ist dessen Schwager Wahrmund sowie die Tochter Luischen (vgl. Pailer 2009, S. 145–149). Bei Wagner ist die Justizrätin sozusagen eine Wiedergängerin der toten Mutter Germann, die ihre jüngere Tochter, die 14-jährige Caroline, in ihrem Adelsstolz und ihrer Verschwendungssucht unterstützt, was u.a. zur Folge hat, dass das Mädchen auf den baldigen Tod des Bruders Fritz hofft, damit sie ein neues schwarzes Trauerkleid bekommen kann. Die Alamodsprache dient hier allerdings dazu, bündig und schnittig Kritik an der Unvernunft des Erziehungswesens im Hause Langen anzumelden mit Äußerungen wie: „wer wird so schnautz an die gnädik Frau Mama?" (WRT, III, S. 54) und „Das ist freilick böse Sak, wenn man laßt die Kind zuviel sein Will." (WRT, III, S. 55) Gegenüber Werner erläutert die Französin: „Will Mademoiselle was ahb, so weints; hat sies bekumm, so weints für etwas anders. Es ist warlick ein Schand und Spott." (WRT, III, S. 62f.) Die just hinzutretende Justizrätin empört sich: „Ich glaube gar, die Kreatur hat das Courage, mir zu widersprechen!", woraufhin die Französin den Dienst quittiert: „So bin ick also hier, wie das Tüpfel auf die I? Bitt *très humblement de me donner ma dimission.*" (WRT, III, S. 65) Wagners ‚Hausfranzösin' ist keine Figur zum Verlachen, sondern zum Mitlachen über die Justizrätin. Das Komödienzitat markiert Werners spätere Äußerung gegenüber Langen, er habe während des Abendessens und der sich entrollenden „Familien-Scenen" „meist eine stumme Person gespielt" (WRT, III, S. 67).

Als dritte Komödie Gottscheds ist schließlich *Die ungleiche Heirath* (1743) alludiert, in der die Elterngeneration namens Ahnenstolz eine Mesalliance ihrer Tochter mit einem wohlhabenden bürgerlichen Brautwerber einzufädeln versucht, um ihre Schulden zu tilgen. Auch in dieser Komödie ereignen sich komische Paradigmen wie Ärztesatire und Justizsatire, letzteres indem dem bürgerlichen Wilibald ein „Ehepact" (GuH, III/5, S. 131f.) vorgesetzt wird, der ihn all seiner Güter beraubt. Bei Wagner könnte hierauf in Kutscher Walzens Rede vom „Notar, der euren Winkelcontrakt hat aufsetzen sollen" (WRT, IV, S. 93) angespielt sein. Ferner zitiert Wagner das Motiv der Mesalliance in ähnlicher Konnotation, insofern auch bei Gottsched der bürgerliche Brautwerber materiellen Wohlstand besitzt gegenüber den Gütern der Ahnenstolzens, „die wir im Titel führen, ob wir sie gleich nicht mehr haben" (GuH, III/5, S. 132).

Bei Gottsched wird der Diebstahl des Adels am Bürgertum durch den adeligen Brautwerber Zierfeld damit gerechtfertigt, „daß ein Versprechen einer adelichen Braut an einen Bürgerlichen, nicht besser gehalten werden darf, als eines Juden Versprechen an einen Christen" (GuH, II/3, S. 103). Eine Verbindung scheint sich hier zu Wagners parabolischem Spiel-im-Spiel im vierten Akt anzudeuten: durch das Auftreten eines alten Juden, auf den als „Cavaliersspaß" eines „Edelmann[es]" ein „Kettenhund" gehetzt wurde (WRT IV, S. 82), und der den jungen Liebenden Langen und Fridericke seine eigene Jugendgeschichte von Mesalliance und Familienfluch erzählt.

Das Umschlagen von Komik in Drastik bei Wagner bezieht sich viertens auch auf ein Trauerspiel Gottscheds, sowohl was die Monumentalität der Mutter als auch was die Opferung der jungen Liebenden betrifft. In Gottscheds Barbier-Übertragung *Cornelia, die Mutter der Grachen* (1741) ist der mütterliche Ahnenstolz auf das republikanische Rom bezogen (vgl. Pailer 2006, S. 184-187), der eine Verbindung des Sohnes Cajus Gracchus mit der Tochter des monarchistischen Opimius verunmöglicht; stattdessen soll er dem ‚Schatten' des bereits geopferten Sohnes Tiberius nacheifern:

> Wie schön werd ich den Ruhm des Bruders nicht erhöhen!
> Wie trefflich auf der Bahn der großen Mutter gehen!
> Die Schwachheit kömmt ihr wohl von ihrem Sohn nicht ein.
> Ach! kann ich denn zugleich so Sohn als Bräutgam seyn! (GC, I/3, S. 171)

Oder in den Worten der Mutter:

> Tyrann! So liebe denn! Verlaß die Ehrenbahn!
> Häng deiner Ahnen Blut den ersten Schandfleck an!
> Du bist durch mich allein zu diesem Blut gekommen;

Und jetzt wird ihm durch dich so Ehr als Glanz genommen? (GC, II/5, S. 186)

Die Parallelen zur Justizrätin Langen sind bestechend: Ihr Sohn wird darauf verpflichtet, in die Fußstapfen des verstorbenen Justizrates zu treten und für den *Familienstolz* "(so der Titel einer Umarbeitung durch Großmann 1777), auf die Ehe mit einer weniger ‚edlen' Frau zu verzichten. Hier wie dort kommt es zur Arretierung des Sohnes und einem Wechsel der mütterlichen Register im Umgang mit dem Sohn, der einmal ein Erwachsener ist, ein anderes Mal als Säugling imaginiert wird.

Ein weiteres bemerkenswertes Vergleichsmoment ergibt sich aus dem Motiv der Schatten oder Schattenbilder als Erinnerung an Verstorbene (bei Gottsched) und den Schattenrissen oder Scherenschnittbildern, die ab dem späten 18. Jahrhundert eine beliebte Form der Gelegenheitskunst darstellen, um Erinnerungsbilder zu kreieren,[1] wie sie bei Wagner alludiert werden. Kutscher Walz hat Mühe, Sinn und Zweck der Schattenrisse, die Langen Friedericke geschenkt hat, zu verstehen: *„die Silouetten erblickend.* Zum Henker, was sind denn das vor Mohrenköpf?" (WRT, II, S. 49). Auch längere Erklärungsversuche der Tochter Lenchen helfen nicht: „Wozu nützt denn aber die schwarze Fratze? Wenns noch gemahlt wäre – " (WRT, II, S. 50). Zeigt Walz hauptsächlich einen Mangel an Abstraktionsvermögen, so konnotiert Langen mit den ‚Schattenbildern' zugleich im antiken Sinne die Verstorbenen im Totenreich. Kurz bevor ‚sein Rickchen' im sechsten Akt hereingeführt wird, hat er eine Vision: „Gott! – was seh' ich? Blaß – todtbleich – Rickchen – Geliebte!" (WRT, VI, S. 134), woraufhin Werner ihn fragt: „Langen! welch ein Schattenbild trügt Sie?" (WRT, VI, S. 135)

In Gottscheds *Cornelia* wird der Sohn Cajus, wie oben angedeutet wurde, darauf verpflichtet, dem ‚Schatten' seines Bruders Tiberius nachzueifern und nachzusterben:

Du Schatten des Tibers, der du mein Zeuge bist,
Getrost! Weil noch zur Rach die Mutter lebend ist.
Sie hat uns beyderseits zu einem Zweck geboren;
(GC, IV/7, S. 212)

Gleichwohl wird Cajus zum heimlichen Helden des Dramas; die Handlung wird dynamisiert durch sein Bestreben, Partnerliebe und Ahnenpflicht zu versöhnen, was jedoch an der statischen Monumentalität der Mutter scheitert, die als ‚Witwe' des großen Scipius Africanus und als ‚Mutter' das republikanische Rom selbst präsentiert wird (vgl. Pailer 2006, S. 185). Ganz ähnlich scheitert Wagners Fritz Langen an dem Repräsenta-

---

[1] Eine Virtuosin ist im frühen 19. Jahrhundert Adele Schopenhauer. Vgl. hierzu Müller-Wolff 2006.

tionsdünkel der verwitweten Justizrätin, für das sie die Landesmutter zur Verbündeten gewinnt.

Cornelia ist ikonografisch vor allem als Mutter im kulturellen Gedächtnis präsent, deren schönster Schmuck die Kinder sind (z.B. in Angelika Kauffmans Gemälde von 1785; vgl. Baumgärtel 2020, S. 52). Interessant ist in diesem Zusammenhang die Reise der Gottscheds nach Wien im Herbst 1749, die Johann Christoph Gottsched in einem postumen biografischen Abriss seiner Frau schildert. Mit dem Besuch am „höchsten Hof von Deutschland" will er ihr eine „ihren Gaben anständige Bühne zeigen" und es gelingt ihm, vermittels Fürst Eszterházy, eine Audienz in Schönbrunn bei Maria Theresia zu erwirken (GL, [S. 42]). Er selbst begibt sich in die Rolle des Protokollanten. Seiner Fußnote zufolge fragte die Kaiserin Frau Gottsched, ob sie Kinder hätte:

> Nein! allergnädigste Frau, erwiederte die Selige, so glücklich bin ich nicht. Ach! Sie meinen es sey ein Glück, Kinder zu haben, versetzte die Kaiserin: allein sie bringen einem auch viel Sorgen. Die Sel. E. Kais. Majestät werden diese Last am wenigsten empfinden, da die geschicktesten Personen von Dero Königreichen Ihnen dieselbe erleichtern helfen. Der Kaiserinn Majestät: Ey man hat doch auch seinen Verdruß davon [...]. (GL, [S. 50f.])

Luise Gottsched, zu der Zeit 36 Jahre alt, repräsentiert weibliche Gelehrsamkeit gegenüber der Regentin, die sie – so Johann C. Gottsched – „als Gattin und als Mutter" (GL, [S. 50]) gesprochen habe.

Eine assoziative Verbindung zwischen Wagners Drama und Luise Gottsched ergibt sich aus dem Motiv des „Fußfalls" (WRT, V, S. 103) der Justizrätin vor Maria Theresia und Gottscheds Audienz bei der Kaiserin 1749. *Die Reue nach der That* lässt sich als ein bemerkenswertes *recasting* eines ganzen Arsenals an Typen aus Gottscheds Stücken, einschließlich (möglicherweise) der Dramatikerin selbst lesen. Zugleich erfolgt eine Neuordnung dieses Arsenals in Bezug auf die Achse Vernunft/Unvernunft und die Intersektionalität der Kriterien *gender, class* und *race*. Für diese Neuordnung zeichnet Wagners Lessing-Lektüre verantwortlich, vor allem, was die Syntagmatik der Handlung und den Aspekt der *race* betrifft. Die Juden-Episode im vierten Akt, die Geschichte seiner Mesalliance und den über ihn verhängten Familienfluch lässt sich auch im Hinblick auf Lessings *Die Juden* (1749) lesen:

> Ich war halt in meiner Jugend in ä Schickselchen vernarrt, die mein Aeti nit leiden konnt, habs endlich zur Frau genommen, und er hat mers verboten ghabt, und do hat er mer halt den Fluch gegeben – o ä gräßlichen Fluch! (WRT, IV, S. 85)

Beide, Langen und Fridericke, sind entsetzt, als sie erfahren, dass die junge Braut „im ersten Kindbett" gestorben und der Sohn ein bis ins hohe Alter pflegebedürftiger „Krüppel" geblieben sei (WRT, IV, S. 87). Gleich einem Deus ex Machina trifft kurz darauf Werner ein und meldet, Langens Mutter habe in die Mesalliance eingewilligt – wie das Publikum hier bereits erahnen kann, nur zum Schein. Eine Parallele ist hier zu sehen zu Lessings *Juden*, insofern der Baron sein vorheriges Versprechen, seine Tochter mit dem Reisenden zu verehelichen, zurücknimmt, nachdem sich dessen jüdische Herkunft enthüllt hat. Dabei beruft er sich auf den ‚Himmel', der eine solche Mesalliance verhindere: „So gibt es denn Fälle, wo uns der Himmel selbst verhindert, dankbar zu sein?" (LJ, 22. Auftritt, S. 412)

Wagners jüdischer Händler hat dagegen sein Schickselchen geheiratet und damit gegen den – bei Lessing implizierten – bürgerlich-gesetzlichen ‚Himmel' verstoßen und zugleich den Fluch seiner jüdischen Vorväter über sich gebracht. Wagners Justizrätin bringt in ähnlicher Weise aus Familienstolz einen Fluch über die Verbindung ihres Sohnes mit der Kutscherstochter. Dieser wäre für sich selbst genommen indessen wirkungslos, da sie finanziell von ihrem Sohn abhängig ist und nicht umgekehrt; es bedarf daher des Fußfalles vor Maria Theresia. Kaiser und Kaiserin, die vor allem im Hause Walz als huldreich und tugendhaft beschworen werden, repräsentieren den ‚Himmel' des ‚höchsten Hofes' im deutschsprachigen Europa, insofern sie nach Willkür und Belieben Verbindungen ihrer Untertanen lösen und restituieren können. Dass es so einfach nicht ist, dass Kloster- und Polizeigewahrsam an Leib und Seele zehren und diese Prozesse eben nicht reversibel sind, zeigt der Schluss des Stückes, indem der zweite Deus ex Machina – das staatsrätliche Schreiben – ebenso zu spät kommt wie die Reue der Justizrätin.

Die Lessing-Bezüge ließen sich weiter vertiefen. Der zweite Akt in Walzens Haus alludiert die Vater-Tochter-Dyade à la *Miß Sara Sampson*; der halbwüchsige Sohn Christian erinnert als militarisiertes Kind an *Philotas* (insbesondere indem er das ‚Lyon-Histörchen' vom tragischen Doppelselbstmord am Ende herplappert); und die Justizrätin stellt eine gealterte und ins Groteske übersteigerte Version von Lessings Marwood dar. Letztere dringt ein zu Sara in der Maske der ‚Anverwandten' Lady Solmes und spricht über sich selbst in der dritten Person:

> Marwood ist aus einem guten Geschlechte. Sie war eine junge Witwe, als sie Mellefont bei einer ihrer Freundinnen kennenlernte. Man sagt, es habe ihr weder an Schönheit noch an derjenigen Anmut gemangelt, ohne welche die Schönheit tot sein würde. Ihr guter Name war ohne Flecken. Ein einziges fehlte ihr: – Vermögen. (LS, IV/8, S. 77)

So entwickelt sich Wagners Justizrätin im Verlauf des Stücks von der nicht mehr ganz jungen, indessen vermögenden Witwe Obristin Tiefenborn Gottscheds zur unvermögenden, obzwar jungen und schönen Marwood Lessings: Am Ende steigert sich die Justizrätin zur bösen, buhlerischen,

wollüstigen, gefährlichen Schlange und Furie, die schließlich in das Lachen des Wahnsinns verfällt, als sie merkt, dass sie zur ‚Zerstücklerin‘
ihres eigenen Sohnes und Surrogat-Ehemannes sowie dessen Geliebter
geworden ist.

II *Die Kindermörderin*

Das Bürgerliche Trauerspiel *Die Kindermörderin*, das Anfang 1776 entstand, setzt auf den ersten Blick strukturelle Aspekte von *Die Reue nach
der That* fort, so zum Beispiel die Unterteilung in sechs Akte unter erneu-
tem Verzicht auf eine weitere Untergliederung in Szenen. *Die Kindermörderin* gilt als eines der wichtigsten Dramen des Sturm und Drang, da
es das zentrale Delikt des Kindsmords im Titel führt und den „bürgerliche[n] Mittelstand einer Handwerkerfamilie" zum „Schauplatz der Konflikte sozialer und familialer Normativität" macht (Luserke-Jaqui 2017, S.
329). Entsprechend ist für die Haupthandlung, die in Straßburg angesiedelt ist, die Organisation in häuslichen Innenräumen maßgebend: Im
Wirtshaus zum „gelben Kreutz" vergewaltigt Lieutenant von Gröningseck
die Metzgerstochter Evchen Humbrecht, die ihm gemeinsam mit ihrer
Mutter erst auf den Ball, dann in dieses Etablissement gefolgt ist (1. Akt).
Im Hause Humbrecht hagelt es tags darauf Vorwürfe; von Gröningseck
erscheint, um sein Heiratsversprechen, das er Evchen nach der Vergewaltigung gegeben hatte, zu erneuern (2. Akt). In seiner Stube, die er in Un-
termiete bei Humbrechts bewohnt, unterhält er sich – es sind mittlerweile
vier bis fünf Monate vergangen – mit seinem Offizierskameraden von
Hasenpoth, der sich die Umstände, dass von Gröningseck für zwei Monate
verreisen muss, sowie, dass er Evchen nie etwas Schriftliches gegeben hat,
zunutze macht, um eine Verbindung der beiden intrigant zu durchkreuzen (3. Akt). Von Gröningseck kommt zu Evchen in die Kammer, um
sich zu verabschieden und sein Versprechen zu bekräftigen (4. Akt). Weitere vier bis fünf Monate später: Evchen hat einen (von Hasenpoth fingierten) Brief erhalten, in dem von Gröningseck sein Versprechen löst,
und flieht aus dem Haus. Magister Humbrecht, ein Verwandter, hat in der
Kirche ihren Ohnmachtsanfall beobachtet, als von der Kanzel ein Edikt
u.a. über den Kindsmord verlesen wurde; überdies hat auch er einen Brief
erhalten (5. Akt). Evchen ist mit ihrem Neugeborenen bei der Lohnwäscherin Marthan untergekommen; während sie diese zu ihrem Vater
Humbrecht schickt, tötet sie ihr Kind mit einem Nadelstich durch die
Schläfe. Von Gröningseck kommt zu spät, am Ende bleibt offen, ob ein
Gnadengesuch beim französischen Monarchen in Versailles Erfolg haben
wird. Humbrecht verflucht den Ball, der solch verheerende Folgen gezei-
tigt hat (6. Akt).

Die Typenkomik und -drastik von *Die Reue nach der That* ist nun in Handlungskomik- und -drastik überführt. Während dort die Mutter im Typus der *femme forte* als eine Medea-Reprise im Sinne einer grausamen Zerstücklerin erscheint, ist es in *Die Kindermörderin* die Figur der verführten Tochter, die an ihrem Kind die Züge des untreuen Vaters auslöschen will:

> Gröningseckchen! Sing! Gröningseck! so hieß ja dein Vater; *(nimmts vom Bett wieder auf und liebkosts.)* – Ein böser Vater! Der dir und mir nichts seyn will, gar nichts! und mirs doch so oft schwur, uns alles zu seyn! – ha! Im Bordell so gar es schwur! (WK, VI, S. 79)

In der oben zitierten Rede über sich selbst in der dritten Person parallelisiert sich Lessings Marwood mit Sara als ehemals verführte Unschuld. Bezogen hierauf könnte man sagen, dass Wagners Evchen Humbrecht von der ins Wirtshaus entführten sexuell unwissenden Sara zur sexuell wissenden Marwood geworden ist, die die Akte der Verführung/Vergewaltigung, des Eheversprechens und der Untreue des Kindsvaters in den Zügen des Kindes auslöschen will. Marwood droht diese Tat im Zuge ihrer Selbstimagination als ‚neue Medea‘ als grausame Vivisektion und Metzelei an:

> Durch langsame Martern will ich in seinem Gesichte jeden ähnlichen Zug, den es von dir hat, sich verstellen, verzerren und verschwinden sehen. Ich will mit begeisterter Hand Glied von Glied, Ader von Ader, Nerve von Nerve lösen, und das kleinste derselben auch da noch nicht aufhören zu schneiden und zu brennen, wenn es schon nichts mehr sein wird, als ein empfindungsloses Aas. Ich – ich werde wenigstens dabei empfinden, wie süß die Rache sei! (LS, II/7, S. 41)

Es kommt indessen nicht zu dieser Tat, vielmehr geht Marwood mit einem Dolch auf Mellefont los, den er ihr entwenden kann. Evchens Erinnerung an von Gröningseck, den ‚bösen Vater‘, die das Gesicht ihres Babys heraufbeschwört, sein Schwur und Treuebruch, gepaart mit der Erkenntnis hinsichtlich des Ortes der Vergewaltigung, das – wie sie nun weiß – Bordell, ist als Vorstellung sanfter und leiser, gleichwohl begeht sie den Kindsmord de facto, wenn auch eher aus Verzweiflung, denn aus Rache:

> *(zum Kind)* Schreyst? schreyst immer? laß *mich* schreyn, *ich* bin die Hure, die Muttermörderinn; *du* bist noch nichts! – ein kleiner Bastert, sonst gar nichts; – *(mit verbißner Wuth.)* – sollst auch nie werden, was *ich* bin, nie ausstehn, was *ich* ausstehn muß – *(nimmt eine Stecknadel, und drückt sie dem Kind in Schlaf, das Kind schreyt ärger, es gleichsam zu überschreyn singt sie erst sehr laut, hernach immer schwächer.)* (WK, VI, S. 79f.)

Ihre Tat erscheint ihr als Erlösung des Kindes, dessen Geschlecht nicht definiert wird, von einer elenden Existenz. Ebenso wie Evchen nur im Akt des Kindsmordes, nicht in ihrer Motivation aus Rache eine neue Medea wird, ist von Gröningseck auch nur scheinbar ein Jason; zu diesem wird er durch die Briefe von Hasenpoths gemacht.

Weitere wichtige Theatermittel sind die ‚Masken', d.h. die Ballkostüme zu Beginn (*„Frauenzimmer haben Domino, Er eine Wildschur an"*; WK, I, S. 5), die mit der Magd Lissel getauschten Mäntel (vgl. WK, V), vor allem aber die „Tobaksbüchs" (I, S. 16; II, S. 29; V, S. 65): Der schlafenden Frau Humbrecht wird sie während der Vergewaltigungsszene im Nebenzimmer durch die Prostituierte Marianel entwendet; sie vermisst sie am nächsten Morgen; und durch ihr Wiederauftauchen im fünften Akt enthüllt sich, dass Mutter und Tochter mit von Gröningseck nicht nur auf dem Ball, sondern auch im Bordell waren. Die Tabaksdose steht als Requisit nicht nur für die verlorene Unschuld der Tochter, sondern vor allem für die der Mutter. Wirft Evchen ihrer Mutter vor: „Wär sie nicht eingeschlafen!", so beklagt diese das verlorene Symbol ihres eigenen Ehegelöbnisses: „dein Vater gab mir sie noch in unserm Brautstand" (WK, II, S. 29).

Masken und Tabakdose sind auch die wichtigsten Requisiten in Lessings *Die Juden*. Zwei mit jüdischen Bärten maskierte Angestellte überfallen ihren Dienstherrn, den Baron, was durch den Reisenden, der sich sämtlicher äußerlichen jüdischen Attribute entledigt hat, verhindert wird. Als ‚Mutterfigur' lässt sich die Dienerin Lisette interpretieren, die sich selbst eine Verbindung mit dem Diener des Reisenden, Christoph, zu schaffen versteht. Tochterfigur ist ‚das junge Fräulein', das bezüglich der Mesalliance, die sie mit einem Juden eingehen würde, völlig naiv ist. Was in *Die Reue nach der That* angedeutet wurde, wird in der *Kindermörderin* nun auf syntagmatischer Ebene verhandelt: der ‚Reisende' von Gröningseck ist durch ‚höhere Gewalt' – eine Erkrankung – an der rechtzeitigen Rückkehr gehindert. Auf Lessings ‚Himmel' verweist dies in der Hinsicht, dass herrschenden Vorurteilsstrukturen bezüglich Mesalliancen nicht so leicht beizukommen ist. Die Inversion einer wohlanständigen Brautwerbung, wie er sie im Bordell inszeniert – Evchen sei nicht die erste, „die Frau wurde, eh sie getraut war" (WK, I, S. 17) – fällt gleich einem Fluch auf ihn zurück.

Der Intrigant Hasenpoth verhält sich in dramatischer Ironie im Grunde standesgemäßer als von Gröningseck. War er es, der bereits die Eroberungsstrategie der Metzgerstochter bereitgestellt hatte – Bordellbesuch und Schlafmittel – so sieht er nicht ein, warum er die ins Honette verkehrten Bestrebungen seines Kameraden gutheißen soll. Seine Briefintrige dient der Wiederherstellung dessen, was er als die Normen der symbolischen Ordnung und ihren inhärenten *gender*- und *class*-Regeln begreift. Dies nun erklärt, warum Evchen kaum eine Chance hat, als Opfer der sozialen Umstände gesehen zu werden. Der langen Tradition an Spekulationen, ob Evchen sich verführen ließ (z.B. B. Weber [1974]; H.D. Weber [1976]; Kaiser [1976]; Haupt [1977]; Hinck [1978]; Pilz [1982]; Sørensen [1984]; Mabee [1986]; Dane [2005]) sei daher ein kleiner Exkurs zum Vergewaltigungsdiskurs des 18. Jahrhunderts hinzugefügt, denn: Ob Evchen ‚unschuldig verführt‘ wurde, ist im kriminalistischen Denken der Zeit kein Kriterium:

> There was a widespread belief in eighteenth-century German Europe that rape was physically impossible. Philosophers, medical professionals, and jurists argued that a woman of sound body and mind would be able to prevent the penetration of a man's penis into her vagina if she truly desired to do so. (Speltz 2018, S. 1)

Eine der wichtigsten Fragen, um ein Vergewaltigungsdelikt zu beurteilen, war die der Tatzeugen, und dies ist mit hoher Wahrscheinlichkeit der Grund, warum das Schlafen der Mutter Evchens Verdammnis komplettiert. Speltz untersucht das Thema des Vergewaltigers, der als solcher nicht wahrgenommen wird, sondern unter den Augen des Herrschers sein Unwesen treiben darf, anhand von Wielands kurzer Erzählung *Araspes und Panthea* (1760), die eine Episode aus Xenophons *Kyropädie* aufnimmt. Im vorliegenden Zusammenhang bedeutender ist Luise Gottscheds Dramatisierung derselben Episode in ihrem Trauerspiel *Panthea* (1744). Das Motiv des blinden Herrschers Cyrus wird hierin noch potenziert, indem der seiner Leidenschaften nicht mächtige Araspes zum einen regelrecht damit beauftragt wird, Königin Panthea zu beaufsichtigen, und ihm zum zweiten die Tochterfigur Nikothris zur Braut versprochen wird (vgl. Schönenborn 2004, S. 59–76). Eine weitere Anspielung auf die *Kyropädie* erfolgt in Gottscheds *Testament*, wenn der Intrigant Kaltenbrunn, der sich fast am Ziel glaubt, äußert: „Sei lustig mein Schwesterchen, nun werden wir bald so reich seyn als der Crösus" (GT, IV/4, S. 167). Mit Crösus aber wird der Hauptfeind des Cyrus aufgerufen, der ‚weiblich-luxurierend‘ keine Chance gegen die prinzipiell ‚tugendhaften‘ Perser hat. Dass es auch unter den guten Persern Vergewaltiger gibt, scheint indessen angesichts militaristisch-heteronormativer Repräsentationspolitik vernachlässigbar. Ein weiteres Stück, das in Bezug auf Verführung und wahre Gewalt Beachtung verdient, ist Johann Gottlob Benjamin Pfeils (1732 – 1800) *Lucie Woodvil* (1756), indem die vom Vater selbst als Adoptivkind ausgegebene Tochter vom eigenen Bruder schwanger ist und in einem furiosen Schlussakt zur Vater-, Selbst- und Kindsmörderin wird.

Zwischen der Mitleidsdramaturgie Lessings und der Abschreckungsdramaturgie Pfeils, die noch stärker dem heroischen Trauerspiel verhaftet bleibt (vgl. Mönch 1993, S. 13–29), entwickelt Wagner einen dritten Weg, den man – gerade durch die intertextuelle Dramaturgie – weniger als ‚naturalistisches', denn als ,episierendes' Theater *avant la lettre* betrachten sollte. Was in *Die Reue nach der That* als Umschlagen von Typenkomik in -drastik erschien, aber auch bereits als grotesker Zusammenprall gottschedscher Paradigmatik und lessingscher Syntagmatik gesehen werden kann, verschiebt sich in *Die Kindermörderin* zu einer palimpsestartigen Syntagmatik. Anders als episodische Paradigmen wie im früheren Stück flicht Wagner nun Binnenerzählungen ein, die geradezu (biblischen) Gleichnischarakter haben: Als Evchen ihrem Vater am Tag nach dem Ball gleich einer reuigen Magdalena vor die Füße fällt und ihn um Vergebung bittet, erzählt er:

> die schöne Jungfer dahinten hat sich von einem Serjeanten eins anmessen lassen, die Mutter weiß drum und läßt alles so hingehen: die ganze Nachbarschaft hält sich drüber auf. – Jetzt marsch! Und kündig ihnen das Logis auf. (WK, II, S. 31)

Solches „Lumpengesindel" (WK, II, S. 31), fügt er noch hinzu, und wär's seine eigene Tochter, würde er schnurstracks fortschicken. Eine weitere Binnenerzählung wird im Soldatenmilieu mitgeteilt, es geht um Falschspiel, strenge militärische Regeln und das Duellwesen (vgl. WK, III, S. 39–41). Und schließlich erzählt die Lohnwäscherin Marthan Evchen von einem „Muttermörder" und geht zusehends dazu über, diesen Rechts- und Kriminalfall mit dem der Tochter Humbrechts, die überall ausgerufen sei, zu vergleichen; diese sei „so gut eine Muttermörderinn, als –" (WK, VI, S. 76). Zunehmend fühlt sich Marthan in ihrem Redefluss irritiert, weil Evchen nun immer wieder „ich" (WK, VI, S. 77) sagt.

Beides sind kriminelle Delikte: die durch Licht-, Ton-, und Raumeffekte vermittelte Vergewaltigung zu Beginn und der Kindsmord auf offener Bühne am Ende. Evchen nennt von Gröningseck einen „Teufel in Engelsgestalt" (WK, I, S. 17). Dies ist er vor allem als der Vergewaltiger, der schlagartig das Rollenregister wechselt und sich zum aufrichtig Liebenden wandelt. Er selbst beschreibt dieses ,Erweckungserlebnis' retrospektiv seinem Kameraden von Hasenpoth:

> Aber *das* ist sie nicht: du hättest sie sehn, hören sollen; in *dem* Augenblick, der unmittelbar auf den Genuß folgt, in dem uns die größte Schönheit aneckelt – da hättest du sie sehn sollen: – wie groß in ihrer Schwäche! – wie ganz Tugend, auch nachdem ich sie mit dem Laster bekannt gemacht hatte! – und ich, wie klein! wie – o! ich mag gar nicht zurückdenken – (WK, III, S. 34).

Die im Gelben Kreutz geschehene Tat ist indessen irreversibel, sie löst den ,Kreuzweg' der jungen Frau aus (vgl. Schönenborn 2004, S. 191), der durch Gleichnisse gepflastert ist, die ihre Passion betreffen – wie sie ja auch bei der Verlesung des Kindsmord-Edikts von der Kanzel in Ohnmacht fällt. Die schlafende Mutter verweist in diesem Zusammenhang auf die schlafenden Jünger im Garten Gethsemane, während Jesus mit sich ob des väterlichen ‚Kelches' ringt.

Auch Evchen ringt während der Schwangerschaft mit Melancholie und Selbstmord und liest Youngs *Night Thoughts* (1742); als junge Mutter wird sie bei der Witwe Marthan mit einer anderen Lektüre konfrontiert: „dort auf dem Tresurchen steht der Himmels- und Höllenweg", sagt diese und fährt fort: „'s ist gar schön, sag ich ihr: mein Mann seelig hat ihn in seiner letzten Krankheit fast auswendig gelernt." (WK, VI, S. 73) Das angespielte Motiv ist ‚der breite und der schmale Weg' aus dem *Matthäus-Evangelium*:

> Gehet ein durch die enge Pforte. Denn die Pforte ist weit, und der Weg ist breit, der zur Verdammnis führt, und ihrer sind viele, die darauf wandeln. Und die Pforte ist eng, und der Weg ist schmal, der zum Leben führt, und wenige sind ihrer, die ihn finden! (Mt 7,13–14)

Bereits im 18. Jahrhundert ist es als Bildmotiv in Einblattdrucken nachgewiesen, doch erst seit dem 19. Jahrhundert findet es als Andachtsbild in immer zahlreicheren Varianten Verbreitung.[2] In Wagners Drama ist allerdings von Auswendiglernen die Rede, d.h. es ist ein Schriftwerk, das auf der Kommode steht. Sehr vieles spricht dafür, dass es sich um die deutsche Adaption *Eines Christen Reise nach der seligen Ewigkeit* (1765) von John Bunyans *The Pilgrim's Progress* (1678) handelt, der das Motiv des ‚Höllen- und Himmelsweges' prominent, und schon von früh an mit Illustrationen versehen, entwirft – interessanterweise reist der männliche Pilger Christian im ersten Band den engen Höhenweg allein, erst im zweiten darf seine Frau nachkommen.

Auch in diesem Stück Wagners kommt der Deus ex Machina zu spät – der zu lange verreiste von Gröningseck. Wenn überhaupt etwas helfen kann, dann das Kapital des Mittelstandes: „Wenn sie Geld brauchen, mein Herr! Reisegeld! Sie verstehn mich doch?" (WK, VI, S. 85), sagt Meister Humbrecht, um doch noch eine Rettung seiner ‚gefallenen Tochter' zu erwirken. So komödienhaft der Schlusssatz des Vaters wirkt: „und zehntausend gäb ich drum, wenn der Ball mit all seinen Folgen beym Teufel wär!" (WK, VI, S. 85), so unwahrscheinlich ist es, dass es vom breiten Weg, der in die Tiefe fällt und auf den Evchen durch das ‚Höllentor' des Balles geraten ist, ein Zurück geben kann.

---

[2]   Vgl. Württembergische Kirchengeschichte online, wkgo.de.

Werke

Die Bibel oder Die ganze heilige Schrift des alten und neuen Testaments nach der Übersetzung Martin Luthers. Stuttgart 1969.

Eines Christen Reise nach der seligen Ewigkeit, aus der weitläufigern Beschreibung Bunians kürzer erzählt, und in kunstmäßigen Figuren entworfen; samt Drollingers Abhandlung von gleicher Dichtungsart und ähnlichem Innhalte, wie auch einer Vorrede von dem Endzweck dieser Schrift. Zürich: Joh. Kaspar Ziegler 1765.

Goethe, Johann Wolfgang: Zum Schäkespears Tag, in: Goethes Werke. Hg. im Auftrag der Großherzogin Sophie von Sachsen. 143 Bde. Weimar 1896. I. Abt, 37. Bd., S. 129–135. [= GST]

Gottsched, Johann Christoph: Leben der weil. Hochedelgebohrnen, nunmehr sel. Frau, Luise Adelgunde Victoria Gottschedinn, geb. Kulmus, aus Danzig, in: Sämmtliche kleinere Gedichte, nebst dem, von vielen vornehmen Standespersonen, Gönnern und Freunden beyderley Geschlechtes, Ihr gestifteten Ehrenmaale, und Ihrem Leben, hg. von Ihrem hinterbliebenen Ehegatten. Leipzig: CC Breitkopf 1763, o.S. [= GL]

Gottsched, Luise Adelgunde Victorie: Cornelia, die Mutter der Grachen, ein Trauerspiel. Aus dem Französischen der Mad[lle] Barbier, übersetzt, in: Die Deutsche Schaubühne. Hg. von Johann Christoph Gottsched. Faksimiledruck nach der Ausgabe von 1741–1745. Mit einem Nachwort von Horst Steinmetz. Bd. 2 [[1]1741]. Stuttgart 1972, S. 162–230. [= GC]

Gottsched, Luise Adelgunde Victorie: Das Testament, ein deutsches Lustspiel in fünf Aufzügen, in: Die Deutsche Schaubühne. Hg. von Johann Christoph Gottsched. Faksimiledruck nach der Ausgabe von 1741–1745. Mit einem Nachwort von Horst Steinmetz. Bd. 6 [[1]1745]. Stuttgart 1972, S. 81–204. [= GT]

Gottsched, Luise Adelgunde Victorie: Die Hausfranzösinn, oder die Mamsell. Ein deutsches Lustspiel in fünf Aufzügen. [[1]1744]. Mit einem Nachwort hg. von Nina Birkner. Hannover 2009.

Gottsched, Luise Adelgunde Victorie: Die ungleiche Heirath, ein deutsches Lustspiel in fünf Aufzügen, in: Die Deutsche Schaubühne. Hg. von Johann Christoph Gottsched. Faksimiledruck nach der Ausgabe von 1741–1745. Mit einem Nachwort von Horst Steinmetz. Bd. 4 [[1]1744]. Stuttgart 1972, S. 67–184. [= GuH]

Gottsched, Luise Adelgunde Victorie: Panthea. Ein Trauerspiel in fünf Aufzügen. [[1]1744]. Paralleldruck der Fassungen von 1744 und 1772. Studienausgabe. Hg. von Victoria Gutrsche und Dirk Niefanger. Hannover 2016.

Lessing, Gotthold Ephraim: Die Juden. Ein Lustspiel in einem Aufzuge. Verfertiget im Jahre 1749, in: Ders.: Werke. Hg. von Herbert G.

Göpfert. Bd. 1: Gedichte. Fabeln. Lustspiele. Textredaktion: Sybille von Steinsdorff. Lizenzausgabe. Darmstadt 1996, S. 375–414. [= LJ]

Lessing, Gotthold Ephraim: Miß Sara Sampson. Ein Trauerspiel in fünf Aufzügen, in: Ders.: Werke. Hg. von Herbert G. Göpfert. Bd. 2: Trauerspiele. Nathan. Dramatische Fragmente. Kommentar: Karl S. Guthke, Gerd Hillen. Lizenzausgabe. Darmstadt 1996, S. 10–100. [= LS]

Lessing, Gotthold Ephraim: Philotas. Ein Trauerspiel, in: Ders.: Werke. Hg. von Herbert G. Göpfert. Bd. 2: Trauerspiele. Nathan. Dramatische Fragmente. Kommentar: Karl S. Guthke, Gerd Hillen. Lizenzausgabe. Darmstadt 1996, S. 101–126.

Nietzsche, Friedrich: Die Geburt der Tragödie, in: Ders.: Sämtliche Werke. Kritische Studienausgabe. Hg. von Giorgio Colli und Mazzino Montinari. Bd. 1. München 1980, S. 9–156. [= NGT]

Pfeil, Johann Gottlob Benjamin: Lucie Woodvil, ein bürgerliches Trauerspiel in fünf Handlungen (1756). Vom bürgerlichen Trauerspiele (1755). Mit einem Nachwort hg. von Dietmar Till. Hannover 2006. [= PLW]

Wagner, Heinrich Leopold: Die Kindermörderin. Ein Trauerspiel. Im Anhang: Auszüge aus der Bearbeitung von K. G. Lessing (1777) und der Umarbeitung von H.L. Wagner (1779) sowie Dokumente zur Wirkungsgeschichte. Hg. von Jörg-Ulrich Fechner. Stuttgart 1969. [= WK]

[Wagner, Heinrich Leopold:] Die Reue nach der That, ein Schauspiel. Frankfurt a.M. bey den Eichenbergischen Erben. 1775. [= WRT].

Forschung

Baumgärtel, Bettina (Hg.): Angelica Kauffmann. [Katalog der Ausstellung „Verrückt nach Angelika Kauffmann", Kunstpalast Düsseldorf, 30. Januar bis 24. Mai 2020; englische Ausgabe]. Düsseldorf, München 2020.

Bohm, Arndt: Authority and Authorship in L.A.G.'s *Das Testament*, in: Lessing Yearbook 18 (1986), S. 129–140.

Dane, Gesa: „Zeter und Mordio". Vergewaltigung in Literatur und Recht. Göttingen 2005.

Gustafson, Susan E: Absent Mothers and Orphaned Fathers. Narcissism and Abjection in Lessing's Aesthetic and Dramatic Production. Detroit 1995.

Handbuch Sturm und Drang. Hg. von Matthias Luserke-Jaqui unter Mitarbeit von Vanessa Geuen und Lisa Wille. Berlin, Boston 2017.

Hart, Gail K.: Tragedy in Paradise. Family and Gender Politics in German Bourgeois Tragedy 1750–1850. Columbia 1996.

Haupt, Jürgen: *Die Kindermörderin*. Ein bürgerliches Trauerspiel vom 18. Jahrhundert bis zur Gegenwart, in: Orbis Litterarum 32 (1977), S. 285–301.

Horkheimer, Max; Adorno, Theodor W.: Dialektik der Aufklärung. Philosophische Fragmente [¹1944]. Ungekürzte Ausgabe. Frankfurt a.M. 1984.

Hinck, Walter: Produktive Rezeption heute: am Beispiel der sozialen Dramatik von Jakob Michael Reinhold Lenz und Heinrich Leopold Wagner, in: Sturm und Drang. Hg. von dems. Frankfurt a.M. 1978, S. 257–269.

Kaiser, Gerhard: Aufklärung. Empfindsamkeit. Sturm und Drang. 1. Aufl. Tübingen/Basel 1976.

Kerényi, Karl: *Medea*, in: Medea. Euripides. Seneca. Corneille. Cherubini. Grillparzer. Jahnn. Anouilh. Jeffers. Braun. Hg. von Joachim Schondorff. Mit einem Vorwort von Karl Kerényi. München, Wien 1963, S. 9–29.

Kord, Susanne: Etikette oder Theater? Kindsmörderinnen auf dem Schafott, in: GeschlechterSpielRäume. Dramatik, Theater, Performance und Gender. Hg. von Gaby Pailer und Franziska Schößler. Amsterdam 2011, S. 297–312.

Košenina, Alexander: Anthropologie und Schauspielkunst. Studien zur ,eloquentia corporis' im 18. Jahrhundert. Tübingen 1995.

Loster-Schneider, Gudrun: Louise Adelgunde Gottscheds *Das Testament*. Ein parodistisches Vermächtnis zur Gottschedschen Komödienpoetik, in: Formzitate, Gattungsparodien, ironische Formverwendung. Gattungsformen jenseits von Gattungsgrenzen. Hg. von Andreas Böhn. St. Ingbert 1999, S. 59–83.

Loster-Schneider, Gudrun: Von enragierten und couragierten Müttern: Zur Inszenierung der verratenen Mutterliebe bei Friedrich Maximilian Klinger und – gelegentlich: Brecht, in: Gelegentlich: Brecht. Jubiläumsschrift für Jan Knopf zum 15-jährigen Bestehen der Arbeitsstelle Bertolt Brecht (ABB). Hg. von Birte Giesler, Ana Kugli, Eva Kormann und Gaby Pailer. Heidelberg 2004, S. 113–128.

Luserke, Matthias: Heinrich Leopold Wagner: *Die Kindermörderin*, in: Interpretationen. Dramen des Sturm und Drang. Erw. Ausgabe. Stuttgart 1997, S. 161–196.

Luserke-Jaqui, Matthias: *Die Kindermörderin* [Wagner], in: Handbuch Sturm und Drang. Hg. von Matthias Luserke-Jaqui unter Mitarbeit von Vanessa Geuen und Lisa Wille. Berlin, Boston 2017, S. 329–338.

Luserke-Jaqui, Matthias: Medea. Studien zur Kulturgeschichte der Literatur. Tübingen, Basel 2002.

Mabee, Barbara: Die Kindesmörderin in den Fesseln der bürgerlichen Moral: Wagners Evchen und Goethes Gretchen, in: Women in German Yearbook 3 (1986), S. 29–45.

Macintosh, Fiona: Introduction: The Performer in Performance, in: Medea in Performance 1500 – 2000. Ed. by Edith Hall, Fiona Macintosh and Oliver Tarpin. Oxford 2000, S. 1–31.

Möhrmann, Renate: Die vergessenen Mütter. Zur Asymmetrie der Herzen im bürgerlichen Trauerspiel, in: Verklärt, verkitscht, vergessen. Die Mutter als ästhetische Figur. Hg. von Renate Möhrmann. Stuttgart, Weimar 1996, S. 71–91.

Mönch, Cornelia: Abschrecken oder Mitleiden. Das deutsche bürgerliche Trauerspiel im 18. Jahrhundert. Versuch einer Typologie. Tübingen 1993.

Müller-Wolff, Susanne: „Zarte schattene Gebilde, Fliegt zu eurer Künstlerin". Die Silhouettenalben der Adele Schopenhauer im Bestand des Goethe-Nationalmuseums, in: Die Pforte 8 (2006), S. 217–229.

Pailer, Gaby: *Cato* und *Cornelia*. Das republikanische Rom als Aufklärungsmodell in den frühen Trauerspielen der Gottscheds, in: Diskurse der Aufklärung. Luise Adelgunde Victorie und Johann Christph Gottsched. Hg. von Gabriele Ball, Helga Brandes und Catherine Goodmann. Wiesbaden 2006, S. 169–189.

Pailer, Gaby: „Dieses vortreffliche Stück der Graffigny mußte der Gottschedin zum Übersetzen in die Hände fallen". Lessings Umgang mit ‚Theaterfrauen', in: Lessing Yearbook 41 (2014), S. 237–252.

Pailer, Gaby: Multi-layered Conflicts with the Norm: Gender and Cultural Diversity in Two Comedies of the German Enlightenment, in: Gender and Laughter: Comic Affirmation and Subversion in Traditional and Modern Media. Hg. von Gaby Pailer, Andreas Böhn, Stefan Horlacher und Ulrich Scheck. Amsterdam 2009, S. 141–154.

Pilz, Georg: Heinrich Leopold Wagner: *Die Kindermörderin*, in: Ders.: Deutsche Kindesmord-Tragödien. Wagner, Goethe, Hebbel, Hauptmann. München 1982, S. 17–45.

Schönenborn, Martina: Tugend und Autonomie. Die literarische Modellierung der Tochterfigur im Trauerspiel des 18. Jahrhunderts. Göttingen 2004.

Sørensen, Bengt Algot: Herrschaft und Zärtlichkeit. Der Patriarchalismus und das Drama im 18. Jahrhundert. München 1984.

Speltz, Andrea: „Mit sanfter Gewalt": Rape in the Works of Christoph Martin Wieland. Vortrag auf der Jahrestagung der Canadian Society for Eighteenth Century Studies (CSECS), Niagara Falls, Ontario, Kanada, 10. bis 13. Oktober 2018 (unveröffentlichtes Ms.).

Stephan, Inge: Medea. Multimediale Karriere einer mythologischen Figur. Köln u.a. 2006.

Ter Nedden, Gisbert: Lessings Trauerspiele. Der Ursprung des modernen Dramas aus dem Geiste der Kritik. Stuttgart 1986.

Ter Nedden, Giebert: Der fremde Lessing. Eine Revision des dramatischen Werks. Hg. v. Robert Vellusig. Göttingen 2016.

Unger, Thorsten: Handeln im Drama. Theorie und Praxis bei J.Chr. Gottsched und J.M.R. Lenz. Göttingen 1993.

Warning, Rainer: Elemente einer Pragmasemiotik der Komödie, in: Das Komische. Hg. von Wolfgang Preisendanz und Rainer Warning. München 1976, S. 279–333.

Weber, Beat: Die Kindsmörderin im deutschen Schrifttum von 1770 – 1795. Bonn 1974.

Weber, Heinz-Dieter: Kindsmord als tragische Handlung, in: Der Deutschunterricht, Jahrgang 28. Heft 2 (1976), S. 75–97.

Wille, Lisa: *Die Reue nach der Tat* [Wagner], in: Handbuch Sturm und Drang. Hg. von Matthias Luserke-Jaqui unter Mitarbeit von Vanessa Geuen und Lisa Wille. Berlin, Boston 2017, S. 387–392.

Wilson, Daniel W.: Kindsmord, in: Handbuch Sturm und Drang. Hg. von Matthias Luserke-Jaqui unter Mitarbeit von Vanessa Geuen und Lisa Wille. Berlin, Boston 2017, S. 68–74.

Zeißig, Gottfried: Die Überwindung der Rede im Drama. Hg. von Hans Hiebel. Bielefeld 1990.

„Heiße Magister, heiße Doktor gar …" – Heinrich Leopold Wagners juristische Dissertation *De aurea bulla/Über die Goldene Bulle* an der Universität Straßburg

Susanne Lepsius

I Biografischer Hintergrund und Entstehungskontext

Eine biographisch wie inhaltlich nicht unwesentliche Veröffentlichung Heinrich Leopold Wagners (1747–1779) war seine für den 28. August 1776 vorgelegte, auf Latein verfasste juristische Dissertation, mit der er an der Universität Straßburg den damals üblichen Grad eines Lizentiaten in beiden Rechten (*in utroque iure*), also im römischen und kanonischen Recht, erlangte. Die erfolgreiche Disputation vom gleichen Tag schloss das Promotionsverfahren ab, das mit seiner Anmeldung zur Prüfung am 5. August begonnen hatte, und seinem Doktorexamen am 8. August 1776 fortgesetzt worden war (vgl. Matrikel der Universität, Bd. 2, 1897, S. 646 n. 2460). Wie bei derartigen Inauguraldissertationen verlangt war, verteidigte Wagner seine Dissertation vor dem gesamten Kollegium der Juristischen Fakultät: Ein Doktorvater, also ein *praeses*, der Dissertation, wie er bei Übungsdissertationen genannt wird (vgl. Schubart-Fikentscher 1970, S. 91–93), ist daher bei seiner wie bei allen anderen Straßburger Inauguraldissertationen nicht überliefert. Am Ende enthält die Dissertation fünf sogenannte *corollaria*, die wie üblich die Grundlage seiner mündlichen Disputation bildeten (vgl. Wagner 1776, S. 19f., unten S. 143). Den formalen Grad eines *iuris utriusque doctor* (I.U.D.) erlangte Wagner ausweislich der Straßburger Matrikeln nicht, vermutlich weil er die Kosten für die aufwendige Promotionsfeier, bei der man die gesamte Fakultät einzuladen hatte, nicht aufbringen konnte. Von 1760 bis 1780 wurde in Straßburg aber ohnehin nur viermal der feierliche Grad des I.U.D. vergeben. Selbst bereits an der Juristischen Fakultät lehrende Professoren erwarben dort erst im Amt den Doktorgrad.

Anders als sein aus Frankfurt am Main stammender, zwei Jahre jüngerer Freund Johann Wolfgang Goethe (1749–1832) durchlief Wagner somit das spätestens seit dem 17. Jahrhundert etablierte Verfahren, um die Voraussetzungen für den Grad eines *Doctor iuris* zu erlangen (vgl. Lepsius 2018, S. 143f.). Goethes schriftliche Dissertation war hingegen von der

Juristischen Fakultät in Straßburg wegen ihrer als problematisch eingestuften staatskirchenrechtlichen Thesen nicht akzeptiert worden, sodass Goethe stattdessen lediglich nach der mündlichen Doktorprüfung (Rigorosum) aufgrund von rasch aufgesetzten Thesen (*positiones iuris*) und einer mündlichen Disputation (zu den einzelnen Thesen vgl. Schubart-Fikentscher 1949, S. 18f.)[1] am 6. August 1771 „mit Beifall"[2] (*cum applausu*) wie sein Freund Wagner zum Lizentiaten der Rechte promoviert worden war. Goethe, der sich erst am 18. April 1770 an der Universität Straßburg immatrikuliert hatte (vgl. Matrikel der Universität, Bd. 1, 1897, S. 85 n. 34 (615); Genton 1971, S. 13), meldete sich am 22. September 1770 zum Examen an, absolvierte danach ein erstes Examen mit Auszeichnung (*insigni cum laude*) und legte dann am 25. September ein Rigorosum (*examen rigorosum*) ab, für das er eine römischrechtliche Textstelle (Cod. 8.25(26).11) sowie eine kanonistische Stelle (X 2.20.26) exegetisch zu behandeln hatte. Am 27. September hatte er in einem letzten Examen vorgegebene juristische Erörterungen (*analyses*) – „mannhaft" (*mascule*) wie es in den Universitätsakten heißt (vgl. Matrikel der Universität, Bd. 2, 1897, S. 633 n. 2255) – verteidigt.

Von Goethes ursprünglich eingereichter schriftlicher Dissertation einschließlich der damals vorgesehenen mündlichen Thesen[3] ist – anders als von Wagners Dissertation – nichts erhalten. In Art und Umfang, einschließlich des umständlichen lateinischen Satzbaus, dürfte sie hingegen der im Hinblick auf das Verfahren viel typischeren Inauguraldissertation Wagners geglichen haben.

Da Goethe nach seiner kurzen offiziellen Studienzeit und der vergleichsweise ungewöhnlichen Promotion Straßburg bereits 1771 verließ, um in Frankfurt am 31. August 1771 als Advokat zugelassen zu werden, ist es unwahrscheinlich, dass Wagners und Goethes Wege sich in den Hörsälen der Universität Straßburg kreuzten.[4] Weder Goethe noch Wagner waren in den Matrikeln der Juristischen Fakultät Straßburg als einfache Studenten der Rechtswissenschaften immatrikuliert (vgl. Matrikel der Universität, Bd. 2, 1897, S. 203–493).

Dagegen war Wagner zuvor vom 24. März 1761 bis zum 14. Juni 1763 als Student der Philosophie in seiner Heimatstadt Straßburg immatrikuliert und erwarb dort zunächst den Titel eines Bakkalaureus, um sich

---

[1]   Unrichtig daher Merten 2000, S. 507.
[2]   Vgl. Matrikel der Universität, Bd. 2, 1897, S.632f. n. 2255.
[3]   Thesenreich zu den möglichen Inhalten der ursprünglichen Dissertation, in der es auch um die Kompetenzen des Gesetzgebers (*De legislatoribus*) in Fragen der Ausübung des Kultus ging, anhand der erhaltenen *positiones* zuletzt: Landau 2007, bes. S. 8f.
[4]   So auch schon Weyel 1996; anders Brümm 1877, der die Freundschaft Wagners mit Goethe auf die gemeinsame Straßburger Studienzeit zurückführt.

dann als Magisterkandidat der Philosophie einzuschreiben (vgl. Matrikel der Universität, Bd. 1, 1897, S. 439 n. 24 (5075) als Student; ebd., S. 507, n. 633 mit Fn. 627–631 als *baccalarius* und *candidatus philosophiae*). In diesen Jahren befand sich Goethe jedoch noch nicht in Straßburg. Wagners weitere akademische Karriere führte ihn zunächst nach Halle, wo er sich am 20. Oktober 1764 als Student der Theologie immatrikulierte, um sich schon ein Semester später, am 26. April 1765 in Wittenberg einzuschreiben (Genton 1981, S. 34f.). Nach Abschluss des Philosophiestudiums wurde er Hauslehrer in Straßburg und Saarbrücken, hier der Familie Günderrode.[5] Wann Wagner wo ein Studium der Rechtswissenschaften aufnahm, und wann er nach Straßburg zurück kehrte, lässt sich anhand der Straßburger Universitätsmatrikel für die Zeit vor 1776 nicht belegen. Wagner und Goethe können einander daher entweder in Frankfurt begegnet sein, wo sich Wagner ab 1774 niedergelassen hatte,[6] oder aber um 1770/71 – also zu Goethes Straßburger Studienzeiten – beim sogenannten Salzmannschen Mittagstisch in Straßburg, wie Traumann vermutet, der Wagner mit dem „guten Raben mit Pfauenfedern" (Traumann 1910, S. 73, 97ff.) in der dortigen Runde[7] identifizieren will.

Bereits ab 1774 war der gebürtige Straßburger Wagner jedoch in Goethes Geburtsstadt Frankfurt am Main ansässig, wo er verschiedene seiner frühen Werke verlegen ließ und sich mit Anzeigen für die *Frankfurter gelehrten Anzeigen* über Wasser hielt (vgl. Fechner 1992, S. 90). Auch ihn inspirierte der berühmt-berüchtigte Fall der Hinrichtung der Frankfurter Kindsmörderin Susanna Margaretha Brandt im Jahr 1772[8] dazu, im gleichen Jahr seiner juristischen Dissertation in der *Deutschen Gesellschaft* im Haus von Salzmann in Straßburg am 18. März 1776 eine Tragödie in fünf Akten *Die Kindermörderin* zur Aufführung zu bringen (vgl. Genton 1981, S. 308), die im selben Jahr in Frankfurt gedruckt wurde (vgl. Luserke-Jaqui 1999). Schon aufgrund der zeitlichen Abfolge wird

---

[5] Vgl. Brümmer 1877, Sp. 446, Fechner 1992, Sp. 90; Weyel 1996, Sp. 526, s. auch Killy, 282.

[6] In diese Richtung Schmidt 1896, S. 502, der die Bekanntschaft Wagners ab 1774 mit Goethes Mutter betont. Die Immatrikulationsdaten in Halle und Wittenberg wurden von Herrn Kollegen Lück aus Halle anhand der Akten im Universitätsarchiv Halle-Wittenberg Rep. 46, Nr. 4 und ULB Sachsen-Anhalt Halle, Wittenberger Matrikel Bd. 9 (Yo [9]), fol. 77r bestätigt. Ihm gebührt mein großer Dank für diese Recherche trotz Corona-Zeiten.

[7] Vgl. auch Wohlhaupter 1953, S. 201–204; dagegen keine Erwähnung Wagners als Freund oder Bekannten Goethes bei Merten 2000, S. 499–501.

[8] Fallanalyse aus sozialhistorischer Sicht samt Edition der Prozessakte vgl. Habermas 1999, bes. S. 38f. zu den Juristen-Literaten; zum Fall aus rechtshistorischer Sicht vgl. Koch 2010, S. 741–743 sowie Lerch, Ziemann, Ziethen 2011; zur Inspiration von Goethes *Faust* wie Wagners Bürgerlichem Trauerspiel *Die Kindermörderin* durch diesen Rechtsfall vgl. Weyel 1996.

man daher nicht davon ausgehen können, Wagner habe die Idee zu seiner *Kindermörderin* von Goethe „plagiiert".[9]

Nach seiner erfolgreichen Promotion kehrte Wagner nach Frankfurt zurück, um sich dort endgültig beruflich als Anwalt und Schriftsteller niederzulassen. Denn auch er wurde, fünf Jahre nach Goethe, im September 1776 aufgrund seiner Dissertation und als Rechtslizentiat als „geschworener Advokat" (Meusel 1815, S. 322) bei der Anwaltskammer zugelassen. Wenige Wochen später, im Oktober 1776, heiratete er die 17 Jahre ältere Frankfurter Witwe Theodora Magdalena, geb. Frieß, verw. Müller (vgl. Killy 1999, S. 282; Fechner 1992, S. 91) und erwarb dadurch das Bürgerrecht.

In Frankfurt als freier Reichsstadt konnte man – soweit man nicht eingeborener Bürger wie Goethe war – in althergebrachter Weise durch Erfüllen bestimmter Anforderungen, wie Einheirat oder Einkauf, das Bürgerrecht verliehen bekommen, wodurch man die volle rechtliche Gleichstellung erlangte. Insbesondere für die Ausübung von Professionsberufen konnte der Bürgerstatus einen wichtigen Unterschied machen.[10] Es scheint also, dass Wagner recht zielstrebig vorging, um sich in Frankfurt als Jurist zu etablieren und um sich dadurch eine gesicherte Grundlage für seine schriftstellerischen Ambitionen zu verschaffen. Nur drei Jahre später starb Wagner in Frankfurt.

II Überlieferung und Inhalt der Dissertationsschrift

Wagners juristische Dissertation lag in gedruckter Form zum Tag der mündlichen Disputation am 28. August 1776 vor.[11] Sie war bei dem Straßburger Verleger Jonas Lorenz gedruckt worden, der beispielsweise auch die *Localgeschichte der Stadt Straßburg* (1775) von Johann Andreas Silbermann verlegt hatte. Die Auflagenzahlen derartiger frühneuzeitlicher Dissertationen dürften nicht sehr groß gewesen sein. Sie erreichten nur bedingt ein überregionales Publikum. Ein Nachdruck der Dissertation Wagners ist, soweit ersichtlich, nicht vorgenommen worden. Heute noch erhalten sind jedenfalls zehn Exemplare, allein drei über die Sammlung Lehnemann am Frankfurter Max-Planck-Institut für europäische Rechtsgeschichte (mit den Signaturen: SL 18947, 19677, 19741), ein Exemplar in der Bibliothèque Nationale et Universitaire in Straßburg (Signatur: D 142.328), ein Exemplar in der Biblioteca nazionale centrale in Turin, eines in der Staatsbibliothek Berlin (dort allerdings als Kriegsverlust ver-

---

[9] So aber Wohlhaupter 1953, S. 204.

[10] Zu den Rechtsfragen des Bürgerstatuts qua Geburt einerseits und qua Einbürgerung andererseits in der Vormoderne vgl. Lepsius 2016, S. 131–138.

[11] Vgl. dazu das Deckblatt der Dissertation, unten S. 122.

zeichnet), ein weiteres in der Württembergischen Landesbibliothek Stuttgart (Signatur Jur. Diss. 15077), eines in der Universitätsbibliothek Tübingen (Signatur: Ka I 600–1630,2),[12] je eines in der Anna Amalia Bibliothek Weimar sowie in der Universitäts- und Landesbibliothek Jena (4diss.jur. 190 [19]), und nicht zuletzt eines in der Bibliothek des Goethe-Hauses in Frankfurt. Das Frankfurter Exemplar aus dem Goethe-Haus enthält keine Widmung Wagners an seinen Freund Goethe. Ob es ursprünglich aus dem Bestand Goethes stammt oder sogar noch dessen eigenhändige Anmerkungen aufweist, wäre noch zu ermitteln.

Als Dissertationsthema suchte sich Wagner dagegen kein strafrechtliches Thema, etwa ein Problem anhand der damals noch im Frankfurter Kindermörderinnen-Fall einschlägigen *Constitutio criminalis Carolina* von 1532, aus. Von dem geltenden Strafrecht der *Carolina* ausgehend hatte auch Goethe schon in seiner These 55 der Disputation zur Diskussion gestellt, es sei umstritten, ob die Todesstrafe für eine Kindsmörderin angebracht sei (vgl. Schubart-Fikentscher 1949, S. 123–128; Collot 1971, S. 116f.). Wagner wendete sich vielmehr einem Thema der sogenannten Reichspublizistik zu. Dies war derjenige Zweig der sich formierenden Wissenschaft vom Öffentlichen Recht, der sich nicht mehr vorrangig auf die römisch-rechtlichen Grundlagen, etwa das römische Amtsrecht oder auf die lateinischen, europaweit gebräuchlichen Herrschaftstitel wie *dominium – iurisdictio – imperium* stützte,[13] sondern insbesondere die sogenannte Reichsgrundgesetze (*leges fundamentales*) zum Ausgangspunkt der juristischen Problemerörterungen machte (vgl. Stolleis 1988, S. 146–154; Mohnhaupt 2008; Mohnhaupt 2011).

Die Goldene Bulle aus dem Jahr 1356 war das älteste dieser Reichsgrundgesetze. Sie regelte hauptsächlich die Stellung der Kurfürsten zum Kaiser des Heiligen Römischen Reichs, insbesondere den Wahlakt und die Zeremonien anlässlich der Königswahl in Frankfurt, bei der der Papst nunmehr keine Rolle mehr spielte.[14] Sie war auf dem sehr gut besuchten Nürnberger Hoftag als Satzungsrecht zwischen Kaiser und Kurfürsten erlassen worden und später auf einem Hoftag in Metz ergänzt worden.[15] Eines der sieben erhaltenen handschriftlichen Exemplare des mittelalterlichen Verfassungsdokuments befand sich zu Wagners Zeiten (und bis zur Zerstörung dieses Exemplars im Zweiten Weltkrieg) in Frankfurt und

---

[12] Das Exemplar steht mittlerweile als Volltext-Digitalisat zur Verfügung: http://idb. ub.uni-tuebingen.de/opendigi/KaI600-1630_2_30 [eingesehen am 4.4.2020].

[13] Zum Fortleben dieser Konzepte im Bereich des öffentlichen Rechts trotz der Neuakzentuierung auf die reichsrechtlichen *leges fundamentales*, vgl. Lepsius 2011, S. 533f.

[14] Zum Inhalt und den erhaltenen handschriftlichen Exemplaren vgl. Laufs 2012.

[15] Zu den Beratungen in Nürnberg aus historischer Sicht vgl. Hergemöller 1978, S. 43–60.

wurde dort hochrangigen Besuchern der Stadt bei besonderen Anlässen vorgeführt, wie auch Goethe in *Dichtung und Wahrheit* (1811–1814) erinnert (vgl. Genton 1981, S. 309f.). Goethe hatte anhand der Goldenen Bulle sein Latein geübt, konnte weite Passagen des Textes auswendig und war von Johann Daniel von Olenschlager (1711–1778), Frankfurter Bürgermeister und Freund seines Vaters, spielpädagogisch an die dramatischen Zeitumstände des Spätmittelalters herangeführt worden, indem der Krönungsakt anhand der Regelungen der Goldenen Bulle theatralisch im Hause Goethe aufgeführt wurde (vgl. Niedermeier 2009, S. 1128f.). Auch sein Großvater mütterlicherseits, Johann Wolfgang Textor (1637 – 1701) hatte in seiner Zeit als Frankfurter Syndikus eine juristische Spezialfrage der Goldenen Bulle wissenschaftlich behandelt, nämlich ob Seitenlinien nach der Goldenen Bulle dynastisch erbberechtigt waren (vgl. Textor 1698).

Dass Heinrich Leopold Wagner also die Goldene Bulle zum Thema der Dissertation wählte, dürfte daher auch auf seinen Frankfurter Lebenskontext und auf seine möglichen beruflichen Ambitionen, sich in Frankfurt als Jurist einen Namen zu machen, zurückzuführen sein.

Die Goldene Bulle wurde auch in der Reichspublizistik umfangreich kommentiert (vgl. Buschmann 2009), nicht zuletzt hatte der erwähnte Frankfurter Bürgermeister und väterliche Freund Goethes, Johann Daniel von Olenschlager, im Jahr 1766 einen 260 Seiten langen Kommentar zur Goldenen Bulle verfasst (Olenschlager 1766). Es handelt sich um den letzten maßgeblichen Kommentar bis zum Ende des Alten Reichs.[16] Olenschlager arbeitete in seinem Kommentar vor allem historisch und fügte seinen Erläuterungen einen eigenen Urkundenband bei. Besonderen Wert legte Olenschlager darauf, dass die Goldene Bulle ursprünglich aus fünf Satzungen zwischen Kaiser und Reichsständen verabschiedet worden sei (vgl. Buschmann 2009, S. 1115f.). Gerade Olenschlagers Kommentar zog auch Wagner neben anderen historischen Belegen heran (vgl. Wagner 1776, S. 13 Fn. *, unten Fn. 27, 32, S. 135, 138). In ähnlicher Weise wie Olenschlager argumentierte Wagner intensiv mit mittelalterlichen, zeitgenössischen, chronikalischen Quellen, nicht zuletzt mit dem Anschreiben an den Stadtrat von Straßburg.[17]

Im Aufbau seiner Dissertation befolgte Wagner im Wesentlichen den üblichen scholastischen Argumentationsstil, wie er sich seit dem Mittelalter herausgebildet hatte: Zunächst wurde eine These formuliert, nämlich dass die Goldene Bulle als Reichsgrundgesetz eine Übereinkunft (lateinisch *conventio*) von Kaiser, Kurfürsten und den weiteren Ständen, besonders den Fürsten und Städten, war und von diesen gemeinsam erlassen worden war (c. 1, 2). Es folgt eine Benennung der Autoren gegenteiliger

---

[16] Zu Olenschlager und seinem Kommentar, vgl. Genton 1981, S. 310; Breustedt 2018.
[17] Vgl. Wagner 1776, und unten, S. 138 Fn. 32, S. 139 Fn. 33 der Übersetzung.

Meinung, vor allem Jakob Brunnemann und Petrus Lambecius (c. 3, 4). Deren Argumente werden sodann, durchaus auch polemisch widerlegt (c. 5–7), worauf historische Quellenbelege zur Stützung von Wagners Argumentation angeführt werden (cc. 8-11) und abweichende historische Interpretationen zurückgewiesen werden (c. 12). Nach einem Zwischenfazit zur Entstehungsgeschichte der Goldenen Bulle (c. 13) wird eine juristisch-politische Schlussfolgerung der Argumentation angedeutet (c. 14). Die eigentliche politische Konsequenz wird nicht mehr im Text der Dissertation selbst gezogen, sondern in der ersten These für die mündliche Disputation formuliert (unten S. 143), nämlich dass die Reichsgrundgesetze daher auch nur im Zusammenwirken sämtlicher Reichsstände, also gerade auch der Städte, abgeändert werden können (corrolarium n. 1).

III Thema der Dissertation und das Straßburger juristische Milieu zur Zeit Wagners und Goethes

Möglicherweise war die Themenwahl Wagners durch seine Bekanntschaft mit Goethe, möglicherweise auch mit Olenschlager selbst, und seinen damaligen Aufenthalt in Frankfurt maßgeblich beeinflusst worden. Wagner traf im Jahr 1776 in Straßburg aber auch auf eine Juristische Fakultät, die aufgeschlossen für Fragen des *ius publicum* des Heiligen Römischen Reichs deutscher Nation war, obwohl Straßburg seit dem Übergang an die französische Krone im späten 17. Jahrhundert nicht mehr zum Reich gehörte.[18] Zwar gelten die Straßburger juristischen Ordinarien zur Zeit Goethes als unbedeutend, weil sie keine Spuren in der Rechtswissenschaft hinterließen (vgl. Wohlhaupter 1953, S. 200). Die juristische Fakultät an der Universität Straßburg war jedenfalls im 18. Jahrhundert nicht mehr prägend für die Wissenschaft vom öffentlichen Recht, weshalb sie im Standardwerk zur Geschichte des Öffentlichen Rechts nur für das späte 16. und anfangs des 17. Jahrhundert Erwähnung findet (vgl. Stolleis 1988, S. 100–102). Inhaltlich jedoch stand die Straßburger Juristische Fakultät damals für ein liberal-aufgeklärtes Rechtsverständnis, in dem die Naturrechtler Grotius und Heineccius eine zentrale Rolle einnahmen. So gründete sich im Jahr 1776 im Umkreis von verschiedenen Straßburger Juristen-Absolventen und von Salzmann eine *Société des Philanthropes*, in der aus christlicher Prägung bereits Menschen- und Bürgerrechte erörtert worden waren (vgl. Thomann 1984, S. 315–318, 322f.).

---

[18] Zur formalen verfassungsrechtlichen Stellung von Straßburg im Königreich Frankreich (seit der Besetzung 1681 durch französische Truppen und der anschließenden Realunion mit Frankreich) und der realen Orientierung am Reich und an der deutschsprachigen Kultur im 18. Jahrhundert vgl. Merten 2000, S. 495f.

Zur Zeit von Goethes und Wagners Dissertationen lehrten vier Ordinarien an der Juristischen Fakultät Straßburg (vgl. Collot 1971, S. 101, Fn. 4). Von diesen war der Professor der Institutionen, Johann Friedrich Ehrlen (um 1735–1775), gerade im Jahr vor Wagners Doktordissertation verstorben. Nach wie vor aktiv waren dagegen Johann Reinhard Kugler (1723 – nach 1783), Ordinarius für Pandektenrecht[19] und kanonisches Recht, und die beiden Ordinarien für *ius publicum*, die in ihren Denominationen die vergleichsweise ungewöhnliche Kombination von Pandektenrecht und *ius publicum* aufwiesen, nämlich Johann Daniel Reißeißen (1735 – nach 1784) sowie Johann Christian Treitlinger (1717–1792).

Auch der 1775 verstorbene Ehrlen, der selbst überwiegend zu Fragen des Prozessrechts und der Gerichtsverfassung publizierte, hatte zu Übungszwecken eine Dissertation zu einem öffentlich-rechtlichen Thema, nämlich der Macht des römisch-deutschen Kaisers betreut (vgl. Hermann 1764), stach ansonsten aber kaum durch Veröffentlichungen hervor. Am stärksten interessierte sich von den Straßburger Professoren Reißeißen für Fragen des öffentlichen Rechts. Er hatte selbst im Jahr 1761 eine Inauguraldissertation angefertigt, in der er der Frage nachging, ob ein Ausländer zum römisch-deutschen Kaiser gewählt werden könne (vgl. Reisseissen 1761). Angesichts der Grenzlage Straßburgs und des 1765 vollzogenen Übergangs der Kaiserwürde auf Joseph II. aus dem Haus Habsburg-Lothringen handelte es sich um eine durchaus aktuelle wie auch um eine in unterschiedlichen historischen Konstellationen, in denen französische Könige für die Kaiserwürde des Reichs kandidiert hatten, relevante Fragestellung. Reißeißen ließ auch – allerdings erst, nachdem Goethe und Wagner in Straßburg ihre Doktorgrade erworben hatten – einige seiner Studenten zu öffentlich-rechtlichen Fragen Übungsdissertationen anfertigen, deren Entstehung er betreute. So entstanden unter seinem Vorsitz Dissertationen zu den Rechtsfragen des diplomatischen Verkehrs (Pfeffel 1779), zum Gebrauch des Reichsadlers auf Siegeln (Forschet 1788), wie auch zum Problem des Erwerbs von (öffentlich-rechtlichen) Rechten auf Kosten der Städte durch Ersitzung bzw. Zeitablauf (Blessig 1783). Zum letztgenannten Thema hatte Reiß-eißen selbst einst eine Übungsdissertation unter dem Straßburger Ordinarius Johann Christian Treitlinger angefertigt (vgl. Reisseissen 1760).

---

[19]   Die Pandekten, auch als Digesten bezeichnet, enthielten Schriften der römischen Juristen des 2. und 3. Jahrhunderts n.Chr. und waren der für die Lehre wichtigste Teil des *Corpus iuris civilis* an allen europäischen Juristischen Fakultäten. Der Ordinarius für Pandekten/Digesten bekleidete den traditionell angesehensten Lehrstuhl. Bei den Institutionen handelt es sich um ein Lehrbuch des römischen Rechts, das ebenfalls Bestandteil des *Corpus iuris civilis* war. Vgl. Manthe 2008, Sp. 901–907. Zum Kanonischen Recht vgl. Thier 2008, Sp. 894–901.

Der seit 1754 zunächst als Professor der Institutionen, dann als Professor der Pandekten und des kanonischen Rechts und schließlich seit 1760 für Pandekten und öffentliches Recht in Straßburg lehrende Treitlinger hatte seinerseits eine Inauguraldissertation auf dem Gebiet des *ius publicum* vorgelegt, in der er problematisierte, ob ein Fürst zwei Kurfürstentümer zugleich innehaben könne (Treitlinger 1737). Als Professor hingegen interessierte er sich überwiegend für Fragen des Prozessrechts und für unterschiedliche Jurisdiktionszuständigkeiten. Auf diesem Gebiet regte er zahlreiche Jurastudenten zu Übungsdissertationen zu Einzelaspekten des Zivilprozesses an (Heis 1758; Schweitzer 1759; Weinemer 1758; Zaepffel 1759; Grillot 1760; Frischhelt 1761).

In Straßburg entstanden im Zeitraum von 1760 bis 1790 eine ganze Reihe von weiteren Inauguraldissertationen – also Dissertationen, die nicht explizit von einem der Straßburger Professoren angeleitet worden waren, sondern dem Erwerb eines Lizentiatengrades dienten –, die sich ebenfalls wie Wagner mit verschiedenen Fragen des *ius publicum* im Heiligen Römischen Reich auseinandersetzten. Mit diesen, vom Umfang her der Dissertation Wagners entsprechenden Schriften konnte ich mich für diesen Beitrag inhaltlich nicht auseinandersetzen. Sie bilden jedoch das intellektuelle Um- und Bezugsfeld für die beiden Dichterjuristen Goethe und Wagner und sollen daher hier genannt werden und zu weiterer Forschung anregen. Auffällig ist, dass die Verfasser dieser Schriften häufig aus Straßburg stammten und kaum je ein Thema des französischen öffentlichen Rechts erörterten, in der Themenwahl also durchweg auf das Alte Reich, also das *Heilige römische Reich deutscher Nation* orientiert blieben.

Unmittelbar einschlägig war die, von Wagner jedoch nicht zitierte, Dissertation von Nicolaus Sebastian Simon, der ebenfalls über die Goldene Bulle in Straßburg eine Inauguraldissertation angefertigt hatte (Simon 1770). Angesichts der moralischen wie juristischen Fragen der Kindestötung durch die Mutter, die Wagner wie Goethe seit ihren Studienjahren umtrieben, sei zumindest erwähnt, dass bereits mehrere Jahre vor dem Fall der Susanna Margaretha Brandt in Frankfurt bereits Johann Daniel Cappaun zu dem Problem und insbesondere zur Frage, ob man die Mutter für den Kindsmord bestrafen solle, eine Inauguraldissertation vorgelegt hatte (Cappaun 1766).

Das Spektrum der Straßburger Inauguraldissertationen, die also dem Erwerb des Lizentiatengrades und womöglich anschließendem Doktorgrad dienten, reichte von den Rechtsfragen der Rheinschifffahrt, insbesondere der Rechte der Straßburger Schiffer (Nicolay 1760), über die Stellung des kaiserlichen Hofgerichts zu Rottweil (Kreuter 1780), über die Frage, ob Nobilitierungen durch den Kaiser die Reichsstandschaft verleihen können (Graff 1765), bis hin zu den Möglichkeiten, Urteile der Höchstgerichte im Alten Reich anzufechten (Rosenstiel 1772). Die westfälischen Femegerichte wurden zum Gegenstand einer Dissertation (Walter 1775) genommen, ebenso die Funktion der Gerichtsschreiber (Zorn 1774), wie auch diejenige der Kommission zur Kontrolle des Reichskammergerichts (Haeckel 1776) beleuchtet. Die Frage des Reichsvikariats in Italien wurde behandelt (Kraus 1776), daneben die Stellung kaiserlicher Vikare allgemein erörtert, letzteres anhand einer historischen Detailfrage des Mittelalters, und zwar durch den ebenfalls aus Frankfurt am Main stammenden Johann Wilhelm Metzler (Metzler 1778). Nicht zuletzt wurden die Kompetenzen des römisch-deutschen Kaisers bei der Erteilung von Privilegien (Kern 1780), sowie die Bedeutung des Treu- und Lehenseids gegenüber dem Kaiser von den Lizentiatsanwärtern diskutiert (Geiger 1776).

Behandelt wurde die klassische Frage, welche Verfügungsbefugnisse der Souverän (*potestas summi imperantis*) über das Eigentum seiner Untertanen habe, daneben auch das methodische und politische Problem, dass einige Regalien nach Völkerrecht eng auszulegen waren. Schließlich wurde die Majestätsbeleidigung zum Gegenstand genommen, wie die Einträge in den Straßburger Universitätsakten für die Jahre 1763, 1764 resp. 1779 belegen (vgl. Matrikel der Universität, Bd. 2, 1897, no. 1973, 1990, 2581). Die zuletzt genannten Dissertationen verschafften ihren Autoren wie auch Wagner den Lizentiatentitel *in utroque iure*. Anders jedoch als die Dissertation von Wagner konnten sie aber bislang von mir in keiner Bibliothek als gedruckte Werke ermittelt werden.

Vor diesem Hintergrund erscheint die Themenwahl Heinrich Leopold Wagners und die spezifische Durchführung seines Themas, indem er viele historische Quellen zitierte, um daraus Belege für sein juristisch-politisches Anliegen zu ziehen, keineswegs exotisch. Es ging ihm nämlich darum, nachzuweisen, dass die Goldene Bulle nicht allein durch eine Übereinkunft zwischen Kaiser und Kurfürsten abgeändert werden könne, sondern dass es hierfür der Übereinkunft des ganzen Reichs, vor allem auch der Reichsstädte bedürfe. Daher musste er darlegen, dass schon bei der Einladung zum Nürnberger Reichstag und auch bei der Durchführung des Reichstages selbst einschließlich des folgenden Metzer Reichstages Kaiser Karl IV. durchweg auf eine breite Partizipation des mittelalterlichen Reichs mit allen Fürsten und Städten Wert gelegt hatte. Als gebürtigem Straßburger waren Heinrich Leopold Wagner natürlich die Urkundenbelege für die Einladung Straßburgs zu den beiden Reichstagen besonders wichtig (siehe unten, S. 138, c. 9).

Die breite Partizipation der Reichsstände bei der Verabschiedung der Goldenen Bulle wird auch von jüngeren historischen Spezialstudien zum Zustandekommen der Goldenen Bulle mit ähnlichen Quellenbelegen bestätigt (vgl. Hergemöller 1978, S. 43). Hergemöller wies insbesondere realhistorisch sogar die besondere Bedeutung des Straßburger Bischofs Heinrich von Lichtenberg speziell für das c. 16 der Goldenen Bulle nach.

Man könnte also durchaus den Vergleich ziehen, dass es im Jahr 1776 nicht nur den amerikanischen Siedlern um angemessene Repräsentation gegenüber der englischen Krone ging, sondern dass auch für Wagner als eingeborenem Straßburger Bürger, als Einwohner seiner Wahlheimat Frankfurt, und als Doktorand in Straßburg eine angemessene Beteiligung der Reichsstädte im politischen System und Institutionengefüge des Alten Reichs ein zentrales Anliegen war. In den letzten Jahrzehnten des Alten Reichs vor seinem Untergang waren es gerade die kleineren Fürstentümer und Reichsstädte, die ein solches Reichsbewusstsein an den Tag legten, wie es dann Anfang des 19. Jahrhunderts im Rheinbundpatriotismus fortleben sollte (vgl. Schuck 1994, S. 257–263).

IV Nachfolgende Übersetzung

Die nachfolgende Übersetzung der juristischen Dissertation geht auf eine Anfrage von Herrn Kollegen Luserke-Jaqui aus dem Jahr 2011 zurück. Ich nahm diese Anfrage zum Anlass, mit einer Gruppe ehemaliger Seminarteilnehmer_innen sowie lateinbegeisterter Lehrstuhlmitarbeiter diesen nicht einfachen Text im Laufe des Wintersemesters 2012/13 ins Deutsche zu übertragen.

In der nachfolgend abgedruckten Übersetzung wurden abweichend vom lateinischen Original, aus dem zunächst die Titelseite und die Anfangsseiten in originalgetreuem Layout zur Veranschaulichung abgedruckt werden, fortlaufende Fußnotenzahlen eingefügt. Im Original wurden die Fußnoten auf jeder Seite neu mit einem bis drei Sternchen mit dem Haupttext verknüpft. Da mittlerweile der lateinische Text von Wagners Text in digitalisierter Form abrufbar ist,[20] wurde darauf verzichtet, die gesamte Dissertation nachfolgend zu reproduzieren. Möglichst orginalgetreu reproduziert werden lediglich die ersten Seiten, um einen Eindruck von der Art der Schrift zu geben.

Ansonsten wurde das ursprünglich von Wagner gewählte Layout soweit wie möglich auch im Deutschen beibehalten, also die Autorennamen in Kapitälchen, Werktitel kursiv, Originalquellenzitate in Anführungszeichen und kursiv gesetzt. Die Seitenumbrüche in Wagners lateinischer Dissertation werden in der Übersetzung durch einen senkrechten Strich markiert, die ursprüngliche Seitenzahl wird dahinter in eckigen Klammern vermerkt.

---

[20] http://idb.ub.uni-tuebingen.de/opendigi/KaI600-1630_2_30 [eingesehen am 4.4.2020].

Über Wagner hinausgehend wurden die ausführlichen bibliografischen Angaben der in Bezug genommenen Quellen und Literatur nachgetragen, um gegebenenfalls ein Überprüfen der Zitate und des Kontextes zu ermöglichen. Kompliziertere lateinische Werktitel wurden überdies in den Fußnoten übersetzt, um auch Nichtlateinkundigen wenigstens eine Vorstellung vom Inhalt des Gesamtwerkes zu vermitteln. Derartige kommentierende Zusätze werden in den Fußnoten zwischen spitzen Klammern und in der Schrifttype Arial, sowie der Sigle S.L. markiert, um sie von Wagners Text, der in Times Romans gesetzt wird, abzuheben.

Quellen
A: Von Heinrich Leopold Wagner in der Dissertation zitierte Literatur

Baluze, Etienne: Vitae Paparum Avenionensium, hoc est historia pontificum Romanorum qui in Gallia sederunt ab anno Christi MCCV usque ad annum MCCCXCIV, Bd. 2. Paris: Muguet 1693.

Beckhoff, Walther (resp.)/Böhmer, Justus Henning (praes.): Dissertatio iuris publici inauguralis in qua questione expenditur, utrum electores vi archiofficiorum imperatorem eligant. Halle Magdeburgicae: Johann Friedrich Grunert 1746.

Brower, Christoph: Antiquitatum et Annalium Trevirensium libri xxv. Leodii: Hovius 1671.

Datt, Johann Philipp: Volumen Rerum Germanicarum Novum, sive de Pace imperii publica libri quinque. Ulm: Kühn 1698.

Du Cange, Charles Du Fresne: Glossarium ad scriptores mediae et infimae latinitatis, vol. 1. Basel: sumptibus fratrum de Tournes 1762.

Eichler, Georg Christoph (resp.)/Weber, Immanuel (praes.): Capita quaedam Chrysobullae imperatoris Caroli IV. quae vel nunquam observata, vel per contrariam observantiam per desuetudinem vel alia quavis ratione immutata fuerunt proponuntur. Giessae Hassorum: literis viduae Johannis Reinhardi Vulpii universitatis typographi 1717. ND: Halle: Grunert 1748.

Goldast, Melchior: Collectio constitutionum imperialium, tom. 2 Frankfurt a.M.: Zunner 1713.

Heineccius, Johann Michael: De veteribus Germanorum aliarumque nationum sigillis, eorumque usu et praestantia syntagma historicum... Leipzig, Frankfurt a.M.: Foerster 1719.

Heineccius, Johann Gottlieb: Elementa iuris civilis secundum ordinem institutionum... et syntagmate antiquitatum Romanarum illustrata. Freiburg i.Br. 1767.

Lambecius, Peter: Commentariorum de augustissima bibliotheca caesarea Vindobenensi liber... 2. Wien: Trattner 1769.

Lehmann, Christoph: Chronik der Freyen Reichsstadt Speyer. Frankfurt a.M.: Nicolaus Hofmann 1612.

Ludewig, Johann Peter von: Vollständige Erläuterung der Güldenen Bulle, in welcher viele Dinge aus dem alten Teutschen Staat entdecket, verschiedene wichtige Meynungen mit anderen Gründen besetzet, und eine ziemliche Anzahl von bißhero unbekandten Wahrheiten an das Licht gegeben werden. Bd. 1. Franckfurt a.M.: Fritsch 1716., Bd. 2: Frankfurt a.M.: Fritsch 1719.

Meurisse, Martin: Histoire des Evesques de l'Eglise de Metz. Metz: Anthoine 1634.

Mithscky, Johann Georg Joseph (resp.)/Lautensack, Friedrich Gregor (praes.): De inepta ratione decidendi controversiae Juris publici ex legibus Romanis et Jure Canonico. Erfurt: literis Johannis Henrici Grosch 1710, secunda editio Leipzig: ex officina Langenhemiana 1738.

Northof, Levold von: Origines Marcanae sive Chronicon comitum de Marca et Altena, ed. Heinrich Meibom. Hannover: typis Weichselianis 1613.

Olenschlager, Johann Daniel: Neue Erläuterung der Guldenen Bulle Kaysers Karls IV.: aus den älteren teutschen Geschichten und Gesezen zur Aufklärung des Staatsrechts mittlerer Zeiten als dem Grunde der heutigen Staatsverfassung. Frankfurt a.M., Leipzig: Fleisscher 1766.

Rebdorff, Heinrich von: Annales... rerum ab anno MCCXCV sub Adolpho, Alberto, Friderico, Ludovico Bavaro, Carolo IV. imperatoris usque ad annum MCCCLXII, ed. Christoph Gewold. Ingolstadt: Gregorius Hänlin 1618.

Schilter, Johann: Institutiones iuris publici Romano-Germanici, quorum priore ius publicum R.G. iusta methodo succincte exponitur, posteriore leges fundamentales, itemque acta publica atque responsa et consilia nondum edita exhibeunt. Straßburg: Duissecker 1694.

Schröder, Justus Hermann (resp.)/Brunnemann, Jacobus (praes.): Dissertatio juris publici de aureae bullae mutatione. Halle Magdeburgicae: typis Christophori Andreae Zeitleri 1700, ND: Wittenberg: prelo Hakiano 1737, Leipzig: Johann Christoph Langenhemium 1748.

Struve, Burkhard Gotthelf: Corpus iuris publici imperii nostri Romani-Germanici ex genuinis historiarum fontibus legibus imperii fundamentalibus actis publicis diplomaticis et observantia imperii collectum. Jena: Bielke 1738.

Thuanus, Jacobus Augustus [Thou, Jacques-Auguste]: Historiae sui temporis..., Bd. 2, London 1733.

Thülemarius, Henricus Güntherus: De bulla aurea, argentea, plumbea et cerea in genere, necnon in specie de Aurea Bulla Caroli IV. imperatoris tractatio. Heidelberg: Lüls 1682.

Trithemius, Johannes: Annalium Hirsaugiensium opus nunquam hactenus editum. St. Gallen: Schlegel 1690.

Weitmil, Benessius von: Chronicon Pragense. Prag 1784.

Wencker, Jacob: Apparatus et instructus archivorum ex usu nostri temporis, vulgo: von Registratur und Renovatur. Straßburg: Dulssenecker 1713.

B: In diesem Aufsatz zititerte, weitere zeitgenössische Quellen

Blessig, Johannes Ludwig (resp.)/ Reisseissen, Johannes Daniel (praes.): Vindiciae praescriptione tricennariae contra civitates. Argentorati/Straßburg: Lorenz & Schuler 1783.

Cappaun, Johannes Daniel (auct.): De caede infantis a matre commissa. Argentorati/Straßburg: Heitz 1766.

Forschet, Daniel Benjamin (resp.)/ Reisseissen, Johannes Daniel (praes.): De usu Aquilae imperii in sigillis imperatorum Romanorum principum Germaniae aliorumque. Argentorati/Straßburg: typis Johannis Henrici Heitzii universitatis typographi 1788.

Frischhelt, Franz Ludwig (resp.)/ Treitlinger, Johann Christian (praes.): De peremptione instantiae, Argentorati/Straßburg: Simon Kürsner 1761.

Geiger, Joseph Hugo (auct.): De iuramento fidelitatis. Argentorati/Straßburg: Le Roux 1776.

Graff, Gerhardus Fridericus (auct.): Dissertatio inauguralis de jure publico an nobilitas imperii immediata sit status imperii. Argentorati/Straßburg: typis Johannis Henrici Heitzii 1765.

Grillot, Philippus (resp.)/ Treitlinger, Johann Christian (praes.): Dissertatio juridica de tutoribus et curatoribus legitimum litium terminum negligentibus, Argentorati/Straßburg: typis Simonis Kürsneri 1760.

Haeckel, Johannes Philippus (auct.): Positiones de visitatione camerae imperialis. Argentorati/Straßburg: Heitz 1776.

Heis, Georges-Frédéric (resp.)/ Treitlinger, Johann Christian (praes.): Dissertatio juridica de superarbitro. Argentorati/Straßburg: typis Johannis Heinrici Heitzii 1758.

Hermann, Johann Friedrich (resp.)/ Ehrlen, Johann Friedrich (praes.): De potestate regis Romanorum. Argentorati/Straßburg: Heitz 1764.

Kern, Henri (auct.): De potestate imperatoris circa concessionem privilegiorum. Argentorati/Straßburg: Heitz 1780.

Kraus, Franciscus Josephus (auct.): Commentatio juris publici de vicariatu italico. Argentorati/ Straßburg: typis Johannis Henrici Heitzii 1776.

Kreuter, Friedrich Jacob (auct.): De iudicio caesareo aulico Rothwilensi. Argentorati/Straßburg: Heitz 1780.

Die alten Matrikeln der Universität Strassburg 1621 bis 1793, ed. G. C. Knod (Urkunden und Akten der Stadt Strassburg. Hg. von der Landes- und Stadt-Verwaltung, 3. Abt.: Die alten Matrikeln der Universität Strassburg).

> Bd. 1: Die allgemeinen Matrikeln und die Matrikeln der philosophischen und theologischen Facultät, Straßburg: Karl J. Trübner 1897.

> Bd. 2: Die Matrikeln der medicinischen und juristischen Facultät, Straßburg: Karl J. Trübner 1897.

Metzler, Johannes Wilhelm (auct.): De vicariis imperii Romani germanici, speciatim de vicariatu Germaniae Inferioris. Eduardo III. Angliae regi. a. M.CCC.XXX.VIII. Argentorati/Straßburg: typis Johannis Henrici Heitzii 1778.

Nicolay, Ludovicus Henricus (auct.): Dissertatio inauguralis de Argentinensium in Rheno navigatione. Argentorati/Straßburg: ex officina universitatis Heitziana 1760.

Olenschlager, Johann Daniel: Neue Erläuterung der Guldenen Bulle Kaysers Karls IV.: aus den älteren teutschen Geschichten und Gesezen zur Aufklärung des Staatsrechts mittlerer Zeiten als dem Grunde der heutigen Staatsverfassung. Frankfurt a.M., Leipzig: 1766.

Pfeffel, Ludovicus Augustus (resp.)/ Reisseissen, Johann Daniel (praes.): Jurisprudentiae diplomaticae specimina sex. Argentorati/Straßburg: typis Johannis Henrici Heitzii 1779.

Reisseissen, Johann Daniel (resp.)/ Treitlinger, Johann Christian (praes.): Specimen historico-juridium de praescriptione contra civitates. Argentorati/Straßburg: typis Johannis Henrici Heitzii 1760.

Reisseissen, Johann Daniel (auct.): Dissertatio inauguralis juris publici de electione imperatoris extranei neque legibus neque observantiae contraria. Argentorati/ Straßburg: officina universitatis Heiziana 1761.

Rosenstiel, Heinrich Karl (auct.): De remediis impugnandi sententias summorum tribunalium in imperio romano germanici. Argentorati/ Straßburg: prelo Johannis Henrici Heitzii 1772.

Schweitzer, Peter Ludwig (resp.)/Treitlinger, Johann Christian (praes.): De ordinationibus processum civilem in Germania emendantibus. Argentorati/Straßburg: typis Simonis Kürsneri 1759.

Simon, Nicolaus Sebastian (auct.): De aurea bulla Caroli quarti imperatoris. Argentorati/Straßburg: Heitz 1770.

Textor, Johann Wolfgang: Successio linealis per se et in electoratibus imperii secularibus ex 2 F 50 et aurea bulla Caroli quarti imperatoris necnon eiusdem et Sigismundi imperatoris bullis specialibus defensa atque declarata. Frankfurt a.M.: sumptibus Johannis Davidis Zunneri 1698.

Treitlinger, Johann Christian (auct.): S.R.I. principem justum duorum electoratuum secularium possessorem. Argentorati/Straßburg: literis heredum Johanis Pastorii 1737, ND Argentorati/Straßburg: Pauschinger 1750.

Wagner, Heinrich Leopold (auct.): Dissertatio inauguralis pro privilegiis doctoralibus De aurea bulla non solorum electorum sed omnium statuum consensu condita. Argentorati/Straßburg: Jonas Lorentz 1776.

Walter, Johann Gottfried (auct.): De occultis iudiciis Westphalicis. Argentorati/Straßburg: Heitz 1775.

Weinemer, Mathias (resp.)/Treitlinger, Johann Christian (praes.), De processu civili. Argentorati/Straßburg: typis Simonis Kürsneri 1758.

Zorn, Johannes S. (auct.): De actuariis iudiciorum Germaniae. Argentorati/Straßburg: Heitz 1774.

Zaepffel, Johannes Nicolaus (resp.)/ Treitlinger, Johann Christian (praes.): De ordinationibus processum civilem in Gallia emendantibus. Argentorati/Straßburg: typis Simonis Kürsneri 1759.

Forschung

Breustedt, Sonja: [Art.] Olenschlager, Johann Daniel von (1711 – 1778), in: Handwörterbuch zur deutschen Rechtsgeschichte. Hg. von Cordes, Albrecht u.a. Bd. 4, 2. Aufl. Berlin 2018, Sp. 143–144.

Brümmer, Franz: [Art.] Wagner, Heinrich Leopold, in: Deutsches Dichterlexikon: biographische und bibliographische Mittheilungen über deutsche Dichter aller Zeiten; unter besonderer Berücksichtigung der Gegenwart für Freunde der Literatur zusammengestellt. Hg. von Brümmer, Franz. Bd. 2. Eichstätt 1877, Sp. 466.

Buschmann, Arno: Die Rezeption der Goldenen Bulle in der Reichspublizistik des alten Reichs, in: Die Goldene Bulle. Politik – Wahrnehmung – Rezeption. Bd. II. Hg. von Hohensee, Ulrike, u.a. Berlin 2009, S. 1071–1119.

Collot, Claude: Les „Positiones juris" de Goethe, in: Goethes Strassburger Promotion. Zum 200. Jahrestag der Disputation am 6. August 1771. Urkunden und Kommentare. Hg. von Genton, Elisabeth. Basel 1971, S. 101–119.

Fechner, Jörg-Ulrich: [Art.] Wagner, Heinrich Leopold, in: Literatur-Lexikon. Autoren und Werke deutscher Sprache von A bis Z. Hg. von Killy, Walther u.a. Bd. 12. Gütersloh 1992, S. 90–92.

Genton, Elisabeth: Goethes Strassburger Promotion. Zum 200. Jahrestag der Disputation am 6. August 1771. Urkunden und Kommentare. Basel 1971.

Genton, Elisabeth: La vie et les opinions de Heinrich Leopold Wagner (1747–1779). Bern, Frankfurt a.M., Cirencester 1981.

Habermas, Rebekka: Das Frankfurter Gretchen: der Prozeß gegen die Kindsmörderin Susanna Margaretha Brandt. München 1999.

Hergemöller, Bernd-Ulrich: Der Nürnberger Reichstag von 1355/6 und die *Goldene Bulle* Karls IV. Münster 1978.

Killy, Walther: [Art.] Wagner, Heinrich Leopold, in: Deutsche Biographische Enzyklopädie. Hg. von Killy, Walther. Bd. 10. München 1999, S. 282.

Koch, Arnd: Das Jahrhundert der Strafrechtskodifikation: Von Feuerbach zum Reichsstrafgesetzbuch, in: Zeitschrift für die gesamte Strafrechtswissenschaft, mit Auslandsrundschau 122 (2010), S. 741–756.

Landau, Peter: Goethes verlorene juristische Dissertation und ihre Quellen. Versuch einer Rekonstruktion. München 2007.

Laufs, Adolf: [Art.] Goldene Bulle, in: Handwörterbuch zur deutschen Rechtsgeschichte. Hg. von Cordes, Albrecht u.a. Bd. 2, 2. Aufl. Berlin 2012, Sp. 448–457.

Lepsius, Susanne: *Ius commune* in der Reichspublizistik in der frühen Neuzeit, in: Gli inizi del diritto pubblico, 3: Verso la costruzione del diritto pubblico tra medioevo e modernità/ Die Anfänge des öffentlichen Rechts, 3: Auf dem Wege zur Etablierung des öffentlichen Rechts zwischen Mittelalter und Moderne. Hg. von Dilcher, Gerhard und Quaglioni, Diego. Bologna, Berlin 2011, S. 533–562.

Lepsius, Susanne: Die *origo* des Menschen und die Konstruktion der politischen Ordnung: ursprüngliche und nachgebildete Zugehörigkeit zu einem Gemeinwesen im juristischen Diskurs des Spätmittelalters, in: Menschennatur und politische Ordnung. Hg. von Höfele, Andreas und Kellner, Beate. Paderborn 2016, S. 117–151.

Lepsius, Susanne: *Natura* in juristischen Dissertationen des 17. Jahrhundert. Erkundungen auf dem Feld einer ‚kleinen' Literaturgattung, in: Von der Allegorie zur Empirie. Natur im Rechtsdenken des Spätmittelalters und der Frühen Neuzeit. Hg. von Lepsius, Susanne, Vollhardt, Friedrich und Bach, Oliver. Berlin 2018, S. 142–191.

Lerch, Kent, Ziemann, Sascha, und Ziethen, Jörg: Die Leiden des jungen „Gretchen". Ein Frankfurter Kriminalfall anno 1771/1772. Der

Prozess gegen die Kindsmörderin Susanna Margareta Brandt, in: Forschung Frankfurt (2011), S. 49–54.

Luserke-Jaqui, Mathias: Körper – Sprache – Tod: Wagners *Kindermörderin* als kulturelles Deutungsmuster, in: Theater im Kulturwandel des 18. Jahrhunderts. Inszenierung und Wahrnehmung von Körper – Musik – Sprache. Hg. von Fischer-Lichte, Erika und Schönert, Jörg. Göttingen 1999, S. 203–212.

Manthe, Ulrich: [Art.] Corpus Iuris Civilis, in: Handwörterbuch zur deutschen Rechtsgeschichte. Hg. von Cordes, Albrecht u.a., Bd. 1. 2. Aufl. Berlin 2008, Sp. 901–907.

Merten, Detlef: Goethe in Straßburg, in: Staat – Souveränität – Verfassung. Festschrift für Helmut Quaritsch zum 70. Geburtstag. Hg. von Murswiek, Dietrich. Berlin 2000, S. 493–509.

Meusel, Johann Georg: [Art.] Wagner (Heinrich Leopold), in: Lexikon der vom Jahr 1750 bis 1800 verstorbenen teutschen Schriftsteller. Hg. von Meusel, Johann Georg. Bd. 14. Leipzig 1815, S. 322–323.

Mohnhaupt, Heinz: [Art.] Leges fundamentales, in: Enzyklopädie der Neuzeit. Hg. von Jäger, Friedrich. Stuttgart 2008, Sp. 748–751.

Mohnhaupt, Heinz: Reichsgrundgesetze als Verfassung im System des Ius publicum, in: Gli inizi del diritto publico, 3: Verso la costruzione del diritto pubblico tra medioevo e modernità/ Die Anfänge des öffentlichen Rechts, 3: Auf dem Wege zur Etablierung des öffentlichen Rechts zwischen Mittelalter und Moderne. Hg. von Dilcher, Gerhard und Quaglioni, Diego. Bologna 2011, S. 697–722.

Niedermeier, Michael: Goethe und die Goldene Bulle, in: Die Goldene Bulle. Politik – Wahrnehmung – Rezeption. Bd. 2. Hg. von Hohensee, Ulrike u.a. Berlin 2009, S. 1121–1135.

Schmidt, Erich, [Art.] Wagner, Heinrich Leopold, in: Allgemeine Deutsche Biographie. Hg. von Historische Kommission bei der Königlichen Akademie der Wissenschaften, Bd. 40, Leipzig 1896, S. 502–506.

Schubart-Fikentscher, Gertrud: Goethes sechsundfünfzig Strassburger Thesen vom 6. August 1771. Ein Beitrag zur Geschichte der deutschen Rechtswissenschaft. Weimar 1949.

Schubart-Fikentscher, Gertrud: Untersuchungen zur Autorschaft von Dissertationen im Zeitalter der Aufklärung. Berlin 1970.

Schuck, Gerhard: Rheinbundpatriotismus und politische Öffentlichkeit zwischen Aufklärung und Frühliberalismus: Kontinuitätsdenken und Diskontinuitätserfahrung in den Staatsrechts- und Verfassungsdebatten der Rheinbundpublizistik. Stuttgart 1994.

Stolleis, Michael: Geschichte des öffentlichen Rechts in Deutschland. Bd. 1: Reichspublizistik und Policeywissenschaft 1600 – 1800. München 1988.

Thier, Andreas: [Art.] Corpus Iuris Canonici, in: Handwörterbuch zur deutschen Rechtsgeschichte. Hg. von Cordes, Albrecht u.a., Bd. 1. 2. Aufl. Berlin 2008, Sp. 894–901.

Thomann, Marcel: Theorie und Praxis der ‚Menschenrechte' an der Rechtsfakultät Straßburg im 18. Jahrhunderts, in: Festschrift für Heinz Hübner zum 70. Geburtstag am 7. November 1984. Hg. Baumgärtl, Gottfried. Berlin, New York 1984, S. 313–324.

Traumann, Ernst: Goethe, der Straßburger Student. Leipzig 1910.

Wohlhaupter, Eugen: Dichterjuristen. Bd. 1: Savigny – Brentano, Savigny – Arnim, Thibaut – Schumann, Goethe, Grillparzer, Kleist. Tübingen 1953.

Weyel, Birgit: [Art.] Wagner, Heinrich Leopold, in: Frankfurter Biographie: personengeschichtliches Lexikon. Bd. 2: M-Z. Hg. von Klötzer, Wolfgang, Frost, Reinhard, Hock, Sabine. Frankfurt a.M. 1996, Sp. 526.

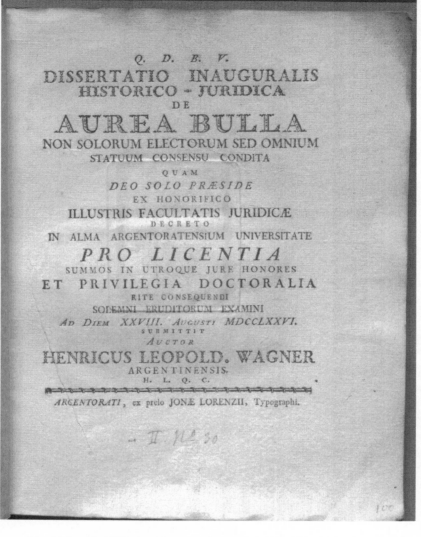

Q. D. B. V.

DISSERTATIO INAUGURALIS HISTORICO - JURIDICA

DE

AUREA BULLA

NON SOLORUM ELECTORUM SED OMNIUM
STATUUM CONSENSU CONDITA

QUAM

DEO SOLO PRÆSIDE

EX HONORIFICO

ILLUSTRIS FACULTATIS JURIDICÆ

DECRETO

IN ALMA ARGENTORATENSIUM UNIVERSITATE

PRO LICENTIA

SUMMOS IN UTROQUE JURE HONORES

ET PRIVILEGIA DOCTORALIA

RITE CONSEQUENDI

SOLEMNI ERUDITORUM EXAMINI

AD DIEM XXVIII. AUGUSTI MDCCLXXVI.

SUBMITTIT

AUCTOR

HENRICUS LEOPOLD. WAGNER

ARGENTINENSIS.

H. L. Q. C.

ARGENTORATI, ex prelo JONÆ LORENZII, Typographi.

Deckblatt der Dissertation aus dem Exemplar SL (= Sammlung
Lehnemann) 19741, im Max Planck-Institut für europäische
Rechtsgeschichte, Frankfurt a.M., Abbildung mit freundlicher
Genehmigung des MPI vom 16. Mai 2019

Q. D. B. V.

DISSERTATIO INAUGURALIS
HISTORICO - JURIDICA

DE

AUREA BULLA

NON SOLORUM ELECTORUM SED OMNIUM
STATUUM CONSENSU CONDITA

QUAM

DEO SOLO PRÆSIDE

EX HONORIFICO

ILLUSTRIS FACULTATIS JURIDICE

DECRETO

IN ALMA ARGENTORATENSIUM UNIVERSITATE

PRO LICENTIA

SUMMOS IN UTROQUE JURE HONORES

ET PRIVILEGIA DOCTORALIA

RITE CONSEQUENDI

SOLEMNI ERUDITORUM EXAMINI

AD DIEM XXVIII. AUGUSTI MDCCLXXVI.
SUBMITTIT

AUCTOR

HENRICUS LEOPOLD. WAGNER
ARGENTINENSIS
H. L. Q. C.

ARGENTORATI, ex prelo JONÆ LORENZII, Typographi.

DISSERTATIO HISTORICO -JURIDICA

DE

AUREA   BULLA

NON SOLORUM ELECTORUM SED OMNIUM

STATUUM CONSENSU CONDITA.

§ 1

F LAVIO JUSTINIANO (*) immenſus aliarum legum ſuper alias acervatarum cumulus, ut in unum corpus per tot volumina diſperſas colligi curaret, cauſa fuit. Longe omnino hac ex parte felicior CA-ROLO IV. quem legum ſcriptarum penuria & ſempiter-

A2

na

(*) Miraberis forfan, me quæſtionem Juris Publici moventem nomen, recentioribus ejus interpretibus valde ominoſum, limini diſſertatiuncu-læ inſcribere ? aſt lecta periodo mirari deſines ; nec cur erroris, qui ARUMÆO, OTTONI, LIMNÆO aliiſque Doctoribus, imo ipſi MAXI-MILIANO I. Imp. jure meritoque objicitur , me arguas, ut ſpero, aderit : procul enim abs me ſit credere , Vetus illud Romanorum Imperium

na fere inter Status inde oriunda diſſidia , in ſingularem mox pugnam juris manuarii pediſſequam privatumque bellum prorumpentia, induxerunt; ut publicum Imperii Romano-Germanici ſtatum certis definiret legibus, indubiis circumſcriberet limitibus. Fauſtis avibus tantum opus a. 1365. in Comitiis Norimbergenſibus aggreſſus, eodem anno in Curia Metenſi coronidem ipſi impoſuit (*). His legibus in unum quasi Codicem compactis ſigillum aureum Imperiale de

---

continuari adhuc hodie in Germania , quæ quippe pacto demum inter OTTONEM M. & LEONEM VIII. Summum Pontificem in Concilio Lateranenſi inito nomen Imperii Romano-Germanici auſpicata eſt. cf. LAUTENSACK *de inepta ratione decidendi controverſias Juris Publici ex legibus Romanis & Jure Canonico.*

(*) Cave bina illa Comitia confundas ; THUANUS quidem *Hiſtoriarum ſui temporis L. II. p.* 40. in Norimbergenſibus ſaltim publicatam fuiſſe Auream Bullam refert ſequentibus verbis: ,, Poſtea Carolus IV. ean-
,, dem legem renovavit ſub Bullæ Aureæ nomine in Comitiis Norim-
,, bergenſibus Vto Eid. Jan. anno Sal. CIƆ CCCLVI. publicatæ, quæ &
,, hodie inter Germanos magna religione servatur.,, Metenſibus ſolis id honoris tribuit TRITHEMIUS *in Annalibus Hirſaugenſibus ad d. a. T. II. p.* 230 ſcribens : ,,Carolus autem Imperator quartus in ſæ-
,, pedicto conventu principum Metis celebrato de Rege Germanorum
,, eligendo futuris temporibus ad Imperium, conſtitutionem & novam
,, atque notabilem fecit, de conſenſu omnium Regni procerum, pro
,, cujus confirmatione perpetua ſigillum juſſit infigi aureum: unde &
,, Aurea Bulla eſt nuncupata usque ad præſentem diem. Alia quoque
,, multa in eadem congregatione Principum pro pace populorum com-
,, muni ad utilitatem regni conſtituit , quæ literis mandata cuſtodiri
,, præcepit. ,, Idem cum aliis multis ſentit AUCTOR *Chronici Colonienſis:*
,, *Karolus der IVte hait Hoff gehalten mit den Kuerfürſten* zo Metz
,, *mit groſſer Maieſtait in bywefen des Könincks von Frankrych anno*
,, *domini MCCC ind LVI iar, und hait geſazt, ind up den Chritſtag*
,, *doin offenbahren dat Geſetze, ind heiſcht die Gülden Bulle.,,*
Ipſe tandem Imperator SIGISMUNDUS in C. I. Bullæ de Pfalburgeris Norimbergæ a. 1431. publicatæ tale quid ſpirat: ,, *und die hinze*

de suæ poteſtatis plenitudine impendi juſſit legislator Auguſtus, à quo dein ſigillo per eminentiam AUREÆ BULLÆ nomen ipſi contigit (*).

§. II.

Formam ferendarum legum internam & eſſentialem ab omni retro tempore per omnes rei Germanicæ periodos eandem fere ſemper in Germania fuiſſe ,

A 3   modum

---

legen der Allerdurchleuchteste Furſt und Herre Herre Karle Römiſcher
„ *Kayſer unſer lieber Herre und Vater ſeliger Gedechtnus, durch*
„ *Fried und Gerechtigkeit willen in dem Geſetze seiner Kaiſerlichen*
„ *Gulden Bull* vor Zeyten zu Metz *gemachet und beſchloſsen von*
„ *Pfolburgern luter und eigentlichen geſetzt hat.* „ Vid. GOLDAST.
  P. II Reichsſatzungen p. 105. Falluntur autem omnes; viginti
tria priora capita Norimbergæ, ſeptem posteriora Metis confecta & promulgata ſunt. Argumenta hujus aſſertionis peto ex verbis procemii de
Imperatorie poteſtatis plenitudine EDIDIMUS STATUTIMUS ET DU-
XISMUS SANCIENDAS collatis cum verbis initialibus Tituli 24ti *IN-*
FRA SCRIPTE LEGES promulgate ſunt in Curia Metenſi. Utraque
etiam comitia probe diſtinguit AUCTOR *Vitae & Innocentii VI. T. II. Col-*
lect. Balutz. p. 350. „ Anno Domini 1356, Karolus Imperator con-
„ vocatione facta principum in Nuremberga, multas leges condidit.
„ Eodem tempore Karolus Imperator parlamentum ſtatuit Metis de
„ pace tractanda inter Reges, ſed non concluſit.„
(*) Variæ enim tam ante Carolum IV. quam poſt illum in Hiſtoria Germaniæ obviam nobis veniunt Aureæ Bullæ, cujus rei exempla nobis
ſiſtunt IMMAN. WEBERUS in Diſſertatione *de capitibus quibuſdam*
Chryſobullae vel nunquam obſervatis vel per contrariam obſervantiam,
per deſuetudinem, vel alia quavis ratione immutatis. Nec non celeberr. LUDEWIGIUS *in der Vorrede zum 2ten Theil seiner vollſtän-*
digen Erläuterung der güldenen Bulle S. 52. Morem hunc diplomata
majoris momenti ſigillis muniendi antiquiſſimum eſſe, ipſiſque dein ab
impenſo ſigillo nomen veniſſe, demonſtraverunt J. M HEINECCIUS de
Sigillis P. I. c. 4. & in Syntagmate Juris Publici C. VI. §. 8. DU-
FRESNE in Gloſſario voce *Bulla &* THULEMARIUS in Tractatu *de*
Bulla aurea, argentea, plumbea, cerea & in ſpecie de B. A. Caroli IV.

modum ſcilicet conventionis, neminem fugit. Rectiſ-
ſime itaque definies legem Imperii publicam, quod ſit
conventio inter Imperatorem & Status Imperii inita
ſuper negotio quodam nexum publicum Imperii Romano-Germanici concernente. Sæculis Carolo IV.
anterioribus varias jamjam ejuſmodi leges conditas
fuiſſe negari haud poteſt; aſt cum partim contraria
conſuetudine iterum exoleverint, partim mutata rerum facie vim ſuam obligatoriam perdiderint, merito
è collectionibus legum publicarum hodiernum Imperii
Germanici ſtatum definientium exulant, nec cum Aurea Bulla, (quam ejuſdem quaſi primam parentem
ac genitricem nominarem) Concordatis nationis Germanicæ, Pace publica profana, religioſa, Weſtphali-
ca, Receſſibus Imperii aut Capitulationibus Cæſareis,
quæ omnis Juris Publici ſunt fundamenta, pari paſſu
ambulant.

§. III.

Partium ſtudium, alteri nimis faventem, in alterum
nimis infenſum animi affectum, ſi in ulla alia doctri-
na, certe in ſtudio Juris Publici Romano-Germanici
veritatis & juſtitiæ aſſeclas compedibus ſtrinxiſſe ar-
ctiſſimis in aprico eſt; adeo ut nec ſortibus nec Oedi-
pea egeat ſagacitate, qui diverſorum interpretum
patriam, domicilium patronoſve ex eorundem ſcri-
ptis conjectura elicere velit. Non mirum itaque, cum
nihil ſub ſole ex omni parte perfectum, nihil omnibus ſinguliſque peræque gratum ſit, diverſos etiam
contra Auream Caroli IV. Bullam inſurrexiſſe Doĉto-

res

127

res, variiſque ex cauſis mox authentiam hujus legis
plane negaſſe, mox alias ad minuendam ejus auctori-
tatem moviſſe quaeſtiones.   Erroneam eorum senten-
tiam, qui Auream Bullam ceu opus privati Statibus
invitis obtruſum, archivis violenter aut frauduloſe in-
ſertum, nihili habent, fuſe & egregie jam refutavit
LUDEWIGIUS (*) quo in exſcribendo, cum cuivis fere
ad manus ſit , cur tempus teram , non video;   hinc
miſſis cæteris omnibus quæſtionibus ad illam quam in
frontiſpicio propoſui pedem refero.

§. IV.

Quæritur nempe, *quiſnam ſit Auctor Aureæ Bullæ ?*
aut ut rectius dicam, *quinam ejuſdem ſint Auctores ?*
In omni enim lege Imperii Romano-Germanici publica ferenda duplex adeſſe debet legislatoris perſona,
licet, ſi eæ latæ ſunt, in promulgandis manuque te-
nendis his legibus una tantummodo, perſona vices ſu-
ſtineat, ipſe ſcilicet Imperator.   Partes, quas hoc
ipſo optime de Imperio Germanico meritus Carolus IV.
in meditanda & proponenda hac lege ſuſtinuit, neminem latent, a nullo in dubium vocantur : *num vero cum*
ſolis Electoribus an cum omnibus Imperii Statibus ſuper
illa ſerenda tractaverit ? diſputant Doctores. Qui in prio-
rem cum LAMBECIO(**) & JAC. BRUNNEMANNO(***)

abeunt

(*) *In der Vorrede zum 2ten Theil ſeiner vollſtändigen Erläuterung der*
güldenen Bull, Seite 54 - 66.

(**) in Bibliotheca Vindobon. L. II, c. 8. p. 816.

(***) in Diſſert. de Aureæ Bullæ mutatione §. XXXIV ſq.

[Übersetzung:]

Gott möge es zum Guten wenden

Rechtsgeschichtliche Inauguraldissertation
über die

Goldene Bulle,

die nicht nur durch Übereinkunft der einzelnen Kurfürsten, sondern aller
Stände begründet wurde.

Diese hat
mit Gott als alleinigem Betreuer
nach dem ehrwürdigen Beschluss
der hervorragenden juristischen Fakultät
in der „alma mater" der Universität Straßburg

für die Befugnis,
die höchsten Ehren in beiden Rechten

und die Privilegien des Doktorgrades

rechtmäßig zu erlangen
der feierlichen Prüfung der Gelehrten

am 28. August 1776
der Verfasser
Heinrich Leopold Wagner
aus Straßburg
vorgelegt
am gewohnten Ort und zur gewohnten Zeit.

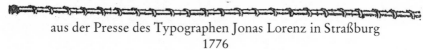

aus der Presse des Typographen Jonas Lorenz in Straßburg
1776

[S. 3] Historisch-juridische Dissertation
über die

Goldene Bulle,

die nicht allein durch Übereinkunft der Kurfürsten, sondern derjenigen
aller Stände begründet wurde[*]

§. I.

Für Flavius Justinianus[21] war der gewaltige Berg an Gesetzen, die über
einander aufgehäuft worden waren, Anlass, dafür zu sorgen, dass die über

---

[*]   Ins Deutsche übertragen im Wintersemester 2012/13 von stud. jur. et phil. Isabella Beck,
stud. jur. Katharina Dichtl, stud. jur. Benedikt Kiechle, stud. jur. Andreas Klaus, stud. jur.
et phil. Michael Knaier, ref. jur. cand. phil. Michael Müller, ref. jur. Andreas Thürauf unter
Anleitung von Prof. Dr. jur. Susanne Lepsius, München. Ein besonderer Dank gilt meinem Mitarbeiter Dr. jur. Simon Behr, der den Text im Jahr 2019 einer erneuten kritischen
Durchsicht unterzog, sowie Frau cand. jur. Sophia Etzbach, die das Layout des lateinischen Ausgangstextes in der Umschrift abbilden half, oben S. 123–129.

[21]   Du wirst dich vielleicht wundern, warum ich, obwohl mich auf dem Gebiet des
Öffentlichen Rechts bewege, den Namen desjenigen, der den jüngeren Interpreten
recht unheimlich ist <gemeint ist die Anrufung Gottes auf dem Deckblatt, s.o. S. 122,
S.L.>, an den Anfang meines Dissertatiönchens schreibe? Du wirst freilich aufhö-
ren, dich zu wundern, nachdem du es ganz gelesen haben wirst; Und du wirst mir,
wie ich hoffe, nicht vorhalten, dass auch mir der Fehler, der Arumaeus, der Otto,
Limnaeus und den anderen Doktoren, ja sogar Kaiser Maximilian I., zu Recht und
verdientermaßen, angekreidet wird, unterlaufen wird: Es sei mir nämlich fern, zu
glauben, dass jenes antike Römische Reich bis heute in Deutschland fortbesteht,
das freilich erst <im Mittelalter, S.L.> durch den Vertrag, der zwischen Otto und Leo
VIII., Papst im Laterankonzil, geschlossen wurde, unter dem Namen Römisch-
Deutsches-Reich angefangen hat. *Siehe Lautensack, De inepta ratione decidendi
controversias Juris Publici ex legibus Romanis et Jure Canonico* < „Über die unpassende
Art, Kontroversen des öffentlichen Rechts mit Argumenten aus den Römischen Gesetzen
und dem Kanonischen Recht zu entscheiden", vgl. Mithscky/ Lautensack 1738>.

so viele Bücher verstreuten Gesetzestexte in einer Sammlung zusammengefasst wurden. Somit war er bei Weitem mehr vom Glück begünstigt als Karl IV., den der Mangel an geschriebenen Gesetzen und die dadurch bedingte, beinahe ewige| [S. 4] Uneinigkeit der Stände und das daraus unmittelbar resultierende Faustrecht das stets in privaten Krieg (Fehde) auszuufern drohte, dazu veranlasste, die öffentliche Verfassung des Römisch-Deutschen Reiches in unzweifelhaften Gesetzen nieder zu schreiben, und jene damit mit klaren Grenzen einhegte. Während er unter günstigen Vorzeichen an dieses so große Werk im Jahre 1356 beim Nürnberger Reichstag ging, fügte er im gleichen Jahr auf dem Hoftag in Metz demselben den Schlussschnörkel auf.[22]

---

[22] Gib acht, dass du jene zwei Reichstage nicht verwechselst; zwar berichtet Thuan im zweiten Buch seiner *Historiae sui temporis*, S. 40 <Thuanus 1733, S.L.>, mit den folgenden Worten davon, dass die Goldene Bulle jedenfalls in Nürnberg veröffentlicht worden sei: „Später erneuerte Karl IV. dieses Gesetz unter dem Namen ‚Goldene Bulle‘, die auf dem Nürnberger Reichstag am 11. Januar 1356 veröffentlicht wurde und die bei den Deutschen auch heute noch in großen Ehren gehalten wird." Trithemius [dagegen] lässt diese Ehre allein Metz zuteilwerden, indem er auf S. 230 des 2. Bands *Annalibus Hirsaugensibus* <'der Hirsauer Annalen', vgl. Trithemius 1690, SL.> zu besagtem Jahr schreibt: „Kaiser Karl IV. erließ bei der vielbesagten Zusammenkunft der Fürsten in Metz bezüglich der Frage, wie zukünftig der deutsche König zur Kaiserwürde gewählt werden sollte, eine neue und bemerkenswerte Verfassung mit Zustimmung aller Großen des Reiches. Zu deren dauerhaften Bestätigung ließ er ein goldenes Siegel anfügen: deshalb wird sie bis zum heutigen Tage als die ‚Goldene Bulle‘ bezeichnet. Auch vieles andere ordnete er bei derselben Versammlung der Fürsten für den öffentlichen Frieden der Völker zum Nutzen des Reiches an. Diese Anordnungen ließ er durch Befehl schriftlich festhalten." Dasselbe nimmt mit vielen Anderen der Autor der *Chronici [regina] Coloniensis* <der Kölner Königschronik; von Wagner verwendete Edition nicht zu ermitteln, S.L.> an: „*Karolus der IVte hait hoff gehalten mit den Kuerfürsten zo Metz mit grosser Maiestait in bywesen des Könincks von Frankrych anno domini MCCC ind LVI iar, und hait gesazt, ind up den Christdag doin offenbahren dat Gesetze, ind heischt die Gülden Bulle.*" Endlich erwähnt Kaiser Sigismund im ersten Kapitel der Nürnberger Pfahlbürger-Bulle von 1431: „und die hinzelegen der Allerdurchleuteste <sic! S.L.> Furst und Herre Herre Karle Römischer Kayser unser lieber Herre und Vater seliger Gedechtnus, durch Fried und Gerechtigkeit willen in dem Gesetze seiner Kaiserlichen Gulden Bull vor Zeyten zu Metz gemachet und beschlossen von Pfolburgern luter und eigentlichen gesetzt hat." Siehe Goldast, Teil 2 der *Reichssatzungen*, S. 105 <Goldast 1730, S.L.>. Sie täuschen sich aber alle; die ersten 23 Kapitel sind in Nürnberg, die weiteren sieben in Metz beschlossen und verkündet worden. Beweise für diese Behauptung entnehme ich den Worten der Einleitung „kraft unserer kaiserlichen Machtfülle haben wir erlassen, festgesetzt und bekräftigt" zusammen mit den einleitenden Worten des 24sten Titels „die unten aufgeführten Gesetze wurden auf dem Metzer Reichstag verkündet". Die beiden Reichstage unterscheidet treffend der AUTOR der Biographie von Innozenz VI., in Band 2 der Collect. Balutz., S. 350 <Baluze, Bd. 2 1693, S.L.>: „Im Jahr 1356 gab Kaiser Karl, nachdem eine Zusammenkunft der Fürsten in Nürnberg abgehalten worden war, viele Gesetze. Zur sel-

Nachdem die Gesetze gewissermaßen in einem einzigen Kodex zusammengefasst worden waren, befahl der Kaiserliche Gesetzgeber, das goldene Reichssiegel| [S. 5] kraft seiner Machtfülle anzuhängen, weshalb diesem Werk aufgrund des Materials seines Siegels die besondere Bezeichnung 'Goldene Bulle' zuteil wurde.[23]

§. II.

Niemandem entgeht, dass die innere und wesentliche Gestalt der zu erlassenden Gesetze (der Gesetzgebung) von Anbeginn der Zeit über alle Perioden des deutschen Gemeinwesens hin in Deutschland stets ungefähr dieselbe,| [S. 6] nämlich eine Art Übereinkunft, war. Richtigerweise wird man daher als ein öffentliches Gesetz des Reiches definieren: es sei eine Übereinkunft zwischen Kaiser und Reichsständen über ein gewisses Staatsgeschäft betreffend den öffentlichen Verbund <wörtl.: **Zusammenhang, S.L.**> des römisch-deutschen Reiches. Es kann zwar nicht bestritten werden, dass bereits in den Jahrhunderten vor Karl IV. verschiedene derartige Gesetze verabschiedet worden waren; aber da ein Teil von ihnen durch gegenläufige Gewohnheit wieder verschwand, ein anderer Teil angesichts geänderter Umstände seine verpflichtende Kraft verlor, sind diese Gesetze verdientermaßen aus den Sammlungen der öffentlichen Gesetze, die den heutigen Zustand des Deutschen Reichs beschreiben, getilgt worden und stehen nicht auf einer Stufe mit der Goldenen Bulle (die ich gleichsam als die Mutter aller folgenden bezeichnen möchte), nämlich der Reichschlüsse der deutschen Nation: des Allgemeinen Landfriedens, des

---

ben Zeit setzte Kaiser Karl eine Versammlung über die Handhabung des Friedens in Metz fest, diese wurde jedoch nicht zu Ende geführt."

[23]   In der deutschen Geschichte begegnen uns nämlich verschiedene ‚Goldene Bullen' sowohl vor Karl IV. als auch nach ihm. Beispiele hierfür geben uns IMMANUEL WEBER in seiner Dissertation De *capitibus quibusdam Chrysobullae vel nunquam observatis vel per contrariam observantiam, per desuetudinem, vel alia quavis ratione immutatis*) <„*Bestimmte Kapitel der Goldbulle, die entweder überhaupt nicht beachtet wurden oder durch gegensätzliche Beachtung, durch Entwöhnung oder aus einem anderen Grund verändert wurden"*, vgl. Eichler/Weber 1748, S.L.> und der sehr bekannte LUDEWIGIUS *in der Vorrede zum 2ten Theil seiner vollständigen Erläuterung der güldenen Bulle,* S. 52 <Ludewig, Bd. 2 1719, S.L.>. Dass diese Sitte, Urkunden zur größeren Bestärkung mit Siegeln zu versehen, uralt ist, und dass sich von dem angefügten Siegel der Name herleitet, zeigen J.M. HEINECCIUS im 4. Kap. des 1. Teils seines Werkes De *Sigillis* <„*Über die Siegel"*, vgl. Heinecceius 1719> und in den *Syntagmate Juris Publici* Kap. VI. § 8 <Heinecceius 1767 (?), S.L.>; DUFRESNE im *Glossarium* unter dem Stichwort „Bulla" <DuCange, Bd. 1, 1762, S.L> und THULEMAR De *Bulla aurea, argentea, plumbea, cerea & in specie de B.A. Caroli IV.* <„*Traktat über die Gold-, Silber-, Blei- und Wachsbulle und insbesondere die Goldene Bulle Karls IV."*, vgl. Thülemarius 1682, S.L.>.

[Augsburger] Religionsfriedens, des Westfälischen Friedens und der Reichsabschiede oder der kaiserlichen Wahlkapitulationen, welche alle zusammen die Grundlagen des gesamten öffentlichen Rechts bilden <nämlich als Reichsgrundgesetze, *leges fundamentales*, S.L.>.

§. III.

Es ist offensichtlich, dass die Parteigänger die Wissenschaft auf verschiedenen Gebieten, indem man das eine allzu sehr begünstigte, das andere mit allzu unverständigem Geist ablehnte, wenn auf irgendeinem Lehrgebiet, so gewiss doch bei der wissenschaftlichen Erforschung der Wahrheit und Gerechtigkeit des öffentlichen römisch-deutschen Rechts mit äußerst lästigen Fesseln gebunden haben; so sehr, dass derjenige, der die Heimat, den Wohnsitz oder die Auftraggeber der verschiedenen Interpreten aus ihren Schriften mittels Mutmaßungen ausfindig machen will, weder Mangel haben möge an glücklichem Geschick noch an ödipeischem Scharfsinn. Weil nichts unter der Sonne gänzlich perfekt und nichts von Allen gleichermaßen dankbar aufgenommen wird, ist es deshalb nicht verwunderlich, dass sich auch verschiedene Doctores gegen die Goldene Bulle Karl IV. erhoben| [S. 7] und aus verschiedenen Gründen bald die Echtheit dieses Gesetzes schlechterdings bestritten, bald andere Fragen aufwarfen, um deren Einfluss zu schmälern. Die irrige Meinung derer, die die Goldene Bulle für nichtig und für das Werk eines Privatmannes halten, welches den Ständen gegen ihren Willen aufgedrängt und in die Archive mit Gewalt und in betrügerischer Weise hineingebracht worden sei, widerlegte schon Ludewigius umfassend und hervorragend,[24] weshalb ich es nicht für nötig halte, ihn abzuschreiben – warum sollte ich Zeit verschwenden? –, zumal er fast Jedem zur Hand ist. Von all den sich an diesem Punkt stellenden übrigen Fragen ziehe ich mich nun auf jene zurück, die ich im Vorwort erwähnte.

§. IV.

Es wird sicherlich gefragt *„Wer ist denn der Urheber der Goldenen Bulle?"* oder, damit ich es richtiger sage, *„Welche sind denn deren Urheber?"* Bei jedem Gesetzgebungsverfahren zu einem öffentlichen Gesetz im Römisch-Deutschen Reich muss die Person des Gesetzgebers doppelt vorhanden sein, mag auch, wenn diese Gesetze einmal erlassen worden sind, freilich nur eine Person – nämlich der Kaiser selbst – die Geschäfte beim

---

[24]   LUDEWIGIUS, In der Vorrede zum 2ten Theil seiner vollständigen Erläuterung der güldenen Bull, Seite 54-66 <Ludewig, Bd. 2, 1719, S.L.>.

öffentlich Anschlagen-Lassen und In-der-Hand-Halten dieser Gesetze übernehmen. Die Rolle, welche Karl IV., der sich insbesondere um dieses Deutsche Reich in hervorragendster Weise verdient gemacht hat, beim Entwerfen und Einbringen dieses Gesetzes spielte, ist niemandem verborgen und wird von niemandem in Zweifel gezogen: *Ob er wirklich nur mit den Kurfürsten oder mit allen Ständen über die Erlass jener Gesetze verhandelte?*, darüber streiten sich die Doctores. Diejenigen, welche mit LAMBECIUS[25] und JAC. BRUNNEMANNUS[26] | [S. 8] irrig der ersten Meinung folgen, berufen sich zunächst auf die verschiedenen Textstellen der Goldenen Bulle, in denen allein von den Kurfürsten die Rede sei: Den zweiten Grund für ihre Schlussfolgerung suchen sie darin, dass in der Goldenen Bulle insbesondere die Vorrechte der Kurfürsten bekräftigt wurden, von denen es nicht wahrscheinlich ist, dass die übrigen Stände dem zugestimmt hätten, wenn sie mitbeschlossen hätten. Sie bemühen schließlich ein drittes Argument daraus, dass der Saal, in dem der Hoftag zu Nürnberg gefeiert wurde und welcher auch heute noch besteht, richtigerweise zu eng dafür war, als dass dieser Ort die Menge sämtlicher Stände hätte aufnehmen können. Auf jedes dieser Argumente werde ich einzeln antworten, während ich die Gründe, die die gegenteilige Ansicht stützen, sogleich danach in einer geschlossenen Beweisführung darstellen werde.

§. V.

1. Diejenigen Textstellen der Goldenen Bulle, welche von der Gegenseite angeführt werden, sind unterschiedlichster Art; in ihnen ist nur die Rede von Angelegenheiten, die lediglich die Kurfürsten betreffen, wie etwa in *T. III. §. 2.*, wo sich also der Kaiser bemühte, Rechtsstreitigkeiten, welche zwischen den geistlichen Kurfürsten ob ihrer Rangfolge entstehen könnten, entgegenzutreten. An der einen Sorte dieser Stellen wird durch dauerhafte Anordnung nach Belieben des Kaisers selbst und der Kurfürsten, etwas vorgeschlagen, was nur die Aufgabe des Hoftages/Rates ist, was aber nicht die Form eines entscheidenden oder eines vorschreibenden Urteils aufweist, siehe etwa in *§. 2. T. XII.* An der anderen Sorte dieser Stellen schließlich werden die Normen, die schon vorher nach Zustimmung der Stände zu deren eigenen Vorteil erlassen worden waren, eher bestärkt als (erstmals) festgelegt; sieh zum Beispiel nach – wenn's beliebt – in *Tit. XVI.*, in dem die Pfahlbürger schon von den Vorgängern Karls

---

[25] LAMBECIUS in Bibliotheca Vindobon., l. II, c. 8. P. 816 <Lambecius 1769, S.L.>.
[26] Jacobus Brunnemann, in Dissertatione de Aureae Bullae mutatione, § XXXIV sq. <*"Über die Abänderung der Goldenen Bulle"*, vgl. Schröder/Brunnemann 1700, S.L.>.

IV. und allen| [S. 9] Ständen als schlechthin verhasst geächtet wurden.[27] In den beiden früheren Fällen lag den übrigen Ständen nichts daran, daher wurde ihre Zustimmung gleichsam als überflüssig vernachlässigt. Im späteren Fall wurde jener <sc. der Konsens, S.L.> zu Recht auf Grund der Rechtsregel vermutet, kraft derer angenommen wird, dass jedermann dem zustimmt, was zu seinem Vorteil statuiert wird.|

[S. 10] §. VI.

2. Die Rechte der Kurfürsten, die in der Goldenen Bulle erwähnt werden, waren nicht neu, sie wurden ihnen nicht erstmals zugestanden, sondern diese Vorrechte kamen ihnen von alters her aufgrund der Observanz zu.[28]

---

[27] Heinrich (VII.) hat schon auf dem 1232 abgehaltenen Wormser Hoftag gegen jene <sc. gegen die Pfahlbürger, S.L.> die Verfügung feierlich in Kraft gesetzt, die daraufhin Friedrich II. 1236 mit folgenden Worten bekräftigt hat: „Ebenso sollen die Bürger, die Pfahlbürger genannt werden, ganz und gar ausgetrieben werden." Siehe auch SCHILTER in *Jure Publico, Teil II.*, S. 117, 118 <Schilter 1694, S.L.>. Dass die gleiche Sorge Rudolph I. und Ludwig dem Bayer am Herzen gelegen habe, versichern über jenen <= über Rudolph I., S.L.> LEHMANN *Chron. Spir. L. V. c.* 108 <Lehmann 1612, S.L.>, über diesen <Ludwig IV.> auch DATTIUS in *Pace publica L. I. c.* 14. n. 55, 56 <Datt 1698, S.L.> und auch der schon oft zitierte Ludewig zu dem zuvor erwähnten Titel, der Verschiedenes, das sich darauf erstreckt, nach seiner Art ziemlich gelehrt und genau auf den Punkt hin ausgelegt hat. Dennoch wage ich nicht so wie er, diesen 2. Paragraphen durch Abschneiden des Hinzugefügten zu verändern und aus ihm zu schließen: Dass die Stände auch der Änderung des Gesetzes in dieser Sache ausdrücklich zugestimmt hätten. Schau dir nämlich den Textabschnitt an! *„Da aber Betrug und Arglist nicht mit der Fülle kaiserlicher Amtsgewalt verteidigt werden müssen, beschließen wir aus sicherer Überzeugung mit vernünftigem Rat aller Fürsten und Kurfürsten und zwar der Geistlichen und Weltlichen, etc."* Zum Wort *Fürsten* fügt er <Ludewig, S.L.> folgende Fußnote (q) bei: *„Sonsten hält man davor, Kayserliche Majestät gebrauche sich alsdann nur der Worte ‚aus der Fülle kaiserlicher Amtsgewalt', wenn die Stände in eine Sache nicht willigen wollen, und dannenhero der Kayser einen Machtspruch geben müssen. Allein da hieselbst* Churfürsten und Stände *mit dem Kayser einig gewesen, siehet man wohl, dass der Verfasser sich ohne Noth besagter Weise zu reden bedienet habe, T. II. S. 157* <Ludewig, Bd. 2, 1719, S.L.>." Wesentlich mehr überzeugt mich die – mit den übrigen Passagen der goldenen Bulle besser übereinstimmende – Lesart von OLENSCHLAGER <Olenschlager 1766, S.L.>, die auch Ludewig offensichtlich von Anfang an gebilligt hat, wie sich aus einer Fußnote zu den darauffolgenden Worten ergibt, in der er schreibt: *„Endlich so können viele nicht begreifen, warum Tit. 16. §. 2. der Kayser* allein der Churfürsten ihrer Einwilligung *Erwehnung thut: dann gar nicht zu glauben stehet, dass die übrigen Fürsten solches geschehn lassen sollen, wenn der Aufsatz ihnen vorgezeigt worden wäre."*

[28] BECKHOFF, Dissertation <als Respondent, S.L.> unter dem Vorsitz von Boehmer: *Utrum Electores vi Archiofficiorum Imperialium eligant?*, c. 2 § 6 <S.L.: ‚Ob die Kurfürsten aufgrund ihrer Reichserzämter wählen?' vgl. Beckhoff/Böhmer 1746>.

Wenn man auch zugeben mag, dass das ein oder andere Kapitel zu Gunsten der Kurfürsten und zum Nachteil der übrigen Stände beschlossen wurde, mögen diese es sich selbst zuschreiben, dass sie, obwohl eine so schwerwiegende und umfangreiche Angelegenheit verhandelt wurde, abwesend waren und ihr Stimmrecht gewohnheitsgemäß den anderen Anwesenden zufiel.

Obendrein ist jedenfalls auch Zweifel angebracht, ob alle Stände der damaligen Zeit, die aufgrund verschiedener Kriege und unzähliger Meinungsverschiedenheiten gespalten waren, und die an Eifersucht bis hin zu Neid litten, auch wenn sie anwesend gewesen wären, dem Willen des Kaisers hätten widerstehen können oder überhaupt wollen. Die nicht abzulehnenden Beobachtungen des berühmten LUDEWIG verdienen es, hier vergleichend herangezogen zu werden, wie insbesondere diejenigen auf S. 42ff., Tit. 1 seines schon öfter sehr gelobten Kommentars zur Goldenen Bulle klar zeigen.

§. VII.

Auf das dritte, aus der Enge des Raumes, entnommene Argument, erwidere ich: Die Stände, die in Kriege, innere Unruhen und den allgemeinen Trubel verwickelt waren, waren recht selten bei den Hoftagen anwesend, die damals ziemlich häufig abgehalten wurden. Und zufällig war auch bei diesem nur eine kleine Zahl anwesend; immerhin aber größer als in vielen Jahren zuvor. Außerdem weiß ich nicht, warum wir es für nötig halten sollten, dass alle Stände| [S. 11] mit Kurfürsten und Kaiser am gleichen Ort versammelt sein sollen, denn Karl konnte – nachdem er eine feierliche Übereinkunft mit den Kurfürsten im Konklave über ein bestimmtes Geschäft abgehalten hatte – auch an einem anderen Ort um den Konsens der übrigen Fürsten nachsuchen.

§. VIII.

Nachdem so die Meinung der Gegner, die für das ausschließliche Recht der Kurfürsten kämpfen, hinreichend breit widerlegt worden ist, wird es nicht fernliegend sein, die entscheidenden Gründe anzufügen, die ich vor Augen habe, und mit deren Hilfe die Position derjenigen, denen ich mich anschließe, zu stärken. Die ganze Zweifelsfrage ist mit folgenden Erwägungen aufzulösen:[29]

---

[29] Die äußerst komplexe lateinische Satzstruktur wird nachstehend durch die Formatierung in ihrer grammatikalischen Struktur nach Haupt-, Nebensätzen und Einschüben aufgeschlüsselt, S.L.

Kaiser Karl IV.,

> den die nährende Mutter Natur mit Schärfe des Urteils und herausragendem genialem Scharfsinn ausgestattet hat, / der / von den unzähligen Zwistigkeiten, / die, in jenen schrecklichen Zeiten, zwischen den Kurfürsten und Fürsten bei jeder Gelegenheit darüber aufgekommen sind, / welche Rollen jeder einzelne beim Rechtsakt der Wahl und Krönung haben sollte, / durch die Anmaßungen der Auswärtigen, die sich einzumischen erdreisteten, / und auch durch / das ewige Misstrauen sowie den daraus entstehenden Gefahren / dazu veranlasst worden ist und aus eigener früherer Erfahrung schon gründlich darüber belehrt worden ist, / wie viel an Schaden ihm die Uneinigkeit zwischen den Kurfürsten angetan hat, / dachte schon in seiner böhmischen Muße, / bevor er zum ungestörten Besitz der Kaiserwürde gelangt war / an ein diesen zahllosen Übeln entgegenzusetzendes Heilmittel, / und er bemühte sich ernsthaft darum, den ungezählten Umtrieben, von denen einer kaum besänftigt sogleich den nächsten nach sich zog, einen Riegel vorzuschieben; mit nicht eben ungünstigem Erfolg.

Nach dem Tode Ludwigs des Bayern nämlich und nach Abschluss des Vergleichs mit Günther von Schwarzberg| [S. 12] als feierlich gewähltem Gegenkaiser des Reichs, ist er ohne Gegenstimme in Rom zum römischen Kaiser gekrönt worden. Und zugleich legte er letzte Hand an das große Werk, das er bis dahin ununterbrochen geistig betrieben hatte. Nachdem er nämlich von dort nach Deutschland zurückgekehrt ist (nicht weil das Observanz gewesen wäre, wie es in § 5. Tit. 28 der Goldenen Bulle heißt,[30] sondern womöglich, weil es ihm so gefiel), schickte er Einladungen an die einzelnen Stände, um seinen ersten Reichstag in Nürnberg abzuhalten. Es wird nicht überflüssig sein, das Beispiel eines solchen Einladungsschreibens unten auf dieser Seite aus WENKER *Apparat der Archive S. 206 und 207* zu wiederholen, weil es eben nicht wenig dazu beiträgt, den Makel zu tilgen, den Viele Karl IV. anhängen wollen, nämlich dass er durch allzu große Ungeduld die Stände umgehen wollte, um deren Sache es ging, und nicht zuletzt, um unseren Standpunkt zu bestärken.[31] |

---

[30] *„Wir haben aus den sehr klaren Überlieferungen und Berichten unserer Vorfahren entnommen, dass es von jenen, die uns glücklich vorangingen, stets, d.h. seit so langer Zeit dass schon keine gegenteilige Erinnerung mehr besteht, so und immerwährend eingehalten worden sei, dass die Wahl eines Römischen Königs und zukünftigen Kaisers in der Stadt Frankfurt am Main gefeiert wurde, dass die erste Krönung in Aachen und der erste Königliche Hof in der Stadt Nürnberg erfolgten."* Diese Begründung des Verfassers der Goldenen Bulle hat als einen historischen Irrtum mit vielen (Gründen) LUDEWIG, im 2. Bd., S. 951ff. <Ludewig, Bd. 2, 1719, S.L.> widerlegt.

[31] WENKER, Apparatus Archivorum <S.L. *Apparat aus den Archiven',* vgl. Wencker 1713>: *Karl von Gots Gnaden Romischer Keiser ze allen Zeiten Merer des Reichs und Kunic ze Beheim.*

Dass die Stände den an sie gesendeten schriftlichen Einladungsschreiben
<tatsächlich, S.L.> gefolgt sind, muss man daraus schließen, dass <auch>
Gesandte aus der Stadt Straßburg bei diesen Nürnberger Reichstagen
anwesend waren; ziemlich sicher kann man das aus dem Brief dieser Ge-
sandten entnehmen, in dem sie über die zu verhandelnden Angelegenheiten dem heimatlichen Rat Bericht erstatteten, im dem am Ende folgende
Worte zu finden sind: *„Und wollt (der Kayser) darnach besorgen, were es,
dass er abe gienge, dass man einen Kunic kiesende wurde, dass den die Herren du Stette vur einen Kunic hetten, durch dass nit me Krieg um das Rich
wurde, als vor jme gewesen ist, das wil er alles zu Rate werden* mit Fürsten,
mit Herren und mit Stetten etc."
Und bald darauf: *„Ir sullent ouch wissen, dass in vil Jaren so manig Herre
und Stette nie zusammen kamen"*.[32] Das letzte Argument schließlich, mit
dem ich beweise, dass nicht nur die Kurfürsten, sondern auch die übrigen
Reichsstände bei diesem Reichstag ihre Rollen übernommen haben, liefert
mir die Einleitung der Goldenen Bulle selbst; wo der Kaiser| [S. 14] mit
den ausdrücklichsten Worten bezeugt: *„bei unserem feierlichen Hoftag in
Nürnberg haben wir bekannt gegeben im Beisein* ALLER *unserer kirchlichen
und weltlichen Kurfürsten und der* GROSSEN ANZAHL *an übrigen Fürsten,
Gefolgsleuten, Baronen, Vornehmen, Adeligen und Städte"* etc.

---

*Lieben getrewen, wann wir durch ehaftige und redlichen unser und des heiligen Reichs
Sachen und be nammen umb Friede und Gemach unsern getrewen Undertanen,* ALLE
Fursten, Grafen und Herren in Deutschen Landen besant haben, *dazu wir auck
ewer Gegenwurtikeit sunderlich bedurffen. Darumb empfelhen wir ewren trewen,* und
wollen ouch ernstlich, dass ir ze vollbringen *sulche Sachen aufs eweren und ewer Stat
Rate mit vollem Gewalt und Macht ac tun und ac lassen, gleich andern Stetten,* was
wir mit jn umb gemeinen Nutz ze Rate werden, *zu uns gein Nurmberg uff sant
Merteyns Tag der Schirst (sic! S.L.) kunftig ist,* senden wollet und sullet *unverzogen-
lichen, und an alles Hindernusse. Geben ze Prage an dem nechsten Donerstage vor
sant Matheus Tag, unsere Reiche in dem zehenden Jar, des Keisertums in dem ersten.*
Dem Burgermeister, dem Rate und den Burgern *gemeinlich der Statt ze Straßburg,*
unsern und des Reiches lieben getrewen.

[32] Den vollständigen Brief stellen dar WENCKER in seinem *Appar. Archiv.* <Wencker,
1713>, S. 208 und ihm folgend J.D. von OLENSCHLAGER – die Zierde seiner Vater-
stadt, der hoffentlich noch dereinst bis zu seinen letzten Nachfahren zu verehren
sein wird –, in seinem sehr elegant abgefassten Werk mit dem Titel *Neue Erläuterung der Guldenen Bulle Kayser Karls des IVten im Urkunden-Buch, S. 2.* <Olen-
schlager 1766>.

§ X.

Abgesehen hiervon, was allzu vollmundig und womöglich mehr des Pomps wegen gesagt worden ist, und auch wenn man die Behauptung, die die Abgeordneten von Straßburg abschließend machten, eher einschränkend versteht (beide Abschnitte sind nämlich im Vergleich zu einander und nicht absolut zu erklären), wird nichtsdestoweniger immer unzweifelhaft bleiben, dass nicht nur die Kurfürsten, sondern auch die übrigen Stände bei diesem Nürnberger Hoftag anwesend waren und eine (wichtige) Rolle bei der Verabschiedung jener Gesetze gespielt haben,[33] was sich aus den folgenden folgenden Gründen ergibt:

    (1) dem Einladungsschreiben von Karl IV.,
    (2) der Anwesenheit der Straßburger Gesandten beim Hoftag,
    (3) deren Zeugnis
    (4) und schließlich aus dem Wortlaut der Goldenen Bulle selbst.

§ XI.

Insoweit und bis hierher sollen die Ausführungen über den Nürnberger Reichstag genügen: Aber, wie ich oben schon angemahnt habe, konnten dort nicht alle Angelegenheiten abschließend behandelt werden; der sehr umsichtige und voraussehende Kaiser hat dies nach einer| [S. 15] Beratung mit den Kurfürsten, als kaum die Hälfte der Arbeiten abgeschlossen war, ungefähr im XII. Tit. der Goldenen Bulle schon angeordnet, dass nämlich eine weitere Versammlung im gleichen Jahr in Metz abgehalten werden solle; bei dieser waren die Kurfürsten als fester Grundpfeiler des Reiches und als unverrückbare Säulen des Staates in größerer Zahl als gewöhnlich anwesend, um über das Wohl des Reiches und damit des ganzen Erdkreises zu verhandeln.

Dass die Verfügung Karls IV. durchschlagenden Erfolg hatte, belegen die Aussagen von TRITHEMIUS[34],| [S. 16] LEVOLD VON NORTHOF[35] und

---

[33] Aus eben den Worten des gerade zitierten Einladungsschreibens ergibt sich, dass die Stände nämlich nicht nur um dessen <sc. des Hoftags, S.L.> Glanz zu erhöhen, zusammen gerufen worden waren.

[34] In den Annalen von Hirsau zu dem Jahr 1356 liest man die schon zuvor in § 1 auf Seite 4 und 5 <dieser Arbeit, oben, S. 131, Fn. 22, S.L.> angeführten Worte. Dem füge ich hier auch noch die Worte hinzu, die sich in der Chronik desselben Autors zum selben Jahr finden:
„Nachdem Karl aus Italien zurückgekommen war, veranstaltete er die feierliche Versammlung der Kurfürsten in der Stadt Metz mit größtem Pomp, wo alle Fürsten fast des gesamten Reiches zusammenkamen und ihre Regalien erhielten, wie es

vieler anderer Historiker, von deren langer Reihe – die alle auch LUDEWIG, in Tom. II. Com., auf Seite 328ff. aufzählt[36] – alleine die beiden erstgenannten zu erwähnen hier genügen soll.

---

der Gewohnheit entsprach. Dort war auch ein päpstlicher Gesandter anwesend – ein Erzbischof (LUDEWIG beweist, dass er jedenfalls Bischof gewesen ist T. II. Seite 344) – zusammen mit vielen Fürsten der Franken. Dort wurde damals auch Wilhelm Markgraf von Jülich durch den Kaiser zum Herzog erhoben und seit jenem Tag an bis zum heutigen Tage gibt es die Herzöge von Jülich. Auch Wenceslaus, der Bruder des Kaisers, wurde durch den Kaiser selbst und unter Zustimmung aller anwesenden Fürsten vom Grafen von Luxemburg zum Herzog erhoben. Zur selben Zeit hat der Kaiser die Grafschaft von Bar zur Markgrafschaft erhoben. Er ließ mit Zustimmung aller Fürsten des Reiches die Goldene Bulle aufschreiben, welche davon handelt, den Kaiser auszuwählen und noch von vielem anderen, was das Gemeinwohl betrifft, und er bestätigte diese. Nachdem dies rechtmäßig zu Ende gebracht worden war, zog er von Stadt zu Stadt und von Kloster zu Kloster, sammelte viele Reliquien von Heiligen ein und nahm sie mit sich nach Böhmen.
LUDEWIG führt ausdrücklich in T. II. <Ludewig, Bd. 2 1719, S.L.>, auf Seite 333 den TRITHEMIUS mit anderen Worten an, die ich weder in den Annalen von Hirsau noch in anderen Chroniken finden konnte, und STRUVE ist – wie mir scheint – in seiner *Historia Germania* in Per. IX. S. 732 <Struve 1738, S.L.> Ludewigs Vertrauenswürdigkeit gefolgt, wobei die beiden folgende Worte hinzufügen:
„Es kamen dorthin auch viele Fürsten aus Gallien zusammen, denen sich Karl bekannt und vertraut erwies. Dieser nämlich hatte vor langer Zeit bei den Parisern Mühe auf <sc.: das Studium der, S.L.> die Wissenschaft verwandt und kämpfte einmal zur Unterstützung des Königs der Franzosen mit seinem Vater, dem König von Böhmen, gegen den König von England. Bei dieser feierlichen Versammlung der Fürsten war ein gewisser Erzbischof (Talagrandus) als Gesandter des Apostolischen Stuhles zugegen, um Frieden zu stiften. Dieser nahm aus Reverenz für den Papst allein mit dem Kaiser an einem Tisch sitzend das Mahl ein." Über all dies lässt TRITHEMIUS <Trithemius 1690, S.L.> soweit es mir gelang, ihn zu lesen, nicht einmal ein Wörtchen verlauten.

[35] LEVOLD VON NORTHOF, *Chron. Com. de Marca* <Chronik der Grafen von der Mark> liest man zum Jahre 1356, auf Seite 406 der Meibom'schen Ausgabe <Northof 1613, S.L.> Folgendes: „Im selben Jahr kam vor dem Weihnachtsfeste Kaiser Karl nach Metz und hielt dort feierlichen Reichstag mit allen Fürsten des Reiches. Dort versahen die Fürsten, ein jeder gemäß seinem Rang, den geschuldeten Hofdienst. Es war dort zugegen der Kardinallegat des Apostolischen Stuhles und der Herr Dauphin, Sohn des Frankenkönigs und Neffe des Kaisers; auch waren dort viele Erzbischöfe und Äbte wie andere Fürsten, Grafen, Magnaten und unzählige Adlige anwesend. Dort ließ der Kaiser verschiedene durch ihn erlassene, überaus nützliche Gesetze verlautbaren." Auf den ersten Blick scheinen TRITHEMIUS und NORTHOF freilich *das Zusammenkommen aller Stände* zu bezeugen, was aus den Worten *mit ALLEN* <cum omnibus, S.L.> *Fürsten des Reiches* geschlossen werden könnte. Aus den unmittelbar folgenden Sätzen bei NORTHOF aber wird deutlich, dass lediglich die Kurfürsten und bestimmte Amtsträger mit der Betitelung ‚Fürsten' vorkommen; ich meine, das gleiche hat auch für die Aristokraten bei TRITHEMIUS <Trithemius 1690, S.L.> zu gelten.

[36] LUDEWIG <Ludewig 1719, S.L.> nennt: CHRISTOPH BROWER, *Annales, Buch 17, §
115, S. 230 f.* <Brower 1671, S.L.>, HENRICUS REBDORFFIUS und ALBERTUS aus

§ XII.

Von einigen aus ihrer Mitte wurde die Frage aufgeworfen, ob die sieben letzten Kapitel der Goldenen Bulle, die auf diesem Kurfürstenkonvent erlassen wurden, dieselbe verpflichtende Kraft haben wie die vorhergehenden 23 Kapitel, die auf dem Gesamtreichstag selbst abgefasst worden waren. Dass ich darauf bejahend antworte,| [S. 17] gebietet ein doppelter Grund: Erstens nämlich beziehen sich diese letzten Kapitel allein auf die Kurfürsten – von hier geht die Ursache auf das zurück, was in den ersten Zeilen des § 5 steht –; zweitens ist auch festzuhalten, dass bereits auf dem Nürnberger Reichstag der Beschluss gefasst worden war, die übrigen Dinge, die erst in Metz behandelt werden sollten, schon damals als vorab entschieden zu betrachten. Daher ist die Meinung des Trierer Historikers WILHELM KYRIANDER[37] besonders lächerlich, um nicht einen schärferen Ausdruck zu verwenden, der die Zweiteilung der Goldenen Bulle ablehnt und fälschlich als von einer Fassung in einen Kodex ausgeht, wodurch er denselben unersättlichen Hass auf sich gezogen hat, mit dem deren <sc. Der Goldenen Bulle, S.L.> Urheber überall verfolgt wurde.

§ XIII.

Ich könnte, nachdem dies alles gleichsam wie ein Fundament fest gegründet und stabil aufgebaut wurde, mit ziemlich wenig Aufwand eine Definition der Goldenen Bulle anhängen. Es handelt sich nämlich bei der Goldenen Bulle um die Zusammenstellung derjenigen Gesetze, die Karl IV. und die Stände des Reiches zur Beförderung von dessen Friedenszustand, indem sie die kurfürstlichen Rechte und verschiedene andere Angelegen-

---

Straßburg <Rebdorff 1618, S.L.> zum Jahre 1356. BENESSIUS VON WEITMILE *in Vita Caroli IV.* <,In der Biographie Karls IV.', vgl. Weitmil 1784 ?!, S.L.>, MEURISSE, *Histoire des Evêques de l'eglise de Metz* <,Geschichte der Bischöfe der Kirche von Metz',> Buch III, S. 510f. <Meurisse 1634, S.L.>

[37] In den *Annal. Trevir.* Teil 14 S. 158 <Brower 1671, S.L.> „Des Gesetzes wegen, das Goldene Bulle bezeichnet wird, empfiehlt sich Karl auf herausragende Weise. Dieses, so wie es vorliegt, ist teilweise in Nürnberg im Jahre des Herrn 1356 am 9. Januar, teilweise nachher zu Metz im selben Jahre jedoch am Tage der Geburt Christi, am 24. Dezember, herausgebracht worden, weswegen von den Autoren die einen überliefern, die Goldene Bulle sei in Nürnberg, die anderen hingegen, sie sei in Metz verkündet worden. Und diese Exemplare sind dann in der Volkssprache gedruckt worden und weil sie in jüngster Zeit auf diese Weise zusammengefügt wurden, ergibt es sich aus den Worten selbst – etwa in der Mitte –, wo die Gesetze, die auf dem Hoftag in Metz erlassen wurden, angehängt werden, gleichsam als ob sie von einem erst kürzlich verstorbenen Karl erlassen worden wären: Daher ist es nicht verwunderlich, dass alles völlig fehlerhaft ist, so wie auch die alten Codices, die zur Zeit Karls IV. aufgeschrieben worden sind, nur flüchtig geschrieben wurden.

heiten festlegten,| [S. 18] auf dem Nürnberger Hoftag und dem Reichs-
tag in Metz im Jahr 1356 in einträchtiger Willensübereinstimmung verabschiedet haben.

§ XIV.

Damit du endlich nicht glaubst, dass ich mich mit einer müßigen, offensichtlich theoretischen und jedes praktischen Nutzen entbehrenden Frage
beschäftigt habe, erinnerst du dich hoffentlich an die hier behandelte andere, mit diesem Thema aufs engste verbundene Frage, *was man über die
Veränderung der Goldenen Bulle annehmen kann*? Dem, dass ich mich
auch noch dieser Frage näher widme, steht entgegen, was schon von
BRUNNEMANN <Schröder/Brunnemann 1700, S.L.> und WEBER <Eichler/
Weber 1748, S.L.> in den oben zitierten Dissertationen und andernorts im
Übermaß beschäftigt hat und was von ihnen sowohl von der rechtlichen
wie von der tatsächlichen Seite her hinreichend gelehrt ausgeführt wurde.
Damit lasse ich es auf sich beruhen, und wenn ich irgendetwas nicht ganz
richtig gesagt habe oder etwas zu erörtern schuldig geblieben bin, bitte
ich, der wohlwollende Leser möge es entschuldigen, ergänzen und
schließlich gutheißen.|

C O R O L L A R I A
(Begleitthesen)
I.

Wenn es die Aufgabe dessen ist, das Gesetz zu ändern, dessen Aufgabe es
auch ist, es zu erlassen, wird niemand im Besitz seiner geistigen Kräfte
einfach in Abrede stellen, dass die Goldene Bulle von Rechts wegen nur
im übereinstimmenden Konsens von Kaiser und von allen Ständen abgeändert werden kann; eine Ausnahme muss allein bei einer solchen Angelegenheit gemacht werden, die nur die Kurfürsten betrifft; dann nämlich
soll ihre Übereinstimmung zusammen mit derjenigen des Kaisers genügen.

II.

Was die äußere Form der öffentlichen Gesetze des römisch-deutschen
Reiches angeht, ist Gewicht und Bedeutung des Kaisers größer als die der
Stände.

III.

Die Stände des römisch-deutschen Reiches nehmen bezüglich der Reichs-
gesetze eine doppelte Rolle ein: sowohl die der Gesetzgeber als auch die
der Gesetzesunterworfenen.| [S. 20]

IV.

Titel 30 der Goldenen Bulle weist eher die Spezifika eines Ratschlags als
die einer Rechtsvorschrift auf.

V.

Es ist mehr als wahrscheinlich, dass die Originalfassung der Goldenen
Bulle ursprünglich in lateinischer Sprache verfasst wurde: Wo auch immer
gerade dieses Exemplar heute existiert, soll das Orakel von Delphi sagen,
nicht ich.

E N D E.

Digressiver Milieu-Realismus in
Heinrich Leopold Wagners Romanfragment
Leben und Tod Sebastian Silligs (1776)

Heribert Tommek

Die Jahre 1775 und 1776 gehören zu den produktivsten von Heinrich Leopold Wagner. Im Herbst und Winter 1775 übersetzte er Louis-Sébastien Merciers *Du théâtre ou Nouvel essai sur l'art dramatique*. Im Winter 1775 und Frühjahr 1776 schrieb er an seinem Drama *Die Kindermörderin* und zugleich an seinem Roman *Leben und Tod Sebastian Silligs* (vgl. Genton 1981, S. 206). Während aber die Mercier-Übersetzung und das Drama viel Beachtung und Anerkennung erfuhren, blieb der 1776 anonym veröffentlichte und Fragment gebliebene Roman bis heute kaum beachtet.

Ort der Handlung ist ein kleines Dorf im Südwesten Deutschlands. Anders als es der Titel verspricht, kommt die Narration nicht über die Geburt der Romanfigur Sebastian Sillig hinaus. Das hängt auf den ersten Blick damit zusammen, dass Wagner nur den ersten Teil des Romans fertigstellte, den Ich-Erzähler am Ende des Romanfragments als „Vorrede zu den folgenden" (LTSS, S. 88) Teilen ankündigte. Der erzähltechnische Grund für das ‚unzuverlässige', aufgeschobene Erzählen, das das Versprechen des Titels (noch) nicht einlöst, erklärt sich aber auch dadurch, dass sich Wagner an Laurence Sternes (1713–1768) Roman *The Life and Opinions of Tristram Shandy, Gentleman* (1759/1767) anlehnte. Hier kommt der Erzähler bekanntlich ebenfalls nicht über die Geburt Tristram Shandys hinaus und die eigentlichen Hauptpersonen sind sein Vater Walter und sein Onkel Tobi Shandy, die sich in unendlichen Reflexionen ‚verzetteln' und sich mit ihren Steckenpferden ‚vergaloppieren'. Ganz ähnlich steht in Wagners Romanfragment nicht Sebastian Sillig, sondern sein Vater, der Dorfwirt, Oberschulze und zugleich Bauer Jakob Sillig im Zentrum (vgl. zur folgenden Inhaltsangabe Wille 2017, S. 491–492). Um diesen gruppieren sich die übrigen, das gesellschaftliche Panorama der Diegese bildenden Romanfiguren, wie die schwangere Frau Silligs Margarethe, der Arzt Blink, die Hebamme, der Kunstgärtner Meister Joseph, Pastor Matzkopf, die Bürgermeister und der Gemeinsvogt, der Knecht Hans sowie die Magd Marie-Ließ (vgl. Sauder, Weiß 1991, S. 91).

Die Handlung des ersten Teils umfasst nicht ganz vier Tage: Sie setzt ein mit einem Gespräch zwischen Jakob Sillig und seiner hochschwangeren

Frau Margarethe. Der Mann – ein polternder Haustyrann, der felsenfest von einem männlichen Nachwuchs ausgeht – möchte seinen zukünftigen Sohn als Pfarrer erzogen wissen, da er gehört habe, dass alle in der Gesellschaft diesem „Lehrstand" (LTSS, S. 11) Respekt erweisen müssten. Der Einwand der Frau, es könne ja auch ein Mädchen werden, führt zu starken Spannungen zwischen den Eheleuten. In der Folge kommt es nicht nur zu einer vorzeitigen, sondern auch zu einer dramatischen Zwillingsgeburt: Zunächst verkündet die Hebamme die Geburt eines Mädchens, was den Vater zu einer Wuttirade veranlasst, und dann die des heißersehnten Sohnes Sebastian, was den väterlichen Willen wieder besänftigt. Voller Freude schickt er daraufhin seinen Knecht aus, um auf dem benachbarten Markt die erforderlichen Utensilien für das Kind zu besorgen. Auf der Heimfahrt trifft der Knecht aber die Magd, mit der er so intensiv schäkert, dass er mit seinem Wagen in einen Graben stürzt und mit einem völlig ramponierten Einkauf zurückkehrt. Daher müssen die geplante Taufe und der Umtrunk mit dem Pfarrer und den als Paten geladenen Dorfhonoratioren um einen Tag verschoben werden. Am nächsten Morgen nach dem Taufessen wird Sillig unerwartet verhaftet, vor Gericht gestellt und ins Gefängnis gesteckt. Grund hierfür ist, dass es dem Oberschulzen Sillig vor einiger Zeit mit einer List gelang, die Bauern seines Ortes vor der unsinnigen und ausbeuterischen Soldatenrekrutierung für den Fürsten zu bewahren (vgl. Voit 1990, S. 4).

Soweit der Inhalt des ersten Romanteils, der bereits erkennen lässt, wie sehr die Handlung von Szenen einer volkstümlichen Dorfkomödie geprägt ist. Zugleich kennzeichnet das aus 34 Kurzkapiteln bestehende Romanfragment eine ständig abschweifende Erzählweise. Bereits zu Beginn antizipiert der Erzähler die Irritation des Lesers und stellt dem eigentlichen Handlungsbeginn zwei metareflexive Kapitel voran: Das eine enthält „Ein paar Worte über den Titel" (LTSS, S. 7), das andere „Etwas weniges über die Form dieses Romans" (LTSS, S. 9). Zunächst revidiert der Ich-Erzähler die zentralen, mit Titel- und Untertitel geweckten Leserwartungen: „Leben und Tod" seien gewöhnliche, abgegriffene Begriffe, die es mit neuem Leben zu füllen gelte:

> So soll mein *Sebastian Sillig* nicht leben; er muß thätig seyn [...].
> Seine Thätigkeit wird freilich Pausen haben, wie könnte ich das
> verhindern? er ist ja Mensch: aber dann muß auch selbst seine Unthätigkeit noch eine Quelle von Lehren, Stoff zu reifen Ueberlegungen für den Denker seyn [...]. (LTSS, S. 8)

Gleich zu Beginn stellt also der Ich-Erzähler das Aussetzen der erzählten Zeit und sein folgendes, nicht lineares und metareflexives Erzählen aus. Er verteidigt seine Erzählweise mit einem moralischen Erkenntnisgewinn für den Leser. In der zweiten Erklärung antizipiert er die Frage nach der Form des Romans mittels eines inszenierten Dialogs zwischen einem fiktiven Leser und dem Ich-Erzähler: „„Was für eine Form werden Sie ihrem Roman dann geben?' – gar keine mein Herr! oder vielmehr alle [...]." (LTSS, S. 9) Die zeitgenössische Leserschaft dürfte in dieser metaleptischen, reflexiven Rahmung schnell die in dieser Zeit weit verbreitete sternesche Erzählweise wiedererkannt haben. Sie steht für ein metareflexives, digressives Erzählen, das sich die Freiheit nimmt, extradiegetisch das Vorgehen zu kommentieren.

Wie schon zuvor das Erzählen von Henry Fielding (1707–1754) in seinem Roman *Tom Jones* (1749), war die von Sterne radikalisierte, digressive Erzählweise eng mit dem Aufstieg des Romans in der europäischen wie auch in der deutschen Literatur der zweiten Hälfte des 18. Jahrhunderts verbunden. Wieland, von Hippel und später vor allem Jean Paul griffen sie auf und führten sie auf unterschiedliche Weise weiter (vgl. hierzu Michelsen 1972). Im deutschen Kontext jedoch stieß die Sterne-Nachahmung, zu der auch Wagners Roman-Experiment zu zählen ist, bereits in den siebziger Jahren zunehmend auf den Vorwurf einer künstlichen Manier. Hinzu kam die Ablehnung des ,gemeinen' Stoffs des *Sillig*-Romans. So führte die für Wagners Romanfragment charakteristische Mischung zwischen einem illusionsästhetischen, selbstreferenziellen Erzählstil einerseits und einer ,gemeinen' Wirklichkeitsdarstellung andererseits noch an der Schwelle zum 20. Jahrhundert zu dem vernichtenden Urteil Erich Schmidts, der Roman bedeute „ein vollständiges Fiasco" (Schmidt 1879, S. 109).

Auch zeitgenössische Rezensenten, die der neuen literarischen Richtung des Sturm und Drang angehörten oder ihr nahestanden, wie etwa Christian Friedrich Daniel Schubart (1739–1791), lehnten die Sterne-Nachahmung ab, lobten dagegen die ,charakteristische Kunst', das heißt eine auf Natur- und Wirklichkeitsdarstellung und nicht auf Idealisierung ausgerichtete Erzählweise. Wagner solle den Roman fortsetzen, so Schubart, da er „Sprache und Sitte verstehe" und „seine Charaktere gut fasse" (Schubart 1776, S. 312). Schubarts Bestreben, Wagners Romanfragment wie schon zuvor Goethes *Götz von Berlichingen* (1773) und Lenz' *Hofmeister* (1774) programmatisch der ,charakteristischen Kunst' des Sturm und Drang im Namen einer „deutschen Kunst und Art" zuzuordnen, stand aber der Erzählweise Sternes entgegen.[1] Retrospektiv gesehen verkannte Schubarts Plädoyer die Problematik der spezifischen experimentellen Mischung von Roman und Drama, ernster Sozialkritik und satirischer Komödie, ,niederer' Wirklichkeitsdarstellung und manieristisch-reflexiver Erzählweise, die mit der Sterne-Nachfolge in der deutschen Literatur verbunden war.

---

[1] Vgl. Schubarts Rezensionen in der *Deutschen Chronik* vom August und 19. September 1774; zur Programmatik des Sturm und Drang vgl. *Von deutscher Art und Kunst. Einige fliegende Blätter* (1773).

Andererseits gab es auch Stimmen in der Rezeption, die den Milieu-Realismus lobten und seine literarische Bedeutung würdigten. Was aber heißt ‚Milieu-Realismus' im 18. Jahrhundert im Allgemeinen und bei Wagner im Konkreten? Der folgende Aufsatz versucht zunächst das Romanfragment in den europäischen historischen Kontext der Entwicklung realistischer Schreibweisen einzuordnen. Hierzu gehören auch Überlegungen zum Gattungswechsel und genauer: zum Wechselverhältnis von Drama und Roman, dem in den zeitgenössischen Romantheorien eine zentrale Bedeutung zukam. Auf dieser Grundlage kann dann Wagners digressiver Milieu-Realismus in seinem Spannungsfeld zwischen Formreflexion und Wirklichkeitsdarstellung sowie der intendierten Wirkungsästhetik situiert und abschließend mit einem Ausblick auf die weitere Entwicklung des Gesellschaftsromans verbunden werden.

I Die internationale und deutsche Entwicklung eines psychologischen und gesellschaftlichen ‚Realismus' im 18. Jahrhundert

Erich Auerbach hat in seinen *Mimesis*-Studien die Entwicklung der Wirklichkeitsdarstellung in der abendländischen Literatur von ihren Anfängen bis zum 20. Jahrhundert nachgezeichnet (vgl. Auerbach [¹1946] 2001). Dabei kommt die deutsche Literatur nicht gut weg. Was ihre Entwicklung in der zweiten Hälfte des 18. Jahrhunderts betrifft, so ist sie von einer Autonomisierung geprägt, die sich der Mimesis im Sinne Auerbachs als ernsthafte, nicht komödienhafte Wirklichkeitsdarstellung annähert und sie zugleich auf Distanz hält.

Die Darstellung der niederen Wirklichkeit und das damit verbundene „genus humile" waren seit der Antike der Komödie, Satire und Groteske im Unterschied zum hohen Gegenstand und dem „genus sublime" der Tragödie wie auch dem Heldenepos zugeordnet.[2] Diese hierarchische Gattungs-, Stil- und Gegenstandstrennung der klassischen Rhetorik und Regelpoetik wurde aber mit dem Aufkommen einer bürgerlichen Kunst zuerst in England, dann auch in Frankreich und schließlich in Deutschland aufgebrochen. Vorläufer eines die Gattungsgrenzen, den Stil und den Gegenstand der Literatur mischenden Realismus waren im Drama die comédie larmoyante eines Marivaux oder Destouches, die Christian Fürchtegott Gellert (1715 – 1769) literarisch mit seinen rührseligen Komödien wie zum Beispiel *Die zärtlichen Schwestern* (1747) in die deutsche Literatur einführte und in seiner Abhandlung *Pro comoedia commovente* (1751; deutsche Übersetzung von Lessing: *Abhandlung für das rührende*

---

[2]   Gleichwohl sieht Auerbach das ‚vordergründige', realistische Erzählen in Homers Erzählstil der *Ilias* vorgeprägt; vgl. das 1. Kapitel der *Mimesis*-Studien: *Die Narbe des Odysseus*.

Lustspiel, 1754) poetologisch rechtfertigte. Es folgte Lessings folgenreiche Rezeption des englischen bürgerlichen Trauerspiels eines George Lillo (1691–1739) wie auch des französischen drame bourgeois eines Denis Diderot (1713–1784), woraus er die sich nur graduell unterscheidenden Mischformen der bürgerlichen Tragödie (*Miss Sara Sampson*, 1755) und der ,ernsten' Komödie (*Minna von Barnhelm*, 1767) entwickelte. Diese Mischformen der Gattung und des Stils, die die ehemals niedrigen, jetzt zum tugendhaften Gegenstand erhobenen, bürgerlichen Familien- und Empfindungsangelegenheiten zur Darstellung brachten, waren auch der Ausgangspunkt für die Entwicklung der quasi-realistischen, gesellschaftskritischen Tragikomödien des Sturm und Drang, wie sie insbesondere J.M.R. Lenz (*Der Hofmeister*, 1774, und *Die Soldaten*, 1776) und eben auch Wagner (*Die Kindermörderin*, 1776) vorlegten.

Was die Entwicklung des Romans und seiner Wirklichkeitsdarstellung angeht, so kommen für Auerbach bürgerliche Welten und familiäre Beziehungen insbesondere bei Henry Fielding im Zeichen eines gemütvoll-moralischen Realismus zur Darstellung, dem die Einforderung politischer Konsequenzen noch fern steht (vgl. Auerbach 2001, S. 448 u. S. 459). Die programmatische Rezeption englischer Literatur – wie vor allem die Dramen Shakespeares und die Romane Fieldings sowie Sternes – und die damit verbundene Ausbildung realistischer Schreibweisen war prägend für die Dichter des Sturm und Drang. Das besondere Merkmal der Sturm und Drang-Epoche sieht Auerbach darin, dass erst in ihr die spannungsreiche Verbindung eines „gemütvoll-bürgerlichen Realismus mit dem Idealisch-Politischen und Menschenrechtlichen"[3] zustande kam.

Schreibweisen des Realismus entstanden im Sturm und Drang – wie erwähnt – im Zeichen einer ,charakteristischen Kunst', die sich gegen den Klassizismus und seine vorgegebenen Formen der Repräsentation wandte. Die Entwicklung des Begriffs einer ,charakteristischen' Menschen-, Welt-, Natur- und Kulturdarstellung findet sich bei zahlreichen Dichtern und Gelehrten dieser Zeit. Besonders hervorzuheben ist hier Johann Gottfried Herder (1744–1803) mit seinem neuen Verständnis des Eigentümlichen und Geschichtlichen der Kultur eines Volkes. Allerdings ist sein neues Zeitverständnis – sieht man einmal von den „politischen Seeträumen" im *Journal meiner Reise im Jahr 1769* ab – „so wenig konkret, daß sich aus ihm unmittelbar überhaupt keine Handhabe für die Gestaltung des Wirklichen gewinnen läßt." (Auerbach 2001, S. 414) Die Darstellung des gesellschaftlich Konkreten und der von Herder begründete Historismus

---

[3]   „Die eigentliche Verbindung des gemütvoll-bürgerlichen Realismus mit dem Idealisch-Politischen und Menschenrechtlichen kam erst durch die Sturm-und-Drang-Epoche zustande, und ihre Spuren finden sich bei fast allen Schriftstellern jener Generation: bei Goethe, bei Heinrich Leopold Wagner, bei Lenz, Leisewitz, Klinger und manchen anderen, selbst bei J.H. Voß." (Auerbach 2001, S. 407)

erwiesen sich in der deutschen Literatur aus der Sicht Auerbachs häufig als „partikulär-volkstümlicher Traditionalismus auf der einen und spekulatives Ganzheitsstreben auf der anderen Seite." (Auerbach 2001, S. 414) Letzteres, die Wendung ins Allgemeine und Moralistische, ermöglichte die Anknüpfung der im Sturm und Drang angelegten Ansätze einer realistischen Schreibweise an das Idealistisch-Humanistische und Klassische der Weimarer Klassik. Diese Umwandlung der realistischen Impulse des 18. Jahrhunderts führte im 19. Jahrhundert zur Ausbildung einer spezifisch deutschen Variante eines ‚verklärten Realismus' ohne direkte politische Implikationen.

Die skizzierte Entwicklungslinie im Drama lässt sich auch als Übergang von einem psychologischen zu einem gesellschaftlichen Realismus charakterisieren, der sich aber – insbesondere in der deutschen Literatur – von moralisch-idealistischen Bindungen nie vollständig lösen konnte und wollte. Analog und komplementär prägte auch der europäische Roman im 18. Jahrhundert eine neue, zunächst vor allem psychologisch ausgerichtete Wirklichkeitsdarstellung aus.[4] Der psychologische oder empfindsame Realismus ging vom englischen Briefroman Samuel Richardsons (1689–1761) (*Pamela*, 1740; *Clarissa*, 1747/1748) aus und setzte sich erst im französischen (Jean-Jacques Rousseaus [1712–1778] *Julie ou La Nouvelle Héloïse*, 1761) und schließlich auch im deutschen Briefroman (Goethes *Die Leiden des jungen Werthers*, 1774) fort. Parallel hierzu prägte sich auch ein stärker gesellschaftlich ausgerichteter Realismus aus, ausgehend von Fieldings *Tom Jones*, über das Wirklichkeitsdarstellung und Selbstreflexion verbindende Erzählen Sternes (*Tristram Shandy*), bis hin zu Wielands *Geschichte des Agathon* (1766/1767) und Goethes unvollendeten Roman *Wilhelm Meisters theatralische Sendung* (1777/1785). Für die deutsche Entwicklung ist wiederum charakteristisch, dass Wieland in seinem *Agathon*-Roman die Überwindung des wirklichkeitsfernen Idealismus seines Protagonisten als philosophisch-allgemeinen Bildungsweg entwarf, und Goethe in seinem *Theatralische Sendung*-Roman die realistischen Theatermilieu-Darstellungen tilgte, um auf dieser Grundlage den Bildungsroman *Wilhelm Meisters Lehrjahre* zu schreiben, in dem der Protagonist nicht mehr szenisch-gereiht seinen milieu-realistischen Weg geht, sondern durch die geheime Lenkung der Turmgesellschaft und ihrer Ideale eine höhere Subjektbildung erfährt.

Im Vergleich zur englischen Literatur ist also für die deutsche Entwicklung eine idealistische, überzeitliche Überwölbung der Wirklichkeitsdarstellung charakteristisch. So sah Auerbach in Schiller und Goethe als Protagonisten der Weimarer Klassik die großen ‚Realismus-Verhinderer', da sie die Stiltrennung – nach ihrer relativen Vermischung

---

[4]   Vgl. hierzu die immer noch sehr gute Übersichtsdarstellung von Hohendahl 1977.

im Sturm und Drang – zur Grundlage ihrer neuen, klassischen Dichtkunst machten. Dabei hielten sie die Darstellung dynamischer Zeit- und Wirklichkeitserfahrungen in enge Grenzen und wendeten sie ins Allgemeine, Zeitenthobene und ewig Gleichbleibende (vgl. Auerbach 2001, S. 414–421).

So überzeugend die Unterscheidung von Stiltrennung und Stilmischung als Indikator der Ausbildung von Schreibweisen des Realismus in der Literaturgeschichte ist, so übergeht Auerbach doch das insbesondere von Schiller in *Über naive und sentimentalische Dichtung* (1795) entworfene Konzept einer Einbindung oder Transzendierung der ‚naiv'-einfachen, auf Homer zurückgeführten Schreibweise, die für eine Vorform realistischen Schreibens steht, durch den modernen, sentimentalischen Stil. Schillers für die Entwicklung der Poetik der Weimarer Klassik grundlegende Abhandlung ist also ein wichtiger Beleg dafür, dass er bereits einen Begriff von Realismus hatte, den er dem des ‚Idealismus' entgegensetzte.[5] In der Abhandlung steht für den ‚Realist' noch der Begriff des ‚Naiven' mit seiner unmittelbar die Natur und ihre Materialität erfassenden Weltwahrnehmung, womit Schiller bekanntlich auf Goethe anspielte. Seine Schreibweise sah er anfänglich in Konkurrenz, später aber in einer höheren Ergänzung zu seiner Dichtung. Die ‚Einbindung' und Transzendierung des ‚naiven', realistischen Schreibens in die moderne, ‚sentimentalische' Dichtung, die Goethe bereits in seinem Aufsatz *Einfache Nachahmung der Natur, Manier, Styl* (1789) als poetologische Steigerung entworfen hatte, lässt sich einerseits als Steigerung und Universalisierung des Stils, andererseits aber auch als ‚Eindämmung' der zunehmenden, vor allem im aufstrebenden Roman Europas sich durchsetzenden realistischen Tendenzen verstehen.

II Die Gattungsmischung von Drama und Roman in den zeitgenössischen Romantheorien

Zu den Vorbildern des Sturm und Drang für den Entwurf einer ‚charakteristische[n] Kunst' zählten nicht nur die Dramen Shakespeares, sondern auch die Romane Cervantes, Fieldings und Sternes. Damit war mit der Frage nach der Wirklichkeitsdarstellung auch die Gattungsfrage und konkret eine neue Auseinandersetzung mit dem Roman verbunden, der sich in der Folge zur dominanten Gattungsform entwickeln sollte. Um den Realismus in Wagners Romanfragment in diese Entwicklung einzuordnen zu

---

5   Bekanntlich stammt die erste Verwendung des Begriffs ‚Realismus' aus einem Brief Schillers an Goethe vom 27. April 1798. So schreibt er in seinem Brief an Goethe: „Das ist keine Frage, dass sie [= die Franzosen; H.T.] beßere Realisten als Idealisten sind, und ich nehme daraus ein siegendes Argument, daß der Realismus keinen Poeten machen kann." (Schiller 1977, S. 229)

können, ist es zunächst notwendig, die Funktion der Gattungsmischung zwischen Drama und Epos bzw. Roman in den zeitgenössischen Theorien näher zu betrachten (vgl. hierzu ausführlich Voßkamp 1973, S. 169–176).

Christian Friedrich von Blanckenburg (1744–1796), der von Fieldings *Tom Jones* und Wielands *Agathon* beeindruckt war, wertete in seinem *Versuch über den Roman* von 1774 den Roman als Gattung nicht nur auf, sondern beanspruchte sogar seine Gleichrangigkeit mit dem antiken Epos (vgl. Blanckenburg [¹1774] 1965, S. XIII [Vorbericht]). Da Blanckenburg jedoch den Roman unter die Bestimmung einer neuen Zeitlichkeit stellte, musste sich aus seiner Sicht auch der Gegenstand der Darstellung verändern: An die Stelle ‚äußerer‘, öffentlicher Heldenhandlung im Epos tritt im Roman der Bürger und seine (Familien-)Welt, seine Empfindungen als Individuum und seine innere Entwicklung (vgl. Blanckenburg 1965, S. 17). Entsprechend unterscheidet Blanckenburg historisch zwei Arten von Romanen: Zum einen die Romane, in denen „Begebenheiten“, und zum anderen solche, in denen die „Charaktere“ den Hauptteil ausmachen (Blanckenburg 1965, S. 254–256).[6] Die „Begebenheiten“ stehen für die politische Historie – die „Charaktere“ für die innere Entwicklung des Menschen und es verwundert nicht, dass Blanckenburg sich für den Vorrang des „inneren Seyns“ (ebd., S. 265) und seiner Empfindungen ausspricht.[7]

Die Wirklichkeit der äußeren „Begebenheiten“ dient nur der Illustration dessen, was für Blanckenburg den eigentlichen Romaninhalt ausmacht: die innere Geschichte des Protagonisten als suchendes und strebendes Individuum (vgl. ebd., S. 384). Damit wird deutlich, dass Blanckenburgs romantheoretische Bestimmungen die theoretische Grundlage für den deutschen Bildungsroman ausmachte.

Zur gleichen Zeit trat Johann Jakob Engel (1741–1802) in seinem Traktat *Über Handlung, Gespräch und Erzehlung* (ebenfalls 1774) für die Gattungsüberschreitung des ‚Epischen‘ hin zum ‚Dramatischen‘ als Hauptkennzeichen des modernen Erzählens im Roman ein. Für Engel zielte die Einbindung der dramatisch-szenischen Darstellung in den Roman auf die Herstellung einer größeren Nähe und ‚Gegenwärtigkeit‘ und damit auch einer Wahrheit, die ungetrübt war von der zeitlichen und räsonnierenden Vermittlung einer Erzählerinstanz.[8] Er strebte also nach einer Aufhebung der epischen Distanz durch szenische Genauigkeit und

---

6 „Begebenheiten“ und „Charaktere“ sind auch die zentralen Begriffe bei Lenz’ Neubestimmung der Komödie und Tragödie in seinen *Anmerkungen übers Theater* (1774). Auch hieran erkennt man das enge Wechselverhältnis zwischen der Dramen- und Romantheorie in dieser Zeit.

7 „Es kömmt überhaupt […] nicht auf die *Begebenheiten* der handelnden Personen, sondern auf ihre *Empfindungen* an.“ (Blanckenburg 1965, S. 60)

8 „In der Erzehlung ist die Haupthandlung bereits geschehen; in dem Gespräche geschieht sie eben jetzt im gegenwärtigen Augenblicke […].“ (Engel [1774] 1964, S. 231f.)

trat – ähnlich wie Blanckenburg – für die Darstellung eines prozessualen Werdens der Bildungssubjekte als poetologische Kernbestimmung einer dramatisch-vergegenwärtigenden Dichtung ein.

Schließlich sei noch ein Blick auf Johann Heinrich Mercks (1741–1791) Schrift *Über den Mangel des Epischen Geistes in unserm lieben Vaterland* (1778) und seiner Forderung nach einer ‚charakteristischen Romankunst‘ geworfen, auch wenn sie erst nach Wagners Romanfragment geschrieben ist (vgl. hierzu Vaget 1968). Der Darmstädter Literaturkritiker, Essayist und Naturforscher Merck war ein enger Freund von Goethe und hatte vermutlich einen gewissen Einfluss auf die anfängliche Konzeption von *Wilhelm Meisters theatralischer Sendung*. Als Rezensent trat er als Hauptgegner des empfindsamen Romans auf und sein Interesse galt den künstlerischen Kriterien der Wirklichkeitstreue im Roman. In *Über den Mangel des Epischen Geistes in unserm lieben Vaterland* klagte nun Merck allgemein über den Mangel an guten deutschen Romanen. Die deutschen Romanschreiber schafften viele Details, hüteten sich aber davor, „eigenthümliche Charaktere“ (Merck [1778] 1968, S. 386) auszuarbeiten. Seine Forderung, der Roman müsse ein „Gemählde menschlicher Sitten“ (Merck 1968, S. 389) sein, ist typisch für die programmatische Ausrichtung des Sturm und Drang auf eine Wirklichkeitsdarstellung durch das Streben nach einer ‚charakteristischen Kunst‘. Sie zielt

> auf die Naivetät des gemeinen Mannes, des würklich sinnlichen Menschen. Seine Gabe zu sehen macht ihn zum beredtsten Erzähler. [...] Er eilt nicht schnell zum Schluß, wie der philosophische Erzähler; er drängt keine Begebenheiten, er mahlt aus. Jeder einzelne Eindruck ist ihm kostbar, er sucht ihn wieder zu geben. Daher das Umständliche das den Gelehrten so lästig ist, und das doch eigentlich das Ding zu einer Begebenheit macht. Man höre nur auf die Conversation eines Weibes, eines Jägers, eines Soldaten, und man wird eine Gabe zu erzählen finden, die dem Scribenten nachzuahmen ohnmöglich fallen wird. (Merck 1968, S. 389f.)

Das breite, charakteristische Ausmalen der Begebenheiten und die szenische wörtliche Rede der Figuren werden hier zur wahren Erzählkunst erklärt. Viele dieser Merkmale finden sich in Wagners Romanfragment wieder. Zudem weiß Merck um die technisch-formalen Probleme bei einem derart realistisch-ausmalend konzipierten Roman. Daher führt er Homers Erzählweise an: Sie sei vorbildlich in der ungebrochenen Perspektive, im ‚natürlichen‘, langsamen Erzähltempo, in der objektiven und nicht-reflexiven Erzählweise sowie in der beständigen Konzentration auf den Gegenstand der Erzählung.[9] Das Ausmalen und umständliche Schil-

---

[9]   „Fühlen diese Herrn wohl in ihrem Vater-Homer den ganzen großen Umfang seines Mährchens, die beständige Gegenwart des Subjekts, daß alles vor ihren Augen entsteht, und die Handlung mit eben der Langsamkeit und Zeitfolge fortrückt

dern der Begebenheiten verweist bereits auf den Gesellschaftsroman des 19. Jahrhunderts im Allgemeinen und auf Karl Gutzkows Konzept vom „Roman des Nebeneinander"[10], der in die gesellschaftliche Breite geht, im Besonderen.

Die damit verbundene Ausblendung der Erzählerstimme und jeder Form einer idealisch-philosophischen wie auch metareflexiven Überwölbung der Wirklichkeitsdarstellung wendet sich bei Merck insbesondere gegen den empfindsamen Roman von Sterne (*Yoriks empfindsame Reise*, 1768).[11] Sie wendete sich damit aber auch indirekt gegen Goethes *Werther*, da die erzählerische Digression des (Ich-)Erzählers der genauen Beschreibung der Personen, ihrer kleinsten Gebärden, Charaktereigenschaften etc., kurz: den angestrebten ausmalenden Milieu- und Charakter-Realismus gefährdet.[12] Allerdings birgt auch Mercks Überbetonung der natur-charakteristischen Kunst eine Gefahr, nämlich die Neigung zu einem unpolitischen Genrebild.

III Wagners digressiver Milieu-Realismus

Wie ist nun Wagners Gattungswechsel vom Drama *Die Kindermörderin* hin zum Roman *Leben und Tod Sebastian Silligs* in diesem Kontext einzuordnen? Offenbar wollte auch Wagner sich an den zeitgenössischen Diskussionen um den Roman beteiligen und denkbar ist, dass hierbei seine

---

wie in der Natur; nichts vergessen wird, was da seyn sollte, nichts da ist, was nicht dahin gehörte, niemand zu viel noch zu wenig sagt, alles vom Anfang bis zu Ende Ganz ist, niemand den Erzähler hört, nichts von seinem eignen Medio zum Vorschein kommt, sondern alles gerade weder größer noch kleiner erscheint, wie es jedermann mit seinen Augen gesehen zu haben glauben würde." (Merck 1968, S. 388) Diese Kennzeichen Homers lassen sich in Einklang mit Auerbachs Bestimmung der ‚vordergründigen', das heißt prärealistischen Erzählweise im ersten Kapitel seiner *Mimesis*-Studien bringen.

10   „Der alte Roman [...] konnte nichts von Dem brauchen, was zwischen seinen willkürlichen Motiven in der Mitte liegt. Und doch liegt das Leben dazwischen, die ganze Zeit, die ganze Wahrheit, die ganze Wirklichkeit [...]. Der neue Roman ist der Roman des Nebeneinander. Da liegt die ganze Welt! Da ist die Zeit wie ein ausgespanntes Tuch! Da begegnen sich Könige und Bettler!" (Karl Ferdinand Gutzkow: Die Ritter vom Geiste. Roman in neun Büchern. Hg. von Thomas Neumann. Bd. 1. Frankfurt a.M. 1998, S. 8f.).

11   Merck unterscheidet in Sternes Werken zwei Erzählweisen: die realistische Gestaltung lebensechter Szenen und die persönlichen Kommentare des Erzählers. Er spricht sich zugunsten der objektiven, realistischen Erzählweise und gegen die persönliche Erzählerreflexion aus (vgl. Merck 1968, S. 390).

12   „Sie sollen sich nur üben Einen Tag oder Eine Woche ihres Lebens als eine Geschichte zu beschreiben [...] und zwar so unbefangen und gut, daß nichts von ihren Reflexionen und Empfindnissen durchflimmert, sondern daß alles so dasteht, als wenns so seyn müßte." (Merck 1968, S. 390)

Verbindungen zum Frankfurter und Darmstädter Kreis, zu Goethe und Merck, eine Rolle spielten. Im *Sillig*-Roman lässt sich nun eine charakteristische Spannung zwischen Form und Inhalt feststellen: Während die Form des Romanfragments tendenziell anti-realistisch, das heißt experimentell nach der ,Sterne-Manier' geschrieben ist und damit einen Beitrag zur selbstreflexiven Autonomie auf der Erzählerebene darstellt, strebt der Inhalt, der Stoff, nach einer Ausbreitung der Darstellung auf das ,Niedrige' und Gewöhnliche.

1. Formästhetische Selbstreflexion

Wagner antizipierte die Kritik an der Sterne-Manier und integrierte sie in die romaninterne Erzählerreflexion.[13] Die gleich im zweiten Romankapitel thematisierte ,Formlosigkeit' erweist sich bei näherem Hinsehen als Plädoyer für eine Varianz der ,offenen' Formgebung, die auch andere Gattungen und Genreformen integriert und sich mit der jeweiligen „Beschaffenheit der Sachen" begründet, wie aus folgendem Zitat hervorgeht:

> [...] ich widerhohl es, ich werde mich an gar keine Form binden, Briefe, Selbstgespräche, Erzehlung, Dialog werden jedesmal nach Beschaffenheit der Sachen mit einander abwechseln; ich stehe so gar nicht davor, ob ich nicht hier und da ganze Scenen dramatisch – das heist nach meinen Begriffen anschauend – darstellen werde. (LTSS, S. 9)

Da der *Sillig*-Roman Fragment geblieben ist, ist die Varianz der offenen Formgebung nicht abschließend zu beurteilen. Im vorliegenden Fragment dominiert aber insbesondere zu Beginn die Einbindung von dramatischen Szenen. Sie ist durch das Streben nach ,Gegenwärtigkeit' und ,Charakter-Entwicklung' begründet. Wenn es aber keine mit dem *Agathon* vergleichbare Charakter-Entwicklung eines Individuums gibt, da der Gegenstand des Romanfragments entgegen der Ankündigung im Titel kein Individuum, sondern ein gesellschaftliches Milieu ist, müssen sich die Funktion der ,Szene' wie auch die Herstellung von ,Gegenwärtigkeit' verändern. Dafür spricht auch der Befund, dass der dramatische Darstellungsmodus, das ,Showing' (im Sinne Henri James), im Verlauf zunehmend vom erzählerischen ,Telling'-Modus abgelöst wird. Bevor diese Verschiebung von dem angekündigten, aber erzählerisch nicht realisierten Lebenslauf eines Individuums hin zu einem Milieu-Kollektiv näher betrachtet wird, muss die Leseradressierung im Roman thematisiert werden.

---

[13] „[...] wird man dich nicht für einen verunglückten Nachahmer von Sterne halten und Horazens Imitatorum stultum pecus dir zuschreyen, wenn du so viele Bogen anfüllst, noch eh dein Sebastian geboren ist?" (LTSS, S. 43)

2. Die Adressierung des Romans
„für mehr als eine Klasse von Lesern": der „Mittelmann" (LTSS, S. 8)

Zur Erzählerreflexion der Form kommt bei Wagner eine dem eigentlichen Romanbeginn vorangestellte Leseradressierung: „[...] ich schreibe für *allerley Leser* [...]" (LTSS, S. 8). Die programmatische Überwindung der Standesschranken und Adressierung an „*allerley Leser*" findet sich auch bei anderen Autoren des Sturm und Drang, wie zum Beispiel bei Lenz. Dieser gab etwa zeitgleich in einem Brief an die Gräfin Sophie von La Roche (1730–1807) mit Blick auf seine ‚anzüglichen' Dramen wie *Der Hofmeister* oder *Der neue Menoza* (1774) zu bedenken,

> daß mein Publikum das ganze Volk ist; daß ich den Pöbel so wenig ausschließen kann, als Personen von Geschmack und Erziehung, und daß der gemeine Mann mit der Häßlichkeit feiner Regungen des Lasters nicht so bekannt ist, sondern ihm anschaulich gemacht werden muß, wo sie hinausführen. Auch sind dergleichen Sachen wirklich in der Natur; [...] Ich will aber nichts, als dem Verderbnis der Sitten entgegen arbeiten, das von den glänzenden zu den niedrigen Ständen hinab schleicht, und wogegen diese die Hülfmittel nicht haben können, als jene. (Lenz im Juli 1775 an Sophie von La Roche, WuB 3, S. 326)

Während Lenz auf die ganze Breite der Gesellschaft als Volk, vom „Pöbel", über den „gemeinen Mann" bis zu den „Personen von Geschmack und Erziehung", zielt, setzt Wagner bei seiner Leseradressierung einen anderen Akzent:

> [...] ich schreibe für *allerley Leser*, vorzüglich aber für diejenigen, für die mancher es vielleicht nicht der Mühe werth hält zu schreiben – und für die doch eigentlich heut zu Tag geschrieben werden sollte – für den Mittelmann, den wohlhäbigen Bürger, der im Schooß seiner Familie gerne die langen Winterabende bey einer Pfeife Toback und einem unterhaltenden Buche vertreiben würde, wenn er nur eins hätte, das er an die Stelle seines vom öftern Blättern schon halb zerrißnen Robinsons setzen könnte. Wenn es mir gelingt dieser von den meisten nur über die Achsel angesehnen Klasse von Mitbürgern, die ich – ins Ohr sey es ihnen gesagt, – höher schätze als neunzehn von zwanzig bebänderten und besternten privilegirten Müßiggängern, etwas nützliches lehrreiches und zugleich Grillen vertreibendes in die Hände zu spielen; wenn es mir glückt ihnen ein Gemählde aufzustellen, in dem sie sich selbst, ihre Freunde, Nachbarn, Verwandte, und Bekannte beyderley Geschlechts entweder erkennen, oder doch einige Aehnlichkeit bemerken, so will ich stolzer darauf seyn, als wenn mich selbst eine Göttin an ihrem Busen gesäugt, oder Apollo mit eigner Hand zum Dichter gekrönt hätte. (LTSS, S. 8)

Wagners Ich-Erzähler wendet sich an den „Mittelmann", der gesellschaftlich kein hohes Ansehen habe, und er grenzt sich damit von den „privilegirten Müßiggängern" ab. Der ‚Mittelmann' verfügt offenbar über gewisse, wenn auch borniertes Bildung, denn der Roman, der ihn als Leser erreichen möchte, ist insbesondere auf der Ebene der Erzählerreflexion von vielen literarischen Anspielungen durchzogen, die beim Leser gewisse literarische Kenntnisse voraussetzen, wobei diese Kennerschaft im deutlichen Unterschied zu den Figuren des Romans steht (vgl. Genton 1981, S. 217).

Wer ist nun sozialgeschichtlich dieser adressierte ‚Mittelmann'? Die ‚mittlere' Kategorie verweist auf den ‚Bourgeois' bzw. ‚Bürger' als ‚Mittelklasse' (vgl. Moretti 2014, S. 21–27). Während aber die englische Bourgeoisie über ihre ökonomische Freiheit definiert war und sich keinen Müßiggang erlauben konnte, wofür auch *Robinson Crusoe* steht, geht es Wagners Erzähler offenbar um den deutschsprachigen Bürger, der einerseits „wohlhabend" und andererseits „behäbig" ist, wie man dem Lemma-Eintrag zu „wohlhäbig" im *Deutschen Wörterbuch* entnehmen kann (vgl. Grimm 1864–1961, Bd. 30, Sp. 1162). Diese Mischung ist im Roman vor allem für den Vater Sebastian Silligs charakteristisch, den Oberschulzen Sillig als eigentlichen Protagonisten des Romans. Wenn dagegen in der Rezeptionsgeschichte insbesondere die Darstellung des ‚Niederen', das heißt der Bauern, des Knechtes und der Magd, betont wurde, so verfehlt diese Lesart das eigentliche Zentrum des Romans, also den „Mittelmann". Es ist diese Mischung oder Verbindung zwischen einer Darstellung der ‚Kleinen'[14] im Umfeld und der der „wohlbehäbigen" Bürger im Zentrum, in denen sich Auerbachs oben zitierte, für die deutsche Realismus-Entwicklung eigentümliche Verbindung des „gemütvoll-bürgerlichen Realismus mit dem Idealisch-Politischen und Menschenrechtlichen" (Auerbach 2001, S. 407) zeitgenössisch modifiziert widerspiegelt. Die Modifizierung betrifft vor allem die Darstellung der Figuren, die, wie allgemein im Drama des Sturm und Drang, nicht mehr eindeutige Typen sind, sondern Ansätze gemischter und damit realistischer Charakternaturen aufweisen (vgl. Sauder, Weiß 1991, S. 91).

Worauf es aber Wagner offenbar noch mehr als auf den um den „Mittelmann" zentrierten Milieu-Realismus ankommt, ist eine Darstellung der zwischenmenschlichen Beziehungen innerhalb einer ständisch geordneten Gesellschaft. Die Darstellung der um den deutschen „Mittelmann"-Bürger zentrierten zwischenmenschlichen Beziehungen stellt die Ständeordnung nicht infrage, bietet aber dem Leser die Aussicht auf eine Bewusstwerdung der eigenen Stellung im ständegesellschaftlichen Vergleich und auf versöhnliche ‚zwischenmenschliche' Brückenschläge:

---

[14] Vgl. Lenz' Dramenfragment *Die Kleinen* (vermutlich 1775/76), WuB 1, S. 473–497; vgl. dazu Tommek 2017.

Diejenigen, die mit Eckel sich bisher in so schlechter Gesellschaft sahen, werden mir es Dank wissen; die andern, die tolerant genug sind, den Menschen zu lieben, wo und wie sie ihn finden, es sey nun im Kittel oder im Ordensband, in einem Pallast oder in einer Leimhütte, werden froh seyn Gelegenheit zu haben, über die verschiedene Spielwerke ihrer Mitgeschöpfe einige Betrachtungen ganz in der Stille anstellen – vielleicht auch ihr eigenes in die Hand nehmen zu können [...]. (LTSS, S. 36)

Die Wirkungsästhetik der Charakter- und Milieu-Darstellungen in Wagners Roman zielt also auf eine halb empfindsame, halb gesellschaftliche Erkenntnis der „Spielwerke" der „Mitgeschöpfe", die die Möglichkeit der eigenen Charakterverbesserung durch die Erkenntnis des „Menschlichen" verspricht. Die bessere Einsicht in den Charakter der anderen wird einerseits als Gewahrwerden ihrer Menschennatur vorgestellt – was noch zur Programmatik der Empfindsamkeit gehört –, andererseits zielt sie schon deutlich auf ein Erkennen ihrer gesellschaftlichen Bedingungen. Ein alle verbindender ‚Herzenston' und die Hierarchie der ständischen Gesellschaftsordnung stoßen hier aufeinander:

In allen Ständen des menschlichen Lebens gibts – freilich von unten hinauf in abnehmender Progression! – mehrere Herzen, die auf einen Ton mit einander gestimmt sind; sollen diese gerührt, bewegt werden, so muß man die Kunst verstehn sein eigenes Herz eben diesen Ton angeben zu lassen: und dies ist es was so wenige unsrer Redner vor Gericht und auf der Kanzel, und noch wenigere unsrer Schriftsteller verstehen. – Es gibt so viel Marktschreyer und so wenig die ans Herz reden! (LTSS, S. 52)

Das Vermächtnis der Empfindsamkeit, die gemeinsame ‚Sprache des Herzens' zu finden, hat sich hier inzwischen in die gesellschaftliche Breite verlagert bis hin zum einfachen Volk. Durch die Vergesellschaftung der ‚Sprache des Herzens' ändert sich auch ihr Diskurs. Dieser entfernt sich von seiner Idealität und haftet zunehmend an der Beschreibung der Materialität, Körperlichkeit und dem sinnlichen Geschmack der gesellschaftlichen Welt.

3. Milieu-Realismus: Requisiten und charakterliche Winkelzüge

Die Autoren des Sturm und Drang führten in ihren Dramen das Requisit als konstitutives Element der Herstellung eines Realismuseffektes ein, der durch ein für die Erzählstruktur ‚überflüssiges' Detail erzeugt wird (vgl. Barthes [1968] 2006).[15] Die Einführung der für die Handlung funktions-

---

[15] Zur Bedeutung des Interieurs in der Dramatik des Sturm und Drang vgl. Mattenklott 1985, S. 125–129.

losen, aber die Diegese ausschmückenden ‚niedrigen' Alltagsdinge, war für die Rezeption anstößig, wie noch aus Schmidts abwertender Bemerkung – „[...] man meint den Qualm eines Dorfkrugs und üblen Stallgeruch zu spüren" (Schmidt 1879, S. 106)[16] – hervorgeht.

Wagner setzt mit seinem Erzählstil, der das Interieur im Detail beschreibt, die Sinnlichkeit und Materialität der dargestellten Welt in Szene, wie folgendes Beispiel illustriert: „Die Frau Oberschulzin [...] kam gleich darauf mit der Suppe zurück, eine gute Schüssel mit Sauerkraut und Speck, und ein Schöpsenbraten folgten ihr nach: des Herrn Oberschulzen Zunge und Kinnbacken machten sich jezt eine andre Beschäftigung [...]." (LTSS, S. 12)

Der hier bereits an den realistischen Gesellschaftsroman des 19. Jahrhunderts erinnernde Milieu- oder Detail-Realismus ‚malt' die Szene aus, evoziert sie durch Beschreibungen und gibt damit zugleich ein gesellschaftliches Panorama im sinnlich-materiellen Detailausschnitt. Für die metonymische Darstellung als Teil des Ganzen steht im Romanfragment besonders die dialogische Wiedergabe einer Diskussion am Tisch des Gasthauses, die die verschiedenen Stimmen der Gesellschaft vereint: Bei dem um den Hausherrn und „Mittelmann" zentrierten Gespräch, an dem sich zunächst Blink, der Chirurg und Friseur, Meister Joseph Zwiebel, der Kunstgärtner, Jörg Kries, ein Bauer, und eine Hebamme und schließlich auch der Geselle Hans, die Dienstmagd Marie-Ließ, der Pastor Matzkopf und die lokalen Honoratioren beteiligen, lassen sich die „Herzen" nicht mehr auf einen „Ton" hin zusammenstimmen, was der „Mittelmann" ja für sich beansprucht und beklagt. In seiner Abgrenzung vom wankelmütigen „Pöbel"[17] und schließlich seiner Klage über die Herrscherwillkür und die Zerstörung der menschlichen Nahverhältnisse durch die Soldatenrekrutierung (vgl. LTSS, S. 88) stecken bereits charakteristische Kennzeichen des (deutschen) Bürgers, die sich im 19. Jahrhundert noch deutlicher ausprägen werden.

---

[16] Inwiefern das negative Urteil der Germanistik und der Goethe-Philologie mit einer zeitgenössischen Abgrenzung vom Aufstieg des französischen Naturalismus zusammenhängt, müsste in einer eigenständigen Untersuchung überprüft werden.

[17] „Der Pöbel – und wie vielerley Pöbel gibt es nicht in der langen Stufenleiter von einer königlichen Antischambre bis zur Kohlenbrenners Hütte im Wald? – Der Pöbel verdammte jenen [= der ehemalige Herzog; H.T.] eigenmächtig bis in die unterste Hölle, wollte so gar, wie er auf dem Paradebett da lag, ihm den Teufel aus den Augen haben gucken gesehn, und erhob diesen [den jetzigen Herrscher; H.T.] bis in den siebenten Himmel." (LTSS, S. 78)

IV Fazit: Synthesen und Spannungen in Wagners Realismus

Im Anschluss an Auerbachs Charakterisierung der ambivalenten Entwicklung des Realismus in der deutschen Literatur lässt sich bei Heinrich Leopold Wagner eine Verbindung des ‚gemütvoll-bürgerlichen Realismus‘ mit dem ‚Idealisch-Politischen und Menschenrechtlichen‘ in der zentralen Figur des Oberschulzen Jakob Sillig feststellen, der am Ende verhaftet wird, weil er sich weigert, dem König Bauern zur Soldatenrekrutierung auszuliefern. Dieser plötzliche Übergang ins ‚Idealisch-Politische‘ wird durch die Beobachtung ergänzt, dass die letzten Romanpassagen im Unterschied zur stark szenisch-dramatischen Darstellungsweise des Romanbeginns narrativ ausfallen. Es hat also den Anschein, dass in Wagners Roman der ‚gemütvoll-bürgerliche Realismus‘ tendenziell mit einer szenischen Darstellung verbunden ist, während der Übergang zum ‚Idealisch-Politischen‘ tendenziell einen narrativen Stil erfordert. Zweifellos zeigt sich in diesem Übergang der Darstellungsweise ein „grundsätzliches und unmittelbares Ergreifen der Zeitwirklichkeit" (Auerbach 2001, S. 407), wie es Auerbach auch in Schillers *Luise Millerin* (bzw. *Kabale und Liebe*, 1784) beobachtet hat.

Wie Genton zutreffend bemerkt, gibt der letzte Teil des *Sillig*-Romanfragments eine Art narratives Gesamt-Tableau des realgeschichtlichen gesellschaftlichen Zustandes des Saarbrücker Hofes im Jahre 1775 als ein durch „Maitressenwirtschaft" verursachtes Desaster (Genton 1981, S. 219; vgl. Sauder 1979). Dieses Gesellschaftspanorama zeichnet er aber vor allem als Moralist, ohne hieraus politische Schlussfolgerungen zu ziehen. Mit dem Übergang in die Narration und damit potenziell in den realistischen Gesellschaftsroman verbindet sich bei Wagner kein politischer Republikanismus. Kritisiert werden das falsche Verhalten, der mangelnde Respekt und der moralische Missbrauch innerhalb der Herrschaftsordnung, nicht diese selbst.[18] Beklagt wird eine Verkettung von Affekt-Entladungen, ohne aber selbst die gesellschaftlich geprägten hierarchischen Verhältnisse in Frage zu stellen.[19] Die Lösung für den Romanprotagonisten Sillig liegt in der moralischen Verbesserung der Gesellschaft, nicht in ihrer politischen Veränderung (vgl. Genton 1981, S. 220). Und auch sein Autor wehrte nach den schmerzhaften Erfahrungen, die die Ver-

---

[18] „[…] es geht auf dem Lande, wie in der Stadt und in der Stadt, wie bey Hof her: jeder tyrannisirt den, der nächst unter ihm steht, und ist auf seiner Seite wider ein Sklave des nächst Oberen; […]." (LTSS, S. 20)

[19] Jakob Sillig überträgt seine Wut auf seine Frau, diese auf die Dienerin, dieses auf den kleinen Stallburschen, dieser schlägt den Haushund: „[…] selbst derjenige, dem wie man sagt, kein Teufel was zu befehlen hat, ist oft der gröste, ist Sklave seiner Leidenschaften, oder gar einer ausgepeitschten Maitresse." (LTSS, S. 20)

öffentlichung seiner *Prometheus*-Schrift (1775) verursachten, jede Deutung des Romans als ‚Pasquill' ab.

So lässt sich ein Fazit ziehen: Was im Bürgerlichen Trauerspiel *Die Kindermörderin* gelingt, die Verbindung der stilmischenden Dramenform der ‚ernsten Komödie' mit dem „unmittelbaren Ergreifen der Zeitwirklichkeit", gelingt in Wagners Roman-Experiment nicht. Geprägt ist das *Sillig*-Romanfragment von einer Spannung zwischen einem realistischen, sozialkritischen Stoff einerseits, dem stilistisch und gattungsästhetisch das ‚Showing' (im Sinne von Henry James [1884] 1957) der dramatischen Darstellungsart im Roman entspricht, und andererseits der illusionsästhetischen, selbstreferenziellen Erzählform, die die sternesche Manier fortschreibt und eigentlich die ‚Telling'-Funktion übernehmen müsste. Es ist aber genau diese digressive Erzählform, die die weitere Narration und in gewisser Weise die Entwicklung des realistischen Gesellschaftsromans hemmt, weil in ihrer Wirklichkeitsdarstellung viel „von seinem eignen Medio zum Vorschein kommt." (Merck 1968, S. 388) So wurde der Gesellschaftsroman in der deutschen Literatur nicht nur durch den idealistischen Bildungsroman, sondern auch von der Fortsetzung der sterneschen Manier ausgebremst. Im *Sillig*-Roman lässt sich die Anlage zu einem formexperimentellen Realismus im Spannungsfeld zwischen dem ‚anzüglich'-republikanischen Interesse Merciers einerseits und der digressiven, selbstreflexiven Form Sternes andererseits sehen. Diese Anlage findet sich in gewisser Weise bereits im *Werther*-Roman. Aber auch Goethe gelang diese spannungsreiche Verbindung nicht.[20] Offenbar kann die digressive Erzählweise sehr gut mit der bürgerlichen Subjektzentrierung einhergehen, nicht aber mit einem gesellschaftlichen Milieu-Realismus, der den Weg zum Gesellschaftsroman ebnet.

Werke

Blanckenburg, Friedrich von: Versuch über den Roman. Faksimiledruck der Originalausgabe von 1774. Mit einem Nachwort von Eberhard Lämmert. Stuttgart 1965.

Engel, Johann Jakob: Über Handlung, Gespräch und Erzählung. Faksimiledruck der ersten Fassung von 1774 [...]. Hg. und mit einem Nachwort versehen von Ernst Theodor Voss. Stuttgart 1964.

Grimm, Jacob und Wilhelm: Deutsches Wörterbuch. 16 Bde. in 32 Teilbänden. Leipzig 1854–1961. Quellenverzeichnis Leipzig 1971. Online-Version vom 08.04.2020.

---

[20] Vgl. Vaget 1968, S. 350: „Die beachtlichen realistischen Impulse, die von *Werther* hätten ausgehen können, wurden in der aufkommenden Sterne-Mode nicht genutzt."

James, Henry: The Art of the Novel: Critical Prefaces. R.P. Blackmur (ed.). New York [^{1}1884] 1957.

Lenz, Jakob Michael Reinhold: Werke und Briefe. Hg. von Sigrid Damm. Frankfurt a.M., Leipzig 1992 [= WuB]

Merck, Johann Heinrich: Über den Mangel des Epischen Geistes in unserm lieben Vaterland [1778], in: Johann Heinrich Merck: Werke. Ausgewählt und hg. von Arthur Henkel. Mit einer Einleitung von Peter Berglar. Frankfurt a.M. 1968, S. 385–391.

Schiller, Friedrich: Schillers Werke. Nationalausgabe. Bd. 29: Briefwechsel 1796–1798. Hg. von Norbert Oellers und Frithjof Stock. Weimar 1977.

Schubart, Christian Friedrich Daniel: „Literatur", in: Teutsche Chronik. 3. Jg., 39. St., 13. Mai 1776, S. 311f.

Wagner, Heinrich Leopold: Leben und Tod Sebastian Silligs. Erster Theil. Ein Roman für allerley Leser zur Warnung nicht zur Nachfolge. Frankfurt u. Leipzig 1776. Neudruck mit einem Nachwort hg. von Gerhard Sauder und Christoph Weiß. St. Ingbert 1991. [= LTSS]

Forschung

Auerbach, Erich: Mimesis. Dargestellte Wirklichkeit in der abendländischen Literatur. 10. Aufl. Tübingen, Basel 2001 [^{1}1946].

Barthes, Roland: Der Wirklichkeitseffekt [L'Effet de Réel, ^{1}1968], in: Roland Barthes: Das Rauschen der Sprache. Frankfurt a.M. 2006, S. 164–172.

Genton, Elisabeth: La Vie et les Opinions de Heinrich Leopold Wagner (1747–1779). Bern, Frankfurt a.M., Cirencester 1981.

Hohendahl, Peter Uwe: Der europäische Roman der Empfindsamkeit. Wiesbaden 1977.

Lukács, Georg: Erzählen oder beschreiben? [^{1}1936], in: Georg Lukács: Werke. Bd. 4: Probleme des Realismus I. Neuwied, Berlin 1971, S. 197–242.

Mattenklott, Gert: Melancholie in der Dramatik des Sturm und Drang. Erw. und durchges. Aufl. Königstein/Ts. 1985.

Michelsen, Peter: Laurence Sterne und der deutsche Roman des achtzehnten Jahrhunderts. 2., durchgesehene Aufl. Göttingen 1972.

Moretti, Franco: Der Bourgeois. Eine Schlüsselfigur der Moderne. Berlin 2014.

Sauder, Gerhard; Weiß, Christoph: Nachwort, in: Wagner, Heinrich Leopold: *Leben und Tod Sebastian Silligs*. Erster Theil. Ein Roman für allerley Leser zur Warnung nicht zur Nachfolge. Frankfurt u. Leipzig 1776. Neudruck mit einem Nachwort hg. von Gerhard Sauder und Christoph Weiß. St. Ingbert 1991, S. 89-97.

Sauder, Gerhard: Kein Sturm und Drang in Saarbrücken. Heinrich Leopold Wagners Hofmeisterzeit, in: Saarheimat, Heft 3-4 (1979), S. 57–62.

Schmidt, Erich: Heinrich Leopold Wagner, Goethes Jugendgenosse. Jena 1875.

Schmidt, Erich: Heinrich Leopold Wagner, Goethes Jugendgenosse. 2. völlig umgearb. Aufl. Leipzig 1879.

Tommek, Heribert: [Art.] *Die Kleinen. Eine Komödie*, in: Handbuch Sturm und Drang. Hg. von Matthias Luserke-Jaqui unter Mitarbeit von Vanessa Geuen und Lisa Wille. Berlin, Boston 2017, S. 341–346.

Vaget, H. Rudolf: Johann Heinrich Merck über den Roman, in: Modern Language Association. Vol. 83, No. 2 (1968), S. 347–356.

Voit, Friedrich: „Ein Roman für allerley Leser"? Zu Heinrich Leopold Wagners Romanfragment *Leben und Tod Sebastian Silligs*, in: A Journal of Germanic Studies Seminar 1 (1990), S. 1–15.

Voßkamp, Wilhelm: Romantheorie in Deutschland. Von Martin Opitz bis Friedrich von Blanckenburg. Stuttgart 1973.

Wille, Lisa: [Art.] *Leben und Tod Sebastian Silligs*, in: Handbuch Sturm und Drang. Hg. von Matthias Luserke-Jaqui unter Mitarbeit von Vanessa Geuen und Lisa Wille. Berlin, Boston 2017, S. 491–495.

Heinrich Leopold Wagners *Kinderpastorale* (1777)

Matthias Luserke-Jaqui

Kinderpastorale,
aufzuführen
am Geburtstag eines rechtschaffenen
Vaters.

Personen.

Dorilis.   } Schäferinn
Milon.   } und
Daphnis.   } Schäfer.

Erster Auftritt.
Milon (*zur Dorilis, die eine Blume vom Stock brechen will.*)

O laß doch! laß die schöne Blume hier
Am Stocke: sprich, was nützt sie dir,
Wenn du der Wurzel sie beraubest,
Die sie ernährt?
                Dorilis.
        Du irrst dich, wenn du glaubest
Durch deinen Vorspruch ihr
Ein längres Leben zu verleihn – –
Ihr Ziel ist da – sie muß gebrochen seyn.
                Milon.
Sie ist so schön! – in voller Blüthe!
                Dorilis.
Drum eben muß sie auch gebrochen seyn.
                Milon.
Ey Schwester! wo bleibt deine Güte?
                Dorilis.
Du machst mich lachen; – gut! ich folge dir –
Doch liebster Milon glaube mir,
Ein Wort nur will ich sprechen,
So eilst du selbst sie abzubrechen.

Milon.

Wer? ich?

Dorilis.

Ja, du! was wetten wir?

Milon.

Ich thäte selbst, was ich an dir getadelt habe?
Gewiß nicht!

Dorilis.

Gilts das Band von deinem Hirtenstabe?

Milon. (*besieht es.*)

Nicht gern; ich lieb es gar zu sehr.

Dorilis.

Wenn ich des Siegs so sicher wär'
Als du – so wagt ich wohl noch mehr.

Milon. (*schlägt ein.*)

Nun gut, es gilt! – doch wollt ich wohl drauf schwören,
Das Band wird nie dir zugehören;
Ich pflück sie nicht. –

Dorilis.

Wie aber, wenn ich sie

Dem besten Vater heute –

Milon.

Wie?

Dorilis.

Zum Angebind bestimmet hätte?

Milon.

Zum Angebind? – hier ist das Band. (*er pflükt sie.*)

Dorilis.

Du pflückest sie?

Milon.

So fröhlich pflückt ich keine nie.

Dorilis (*etwas spottend.*)

Sie war so schön! –

Milon.

Die Wette

Verlier ich gern; doch dein Gespötte
Verbitt ich mir: dem heut'gen Fest zur Ehre
Wünscht' ich, daß sie noch schöner wäre.
Komm Dorilis, dem Vater sie zu weyhn.

Dorilis.

Wart doch, bis Daphnis kommt.

Milon.

Wo mag er denn wohl seyn?

166

Ich sucht' ihn vor;

Dorilis.

ich will dirs im Vertraun wohl sagen;
Jedoch! – da kommt er selbst, nun kannst du ihn befragen.

Zweyter Auftritt.
Daphnis (ganz traurig.) Die Vorigen.

Milon (zu Daphnis.)

Wo bleibst du denn? – Doch wie? Du bist betrübt,
Da alles uns Vergnügen giebt!

Daphnis.

Ja, Milon! ja ich bins;

Milon.

Warum denn? darf ichs wissen?

Dorilis.

Hat dir der Wolf dein Lieblingsschaf zerrissen?

Daphnis.

Ach nein!

Milon.

Ist unser Nachbar krank?

Daphnis.

Auch nicht, dem Himmel sey es Dank!

Milon.

Je nun, was fehlt dir denn?

Daphnis.

Ich muß es euch nur sagen,
Der böse Lykas hat das Lied mir abgeschlagen,
Das ich ihm – (zur Dorilis) wie du weist – auf diesen frohen Tag
Für uns zu machen aufgetragen.

Dorilis.

Was er denn wohl für Gründe haben mag?

Daphnis.

Er sagt, er könn's nicht wagen
Dem gleich bescheidenen als tugendhaften Mann –
Den seine Thaten mehr als alle Lieder krönen,
Den selbst der große Pan
Nicht stark genug besingen kan –
Auf seinem Haberrohr ein Loblied anzutönen.

Dorilis.

Sonst sagt er nichts?

Daphnis.

Er sagte wohl noch mehr;

Doch, da ich sah, daß er nicht zu erbitten wär'
Eilt ich hieher.

Milon.

Was ist zu thun?

An uns hats nicht gefehlet: – nun
So kommt! den Vater zu umfangen
Fühl ich ein brennendes Verlangen.

Daphnis.

Ich zittre vor Begier.

Dorilis.

Nicht mehr als Dorilis.

Daphnis (*im Fortgehn.*)

Der böse Lykas! o ich merk es ihm gewiß.

Dritter Auftritt.
Milon (*sich dem Vater nähernd.*)

Diese kleine Blume hier,
Bester Vater! haben wir
Ehrfurchtsvoll dir zugedacht.

Dorilis.

Wir begossen, pflegten sie;
Heut belohnt sie unsre Müh,
Wenn sie dir Vergnügen macht.

Daphnis.

Möcht einst doch auch unser Leben
Einen gleichen Lohn *Dir* geben.

Wagner.

Hierzu wird ein Blatt Musik ausgegeben.[1]

---

[1] Druckvorlage: [Heinrich Leopold] Wagner: Kinderpastorale, in: Der Bürgerfreund.
X. Stück. Freytags den 14ten März 1777, S. 155–160.

Die *Kinderpastorale* von Heinrich Leopold Wagner erschien 1777 in der Straßburger Zeitschrift *Der Bürgerfreund* (vgl. KP). Sie wurde nur ein einziges Mal wieder gedruckt, das war im Jahr 1875 und ohne weiteren, erläuternden Kommentar (vgl. Wartenburg 1875, S. 393–397). Die Germanistik konnte offensichtlich mit diesem Text nur wenig anfangen, auch hier stand das Votum von Erich Schmidt der Rezeptionsgeschichte sperrig im Weg. Denn über die *Kinderpastorale* urteilt er: „herzlich unbedeutend und durchaus unselbständig", das spätere „kecke Originalgenie" Wagner sei in seiner Saarbrücker Zeit „noch sehr zahm und bescheiden" gewesen (Schmidt 1879, S. 12). „Den Papa zu erfreuen verfasst er für die kleinen Günderrodes im Spätsommer 1773 ein mehr als harmloses ‚Kinderpastorale […]'" (ebd., S. 23). Wagners Bekannter, der aus Straßburg stammende baden-durlacher Hofrat Friedrich Dominicus Ring (1726–1809), besaß ausweislich seines Bücherverzeichnisses die *Kinderpastorale* und außerdem eine verloren gegangene Romanze Wagners mit dem Titel *Beweis dass die Kinder von je her klüger sind als die Eltern* (vgl. Schmidt 1879, S. 123, Anm. 21).

Im Februar 1773 kam Wagner aus Straßburg nach Saarbrücken und nahm die Stellung eines Hofmeisters bei der Familie von Günderrode an, ein Bruder der Sesenheimer Pfarrfrau Brion hatte ihm diese Stellung vermittelt. Schon in den 1770er-Jahren wurde von einem Gymnasialrektor Kiefer zwar eine erste Lesegesellschaft in Saarbrücken gegründet, doch entsprach diese offensichtlich nicht Wagners Vorstellungen, da sie sich vermutlich vorwiegend der Lektüre von Sachbüchern widmete (vgl. Sauder 1979, S. 57–62). Im Juni 1772 war sogar Friederike Brion (1752–1813) zu Besuch bei ihrem Onkel in Saarbrücken gewesen, ob Wagner ihr begegnete ist nicht überliefert. Am 9. Oktober 1773 zog Wagner über die kulturelle Diaspora vor Ort ernüchtert Bilanz. Die Gegend, in der er jetzt lebe, sei „fast eben so barbarisch" (Schmidt 1879, S. 144) wie sein liebes Vaterland, schrieb er an Heinrich Christian Boie (1744–1806). Wagner verbrachte die Jahre 1773 und 1774 in Saarbrücken und avancierte zu einer Art Privatsekretär des Präsidenten von Günderrode. Als sein Arbeitgeber infolge einer Intrige beim Fürsten in Ungnade fiel und auch Wagner selbst der Veruntreuung von Geld bezichtigt wurde, musste er gehen. Ende Mai 1774 wurde Wagner aus dem Territorium des Fürsten von Nassau-Saarbrücken vertrieben, er schreibt: „[…] mußte ich Freytag morgens mit Sack und Pack […] fort und nach Zweybrücken" (zit. nach Sauder 1979, S. 61). In Saarbrücken lässt er 1774 noch den *Phaeton, eine Romanze* drucken, die dem Fürsten zu Neujahr 1774 gewidmet war und an deren Ende sich durchaus schon fürstenkritische Töne lesen lassen (vgl. Wagner 1774). Doch seine Erfahrungen und Beobachtungen aus der ‚barbarischen Zeit' schlagen sich vor allem unmittelbar in den danach veröffentlichten Texten nieder, wie etwa in seinem Roman *Leben und Tod Sebastian Silligs*

(1776) und in dem Drama *Die Kindermörderin* (1776). Wagners Stellung als Hofmeister bei einer Familie der politischen Elite dieses Duodezfürstentums hat seine Sicht auf die sozialen und politischen Missstände eher noch geschärft.

Familienmitglieder von Günderrode sind bereits im 17. Jahrhundert auf der nahen Burg Lichtenberg bei Kusel (Rheinland-Pfalz) nachgewiesen, doch es ist ein Zweig der Familie aus Hessen, der im 18. Jahrhundert in den Dienst der Fürsten von Saarbrücken tritt und dort ansässig wird.

> Johann Maximilian v. Günderode war isenburgisch-birsteinischer Hofmeister. Er ist der Verfasser einer ausführlichen rechtsgeschichtlichen Darstellung über die deutsche Reichsverfassung im Mittelalter und über die Einteilung Deutschlands in Kreise unter den Kaisern Maximilian I. und Karl V. Sein Sohn Hieronymus Maximilian v. Günderode war zunächst hohenlohe-bartensteinischer Hofkavalier. Bereits vor 1762 trat er in die Dienste des Fürsten Wilhelm Heinrich und wurde bald Geheimrat und Kammerpräsident. Im Jahre 1762 wurde ihm der Nassauer Hof in Dudweiler, ein kleines Jagdschlößchen, verliehen. 1769 kaufte es Fürst Ludwig zurück und schenkte es seiner Geliebten, der Frau v. Dorsberg. Daneben hatte Günderode 1762 auch das heute abgerissene Haus an der Schloßmauer in Saarbrücken erworben, in dem Goethe als sein Gast 1770 wohnte. Bei der Beerdigung Wilhelm Heinrichs hielt er die Leichenrede. Er blieb auch unter dem Fürsten Ludwig zunächst im Amt, fiel aber 1773 in Ungnade. Der Fürst ließ ihn in so kränkender Weise davon in Kenntnis setzen, daß er in eine schwere Krankheit verfiel. Doch hat Ludwig ihn dann großzügig behandelt und ihm eine Pension von 1500 fl und 24 Klafter Brennholz jährlich ausgesetzt. Am 17. Dezember 1777 starb er, nachdem ihm seine Frau Susanne Maria Elisabeth geb. v. Stalburg ein Jahr früher im Tode vorausgegangen war. Beide wurden in der Stiftskirche in St. Arnual begraben. Seine Schwester Christine hatte 1761 den nassau-saarbrückischen Regierungsrat Karl v. Stalburg geheiratet, war jedoch schon 1762 im Alter von 23 Jahren gestorben.
> Der Präsident hatte drei Kinder. Seine Tochter Karoline Wilhelmine Sophie Luise (*1761 in Saarbrücken) starb 1797 als Stiftsdame des Cronstettischen Stiftes in Frankfurt. Der älteste Sohn des Präsidenten Ludwig Franz Justinian Maximilian Anton Karl v. Günderode (*18. März 1763 in Saarbrücken) war in Saarbrücken Oberstleutnant und Hofmarschall und erhielt als Besoldung neben freier Kost und Logis 500 fl. Er emigrierte in der Französischen Revolution und wurde 1797 von Usingen nach Cadolzburg geschickt, um die Beisetzung des Fürsten Heinrich zu veranlassen. In Frankfurt war er später Senior der ständigen Bürger-Repräsentation und starb 1841. Besser besoldet als er in Saarbrücken war sein jüngerer Bruder Karl Wilhelm (*18. März 1765 in Saarbrücken), der als nassau-saarbrückischer Forstmeister neben freier Kost und

Logis, Uniform und Pferd noch 600 fl erhielt. Er starb 1823 als Schöffe und Senator in Frankfurt. (Hoppstädter 1968, S. 107f.)[2]

Die Regierungszeit des 1718 geborenen Wilhelm Heinrichs von Nassau-Saarbrücken erstreckt sich über die Jahre 1741 bis zu seinem Tod 1768. Der Fürst gehörte keineswegs zu den aufgeklärten Duodezfürsten dieser Zeit, sondern vertrat eher einen spätbarocken Absolutismus. Als Kammerpräsident war von Günderrode der höchste Beamte dieses Fürsten.

Mit der Gattungsbezeichnung Kinderpastorale ist ein Schäferspiel für Kinder gemeint. Demnach hat Wagner den Text für Kinder gedichtet. Erich Schmidt vermutet, dass der Autor das Stück schon in seiner Zeit als Hauslehrer bei der Familie von Günderrode in Saarbrücken „im Spätsommer 1773" (vgl. Schmidt 1879, S. 23) geschrieben hat.

Im Oktober 1773 gründete Wagner eine wenig erfolgreiche Lesegesellschaft in Saarbrücken, es sollten vor allem literarische Neuerscheinungen gelesen werden. Seine Lesegesellschaft existierte gerade einmal ein halbes Jahr bis zum April 1774.

Der Hinweis am Ende des Textes der *Kinderpastorale* in der unteren Fußzeile „Hierzu wird ein Blatt Musik ausgegeben" bezieht sich auf die beiden Kompositionen *Mögen doch am Himmel hangen trübe Wolken ohne Zahl* und *Möchte man nicht rasend werden Ach und Zeter schreyn*, die auf der unpaginierten Seite 153 eingefügt sind. Dabei handelt es sich um zwei verschiedene Kompositionen, die erste bezieht sich auf die ersten beiden Strophen des Gedichts *Trost* und ist mit „Melancholisch" überschrieben und im *Bürgerfreund* Jahrgang 1777, 10. Stück, S. 154 abgedruckt. Die zweite Liedkomposition vertont die erste Strophe des Gedichts *Klagen eines Petit-maître, z.t. Stutzer, Zieraffe – (Der Bürgerfreund* Jg. 1777, 10. St., S. 152), mit einer unwesentlichen Textumstellung und der Tempobezeichnung „Lustig". Über den Komponisten ist nichts bekannt. Auch der Verfasser der beiden Gedichte ist unbekannt, sie sind aber gleichlautend jeweils mit der Verfasserangabe „der Kranke" unterschrieben. Unmittelbar danach folgt auf der nächsten Seite Wagners *Kinderpastorale*.

Die Adressierung der *Kinderpastorale* richtet sich an den ‚rechtschaffenen' Vater, an dessen Geburtstag das Stückchen aufzuführen sei. Das Adjektiv bezieht sich auf die bürgerliche Tugend der Rechtschaffenheit und wird durch die Herausstellung besonders betont. Nicht irgendein Vater ist gemeint, sondern der rechtschaffene Vater. Rechtschaffenheit und Tugendhaftigkeit sind fast schon Synonyme in der Semantik bürgerlicher Selbstfindung. Nur drei Personen treten in diesem Dramolett auf, die Schäferin Dorilis und die Schäfer Milon und Daphnis. Die Namen leiten

---

[2] Ausführungen zur Familie von Günderrode.

sich aus der griechischen Mythologie her. Dorilis ist ein codierter Figurenname aus der Schäferdichtung. Von Lessing ist ein Gedicht überliefert, das er in der ersten Buchveröffentlichung seiner Sinngedichte von 1753 *An die Dorilis* betitelte, in der zweiten Auflage von 1771 in *An die Candida* umbenannte, und das zeitgenössisch oft nachgedruckt wurde:

> Dein Hündchen, Candida, ist zärtlich, tändelnd, rein:
> Daß du es also leckst, soll das mich wundern? nein!
> Allein dein Hündchen lecket dich:
> Das wundert mich. (WuB 2, S. 221)[3]

Möglicherweise hat Wagner hierauf angespielt, auch wenn es keine inhaltliche Nähe zur *Kinderpastorale* gibt. Allerdings vermag in Lessings Gedicht die Opposition zwischen der Reinheit (sc. Rechtschaffenheit) des Hundes und der Unreinheit (sc. Unrechtschaffenheit[4], um das Adjektiv aus dem 106. von Lessings *Briefen, die neueste Literatur betreffend* [1759–1765] aufzugreifen) der Frau bzw. zwischen Mensch und Tier auch die Dichotomie von Mann und Frau als ein bürgerliches Genderstereotyp widerzuspiegeln und damit auf Wagners Herausstellung der väterlichen, männlichen Rechtschaffenheit zu verweisen. Ähnlich hypothetisch muss die Deutung von Milon ausfallen. Vielleicht ist die Verwendung dieses Namens eine Referenz gegenüber Wagners Dichterfreund Maler Müller und seiner Idylle *Bacchidon und Milon, eine Idylle; nebst einem Gesang auf die Geburt des Bacchus. Von einem jungen Mahler* (1775). Daphnis, ebenfalls der griechischen Mythologie entnommen, ist ein Sohn des Hermes und Hirte auf Sizilien. *Daphnis und Chloe*, ein spätantiker Liebesroman von Longos aus dem zweiten nachchristlichen Jahrhundert, hat Wagner wohl nicht im Blick gehabt, da dies ein für die Kinder eines rechtschaffenen Vaters ungebührliches Sujet dargestellt hätte. Der im Text genannte Musiker Lykas ist ebenfalls ein Name aus dem Setting eines Schäferspiels. Auf welche historische Person aus Wagners Umfeld sich der Name aber beziehen könnte, ist nicht zu verifizieren.

Die beiden Kinder und Geschwister Dorilis und Milon bestreiten im Wesentlichen diese Dialogszene des ersten und zweiten Auftritts, aus der der kurze Text besteht. Dorilis ist gerade im Begriff, eine Blume vom

---

[3]   An dieser Stelle kann vernachlässigt werden, dass sich in der Fassung von 1771 der Wortlaut der letzten Zeile dieses Sinngedichts nur unwesentlich ändert.

[4]   Ich greife das Adjektiv ‚unrechtschaffen' auf, das Lessing im 106. seiner *Briefe, die neueste Litteratur betreffend* (1759–1765), selbst benutzt. Im *Anhang zum 53. bis 86. Band der allgemeinen deutschen Bibliothek, 3. Abteilung* (1791) macht der anonyme Rezensent der *Lettre du Comte de Mirabeau a *** sur M.M. de Cagliostro et Lavater* (d.i. der Oberprediger Müller in Oebisfelde bei Magdeburg, ermittelt nach Parthey 1842, S. 49) ein Substantiv daraus, wo er über Cagliostro als einem bizarren „Compositum von Gelehrsamkeit und Unwissenheit, von Aberglauben und Unrechtschaffenheit" (S. 1607) spricht.

Blumenstock zu pflücken, als Milon interveniert. Sie solle das lassen, es sei eine schöne Blume, die ihr gebrochen nichts nütze. Dorilis hält dem entgegen, dass gerade darin der Endzweck einer Blume liege, gepflückt zu werden. Schon in der Minnelyrik enthielt die poetische Ausdrucksform ‚eine Blume brechen' die Semantik codierter Sexualität. Das kann bei Wagners Endreimtext ausgeschlossen werden. Geblieben ist aber der implizite Appell zu einer symbolischen Deutung, das bedeutet, dass zunächst einmal die Gewaltinskriptur erkannt werden muss, die der Akt des Brechens enthält. Der Text wirft die Frage nach dem Nutzen und nach dem Endzweck auf und liefert inkludent die Antwort mit, Nutzen und Endzweck werden nur erreicht, wenn ein bestehender Zustand (die Blüte am Wurzelstock) zuvor gewaltsam verändert wird. Nicht jede Veränderung beruht auf einem sanften Vorgang. Milon bringt als ein weiteres Kriterium nun die Schönheit in den Dialog mit ein, genauer die Naturschönheit. Die Blume sei in voller Blüte und so schön, deshalb dürfe sie nicht gepflückt werden. Dorilis entgegnet, ihre Schönheit sei der Grund, weshalb sie gepflückt werden müsse. Schließlich versucht es der Bruder mit dem Hinweis auf die christliche Tugend der Güte. Die Schwester solle aus lauter Güte (und das meint aus lauter Mitgefühl) darauf verzichten, die Blume zu pflücken. Dieses Argument überzeugt sie, und sie lässt davon ab. Allerdings fordert sie ihren Bruder dadurch heraus, dass sie ihm darlegt, nur ein einziges Wort lasse ihn seine Meinung ändern, und fordert ihn zu einer Wette heraus. Der Wetteinsatz ist das Band an seinem Hirtenstab, das ihm viel bedeutet. Dorilis provoziert sein Ehrverständnis, und in dem Augenblick, als er erfährt, dass die Blume nicht für sie selbst bestimmt ist, sondern dem Vater zu dessen Geburtstag dargebracht werden soll, ändert Milon seine Meinung und pflückt selbst die Blume. Angesichts des heutigen Festes würde er sich wünschen, dass die Blume noch schöner wäre.

Nebenbei drückt sich in dieser kurzen Handlung ein bemerkenswertes Detail historischer Geschlechterstereotypie aus. Während die Schwester zunächst diejenige ist, die souverän die diskursiven Ansprüche und Verbote ihres Bruders kontert und sich sogar mit Spott darüber hinwegsetzen will, ist es der Bruder, der Idee und Absicht der Schwester kapert und zu seiner eigenen Sache macht. Verbot er ihr zunächst die Blume zu pflücken, so pflückt er sie nun selbst. Und wollte die Schwester ursprünglich die Blume dem Vater zu dessen Geburtstag schenken, so nimmt sie nun der Bruder, um sie dem Vater zu „weyhn" (KP, S. 157) und damit die schwesterliche Bescheidenheit der Verehrung im Akt der Weihe zu überbieten. Dorilis hält ihren Bruder, der sogleich zum Vater will, noch zurück, sie wollen auf Daphnis warten. Die Schwester kennt den Grund, weshalb sich Daphnis verspätet und gerade, als sie das Milon erklären will, tritt Daphnis im zweiten Auftritt auf. Seine Stimmung ist traurig, steht also in vollkommenem Kontrast zur Stimmung der beiden anderen Geschwister und auch zur erwarteten Stimmung des Festereignisses. Daphnis muss eingestehen, dass ihm eine Geburtstagsüberraschung für den Vater misslungen ist. Er hatte Lykas beauftragt, ein Gedicht auf diesen Tag zu verfassen, vielleicht auch ein Lied zu komponieren, wenn man die Wörter „Haberrohr" (KP, S. 155), „Loblied" (KP, S. 155) und „anzutönen" (KP, S. 155) tatsächlich wörtlich nimmt. Doch Lykas hatte das abgelehnt, er könne einen solch bescheidenen und tugendhaften Mann wie den Vater der Kinder nicht mit seiner kümmerlichen Kunst ehren. Milon entscheidet für die geschwisterliche Gruppe, was zu tun ist, er weist jegliche Verantwortung der Geschwister für diese Panne zurück und fordert alle auf, nun gemeinsam zum Vater zu gehen. Daphnis und Dorilis zittern vor lauter Anspannung.

Der dritte und letzte Auftritt besteht nur aus acht Zeilen, aber alle drei Geschwister sprechen abwechselnd. Milon nähert sich als erster dem Vater, was darauf hindeutet, dass er innerhalb des Geschwisterverbands der Älteste ist. Dieser Auftritt, wie die Kinder vor den auf der Bühne nicht präsenten Vater treten, ruft sofort das Bild einer herrschaftlichen Audienz auf, die monastische Leerstelle muss im bürgerlichen Patriachat nicht personal besetzt sein, um restriktiv und repressiv zu wirken, die Internalisierung des väterlichen Gebots hat längst stattgefunden.

Dieses historische Beispiel von Gebrauchslyrik, das Lykas verweigerte, liefern die drei Kinder nun selbst in den Schlussversen. Die Blume wird dem Vater in Ehrfurcht überreicht als ein Symbol des Dankes und der Unterwerfung, die durchaus auch angstbesetzt ist. Denn Ehrfurcht vereint Ehre und Furcht. Die Analogie, wie sie Daphnis betont, liegt darin, dass die Kinder auch ihr gesamtes späteres Leben als Ausdruck der Ehrfurcht gegenüber ihrem Vater verstanden wissen und nur ihm zu Gefallen („Vergnügen", KP, S. 160) es führen wollen. Damit spiegelt das Gedicht bürgerliche Erziehung wider. Einmal „belohnt" (KP, S. 160) die Blume die Kinder selbst, wenn sie dem Vater „Vergnügen" (KP, S. 160) bereitet. Zum anderen wird auch das gesamte Leben der Kinder als ein „Lohn" (KP, S. 160) verstanden, der dem Vater entrichtet wird. Die Kinder werden in einer Währung entlohnt, die in der Anerkennung durch den Vater besteht. Väterliche Liebe ist das begehrte Zahlungsmittel.

Auch wenn Wagner, oberflächlich betrachtet, mit der *Kinderpastorale* ein unbedeutendes Literaturgenre beliefert haben mag, so wird doch in der Tiefenskriptur deutlich, dass die Harmlosigkeit eines Textes und die Leichtigkeit seiner Reime nichts darüber aussagen, was in der Tiefe unausgesprochen als Zeitkritik ruht.

Die *Kinderpastorale* muss extrinsisch im Kontext der aufgeklärten Kinder- und Jugendliteratur gesehen werden. Dabei kommt den Vätern im Prozess von Enkulturation und Sozialisation die zentrale Rolle zu, diese „findet ihren Ausdruck in der Hochschätzung, mit der in den Texten die Bezeichnungen ‚Vater' und ‚väterlich' gebraucht werden." (Wild 1987, S. 221) Der Vater verkörpert und repräsentiert für die Kinder wie auch für die Familie insgesamt jene „zivilisierten Standards, die sie in ihrem Sozialisationsprozeß einüben sollen; in ihm sind diese Standards personifiziert" (ebd., S. 244). Die propagierte Liebe zur Tugend wird durch ihn verkörpert und appelliert an die Kinder, in der Regel die Söhne, „sich selbst den Geboten der Sittlichkeit gemäß zu verhalten", was wiederum die Grundlage der Liebe der Kinder zum Vater darstellt; „Liebe zur Tugend und Liebe zum Vater gehen in eins". (Ebd., S. 248) Dieser Prozess hat zur Folge, „daß die Über-Ich-Instanz, deren Stellung im psychischen Apparat des Einzelnen infolge des familialen Wandels eine wesentliche Stabilisierung und Verstärkung erfährt [...], maßgeblich väterlich bestimmt ist." (Ebd., S. 249) Zu den wichtigen Autoren dieser väterlichen Kinder-Literatur gehören unter anderem Christian Felix Weiße (1726–1804), der ab 1775 in Leipzig das Wochenblatt *Der Kinderfreund* herausgab, und Joachim Heinrich Campe (1746–1818).

Die Opposition zwischen aristokratischem Privatunterricht durch einen Hofmeister und öffentlichem, bürgerlichen Schulunterricht hat der Dichter Jakob Michael Reinhold Lenz (1751–1792) in seinem Drama *Der Hofmeister oder Vorteile der Privaterziehung* (1774) dargestellt, das zum Zeitpunkt der Veröffentlichung von Wagners *Kinderpastorale*, eventuell sogar schon bei deren Entstehung, bereits gedruckt vorlag.

Der Kompositionstyp der Pastorale hat in der Geschichte der sakralen und profanen Musik seinen festen Platz und eine erstaunlich lange Tradition.[5] Die antiken Muster der Hirtendichtungen eines Theokrit, eines Virgil und eines Ovid werden in den Bucolica der Renaissance fortgeführt. Boccaccio und Sannazaros Dichtungen aus dem 14. und 15. Jahrhundert erfahren öfters Kompositionen. Den *Pastor fido* (1590) von Guarini, der über 125-mal vertont wurde, nennt der frühbarocke Theoretiker Christian Friedrich Hunold (Pseudonym Menantes) in seiner *Allerneuesten Art, / Zur / Reinen und Galanten / Poesie / zu gelangen. [...]* (Hamburg 1722) die Quelle aller Opern. Einen entscheidenden Anstoß erfährt die dramatisierte Pastorale durch Torquato Tassos fünfaktiges Hirtenspiel *Aminta* (Uraufführung 1573, gedruckt 1780). Bei Praetorius finden sich 1619 Pastoralkompositionen. Zahlreiche Opern mit pastoralen Stoffen und Motiven sind überliefert. Gluck (*Il re pastore*, 1756) und Mozart (*Il re pastore*, 1775) komponierten italienische Pastorali, sowie Telemann, Hasse, Jommelli, Carl Philipp Emanuel Bach und Haydn. In Frankreich erfreut sich die Pastoraloper bis zur Revolution großer Beliebtheit. Danach verlieren die Schäferdichtungen und Schäferkompositionen vollkommen ihre

---

[5]   Vgl. zum Folgenden Engel 1962, Sp. 937–942.

Bedeutung, gelten sie doch nun als Inbegriff der dekadenten Kultur des Ancien Régimes. In Deutschland komponierte J.H. Schein pastorale Lieder (*Waldliederlein*, 1621, und *Hirtenlust*, 1624). Die Gedichte *Des Daphnis aus Cimbrien Galathee* (Hamburg 1642) und *Des Edlen Dafnis aus Cimbrien besungene Florabella* (Hamburg 1666) von Johann Rist beinhalten entsprechende Liedeinlagen. Stieler, Zesen, Harsdörffer, Sigmund von Birken und Johann Klaj sind hier weiter als Beiträger zur Gattung zu nennen. Mit Geßners *Idyllen* (1756) zieht in die Pastoraldichtung ein wenig codierter empfindsamer und erotischer Subtext mit ein. Erst in Goethes Schäferspiel *Die Laune des Verliebten* (1768, gedruckt 1806) verliert sich diese historische Spur. Um 1800 wird die bereits epigonal gewordene Schäferdichtung endgültig verabschiedet.

In der geistlichen Musik, vor allem in der Weihnachtsmusik, finden sich pastorale Reminiszensen in den Hirtenkompositionen wieder. Hierfür stehen Schütz und Bach mit ihren Weihnachtsoratorien und Abbé Vogler mit seinen Messen. Ludwig van Beethoven nennt seine Symphonie Nr. 6 in F-Dur (op. 68, Uraufführung 1808) die ‚Pastorale'. In der Gegenwart ist der 1945 geborene Waliser Robert Jones zu nennen, der zahlreiche Orgelwerke und Messen komponiert hat. Aber seine *Pastoralmesse* aus dem Jahr 2016, die sich in Kyrie, Gloria, Sanctus und Benedictus, Agnus Dei gliedert, erfreut sich großer Beliebtheit, da diese *Missa pastoralis* gemeinhin als melodiös, rhythmisch und liedhaft gilt.

Eine spezielle Kinderpastorale ist in der Musik- und Literaturgeschichte bisher allerdings nicht bekannt. Lediglich der italienische Jesuitenpater und Dichter Giovanni Granelli (1703–1770) kann hier genannt werden. Seine dreiaktige sogenannte Kinderpastorale heißt im Original *L' Educazione. Azione Pastorale per la picciola famiglia della Duchessa di Cassano* (1767) und wurde, soweit wir sehen, nicht übersetzt (vgl. Klein 1869, S. 183).[6] Nun soll Heinrich Leopold Wagner des Italienischen kundig gewesen sein, das behauptet zumindest Erich Schmidt unter Hinweis darauf, dass Wagner in seiner Zeit als Hofmeister bei der Familie von Günderrode in Saarbrücken deren Bibliothek nutzen durfte und englische und italienische Studien trieb (vgl. Schmidt 1879, S. 14). Ist er dabei möglicherweise auf Granellis Stück gestoßen und hat sich zu seiner *Kinderpastorale* anregen lassen?

Im Titel nennt Wagners *Kinderpastorale* den richtigen Zeitpunkt, wann diese Schäferdichtung aufzuführen sei, nämlich „am Geburtstag eines rechtschaffenen Vaters", was prinzipiell auf jeden Geburtstag eines Vaters zutreffen kann, sofern er rechtschaffen ist, es muss also nicht ein bestimmter Vater wie etwa der Saarbrücker Präsident von Günderrode gemeint sein. Das religiöse Verständnis von Rechtschaffenheit leitet sich

---

[6] Vgl. das italienische Original in dem Band Tragedie del padre Giovanni Granelli della Compagnia di Gesu'. Edizione terza. Parma 1767, S. 351–406.

aus der jüdisch-christlichen Tradition her. Ein rechtschaffenes Leben zu führen und rechtschaffen zu handeln gewährt nach dem *Buch der Sprüche Salomos* (Spr 10ff.) ein langes Leben, bewahrt vor einem vorzeitigen Tod und erleichtert generell das Leben (vgl. Hausmann 1995, S. 288). Rechtschaffenheit kann sogar einen sozialen Kollektivwert darstellen. Der Frevler ist das Gegenteil eines Rechtschaffenen. Nach Zedlers *Universal-Lexikon* (1741) bedeutet „rechtschaffen" auch wahr und wahrhaftig. Ein rechtschaffener Christ, so Zedlers Beispiel, ist ein wahrer Christ und dient der ethischen Charakterisierung von Gesinnung und Handlung eines Menschen. Ein rechtschaffener Vater ist demnach ein wahrer Vater, also ein Vater, wie er sein sollte und dem zeitgenössischen Ideal entspricht, eben ein „rechtschaffenes Wesen in Worten und Wercken [...]; er muß in der Wahrheit also seyn, wie er sich äusserlich anstellet" (Zedler 1741, Sp. 1430). Die Idealtypisierung der Menschen, wie sie sich in der zeitgenössischen Literatur und auch in der *Kinderpastorale* wiederfindet, nimmt bemerkenswerterweise auch ein Beitrag aus dem *Bürgerfreund* zum Anlass seiner Kritik, der ein Jahr vor Wagners Kinderdramolett unter der Überschrift *Vom Lesen der Romanen* erschienen ist.

> Eine der schädlichsten Wirkungen der Romanen ist, daß sie uns das wahre Maaß zur Beurtheilung der Menschen, aus den Augen rücken. Indem sie uns lauter Muster von Standhaftigkeit, von Muth, Treue, Verläugnung, Aufopferung – darstellen, so machen uns diese Bücher zu bekannt mit der Vorstellung einer Vollkommenheit, davon wir in der Welt so wenig Beyspiele antreffen. Sie füllen uns den Kopf mit Idealen an, verrücken uns den Gesichtspunkt, aus welchem wir die Dinge betrachten sollen, und schaffen um uns herum eine ganz andere Welt als die wirkliche ist. Wenn wir nun aus diesem süßen Traume, durch unangenehme Vorfälle, durch Disharmonie unseres Selbsts, mit der Gesellschaft, erweckt werden; wann uns die eingebildeten Vollkommenheiten entschlüpfen: so werden wir unzufrieden, misvergnügt, und sehen uns als den unglücklichen Gegenstand eines hartverfolgenden Schicksals an. Daher kommt es, daß uns so selten der wirkliche Genuß befriedigt, weil er unserm Ideal nicht entspricht. Wie reizend, und doch wie gefährlich, in mehr als einem Verstande gefährlich, ist nicht eine blühende Einbildungskraft! Daher entsteht so oft Muthlosigkeit, Melankolie, Sättigung, Ekel; daher so manche unglückliche Ehen, weil keines von den Eheleuten so ist, wie sich es das andere vorgestellt, und man in diesem vertrauten Umgange das nicht findet, was man, nach Anleitung der Komödie, der Oper, oder des Romans, zu finden glaubte. Hat man jemals kaltes Blut, und mit der Natur der Dinge übereinstimmende Begriffe nöthig, so ist es beym Freyen. Und wenn hat man sie wohl weniger? – Wenn sich jedermann ächte, unüberspannte Ideen von dem Menschen, und den Zufällen die ihn betreffen, machte, so würde man sich nicht dem Zorn, der Wuth,

dem Unwillen, der Melankolie, der Verzweiflung, der närrischen ausschweifenden Liebe – überlassen; eine freudige Gelassenheit würde die Stelle der Leidenschaften einnehmen; Unglücksfälle, die man sich oft als möglich vorgestellet, würden weniger drücken; der Verlust der Güter, der Freunde – weniger darnieder schlagen und muthlos machen; Biegsamkeit, Nachgiebigkeit, Gefälligkeit, Ueberlegung und überdachte Mildthätigkeit würde den Menschen beleben; eine gewisse Gleichmüthigkeit würde die Triebfeder seiner Handlungen seyn; den Ehestand zu einem beglückten Umgang, und das goldene Zeitalter, das leyder bisher immer nur noch in den Schriften der Dichter existirt zu haben scheint, unter uns aufblühen machen: gerade deswegen, weil wir es in der Welt und in uns, und nicht in zauberischen Feen-Mährchen suchten. (BF 1776, S. 358f.)

Wagners ‚versteckte' Dedikation im Untertitel der *Kinderpastorale* mit dem Wortlaut „aufzuführen am Geburtstag eines rechtschaffenen Vaters" adressiert also das gesamte Stück an einen idealtypischen, nämlich rechtschaffenen Vater, einen Vater, wie er sein sollte. Auch das *Grammatisch-kritische Wörterbuch der Hochdeutschen Mundart* von Adelung betont diese Wortbedeutung von Rechtschaffenheit. Dort wird neben der Nennung des rechtschaffenen Glaubens und des rechtschaffenen Sohns auch auf den Begriff der rechtschaffenen Tugend verwiesen. Weiter heißt es: „In engerer Bedeutung ist rechtschaffen, Neigung und Fertigkeit besitzend, das zu thun was recht ist, bloß weil es recht ist, und in dieser Neigung gegründet" (Adelung 1811, S. 1007f.). Damit ist das Wort in den bürgerlichen Tugenddiskurs der Zeit implementiert. Das schlägt sich etwa im Titel der Ratgeber- und Erziehungsliteratur nieder, denen am Anfang des Jahrhunderts wie am Ende die Rechtschaffenheit als ethischer Fixpunkt dient, der durch eine aufrichtige christliche Erziehung zu erreichen und zu sichern ist, wie etwa in *Der getreue Hoffmeister adelicher und [!] bürgerlicher Jugend / oder Aufrichtige Anleitung wie so wol ein junger von Adel als anderer / der von guter Extraction, soll rechtschaffen aufferzogen werden / er auch seine Conduite selbst einrichten und führen müsse [...]* (Leipzig 1703) von August Bohse und *Der durch die Wissenschaften zur Rechtschaffenheit gebildete Jüngling: Eine Rede [...]* von Karl Joseph Battista (Prag 1781), deren Thema bereits in Schulprogrammen zuvor distribuiert worden war, wie beispielsweise in der *Rede von der Beförderung der Rechtschaffenheit als dem Hauptzweck alles Unterrichts in Gymnasien und gelehrten Schulen, bey der Einführung der neuen Lehrer des Altonaischen Gymnasii [...]* (Altona 1771) von Georg Ludwig Ahlemann. Auch die anonym erschienenen *Beyspiele daß Tugend und Rechtschaffenheit das sicherste Mittel zur menschlichen Glückseligkeit sey gezeiget in den Begebenheiten verschiedener Freunde* (Frankfurt, Leipzig 1772) gehören in die Reihe dieser didaktisch-literarischen Texte. Auch in manchen zeitgenössischen Dramen taucht im Titel der Begriff der Rechtschaffenheit in Verbindung mit

Tugend auf, und 1795 erscheint in Wien anonym ein *Manifest einer nicht geheimen, sondern sehr öffentlichen Verbindung ächter Freunde der Wahrheit, Rechtschaffenheit und bürgerlichen Ordnung, an ihre Zeitgenossen*. Dem Begriff der Rechtschaffenheit gelingt seit der Reformation in der frühbürgerlichen und bürgerlichen Gesellschaft eine unvergleichliche begriffsgeschichtliche Karriere, dessen sozio- und psychohistorische Inskripturen und Kongruenzen von religiöser Pflicht, gesellschaftlicher Erwartung und juristischem Selbstbild noch längst nicht ausgeleuchtet sind. Möglicherweise hat sich Wagner von den *Dramatischen Kinderspielen* anregen lassen, die sind zwar anonym erschienen, aber schon in einer der ersten Rezensionen von 1769 wurde der aus Colmar stammende Schriftsteller und Pädagoge Gottlieb Konrad Pfeffel (1736–1809) als Verfasser vermutet. Pfeffel hatte 1760 in Colmar eine Lesegesellschaft[7] gegründet, die bis 1820 bestand, und 1773 eine École militaire, ebenfalls in Colmar, für die Söhne lutherischer oder reformierter Aristokraten.[8] In der *Deutschen Gesellschaft* in Straßburg, die bis zu seiner Abreise im März 1776 von Lenz geleitet wurde, las auch Wagner seine *Kindermörderin* vor (vgl. Lefftz 1931, S. 75). Auf den Unterschied zwischen den Kinderschauspielen nach 1765 und dem aufgeklärten Schuldrama, die sich hinsichtlich der Adressaten, Aufführungsort, Geschlechterdistinktion und didaktischer Intention unterscheiden, wurde aus theatergeschichtlicher Perspektive aufmerksam gemacht (vgl. Schmidt 2017, bes. S. 64–68). Die *Dramatischen Kinderspiele* müssen als ein typisches Zeitdokument in diesem Kontext der Kinderdramen der Aufklärung gesehen werden (vgl. Cardi 1983, bes. S. 25–29). An den Anfang seiner *Dramatischen Kinderspiele*, die von Arnaud Berquin (1749–1791) im selben Jahr auch ins Französische übersetzt wurden, (vgl. Lehr 1840, S. 14; Guhde 1964, S. 109) setzt Pfeffel folgendes Widmungsgedicht:

> An Doris.
>
> Laß mich, o Doris, dem Gefühle
> Und dir, ein Opfer weihn.
> Die Muse dieser Kinderspiele
> Muß eine Mutter seyn.
>
> Sey stolz auf dieses Titels Ehre,
> Den selbst der Wilde schätzt,
> Und der noch mehr als wälsche Chöre
> Des Weisen Ohr ergötzt.

---

[7] Vgl. zum literatur- und kulturhistorischen Kontext Lefftz 1931, S. 93f. und S. 237, der dieser Lesegesellschaft aber keinen nennenswerten gesellschaftlichen Einfluss zugesteht, da sie sich vorwiegend aus Protestanten zusammensetzte.
[8] Vgl. zu den Lesegesellschaften grundlegend van Dülmen 1986, bes. S. 82ff.

Kein Reiz kann dein Geschlechte krönen,
Den er nicht noch erhöht;
Er mischt den sanften Blick der Schönen
Mit edler Majestät.

Ein Kind erregt in zarten Seelen
Der Menschheit reinste Lust,
Und schmückt, noch schöner als Juwelen,
Der Mutter weise Brust.

Wie manche Dame wird hier lachen!
Auch du, Geliebte? . . . nein;
Die Mutter der erlauchten Gracchen
Wird stets dein Muster seyn.

Einst gab ein fremdes Frauenzimmer
Ihr einen Staatsbesuch;
Ihr ganzer Leib war lauter Schimmer,
Und lauter Wohlgeruch.

Die Nymphe schwatzt von Putz und Kleide,
So pflegt es noch zu gehn;
Und endlich wünscht sie das Geschmeide
Der Römerinn zu sehn.

Cornelia ruft ihren Söhnen,
Und als sie sich genaht,
So sprach sie zu der eitlen Schönen:
Hier, dieses ist mein Staat! (Pfeffel 1769, n.p. [= S. 2f.])

Mit der angesprochenen Doris ist nicht eine konkrete historische Person adressiert, sondern die mythologische und mythopoetische Figur der Doris wird bei Pfeffel als Repräsentantin von musterhafter Mütterlichkeit angerufen. Nach Hesiods *Theogonie* ist diese „schönhaarige Doris" (V. 241), die auch die Mutter von Doris, der „Geberin" (V. 250), ist, (vgl. Hesiod 2018) in der griechischen Mythologie eine Okeanide (das ist eine Süßwassernymphe), Tochter des Okeanos und der Tethys. Sie ist mit Nereus verheiratet und hat 50 Kinder, die sogenannten Nereiden. Der Name Doris wird darüber hinaus auch als Metonymie für das Meer in der Mythologie gebraucht (Bloch, Funke 1997, Sp. 780). Goethe lässt noch in *Faust II* im zweiten Akt der *Klassischen Walpurgisnacht, Felsbuchten des ägäischen Meers* den Nereus (V. 8346ff.), die Nereiden (V. 8043ff.) und die auf Delphinen reitenden Doriden (V. 8391ff.) auftreten, deren Vater Nereus sie „die Grazien des Meeres" (V. 8135) nennt. Diese antworten:

Knaben sinds die wir gerettet,
Aus der Brandung grimmem Zahn,
Sie, auf Schilf und Moos gebettet,
Aufgewärmt zum Licht heran,
Die es nun mit heißen Küssen
Treulich uns verdanken müssen;
Schau die Holden günstig an! (V. 8395ff.)

Lobst du Vater unser Walten,
Gönnst uns wohl erworbene Lust,
Laß uns fest, unsterblich halten
Sie an ewiger Jugendbrust. (V. 8404ff.)

Zwar spricht der Verfasser Pfeffel seine Doris mit den Worten „Auch du, Geliebte? …" (Pfeffel 1769, [S. IV]) an, doch ist das wohl eher poetische Fiktion als Ausdruck eines historischen Bezugs. Ist Wagners Dorilis aus der *Kinderpastorale* also möglicherweise eine Anspielung auf diese, nämlich Pfeffels Doris? Wenn in Pfeffels Gedicht der Name Cornelia angeführt wird, so öffnet dies folgenden historischen Bezug. Cornelia (ca. 190 – ca. 100 v. Chr.) war die Tochter von Scipio Africanus maior und Aemilia Tertia. Die Römer verehrten sie als Inbegriff einer Matrona. Sie gilt als „Archetyp der röm.[ischen] Mutter" (Meineke 2013, Sp. 331) und war mit Tiberius Sempronius Gracchus, der zwischen 177 und 163 v.Chr. römischer Konsul war und 154 v. Chr. starb, verheiratet. Aus der Ehe gingen zwölf Kinder hervor, von denen eine Tochter und zwei Söhne überlebten; die Söhne und späteren Volkstribunen Tiberius und Gaius engagierten sich in Rom politisch und sind als die Gracchen bekannt. Tacitus führt Cornelia in seinem *Dialog über die Redner* Cornelia als leuchtendes Beispiel an für den Inbegriff einer römischen Mutter, zugleich dient ihm das Beispiel Cornelia auch zur Charakterisierung der in Erziehungsfragen besseren früheren Zeit. Zu den Merkmalen dieser Geschlechterstereotypie gehören unter anderem die persönliche Erziehung der Söhne durch die Mutter, das eigene Säugen, das nicht an eine Amme delegiert wird, und gewissenhafte Wahrung häuslicher Aufgaben. Tacitus bilanziert diese ältere Art der Erziehung mit dem Hinweis, Cornelia und anderen beispielhaften römischen Müttern sei es auf diese Weise gelungen, dass sie die Erziehung „kontrollierten" („praefuisse educationibus"), Cornelia habe so ihre beiden Söhne „zu führenden Politikern" herangebildet; Tacitus hebt die „strenge Disziplin" hervor und die Ausrichtung der mütterlichen Erziehung an den „edlen Künsten" wie Kriegsdienst, das Studium des römischen Rechts und die rhetorische Schulung, an deren Ende die umfassende Aneignung dieser Disziplinen stand.[9] Der Vorbildcharakter wurde darüber hinaus auch in ihrem Umgang mit dem Verlust

---

[9]   Darstellung und Zitat nach Blank-Sangmeister 2001, S. 117.

ihrer Kinder als Mater dolorosa gesehen und ihre Stärke als exemplum, also als ein beispielhaftes Vorbild, gewürdigt. Bei Martial hingegen wird Cornelia in dessen *Epigrammen* als ein positives, historisches Beispiel sexueller Freizügigkeit angeführt (vgl. Martialis 2019, Z. 17). Ihre Vorbild- und Exemplumfunktion bewahrte sie auch in der Literatur des Mittelalters und der Frühen Neuzeit, noch 1524 wird sie in der Abhandlung *De institutione femininae Christianae* als „Idealfigur der weiblichen Christin" (Meineke 2013, S. 332) präsentiert, und 1851 erscheint postum sogar ein Roman mit dem Titel *Cornelia* (1851) von Charlotte von Kalb (1761–1843), der auch die von der Autorin gewünschte Dreiecksbeziehung mit Schiller und seiner Frau reflektiert.

In Pfeffels Gedicht nun wird eine namenlose Nymphe genannt, die Doris einen Besuch abstattet und Cornelias Schmuck zu sehen wünscht. Diese ruft ihre beiden Söhne und erklärt der Nymphe: „Hier, dieses ist mein Staat!" (Pfeffel 1769, [S. IV]) An die gleichnamige Vestalin, die 91 n. Chr. lebendig begraben wurde, da man ihr Unzucht vorwarf, dachte Pfeffel nicht, was unter anderem durch den Hinweis auf „die Mutter der erlauchten Gracchen" (Pfeffel 1769, [S. IV]) belegt ist. Allerdings wandelt Pfeffel den historischen Gehalt etwas ab, denn bei Valerius Maximus ist diese Geschichte folgendermaßen überliefert: „Als der Cornelia, der Mutter der Gracchen, eine kampanische Frau, die bei ihr zu Besuch war, ihre Schmuckstücke – die schönsten jener Zeit – zeigte, unterhielt sich Cornelia so lange mit ihr, bis ihre Kinder aus der Schule nach Hause kamen, und sagte: ‚Dies sind meine Schmuckstücke.'" (Blank-Sangmeister 2001, S. 119)

Nach dem Widmungsgedicht *An Doris* folgt die eigentliche *Vorrede* des Verfassers, die den Hinweis enthält, wer ein Kinderspiel schreiben wolle, müsse vor allem die kindlichen Akteure und weniger die Zuschauer vor Augen haben, denn „diese will er unter dem Scheine der Ergötzung lehren und bessern: Er muß also aus der Sittlichkeit sein Hauptwerk machen, und die zarten Gemüther mit dem gefährlichen Bilde des ungestraften Lasters verschonen." (Pfeffel 1769, [S. XIVf.]) Goethe wird später in den *Xenien* gegen die ‚Schriften für Damen und Kinder' polemisieren:

> Immer für Weiber und Kinder! Ich dächte man schriebe für Männer,
> Und überließe dem Mann Sorge für Frau und für Kind! (MA 4.1, S. 793)

Bemerkenswert ist sowohl an Pfeffels und Wagners Ernsthaftigkeit und der Ablehnung Goethes, dass sowohl die patriarchale, lyrische Polemik als auch die aufgeklärte Kinderliteratur dieselben systemstabilisierenden Effekte erzielen. Beide Diskursformen nostrifizieren die Einschreibung des Geschlechterstereotyps in das bürgerliche Familienmuster, 1769 ebenso wie 1797, als die gemeinsam mit Schiller verfassten *Xenien* erstmals erschienen sind.

Die *Dramatischen Kinderspiele* wurden in der *Deutschen Bibliothek der schönen Wissenschaften* 1769 besprochen. Der Rezensent liest sie als „einen neuen so vortreflichen Beytrag zur Erziehung" und stellt sie in eine Reihe mit Rousseaus Erziehungsroman *Emile oder Über die Erziehung* (1762), er lobt die „Meisterhand" des Verfassers und fragt: „Sollte ich mich irren, wenn ich Hrn. *Pfeffel* muthmaßlich für den Verfasser hielt?" (DBSW 1769, S. 725) Damit war die Zuschreibung des anonymen Textes in der *res publica litteraria* ein Faktum. Allerdings stellt der Rezensent am Ende die Frage, ob nicht die Darstellung gesellschaftlicher Tugenden anstelle von Heldentugenden im Sinne von Beispielreferenzen für Kinder pädagogisch wertvoller seien. Als Medium der Darstellung sollte demzufolge nicht die Textform einer Tragödie, sondern vielmehr das rührende Lustspiel gewählt werden. Zehn Jahre später findet sich nochmals ein Hinweis auf die Verfasserschaft Pfeffels im *Taschenbuch für Schauspieler und Schauspielliebhaber*, wo die *Dramatischen Kinderspiele* in seiner Werkübersicht aufgeführt sind (vgl. TSS 1779, S. 254).

Mit Wagners *Kinderpastorale* kann ein Text wiederentdeckt werden, der den Nachweis erbringt, dass auch die vermeintlich kleine Literatur die großen Themen der Zeit widerspiegelt und nicht zwischen der Zweckbindung als Gebrauchslyrik und dem pathetischen Utopieentwurf einer Schäferwelt zerrieben wird.

Werke

Adelung, Johann Christoph: Grammatisch-kritisches Wörterbuch der Hochdeutschen Mundart […]. 3. Tl. Wien 1811.

[Anonym:] Tragedie del padre Giovanni Granelli della Compagnia di Gesu'. Edizione terza. Parma 1767.

[Anonym:] Vom Lesen der Romanen, in: Der Bürgerfreund 1/1 (1776), S. 358f. [= BF 1776]

Deutsche Bibliothek der schönen Wissenschaften. 12 (1769), S. 725. [= DBSW 1769]

Goethe, Johann Wolfgang: Sämtliche Werke nach Epochen seines Schaffens. Bd. 4.1: Wirkungen der Französischen Revolution 1791–1797. München 1988. [= MA 4.1]

Hesiod: Theogonie. Griechisch/Deutsch. Übersetzt und hg. von Otto Schönberger. Stuttgart 2018.

Klein, J.L.: Geschichte des italienischen Drama's. Bd. 3, Abt. 2. Leipzig 1869.

Lehr, Paul (Ed.): Fables et Poésies choisies de Théophile-Conrad Pfeffel, traduites en vers français et précédées d'une notice biographique. Strasbourg 1840.

Lessing, Gotthold Ephraim: Werke und Briefe in zwölf Bänden. Hg. von Wilfried Barner u.a. Bd. 2: Werke 1751–1753. Frankfurt a.M. 1998. [= WuB 2]

Martialis, M. Valerius: Epigramme. Lateinisch / Deutsch. Ausgewählt, übersetzt und hg. von Niklas Holzberg. Buch 11. Stuttgart 2019.

[Parthey, Gustav C.F.:] Die Mitarbeiter an Friedrich Nicolai's Allgemeiner Deutscher Bibliothek nach ihren Namen und Zeichen in zwei Registern geordnet. Ein Beitrag zur deutschen Literaturgeschichte. Reprographischer Nachdruck der Ausgabe Berlin 1842. Hildesheim 1973.

[Pfeffel, Gottlieb Konrad:] Dramatische Kinderspiele. Straßburg 1769.

Römische Frauen. Ausgewählte Texte. Lateinisch / Deutsch. Übersetzt und hg. von Ursula Blank-Sangmeister. Stuttgart 2001.

Taschenbuch für Schauspieler und Schauspielliebhaber. Hg. von Johann Gottlieb Bärstecher. Offenbach a.M. 1779. [= TSS 1779]

Wagner, [Heinrich Leopold]: Kinderpastorale, in: Der Bürgerfreund. X. Stück. Freytags den 14ten März 1777, S. 155–160. [= KP]

Wagner, Heinrich Leopold: Phaeton, eine Romanze [...]. Nachdruck [Faksimile] der Ausgabe Saarbrücken 1774. [Mit einem Nachwort v. Christoph Weiß]. St. Ingbert 1990.

Wartenburg, Hans Graf Yorck von: Ein Kinderpastorale von Heinr. Leop. Wagner, in: Archiv für Litteraturgeschichte 4 (1875), S. 393–397.

Zedler, Johann Heinrich: Grosses vollständiges Universal-Lexikon Aller Wissenschaften und Künste, [...]. Bd. 30. Leipzig, Halle 1741.

Forschung

Bloch, René; Funke, Peter: [Art.] Doris, in: Der Neue Pauly. Enzyklopädie der Antike. Hg. von Hubert Cancik und Helmuth Schneider. Stuttgart 1997, Sp. 780–781.

Cardi, Carola: Das Kinderschauspiel der Aufklärungszeit. Eine Untersuchung der deutschsprachigen Kinderschauspiele von 1769–1800. Frankfurt a.M. 1983.

Dülmen, Richard van: Die Gesellschaft der Aufklärer. Zur bürgerlichen Emanzipation und aufklärerischen Kultur in Deutschland. Frankfurt a.M. 1986.

Engel, Hans: [Art.] Pastorale, in: Die Musik in Geschichte und Gegenwart. Allgemeine Enzyklopädie der Musik. Begr. von Friedrich Blume. Kassel u.a. 1962, Bd. 10, Sp. 937–942.

Guhde, Edgar: Gottlieb Konrad Pfeffel. Ein Beitrag zur Kulturgeschichte des Elsaß. Winterthur 1964.

Hausmann, Jutta: Studien zum Menschenbild der älteren Weisheit (Spr 10ff.). Tübingen 1995.

Hoppstädter, Kurt: Der Saarbrücker Hofadel im 18. Jahrhundert, in: Wilhelm Heinrich von Nassau-Saarbrücken 1718–1768. Hg. von Hans-Walter Herrmann und Hanns Klein. (= Zeitschrift für die Geschichte der Saargegend. 16. Jg., 1968). Saarbrücken 1968, S. 92–130.

Lefftz, Joseph: Die gelehrten und literarischen Gesellschaften im Elsass vor 1870. Heidelberg 1931.

Meineke, Eva-Tabea: [Art.] Cornelia, in: Der Neue Pauly. Supplemente Bd. 8: Historische Gestalten der Antike. Darmstadt 2013, Sp. 329–336.

Sauder, Gerhard: Kein Sturm und Drang in Saarbrücken. Heinrich Leopold Wagners Hofmeisterzeit, in: Saarheimat 3/4 (1979), S. 57–62.

Schmidt, Erich: Heinrich Leopold Wagner. Goethes Jugendgenosse. 2. völlig umgearb. Aufl. Jena 1879.

Schmidt, Laura: Weihnachtliches Theater. Zur Entstehung und Geschichte einer bürgerlichen Fest- und Theaterkultur. Bielefeld 2017.

Wild, Reiner: Die Vernunft der Väter. Zur Psychographie von Bürgerlichkeit und Aufklärung in Deutschland am Beispiel ihrer Literatur für Kinder. Stuttgart 1987.

Ein Pendant und Prequel zu Merciers Zukunftsroman *L'an 2440.*

Prognostizierte Retrospektive und Nebentext-Experimente in Heinrich Leopold Wagners Literatursatire *Voltaire am Abend seiner Apotheose* (1778)

Barbara Beßlich

1771 erschien Louis-Sébastien Merciers (1740–1814) utopischer Roman *L'an 2440*, in dem ein Ich-Erzähler im Jahr 1769 in Paris einschläft, im Jahr 2440 wieder in Paris erwacht und, konfrontiert mit einer glorreich aufgeklärten und friedvollen Zukunft, der absolutistischen Gegenwart des 18. Jahrhunderts die Leviten liest. Dass es sich bei dieser Zeitreise um einen Traum handelt, signalisiert bereits der Untertitel, der die Utopie ausweist als *Rêve s'il en fût jamais*. Mit Merciers *L'an 2440* verlagerte sich das utopische Ideal am Ende des 18. Jahrhunderts aus dem fernen Raum der eigenen Gegenwart in eine ferne Zukunft des eigenen Raums, und dieser erste wirkmächtige Zukunftsroman präludierte den Siegeslauf der Science-Fiction im 19. Jahrhundert. Nachdem auch die entlegensten Winkel des Erdballs entdeckt waren, blieben der utopischen Erfindungskraft kaum mehr geografische Rätselräume und Nirgendwos, es sei denn, sie grub sich ins Erdinnere oder beflog extraterrestrisches Gebiet. So erklärt sich die Verzeitlichung der Utopie bei Mercier auch als Reaktion auf die räumliche Erschlossenheit des Globus'. Utopia wird nicht mehr durch Schifffahrt erreicht und die Terra incognita einer Insel entdeckt, sondern der Erzähler verbürgt als Träumer seine Zeitreise.

Merciers Buch war ein Bestseller des 18. Jahrhunderts und wurde gerade in Deutschland stark rezipiert. Die Jahreszahl 2440 avancierte bei den Zeitgenossen Merciers zum Synonym für eine bürgerliche Fortschrittsutopie und Gegenwartsschelte, ähnlich wie *1984* nach George Orwell (1903–1950) als metonymisches Schlagwort für eine totalitarismuskritische Dystopie benutzt werden konnte. Noch bevor Christian Felix Weiße (1726–1804) den Roman ins Deutsche übersetzte, rezensierten die *Frankfurter gelehrten Anzeigen* das französische Original 1772 enthusiastisch und registrierten gattungsästhetisch nicht so sehr den utopischen, sondern eher den gesellschaftskritischen, satirischen Charakter und hoben vor allem die Idee hervor, mit dem Mittel des erzählten Traums die Gegenwart zu tadeln:

> Dieses Buch enthält eine Satyre auf das Zeitalter des Verfassers,
> und auf Frankreich, sein Vaterland, zugleich aber auch das Ideal der
> Moralität, wie er es vor sein Vaterland, und sein Zeitalter wünschte.
> Der Einfall, zu träumen, daß er im Jahr 2440 in Paris sey, hat ihm
> Stoff zu beyden Entzwecken an die Hand gegeben. Er sieht alsdann
> alles, wie er es wünscht, und erzählt seinen Mitbürgern, als ein
> Mann von 700 Jahren, allerley glaubwürdige Dinge, die zu seiner
> Zeit Mode waren. Wenn er seinem Zeitalter den Text liest, so hört
> man ihm nicht so ruhig zu; denn es ist oft bittre und harte Dekla-
> mation [...]. (FgA 1772, S. 17)

Diese von Johann Heinrich Merck (1741–1791) verfasste Rezension lässt
sich in dem legendären Jahrgang 1772 der *Frankfurter gelehrten Anzeigen*
(als einem Ideenlabor des Sturm und Drang) als ein Hinweis und produktionsästhetischer Vorschlag begreifen, wie man künftig in der Fiktion der
Gegenwart einen kritischen Spiegel vorhalten könne. Dass es sich bei
Merciers Utopie nicht nur ganz allgemein um politische und kulturell-
gesellschaftliche Zeitkritik handelt, sondern in Teilen konkreter auch um
fiktionalisierte Literaturkritik, machte Merck der deutschsprachigen Leserschaft deutlich, wenn er sich intensiv dem Kapitel über die königliche
Bibliothek zuwandte, in dem Mercier seinen Ich-Erzähler auch mit der
klassizistischen französischen Literatur der Vergangenheit und Gegenwart abrechnen ließ.

Merciers Traumutopie bildet meines Erachtens einen gewichtigen
und bisher kaum berücksichtigten Prätext für die Literatursatiren des
Sturm und Drang, und Mercks Rezension gab 1772 den Startschuss zu
dieser produktiven Rezeption. Während die Forschung bislang vor allem
die Bedeutung von Merciers Dramenästhetik für den Sturm und Drang
betonte, wurde vernachlässigt, dass auch diesem ersten prominenten Zukunftsroman eine Schlüsselstellung für die Poetik des Sturm und Drang
zukommt.[1] Merciers verinnernde Subjektivierung der Utopie durch den
Traum nobilitiert den utopischen Erzähler vom bloßen Berichterstatter
einer Entdeckung zum autonomen Schöpfer einer Gegenwelt. Dies passt

---

[1]   Die Forschung zur Mercier-Rezeption in Deutschland splittet sich in zwei ge-
trennte Stränge: Während die Forschung zum Sturm und Drang sich konzentriert
auf Merciers Schrift *Du théâtre ou Nouvel essai sur l'art dramatique*, die bekannter-
maßen Heinrich Leopold Wagner (1747–1779), durch Anregung Goethes, übersetzte und *mit einem Anhang aus Goethes Brieftasche* anonym veröffentlichte (vgl.
MW. Vgl. hierzu etwa McInnes 1983/84; Le Moël 2007; Luserke 2019, S. 95ff; Martin 2012), wird *L'an 2440* berücksichtigt von Forschungen zum Staatsroman, zur
Utopie und der Geschichtsphilosophie der (Spät-)Aufklärung, die sich wiederum
nicht so sehr für die literarische Strömung des Sturm und Drang näher interessiert
(vgl. etwa Jaumann 1990; Sommer 2006, S. 268–291; Löwe 2012, S. 73–86). Dass
aber die Sturm-und-Drang-Autoren nicht nur die Dramentheorie Merciers, sondern auch seine satirische Fortschrittsutopie begeistert lasen und sich von ihr inspi-
rieren ließen, wurde dabei übersehen.

zur Poetik des Sturm und Drang, der die Produktionsästhetik auratisiert, das Originalgenie feiert und den Dichter mit Shaftesbury (1671–1713) zum „second Maker: a just Prometheus, under Jove" (S 1711, S. 207) vergöttlicht. Sowohl Goethe (1749–1832) (*Götter, Helden und Wieland* [1774]) als auch Lenz (1751–1792) (*Pandämonium Germanikum* [1775]) greifen Merciers Idee auf, den Traum zum Forum der Literatursatire zu machen: In *Götter, Helden und Wieland* lässt Goethe Wieland „in der Nachtmütze" (G 1774, S. 683) auftreten und signalisiert so, dass es sich bei dieser Farce um einen Traum Wielands handelt. Auch das *Pandämonium Germanikum* entpuppt sich am Ende als ein Traum des Protagonisten Lenz. Dass die intertextuelle Auseinandersetzung mit Merciers Zukunftsroman bei Heinrich Leopold Wagner aber noch sehr viel intensiver ist als bei Goethe und Lenz, sollen die folgenden Ausführungen zu seiner Literatursatire *Voltaire am Abend seiner Apotheose* (1778) sichtbar machen.[2]

Während Wagners andere Literatursatire *Prometheus, Deukalion und seine Recensenten* (1775) als Zeugnis des *Werther*-Eklats auch in der jüngeren Forschung gelegentlich beachtet wurde (vgl. Dörr 2011; Braese 2013), ist diese Personalsatire bisher eher stiefmütterlich behandelt worden, was auch damit zusammenhängen mag, dass man den beleidigenden Ausfall gegen Voltaire (1694–1778) kurz vor dessen Tod als einigermaßen unappetitlich und besonders extremes Beispiel einer gallophoben Attacke des Sturm und Drang empfand (vgl. Rieck 1985, S. 155f.; Ripper 2017). Unbeachtet blieb dabei aber, dass Wagner (wie zu zeigen sein wird) die Argumente seiner Voltaire-Kritik von Mercier übernahm. Es scheint mir daher auch missverständlich und vereinfachend zu sein, Wagners Text schlankweg als gallophob zu bezeichnen, denn er ist weniger aus einem auf nationale Abgrenzung bedachten kulturpatriotischen Impetus heraus zu erklären,[3] sondern sehr viel mehr motiviert aus einer Klassizismus-Kritik, die sich zwar gegen französische klassizistische Literatur wendet, sich hierbei aber dezidiert einer französischen Selbstkritik anschließt und bedient, wie sie Mercier formuliert. Eine solche Anverwandlung und Transformation einer französischen Klassizismus-Kritik unter literatursatirischen Auspizien scheint mir methodisch sinnvoller mit dem neutraleren Begriff des Gallo-

---

[2] Franziska Herboths wichtige Dissertation zur Literatursatire im Sturm und Drang erwähnt zwar kurz, dass eine Szene in Wagners Literatursatire Merciers Roman ähnele, konzentriert sich aber in ihrer Analyse dann auf andere Aspekte (vgl. Herboth 2002, S. 276). Die Bedeutung der Literatursatire für den Sturm und Drang beleuchtet in einem konzisen Überblick (ohne Fokus auf Wagner) Kauffmann 2013.

[3] Dass Wagner nicht das Französische als solches attackiert, macht eine Anmerkung in seiner Übersetzung von Merciers dramentheoretischer Schrift deutlich. Dort plädiert Wagner dafür, Lessings nationalstereotyp überzeichnete Figur des Riccaut de la Marlinière „von allen unsern Bühnen auf immer verbannt zu sehn; […] Riccaut […] macht, beym Pöbel freilich nur, alles Französische verächtlich. Und das ist doch wohl ärger noch? A. d. Ueb." (MW, S. 147).

tropismus fassbar zu sein, wie ihn Wolfgang Adam und Jean Mondot entwickelt haben (vgl. Adam, Florack, Mondot 2016; Adam, Mix, Mondot 2016). Die Bezogenheit auf Frankreich im Spannungsfeld von Attraktion und Abweisung zeigt sich gerade auch in der Voltaire-Kritik Wagners, die sowohl in der Form (Traum von der Zukunft) als auch in der Argumentation an Merciers literatursatirische Kapitel in dessen utopischem Roman anknüpft.

Im Folgenden soll daher erstens das Bibliothekskapitel aus Merciers *L'an 2440* vorgestellt werden, um dann zweitens zu zeigen, wie Wagner mit seiner Literatursatire ein Pendant zu Merciers Zukunftsroman erstellt, das sich als ein Prequel zu *L'an 2440* entpuppt. Ein dritter Teil widmet sich den verspielten Texträndern und eigenwilligen episierenden Nebentexten in Wagners dramatischer Literatursatire.

I Merciers Bibliothek des 25. Jahrhunderts und ihr kupierter Voltaire

Ein zentrales Kapitel von Merciers Zukunftsroman gilt der königlichen Bibliothek, die der Erzähler aber zuerst gar nicht als solche wiederzuerkennen vermag, denn die neue königliche Bibliothek in Merciers Paris des Jahres 2440 ist erheblich geschrumpft und zeichnet sich durch exzeptionelle Übersichtlichkeit aus. Verwundert muss der Ich-Erzähler feststellen, dass „anstatt der vier unermeßlich langen Säle, die viele tausend Bände einschlossen", die er aus dem 18. Jahrhundert kannte, sich die königliche Bibliothek nun in einem kleinen Kabinett befindet, „wo viele Bücher waren, die mir aber nichts weniger als dicke und bändereich zu seyn schienen" (M, S. 242).[4] Johann Heinrich Merck lobte in seiner Rezension in den *Frankfurter gelehrten Anzeigen* diese Reduktion des Wissens auf ein überschaubares Maß und teilte die in dem Bibliothekskapitel formulierte Kritik an der französischen Literatur und insbesondere den Tadel Voltaires:

> In der Bibliothek des Königs würden wir uns mit dem Verfasser besser gefallen, als im Jahr 1772, wenn sie statt 4 großer Säle nur aus einem mäßigen Kabinett bestünde. Die Urtheile der Nachwelt über Corneille, Racine, Bossuet und Fenelon unterschreiben wir, und freuen uns, daß sie, wie unser Zeitalter denkt, das eben auch gar zu oft empfindet, que Voltaire fait du Genie avec de l'esprit. (FgA 1772, S. 19)

---

[4] Der Analyse liegt hier und im Folgenden, mit der Sigle „M" versehen, die erste deutsche Übersetzung des Romans von Christian Felix Weiße zugrunde, die vermutlich auch Heinrich Leopold Wagner vorlag. Die Übersetzung erschien 1772 anonym und mit der fingierten Ortsangabe London; die Übersetzung war tatsächlich in Leipzig gedruckt worden.

Die Reduktion der Bücher rührt im Roman von einem Brand her, allerdings nicht einem desaströsen Unfall, wie der Erzähler zuerst mutmaßt, sondern von einer vorsätzlichen, planmäßigen und selektiven Bücherverbrennung, der diejenigen Bücher zum Opfer fielen, die durch „unaufhörliche Wiederholungen von einerley Sache" (M, S. 244) und „einem ungeheuren Haufen von Wörtern und angeführten Stellen" (M, S. 243) negativ auffielen. Langatmigkeit, Redundanzen und ausufernde Zitationspraxis waren also inkriminiert worden und legitimierten die umfassende Bücherzerstörung.[5] All dies erläutert dem Ich-Erzähler ein Bibliothekar, der als „ein wahrer Gelehrter" (M, S. 243) gewürdigt wird, und wie ein Cicerone dem Erzähler Genese und Beschaffenheit der königlichen Bibliothek beschreibt. Dieser Bibliothekar erweist sich als Gegner einer repräsentativen Universalbibliothek und plädiert für äußerste Reduktion. Mercier schließt in dieser Kritik der Vielschreiberei und wuchernden Zitate als einem Indiz von Niedergangszeiten an Montaigne (1533–1592) an und propagiert gleichzeitig eine neue Ordnung der Transparenz, um das „Labyrinthe der Bücher" (M, S. 244) aufzulösen. Die zum Scheiterhaufen geschichteten Bücher typologisiert der Bibliothekar zu einem „neue[n] Thurm zu Babel" (M, S. 246).

Mit einer solchen generalstabsmäßigen und explizit als vernünftig annoncierten Bücherverbrennung erscheint *Das Jahr 2440* einerseits im dialektischen Zwielicht der Aufklärungsutopie, deren schöne neue Welt leicht in einen Terror der Tugend kippen kann, der Wissen normiert und keine unreglementierte Wissensaneignung zulässt (vgl. Koselleck 1982, S. 6f.; Rieger 2002, S. 123–137; Körte 2012, S. 200–202). Andererseits knüpft Mercier hier konsequent an frühneuzeitliche Gelehrtensatiren und Imaginationen von Bibliotheksbränden an, die im Vorfeld und Kontext der Querelle des Anciens et des Modernes das Bild vom Bibliotheksbrand nutzen, um die Befreiung von historischer Last und lähmendem Bildungsballast zu veranschaulichen (vgl. Werle 2007, S. 390–433). So argumentierte Louis Le Roy (1510–1577) bereits im 16. Jahrhundert, dass der legendäre Brand der antiken Bibliothek in Alexandria erst eigentlich die Kreativität des Neuen ermöglicht habe. Der Bibliotheksbrand konnte so schon vor Mercier vom Menetekel der Barbarei zum Instrument des Fortschritts umgedeutet werden.[6] Mercier wiederum distanziert seine imagi-

---

5 Die Bücherverbrennung war demokratisch legitimiert: „Wir haben einmüthig auf einer weiten Ebene alle die Bücher zusammengebracht, die wir entweder für läppisch, oder für unnütze, oder für gefährlich hielten" (M, S. 246), und haben sie zerstört.

6 Auch David Hume (1711–1776) nutzt das Bild der Bücherverbrennung, um das auf Empirie gestützte Wissen zu hierarchisieren und Überflüssiges auszusortieren. Wenn ein Band nicht „einen auf Erfahrung gestützten Gedankengang über Tatsachen und Dasein" enthalte, ergeht der Ratschlag: „Nun, so werft ihn ins Feuer, denn er kann nichts als Blendwerk und Täuschung enthalten." (Hume 1748, S. 193)

nierte Bücherverbrennung vom Brand von Alexandria, bei dem man, einer Legendenversion nach, sechs Monate lang die Bäder der Stadt mit den Schriften der antiken Philosophen geheizt habe, indem er seinen Bibliothekar betonen lässt, dass man nicht wahllos, sondern methodisch vorgegangen sei: „Da wir inzwischen weder ungerecht, noch den Saracenen ähnlich sind, die ihre Bäder mit Meisterstücken des menschlichen Geistes heizten: so haben wir eine Wahl gemacht." (M, S. 242) Diese „Wahl" bezog sich nicht nur auf die Differenzierung in erhaltenswerte und zu vernichtende Bücher.

Vielmehr erläutert der Bibliothekar dem staunenden Ich-Erzähler in Merciers Zukunftsroman noch weitere bibliohygienische Maßnahmen der Vergangenheit. Vor der Bücherverbrennung hatte man kompilatorisch eine Art ‚Reader's Digest' des Bibliotheksbestands angelegt, um die Wissensmenge auf ein Nötiges und Nützliches zu reduzieren: „Gute Köpfe haben das wesentliche aus tausend Foliobänden herausgezogen, das sie ganz in ein kleines Duodezbändchen gebracht haben." (M, S. 247) Die Kompilatoren, die dies unternahmen, werden gelobt als „würdige und der Nation schätzbare Leute" (M, S. 248). Es geht Merciers königlichem Bibliothekar also nicht nur um ein Aussortieren von Belanglosem, sondern auch um ein Kondensieren des Wesentlichen.[7] Wann dieses kommentierte Bücherverzeichnis erstellt wurde und wann das Autodafé stattgefunden hat, lässt das Kapitel im Dunkeln. Es wird nur deutlich, dass dies Ereignisse einer ferneren Vergangenheit sind, die aber für das kulturelle Selbstverständnis des 25. Jahrhunderts fundamental sind.

Der Ich-Erzähler durchschreitet dann das Bibliothekskabinett und mustert die Bücher, die die Zukunft nicht dem Feuer übergeben, sondern (in extrahierter Form) erhalten hat. Gattungsästhetisch ist dies der Punkt, an dem der Text konkret literatursatirisch wird, denn nun wird permanent erörtert, was fehlt, was blieb und was aus welchen Gründen wie stark gekürzt werden musste. Was geblieben ist, gleicht einem Kanon des Sturm und Drang. Im Schrank der englischen Bücher finden sich die meisten Bände und unter ihnen besonders „Shakespeare, Pope, Young, Richardson" (M, S. 251). Bei den Italienern wird Cesare Beccarias (1738–1794) Abhandlung *Von Verbrechen und Strafen* (1764) erwähnt, dessen Vorschläge zur Strafrechtsreform den Diskurs über den Kindsmord im Sturm und Drang im Allgemeinen und in Heinrich Leopold Wagners Drama (*Die Kindermörderin* [1776]) im Besonderen maßgeblich prägte (vgl. Bergengruen 2001). In der arg dezimierten französischen Abteilung stehen zwar noch Corneille (1606–1684), Racine (1639–1699) und Molière

---

[7] Die Vorstellung vom Wissenskondensat bringt Merciers Bibliothekar in ein naturwissenschaftlich-pharmazeutisches Bild, die Kompilatoren seien verfahren „ungefähr wie die geschickten Chymisten, die die Hauptkraft aus der Pflanze ziehen, es in ein Gläschen zusammenbringen, und das grobe Zeug davon wegwerfen" (M, S. 242).

(1622–1673), aber der Bibliothekar betont, dass man ihre Kommentare verbrannt habe und sie mittlerweile als veraltet gelten: „Wir verstehen den Molière nicht mehr." (M, S. 262) Zudem wendet sich der Bibliothekar gegen ein überfeinertes französisches Geschmacksideal des 18. Jahrhunderts:

> Zu Eurer Zeit hatten die Menschen nicht dieselbe Stärke: sie wollten nur das Feine; und das Große hat immer etwas Rauhes und Wildes. Der Stil war das Hauptverdienst geworden, wie es bey allen geschwächten und verdorbenen Völkern zu geschehen pflegt. (M, S. 264)

Nachdem der Erzähler das Buch *Der usurpirte Ruhm* durchblättert hat (das die Gründe angab, „warum man viele Bücher vertilgt, und gewisse Schriftsteller mit Verachtung belegt hatte, die gleichwohl von ihrem Jahrhunderte waren bewundert worden" [M, S. 269]), stößt er schließlich auf einen verblüffend schmalen Band von Voltaire und ruft aus:

> Himmel! [...] wie ist er abgefallen! Wo sind die zwanzig Bände in 4to, die aus seiner glänzenden, niemals trocknen Feder geflossen sind? Sollte dieser ruhmreiche Schriftsteller wieder auf die Welt kommen, o wie würde er sich wundern! (M, S. 269)

Diese Szene ist der Anknüpfungspunkt für Wagners Literatursatire, denn Wagner wird Voltaire ähnlich mit seinem mangelnden Nachruhm konfrontieren, wie es Merciers Erzähler hier imaginiert. Der Bibliothekar begründet die Zusammenstreichung von Voltaires Werk von 20 Bänden in Quartformat auf ein paar kleine Duodezbände folgendermaßen:

> Wir haben [...] einen großen Theil davon verbrennen müssen. Ihr wisset, daß dieses treffliche Genie der menschlichen Schwachheit einen sehr starken Zoll gebracht hat. Er war mit seinen Gedanken zu geschwind, und ließ ihnen nicht Zeit zur Reife. Er zog alles, was nur den Charakter der Kühnheit hatte, einer langsamen Prüfung der Wahrheit vor. Selten hatte er auch Tiefe genug. Er war eine reißende Schwalbe, die mit Artigkeit und Leichtigkeit die Fläche eines breiten Flusses bestrich, im Fluge trank und sich befeuchtete: er wußte seinem Witz den Schein des Genies zu geben. Man kann ihm nicht [...] die Menschenliebe absprechen. Er hat mit Wärme für das Beste des Menschen gestritten. Er hat die Verfolgung verabscheuet, die Tyrannen jeder Art der Verachtung bloß gestellet. [...] Aber Ihr wißt, daß ihm die letzten funfzehn Jahre seines Lebens nichts als einige Gedanken übrig blieben, die er von hunderteley verschiedenen Seiten vorstellte. Er wiederholte immer dasselbe. Er zankte sich mit Leuten herum, die er hätte verachten sollen. Er hat das Unglück gehabt, gegen J.J. Rousseau platte und grobe Schmähungen zu schreiben, und eine eifersüchtige Wuth verführte ihn so sehr, daß er ohne Verstand schrieb. Wir haben nothwendigerweise

dieses elende Zeug verbrennen müssen, das ihn unfehlbar bey der Nachwelt würde entehret haben. Da wir mehr Eifer für seinen Ruhm haben, als er selbst, so mußten wir, um diesen sonst großen Mann beyzubehalten, die Hälfte von ihm vertilgen. (M, S. 269–272)

Die Vorwürfe charakterisieren Voltaire als eitel, übereilt, tolldreist, oberflächlich, flatterhaft und missgünstig. Er gilt als intellektueller Hochstapler, der den „Schein des Genies" zu beanspruchen suchte, es aber am Ende seines Lebens in keiner Weise mehr verkörperte, im Alter sich nur noch wiederholte und die öffentliche Auseinandersetzung mit Rousseau (1712–1778) zum eigenen Ansehen tunlichst hätte vermeiden sollen. Eine gewichtige Ausnahme wird aber gemacht und Voltaire nachdrücklich als aufrechter Kämpfer für die vom Absolutismus und der katholischen Kirche Verfolgten gewürdigt.[8]

Während das Werk Voltaires in dieser Bibliothek also erheblich, nämlich auf die „Hälfte" zusammengestrichen wurde, ist der Erzähler erfreut, „den J.J. Rousseau ganz", also völlig ungeschmälert zu finden (M, S. 272). Der Rundgang durch die Bibliothek endet mit Überlegungen zur Historiografie der Vergangenheit und Zukunft.

II Zurück in die Zukunft von 1875
Wagners nachgetragene Vorgeschichte zu Merciers Voltaire-Halbierung

Heinrich Leopold Wagner war gut mit Merciers Werk vertraut. Er hat nicht nur dessen Lustspiel *La brouette du vinaigrier* 1775 ins Deutsche übertragen (vgl. Mercier 1775), sondern vor allem, weit beachtet, Merciers dramentheoretische Schrift *Du théâtre* auf Anregung Goethes 1776 übersetzt. Bei der Auseinandersetzung mit Merciers Dramenästhetik war Wagner auch schon mit dessen Voltaire-Kritik konfrontiert worden.[9]

---

[8] Der Name Calas muss hier nicht mehr fallen (und damit die Erinnerung an Voltaires erfolgreiche Kampagne für den unschuldig von der katholischen Kirche verfolgten Kalvinisten Calas aufgerufen werden), da bereits einige Kapitel zuvor das Schicksal des „unglücklichen Calas" in einem Theaterstück dem Ich-Erzähler vorgeführt wurde. Die Zukunft zeigte sich selbstredend empört über den religiösen Fanatismus, der Calas verfolgte. Und dem Ich-Erzähler ist es zutiefst unangenehm, ein „Zeitgenosse dieses unglücklichen Jahrhunderts" zu sein, er hüllt sich „in meinen Mantel, ich verbarg mein Gesicht und errötete über mein Jahrhundert" (M, S. 214).

[9] Vgl. MW, S. 224–226, S. 382–384, S. 421. Dieser Voltaire-Tadel war gleichwohl im faktualen Zusammenhang von Mercier weit zurückhaltender formuliert worden als im Roman *L'an 2440*. Die futurologische Fiktionalität, die traumartige Verzerrung und die vermittelnde Figurenrede gaben Mercier größere Lizenzen als das dramentheoretische Traktat. Aber auch hier findet sich der deutliche Vorwurf der bloßen selbstwidersprechenden Tagesschriftstellerei: „Die verschiedenen Begriffe des

Dass seine Literatursatire *Voltaire am Abend seiner Apotheose* nun wiederum an Mercier anknüpft, signalisierte der frankophone Wagner seiner Leserschaft bei dem anonym erschienenen Text vielleicht schon mit der fingierten Angabe „aus dem Französischen" (W, S. 1) auf dem Titelblatt, die suggerierte, dass diese Personalsatire Teil einer französischen Selbstkritik war (und möglicherweise ja sogar ein weiterer Text von Mercier sein konnte, dessen *L'an 2440* ebenfalls anonym erschienen war).

Dass dieser Zusatz auf dem Titelblatt („aus dem Französischen") bereits zum intertextuellen literatursatirischen Spiel gehörte, haben die zeitgenössischen Rezensionen nur zum Teil realisiert: Während die *Literatur- und Theaterzeitung* in Berlin Wagner als Autor ausmachte und die Übersetzungsangabe als fiktionale Finesse erkannte („Das: Aus dem Französischen auf dem Titel ist bloß blauer Dunst" [LTZ 1778, S. 493]), nahmen die *Frankfurter gelehrten Anzeigen* die Translationsangabe für bare Münze und besprachen „eine Broschüre: Voltaire am Abend seiner Apotheose, die ein Ungenannter auf 30 Seiten [...] übersetzt hat" (FgA 1778, S. 461). Die Berliner *Litteratur- und Theaterzeitung* registrierte den Text als Ausgeburt einer „aristophanische[n] Laune" (LTZ 1778, S. 492), begriff ihn intertextuell als ein Pendant zu Merciers utopischem Roman und nahm ihn aber explizit vor einem Plagiatsvorwurf in Schutz. Der Rezensent betonte: „Einen Einfall lediglich hat Hr. Wagner einem gewissen Franzosen*) zu danken; durch eine vortrefliche Wendung hat er ihn aber sich ganz sein gemacht. Er hat selbigen zwar ausgesponnen, aber nicht ausgedehnt." (LTZ 1778, S. 493) Der mit einem Asterisken versehene, antonomasierte „gewisse Franzose" wurde in einer Fußnote identifiziert als der „bekannte Mercier, der über Staats- und Litteraturgebrechen ein glücklicherer Satiriker ist, als über moralische Fehler und Lächerlichkeiten seiner Zeitgenossen" (LTZ 1778, S. 493). Es ist bemerkenswert, dass diese Rezension en passant so die literatursatirischen Aspekte in Merciers utopischem Roman ähnlich stark macht wie Mercks Besprechung von 1772. Was den Zeitgenossen so einleuchtend erschien, geriet in der germanistischen Forschung dann wieder in den Hintergrund und schließlich in Vergessenheit. Man bemerkte zwar im 19. und frühen 20. Jahrhundert am Rande, dass sich Wagner von Mercier die Idee auslieh, die Zukunft zur Richterin des 18. Jahrhunderts aufzurufen (vgl. Schmidt 1879, S. 116; Seuffert 1881, S. IX; Korff 1917, S. 651); dass dies aber unter spezifisch literatursatirischen Auspizien geschah und Wagner ganz konkret an die Voltaire-Partien im Bibliothekskapitel von *L'an 2440* anknüpfte, vernachlässigte man. Daher möchte die vorliegende Studie nun Wagners Litera-

---

Herrn von Voltaire in Sachen, die die Litteratur betreffen, sollten schwer zu vereinigen seyn; er schrieb fast immer nur für den Augenblick, und wie ers brauchte."
(MW, S. 226)

tursatire als nachgetragene Vorgeschichte zu Merciers Bibliothekskapitel perspektivieren.

Geschrieben und veröffentlicht wurde Wagners Literatursatire noch vor Voltaires Tod am 30. Mai 1778, aber es konnte im Nachhinein als degoutant empfunden werden, wie hier der Tod eines Kritikers heraufbeschworen wurde.[10] Wagners kurzes einaktiges Prosadrama spielt am Abend des 30. März 1778, nachdem man den 83-jährigen Voltaire in Paris nach der Aufführung seines Dramas *Irène* (1779) in einer spektakulär pompösen Dichterkrönung geehrt hatte.[11] Dieses realhistorische Ereignis, das in Deutschland wohlbekannt war, bildet den Ausgangspunkt für Wagners kontrafaktische Fiktion.

Während die dramatischen Literatursatiren von Goethe und Lenz mit vielen Personen aufwarten, beschränkt sich Wagners Einakter auf drei Figuren: Voltaire, dessen Amme und einen Geist des 19. Jahrhunderts. Die gespielte Zeit reduziert sich auf den Abend des 30. März 1778 nach der Ehrung in der Académie française und der Krönung im Theater. Ort der Handlung ist das Schlafzimmer Voltaires in Paris, in das er glücklich nach seiner Krönung kommt und auf einem Stuhl einschläft. Die hinzutretende Amme versucht ihn zu wecken, indem sie, auf seine Eitelkeit spekulierend, ihn als Autor vieler berühmter Werke anruft. Aber erst als die Amme Voltaire mit seinem eigenen Namen anredet, erwacht der narzisstisch gezeichnete Voltaire und schwärmt ihr vom Abend seiner Apotheose vor. Angesichts dieses Triumphes seiner „Autorseeligkeit" wünscht Voltaire nichts mehr, als nur noch „einen Blick in das künftige Jahrhundert [zu] thun, an den Lobsprüchen, die man mir alsdann nachrufen wird, nur einige Sekunden lang mich weyden zu können" (W, S. 11). Die Amme hext daraufhin (unter Zuhilfenahme von einem „Zauberbuch", einer „Kohlpfanne" und „einem Zauberstab") einen Geist des 19. Jahrhunderts herbei, der gespensterglеich „durch die verschlossene Tür" hindurch Voltaires Zimmer betritt und als „kolossalische Figur in Orientalischer Kleidung" erscheint (W, S. 12). Dieser Genius des kommenden Jahrhunderts überreicht Voltaire ein Buch von 1875, das ein alphabetisch

---

[10]   Wagners Literatursatire wird gerahmt von Voltaires Wunsch zu sterben, der allerdings zu Beginn Voltaires Worte, die er im Theater lächelnd angesichts der höchstmöglichen Ehrung sprach, wiederholt („Jetzt – Jetzt will ich gerne sterben!" [W, S. 4]), wohingegen die Formulierung am Ende sich aus der Resignation gegenüber dem mangelnden Nachruhm erklärt („Ah Dieux! Vous voulez donc me faire mour ----ir" [W, S. 19]).

[11]   Man hatte Voltaire nach Paris geladen, damit er im kommenden Trimester die Sitzungen der Académie française leiten solle. Nach der Aufführung seines Dramas *Irène* im Théâtre Français war in Anwesenheit des Dichters Voltaires Büste auf der Bühne mit einem Lorbeerkranz geehrt worden. Diesen Lorbeerkranz lässt Wagner Voltaire als Requisit mit in seine Privatgemächer bringen. Zu Voltaires Pariser Dichterkrönung 1778 vgl. Lepape 1996, S. 336f.

sortiertes „Raisonnirtes Verzeichnis der französischen Litteratur im achtzehnten Jahrhundert" (W, S. 14) enthält. Der Geist gestattet ihm lediglich die Seiten, die Voltaire selbst gelten, zu lesen und verschwindet. Voltaire, allein gelassen mit dem Buch aus der Zukunft, registriert blätternd erst einmal indigniert, dass Rousseau in diesem Verzeichnis immerhin „sechs ganze Blätter" gewidmet sind, ihm hingegen nur ein winziger Eintrag zugedacht ist. Und dieser Artikel bezeichnet Voltaire als einen „Vielschreiber", der „starb endlich nachdem man ihn oft genug todt gesagt hatte" (W, S. 15). Mit Verve wird Voltaire in diesem Artikel gescholten als ein oberflächlicher Räsonneur, dessen Werk zu Recht rasch in Vergessenheit geriet. Der Lexikonartikel endet mit dem Abend von Voltaires Dichterkrönung und den Ehrungen am 30. März 1778 im Theater, die allerdings als nicht ernst gemeinte „handgreifliche Satyren" gekennzeichnet werden, die dem „ohnehin schon schwachen Greiß, durch ihr Gauckelspiel den Kopf so toll" gemacht hätten, „daß er über seinen im Gewächshaus getriebenen mehr als hundert Jahr zu früh gebrochenen Lorbeern ganz aus dem Häuschen kam, und mit einem faden bon mot seinen ausgedörrten Geist ausbließ" (W, S. 18). Voltaire muss also in diesem Lexikonartikel aus der Zukunft lesen, dass er wohl just an diesem Abend sterben wird. Nach der Lektüre eines Postskriptums zum Lexikonartikel der Zukunft, das empfiehlt, Voltaires Werk im 20. Jahrhundert radikal zusammenzukürzen, fällt dem entsetzten Voltaire das Buch aus der Hand und er wünscht zu sterben. Eine mokante Regieanweisung stilisiert einen offenen Schluss, bei dem unklar bleibt, ob Voltaire „würklich schon todt oder – noch sterbend ist?" (W, S. 19) So verwandelt sich der Abend der Apotheose in die Nacht der Vernichtung des Nachruhms und in das unrühmliche Ende eines Dichterlebens.

Das Stück lässt sich als ein szenisch präsentierter Traum Voltaires auffassen, in dem nicht nur der Geist des 19. Jahrhunderts eine Traumgestalt ist, sondern bereits die Amme, die erst auftritt, als Voltaire eingeschlafen ist.[12] Die Unwahrscheinlichkeit, dass ein 83-jähriger Greis von einer 15 Jahre älteren Amme mit magischen Fähigkeiten betreut wird, plausibilisiert sich so zu einer Albtraumwirklichkeit und gibt Wagner zugleich die Möglichkeit, Voltaire als kindischen alten Mann zu verspotten, der unter der Fuchtel einer 98-jährigen Kinderfrau steht. Der Traum ist auch immer wieder Thema, die Amme spricht vom „poetischen Schlaf"

---

[12]   Der Übergang von der Wach- in die Traumwelt wird in einer Regiebemerkung indirekt markiert, wenn das Einschlafen Voltaires gestisch und mimisch eingefangen wird: „(die Hände entsinken ihm in ihre natürliche Lage, er bleibt unbeweglich sitzen; regt kein Auge mehr" [W, S. 4]). Mit der Wahl des Traums als Forum der Literatursatire schreibt sich Wagner in Goethes und Lenz' Tradition ein, die, wie erläutert, meines Erachtens durchaus auch wiederum Merciers literatursatirischer Traumutopie folgen.

Voltaires und nimmt sich vor: „Ich muß dem Traum ein Ende machen"
(W, S. 5). Das ganze Geschehen, das ja ausschließlich in „des Dichters
Schlafzimmer" (W, S. 4) spielt, als Nachtmahr des Protagonisten zu be-
greifen, erklärt auch einige Monstrositäten als traumartige Verzerrungen:
So zerstört der Geist des 19. Jahrhunderts bei seinem Erscheinen nicht
nur den Lorbeerkranz Voltaires, sondern „tritt mit dem [...] Fuß der un-
glücklichen Amme grad auf den Kopf, zerquetscht ihn ihr wie man eine
Spinne zertritt" (W, S. 12).

Deutlich knüpft Wagner mit Voltaires Traum in der Zeitstruktur und
den literatursatirischen Wertungen an Merciers *Rêve s'il en fût jamais* an.
Beide Texte spielen in Paris und beschäftigen sich mit dem französischen
Literaturgeschmack der Gegenwart und Zukunft. Während Merciers Ich-
Erzähler in die Zukunft reist, zitiert Wagner die Zukunft in die Gegenwart zur Stippvisite. Beide nutzen den Traum, um diese Achronien zu
plausibilisieren. Indem Wagner weniger weit in die Zukunft ausgreift als
Mercier und bloß ein Jahrhundert (statt sieben) überspringt, liefert er
indirekt eine nachgetragene Vorgeschichte zu Merciers Aufklärungsutopie. Die intertextuelle Besonderheit eines solchen Prequels,[13] das zwar
nach dem Ursprungswerk entsteht, aber in der internen Chronologie vor
diesem angesiedelt ist, besteht auch darin, dass es den Prätext in einem
anderen Licht erscheinen lässt. Eine nachträglich erfundene Vorgeschichte
akzentuiert auch den älteren Bezugstext neu: Dass bei Mercier im 25.
Jahrhundert Rousseaus Œuvre ungeschmälert überliefert, hingegen Voltaires Werk nur noch halbiert vorhanden ist, erklärt sich so auch als Folge
des literarischen Geschmacks und der Kanonisierungspolitik von Wagners
19. Jahrhundert, das im „Raisonnirte[n] Verzeichnis der französischen
Litteratur" (W, S. 14) Rousseau sehr viel mehr Aufmerksamkeit widmet
als Voltaire. Die Idee zu einem solchen „Raisonnirte[n] Verzeichnis"
verdankte Wagner einer Fußnote in Merciers Bibliothekskapitel.[14] Merciers wissensnormierende Verkürzungspoetik des Jahres 2440 bekommt
von Wagner eine veritable Vorgeschichte zugedacht, denn bereits das
Lexikon von 1875 erweist sich als eine „neuerdings übersehne, verbesserte
und um zwei Drittel verkürzte Ausgabe" (W, S. 15), die zudem ihr eigenes minimierendes Vorgehen als noch längst nicht radikal genug ein-

---

[13] Der Begriff des Prequels ist für (Fortsetzungs-)Filme eingeführt worden, lässt sich
aber auch transmedial als Analysekategorie für Literatur nutzen. Der Duden definiert das Prequel als einen „Fortsetzungsfilm, dessen Handlung (im Gegensatz
zum Sequel) nicht nach, sondern vor den Ereignissen des älteren Films liegt" (Duden 2015, S. 1380).

[14] Im Bibliothekskapitel regt Mercier in einer Fußnote an: „Ein guter Kopf sollte ein
raisonnirendes und gründlich untersuchtes Verzeichnis der besten Bücher in jeder
Art aufsetzen, und die Ordnung und Weise, wie sie zu lesen sind, nebst den eignen
Bemerkungen beyfügen, die er darüber gedacht hat, und in andern die Stücken anzeigen, die vorzüglich zum Denken Anlaß geben." (M, S. 268)

schätzt. Für eine Wiederauflage „in andern 25 Jahren und also zu Anfang des zwanzigsten Jahrhunderts" (W, S. 18) wird bei Wagner empfohlen zu prüfen, ob man für einen weiter gereinigten Voltaire-Artikel es sich nicht auch einfacher machen und eine andere Textbasis zugrunde legen könnte. Es werde sich zeigen, ob der Voltaire-Artikel in Zukunft

> die undankbare Mühe einer Verkürzung noch verdient, oder ob man sich ganz allein auf den Esprit de Voltaire einschränken wird. [...] Dieser Esprit de Voltaire macht mehr nicht als zween artige Duodez Bändchen aus, in deren erstem sein Meisterstück der traité sur la tolerance zur ewigen Schande des damaligen Jahrhunderts Wort für Wort abgedruckt ist: in den andern hat der Abt R** mit der größten Treue und unglaublicher unbeschreiblicher Mühe alles Gute und das wenig Neue, was in mehr als vierzig großßen und dicken Oktavbänden zerstreut und zum Betrug der Buchhändler und Käufer oft zwanzigmal in einer andern Brüh aufgewärmt war, zusammen gelesen (W, S. 18f.).

Der Kompilationsfuror des Jahres 2440 erwächst so konsequent aus dem Vorschlag von 1875, das Œuvre Voltaires auf ein zweibändiges Florilegium zu reduzieren.[15] Die Bücherverbrennung der Zukunft erklärt sich aus den Reduktionsphantasmen des 19. Jahrhunderts. Auch die ästhetischen Urteile über das Gesamtwerk Voltaires differenzieren ähnlich. Sowohl Mercier als auch Wagner sprechen dem *Traité sur la tolérance* (1763) einen die Zeit überragenden weltliterarischen und moralhistorischen Rang zu, bevor sie zum Verriss des übrigen Werks ansetzen. Voltaire muss bei Wagner folgendes Urteil der Zukunft über sich lesen:

> Er war zu seiner Zeit ein Vielschreiber [...] und mengte sich, weil er selbst sich für einen Vielwisser hielt in alles: Philosoph ohne reine Logik, Geschichtsschreiber ohne Beurtheilungsgeist konnte ers freylich in diesen zwey Fächern nicht weit bringen; auch war alles was er von der Art [...] hingeschrieben hatte, vergessen, noch eh er selbst starb. Den einzigen traité sur la tolérance müssen wir hier ausnehmen, als welcher seinem Verfasser eben so sehr zur Ehre gereicht, als schwach und barbarisch die Zeiten müssen gewesen seyn, die eines solchen Traktates bedurften. [...] Als witziger Kopf hätte er immer noch vor vielen andern ein großes Verdienst gehabt, wenn er [...] ein besseres Herz gehabt hätte: – Da er aber seinen Witz meist dazu gebrauchte Religion und Sitten lächerlich zu machen; und zu verderben, so glich sein Autorleben einer Rakete, die

---

[15] Auch die hier bei Wagner geäußerte Vorstellung, dass der späte Voltaire sich nur noch selbst wiederholt und nichts Neues mehr zu sagen hat, präludiert das Verdikt des Jahres 2440, wenn es bei Mercier heißt, dass Voltaire in den „letzten funfzehn Jahren seines Lebens nichts als einige Gedanken blieben, die er von hunderteley verschiedenen Seiten vorstellte. Er wiederholte immer dasselbe" (M, S. 272).

steigt, und kurze Zeit leuchtet, hintendrein aber desto länger stinkt. (W, S. 15f.)

Bemerkenswert ist, dass Wagner seinen Lexikonartikel im Folgenden ähnlich strukturiert wie Mercier die Ausführungen seines utopischen Bibliothekars. Beide beginnen positiv mit Voltaires Kampf gegen religiösen Fanatismus und Aberglauben (im *Traité sur la tolérance*) und wenden sich dann erst dem literarischen Werk Voltaires kritisch zu, und zwar zuerst der *Henriade* (1723), deren versepische Konzeption Mercier als „elend" (M, S. 270) tituliert und die Wagner zur „seyn sollenden Epopee" (W, S. 16) degradiert. Dann schwenken beide gattungsästhetisch zu den Dramen Voltaires über, die in Wagners 19. Jahrhundert kaum noch gespielt werden und lediglich in einem „Schulbuch um rein französisch draus zu lernen" (W, S. 17) international als Chrestomathie noch Beachtung finden. Merciers 25. Jahrhundert hat schließlich sogar nur die „prosaische[n] Stücke aufbehalten, wo er nicht Possen reißet und ein plumper oder schlechter Lustigmacher ist" (M, S. 271). Dem Blick auf den Dramatiker Voltaire folgt bei Mercier und Wagner Voltaires Auseinandersetzung mit Rousseau. Wagners Lexikonartikel endet dann in einem „Postscriptum" (W, S. 18) mit der Kürzungs- und Kompilationsempfehlung an das 20. Jahrhundert. Mercier wiederum lässt seinen Bibliothekar schließen mit der Rekapitulation der „nothwendige[n]" Bücherverbrennung, die dazu führte, dass „die Hälfte von ihm [= Voltaires Werk] vertilg[t]" wurde (M, S. 272).

Wagner markiert seinen intertextuellen Bezug auf Mercier auch, indem er dessen Spiel mit Buchformaten aufgreift. Immer wieder macht Mercier die Reduktionspoetik der Zukunft am Wechsel der Buchgrößen anschaulich. Schon der erste Blick in die königliche Bibliothek erfasst Bücher, „die mir aber nichts weniger als dicke" (M, S. 242) zu sein schienen. Die Auftragskompilatoren hatten „das wesentliche aus tausend Foliobänden herausgezogen, das sie ganz in ein kleines Duodezbändchen gebracht haben" (M, S. 247). Und schließlich ist Merciers Ich-Erzähler konsterniert, nicht mehr Voltaires Werk in „zwanzig Bände[n] in 4to" (M, S. 269) repräsentiert zu sehen, wie er es aus dem 18. Jahrhundert kannte, sondern im 25. Jahrhundert lediglich eine schmale Anthologie vorzufinden. Merciers 18. Jahrhundert sah also Voltaires Œuvre noch im imposanten Quartformat angemessen gewürdigt. Wagners 19. Jahrhundert hingegen schrumpft Voltaires Buchgröße schon von Quart- in Oktavformat (vgl. W, S. 19), das allerdings immer noch im Verhältnis zum literarischen Rang als zu „großß und dick" (W, S. 19) für Voltaire erscheint. Dem 20. Jahrhundert wird daher bei Wagner eine weitere buchformatige Verkleinerung und werkinterne Kompilation auf „zween artige Duodez Bändchen" (W, S. 18) empfohlen.[16]

III Gestaffelte Dramen-Rahmen und episierende Nebentext-Experimente

Wagners Kurzdrama ist vielfältig gerahmt durch äußerst verspielte Paratexte, die die Textränder und den Buchschmuck multimedial in die Literatursatire integrieren. Auf das Titelblatt mit der fingierten Angabe „aus dem Französischen" (W, S. 1) und eine Vignette, die einen Knaben mit Kranz und Leier zeigt,[17] folgt auf der zweiten Seite nicht nur ein französisches Motto,[18] sondern im Erstdruck von 1778 auch ein Kupfer, das Voltaire abbildet. Diesen Kupferstich kann man gewissermaßen als eine bildkünstlerische Vorlage für eine mögliche Inszenierung dieses Minidramas begreifen, zeigt er doch den alten Voltaire mit seinem Lorbeerkranz (vgl. Seuffert 1881, S. XI). Die Literatursatiren des Sturm und Drang sind eigentlich kleine Lesedramen und nicht zur Aufführung konzipiert. Gleichwohl simulieren das Frontispiz und die auf der dritten Seite folgende ausführliche Didaskalie („dem künftigen Akteur der ihn [= Voltaire]

---

[16] Diese Textstelle ermöglicht es indirekt nachzuweisen, dass Wagner mit der deutschen Übersetzung von Merciers Roman als Vorlage gearbeitet hat: So werden bei Wagner aus Merciers „zwanzig Bände[n] in 4to" (M, S. 269) konsequent und buchdruckerisch nachvollziehbar „vierzig [...] Oktavbände" (W, S. 19). Die Halbierung des Buchformats erfordert bei gleicher Schriftgröße und Seitenzahl eine Verdoppelung der Bände. Allerdings funktioniert diese buchdruckerische Rechenaufgabe nur mit der deutschen Fassung, die hier einen Übersetzungsfehler aufweist. Denn im französischen Original war nicht die Rede von 20, sondern von 26 Quartbänden (vgl. Mercier 1771, S. 345: „Où sont ces vingt-six volume *in-quarto* [...]?").

[17] Die Vignette ist abgebildet bei Genton 1981, S. 347.

[18] Dieses nicht übersetzte Motto („C'est quelque chose de bien beau que l'immortalité d'auteur quand on a vecu son tems en homme." [W, S. 2]) verstärkt die Suggestion, es hier insgesamt mit einer Übertragung eines französischen Textes zu tun zu haben und führt in das Thema des (un-)gerechtfertigten Ruhms ein, der bei Mercier als „usurpirte[r] Ruhm" (M, S. 269) beschrieben war. Auch das Titelkupfer mit dem Abbild Voltaires wies eine französische Subscriptio auf, die sich als sarkastische Datierung entpuppt, die die Form von Lebensdatierungen imitiert, hier aber Werkphasen von Voltaire schmähend gliedert: „ARROUET de VOLTAIRE. Sifflé à Paris le 13 Août 1732. Couronné poëte à Paris le 30 Mars 1778" (W, S. XI). Am 13. August 1732 war Voltaires langfristig größter Erfolg, die Tragödie *Zaïre*, in Paris uraufgeführt worden. Die Reaktion war zwar anfangs verhalten, aber es wurde bald sein größter Triumph. Hier wird die anfängliche Skepsis zu einem handfesten Auspfeifen („sifflé") umgedeutet. Die Krönungsdatierung wiederum nimmt hier den Platz ein, der normalerweise einem Sterbedatum zugewiesen wird; auch dies greift der Dramentext dann maliziös auf.

etwa vorstellen sollte zur Nachricht" [W, S. 3]) eine bühnenpraktische Absicht. Wagner nutzt die rahmenden Texte schon für sein satirisches Programm, denn die angeblichen Angaben für den Schauspieler zum Kostüm sind keine neutralen Informationen, sondern schmähen bereits Voltaire zum Tattergreis, der einerseits mit den Insignien eines Herrschers („Hermelin", „eine große à la Louis XIV frisirte Kohlschwarze Allongeperücke", ein szepterartiges „Rohr" und eine an eine „Krone" gemahnende „aufgestutzte Mütze" [W, S. 2]) requisitorisch ausgestattet, gleichzeitig aber lächerlich gemacht wird, denn die Perücke, „die sein ohnehin dürres Gesicht" bedeckt, ist so groß, „daß man nichts als seine wie zween Karfunkelstein glänzende[n] Augen gewahr" wird (W, S. 2). Es ist der Auftritt eines verzwergten Dichterfürsten, der sich selbst überlebt hat und die Mode eines längst verstorbenen Königs imitiert.

Die Translationsfingierung „aus dem Französischen" (W, S. 1), die das Titelblatt vorgibt und das Motto (vgl. W, S. 2) fortführt, wird am Ende der Satire rahmend wieder aufgegriffen, denn dem Dramenschluss folgt noch eine ebenfalls fingierte „Nachschrifft des Verteutschers",[19] der sich zu Wort meldet und keineswegs weiter Voltaire attackiert, sondern sich nun „an alle teutsche Dichter, teutsche Schauspieler und teutsche Publikums" richtet und die „Nutzanwendung vorstehender Farce" formuliert, die da lautet: „Daß mir ja keiner sich krönen lasse! Keiner, keins krönen zu wollen sich erkühne! – sonst!" (W, S. 19) Mit dieser drohenden Aposiopese endet der gesamte Text,[20] lenkt den Blick von Frankreich auf die deutschen literarischen Verhältnisse und warnt davor, die Eitelkeit der Dichter nur ja nicht mit albernen Ehrungen zu bedienen. So bleibt die Moral von der Geschichte: Wer Dichter krönt, ist selber schuld.

Der rezeptionsästhetische Reiz von Wagners Satire entsteht auch dadurch, dass rahmende Paratexte (Translationsangabe, Nachschrift eines Übersetzers), die für das Drama des mittleren 18. Jahrhunderts gewöhnlich nicht als Teil der Fiktion begriffen werden, hier zum literatursatirischen Spiel gehören. Wagner fiktionalisiert die Paratexte und erfindet einen Übersetzer, der das Werk arrangiert und der deutschsprachigen Leserschaft vermittelt.[21] Damit greift er variierend und satirisierend das Verfahren der Herausgeberfiktion auf, das für die Briefromane des 18. Jahrhunderts insgesamt und für *Die Leiden des jungen Werthers* (1774) besonders konstitutiv ist (vgl. Takeda 2008; Wirth 2008). Die Übersetzungsfingierung mit ihrer „Nachschrifft des Verteutschers" (W, S. 19) kopiert strukturell die editoriale Rahmung der Romane. Aber während die

---

[19]   Eine solche „Nachschrifft des Verteutschers" kann man auch als intertextuelle Reaktion auf den (allerdings faktualen) „Vorbericht des Uebersetzers" (M, unpaginiert) Christian Felix Weiße bei der deutschen Fassung von Merciers *L'an 2440* verstehen.

[20]   Zur Aposiopesenvielfalt in Wagners dramatischem Werk vgl. Binneberg 1977.

[21]   Zum literarhistorischen Vorlauf vgl. Ammon, Vögel 2008.

Lesenden des 18. Jahrhunderts bei der Herausgeberfiktion der Romane, bereits geschult, Fiktionalität und Faktualität zu unterscheiden gelernt hatten, provozierte die fingierte Translationsangabe dieser dramatischen Satire ambivalente Reaktionen, die die Angaben mal faktual und mal fiktional rezipierten.[22]

Den üppig gestaffelten, satirisch potenzierten Dramenrändern (Translationsfingierung, Kupfer, Motto, kommentierende Didaskalie an den Schauspieler zu Kostüm und Requisiten, Angabe zur Kulisse und abschließend die Nachschrift des angeblichen Übersetzers) korrespondiert ein abwechslungsreicher Einsatz von Nebentext im Inneren des Dramas. Quantitativ gliedert sich Wagners Satire in etwa zwölf Seiten dramatische Figurenrede (Haupttext) und sieben Seiten Nebentext (inklusive der rahmenden Paratexte), der damit immerhin etwa 36 Prozent des gesamten Werks ausmacht. Das Anwachsen des Nebentexts passt einerseits in die deutsche dramengeschichtliche Entwicklung des späten 18. Jahrhunderts allgemein und andererseits auch zum Charakter des Lesedramas im Besonderen. Anke Detken hat für die Dramen des Sturm und Drang eine Konjunktur von Regiebemerkungen bei gleichzeitig fehlender Aufführungspraxis herausgearbeitet.[23] Die Anweisungen für die Schauspieler transformieren sich zu Hinweisen für die Lesenden in einem imaginären Theater. Was für die Lesedramen des Sturm und Drang allgemein gilt, mag für die dramatischen Literatursatiren noch in intensivierter Weise zutreffen. Ihre Kürze und ihr etudenhafter Improvisationscharakter prädestinieren diese Texte für formale Experimente und gattungsästhetische Fingerübungen. Hier können sich die Autoren im Kleinen innovativ erproben.

Bereits im *Pandämonium Germanikum* von Lenz fallen die umfangreichen Didaskalien ins Auge. Das steigert Wagner in seiner Literatursatire noch experimentell. Die Regiebemerkungen, die in *Voltaire am Abend seiner Apotheose* der Nebenfigur der Amme zugedacht sind, situieren zwar erst einmal noch recht konventionell Gestik,[24] Stimmlage,[25] adressieren

---

[22] Vgl. die Rezension in den *Frankfurter gelehrten Anzeigen* (FgA 1778), die die Translationsangabe faktual las.

[23] „Explizite Regiebemerkungen haben gerade dann Konjunktur, wenn nicht für die reale Bühne gearbeitet wird. [...] So stellt die fehlende Aufführungspraxis etwa im Sturm und Drang kein Hindernis für umfangreiche Regiebemerkungen dar – im Gegenteil. Eine weitreichende und qualitativ neue Verwendung dieses Textraums wird gerade zu dieser Zeit initiiert, verbunden mit Innensichten und reduzierten Perspektiven." (Detken 2009, S. 392f.)

[24] „(Schlägt sich aufs Maul)" (W, S. 5), „(sie gähnt würklich)" (W, S. 5), „(zählt an den Fingern, und murmelt etwas in sich hinein)" (W, S. 6).

[25] „(Halb laut)" (W, S. 5), „(laut)" (W, S. 5), „schreyt" (W, S. 6).

die Rede,[26] arrangieren proxemisch ihre Bewegung im Raum,[27] beschreiben Handlungen,[28] aber auch Wahrnehmungen.[29] Ihr Aussehen und ihre Mimik werden nicht über Regiebemerkungen fassbar. Gegenüber der Dienerfigur werden bei Protagonist (Voltaire) und Antagonist (Gespenst des 19. Jahrhunderts) dieses Kurzdramas die Regiebemerkungen aber nicht nur sehr viel ausführlicher, sondern vor allem auch stärker kommentierend und etablieren eine wertende, epische Instanz.[30] Der Nebentext gewinnt hier eine auktoriale Dimension,[31] die der Figurenperspektive hierarchisch übergeordnet ist, die Sympathie der Lesenden lenkt und zunehmend literarisch durchgeformt wird.

Wagner setzt die expliziten Regiebemerkungen zu Voltaire ein, um ihn lächerlich zu machen. Seine Mimik wird zu einer „theatralische[n] Grimasse" (W, S. 4), Angaben zur Redeweise infantilisieren und pathologisieren ihn („lallt mit gebrochener Stimme" [W, S. 4]). Während die Anweisungen zu Proxemik und körperlichen Handlungen Voltaires zwar quantitativ stark, aber qualitativ noch einigermaßen zurückhaltend sind,[32]

---

26 Das Beiseite-Sprechen wird konventionell markiert: „für sich.)" (W, S. 9), „(für sich.)" (W, S. 9), „[...] für sich [...]" (W, S. 11).

27 „Seine Amme holcht ihm ganz langsam nach" (W, S. 4), „(naht sich [...])" (W, S. 6), „(wie sie ihn hin und her rückt [...])" (W, S. 7), „(im Hingehen [...])" (W, S. 10), „indem sie sich entfernte" (W, S. 11).

28 Vgl. Regiebemerkungen zu objekt- oder figurenbezogenen Handlungen: „(Sie riecht an die Blätter)" (W, S. 4), „([...] schreyt ihm ins Ohr)" (W, S. 6), „(schüttelt ihn)" (W, S. 7), „(greift ihm an die Halsbinde)" (W, S. 7), „(macht sie ihm locker [...])" (W, S. 7), „(Sie will den Kranz nehmen [...])" (W, S. 8), „(setzt sich zu ihm auf den Arm des Stuhls.)" (W, S. 10).

29 „Hört nur noch das letzte Wort" (W, S. 4), „(Sie wird den Kranz gewahr!)" (W, S. 4), „die auf dem harten Arm des Lehnstuhls nicht länger sitzen mochte" (W, S. 11).

30 Zur Systematisierung einer solchen transgenerischen Analyse, die Begriffe der Narratologie für die Drameninterpretation fruchtbar macht, vgl. Weber 2017.

31 Im Sinn von Nünning, Sommer 2008.

32 Vgl. proxemische Regianweisungen: „Voltaire schwankt [...] seinem Schreibtisch zu; wirft sich starr und athemloß in den daran stehenden Armstuhl" (W, S. 4), „(Nähert sich aber doch noch etwas furchtsam.)" (W, S. 13), „(stellt sich ihm in den Weg.)" (W, S. 14), „weil Voltaire [...] ihm auszuweichen vergißt" (W, S. 14). Und die Bemerkungen zu objekt- oder figurenbezogenen Handlungen: „läßt was er in Händen hat fallen" (W, S. 4), „sich langsam aufrecht setzend)" (W, S. 7), „nimmt seinen Kranz ab.)" (W, S. 7), „betrachtet den Kranz von allen Seiten" (W, S. 8), „(er schreibt.)" (W, S. 8), „(Macht die Schreibtafel zu.)" (W, S. 8), „er zieht ihn aber zurück, und reicht mit der andern Hand die Schreibtafel ihr dar.)" (W, S. 8), „(sich in seine erste nachdenkliche Stellung setzend.)" (W, S. 11), „Voltaire fährt erschreckt auf, will an Kopf nach seinem Kranz greifen, der ihm mittlerweile aus der Hand fällt" (W, S. 12), „hebt seine Mütze von der Erd auf, nimmt sie [...] gravitätisch unter den Arm und empfängt den Genius" (W, S. 13), „sieht sich um" (W, S. 13), „(ließt)" (W, S. 14), „(Er blättert.)" (W, S. 15), „blättert fort.)" (W, S. 15), „(schlägt immer um)" (W, S. 15), „(überschlägt viel)" (W, S. 15), „(schlägt immer schneller um)" (W, S. 15), „(sezt sich mit großer Selbstzufriedenheit auf die

fallen besonders die Hinweise zu (in sich steigernder Reihung) Kostüm,[33] Gestik,[34] Stimmlage[35] und Mimik[36] auf. Sie sind so gut wie nie neutral und beleben den satirischen Gestus. Der gegenüber dem Genius der Zukunft gleichermaßen unterwürfige wie eitle Voltaire wird über Szenenanweisungen zu seinen Kratzfüßen vorgeführt („immer weiter zurückhufend" [W, S. 12], „empfängt den Genius, wie er selbst allerwärts empfangen zu werden wünschte – mit hundert Verbeugungen" [W, S. 13]). Die Regiebemerkungen geben Einblick in Voltaires Psyche;[37] sie begleiten die direkten Reden mit narrativen Kommentaren, die gegen Ende des Textes immer literarisch ambitionierter werden. Voltaires Lektüre des Lexikonartikels wird etwa mit Bemerkungen versehen, die sich einer musikalischen Metaphorik bedienen, um Lautstärke und Tongebung von Voltaires Rede zu bestimmen.[38] So sieht eine Anweisung vor: „Von dieser Periode aber biß

Trümmer seines Armstuhls, und ließt:" (W, S. 15), „(schlägt das Blatt um.)" (W, S. 15), „(reißt sich ein paar Westen-Knöpf auf und ließt weiter" (W, S. 16), „(mit Thränen im Aug ließt er weiter,)" (W, S. 17), „(schreibts mit zitternder Hand)" (W, S. 17), „(Sieht wieder ins Buch.)" (W, S. 18), „(Das Buch entfällt ihm" (W, S. 19).

[33] „Nach obigem Kostum gekleidet mit seinem Lorbeerkranz um den Kopf mit Mütze, Stock und Degen" (W, S. 4), „die Allongeperücke fällt ihm ab; er steht im Kahlkopf.)" (W, S. 12).

[34] „läßt was er in Händen hat fallen, schlägt sie mit theatralischer Grimasse dem Kopf parallel zusammen" (W, S. 4), „(die Hände entsinken ihm in ihre natürliche Lage, er bleibt unbeweglich sitzen; regt kein Auge mehr" (W, S. 4), „ohne sich übrigens zu regen" (W, S. 6), „bleibt er steif sitzen.)" (W, S. 7), „er fängt an freyer zu athmen und nach und nach zu sich selbst zu kommen" (W, S. 7), „(auf die Stirne deutend.)" (W, S. 7), „er kratzt sich hinter den Ohren" (W, S. 12).

[35] „Lallt mit gebrochener Stimme" (W, S. 4), „lacht aus vollem Hals.)" (W, S. 8), „ließt laut fort.)" (W, S. 18).

[36] „Mit theatralischer Grimasse" (W, S. 4), „sieht steif gen Himmel" (W, S. 4), „lächelt selbstzufrieden" (W, S. 8), „sucht in der Geschwindigkeit die Falten am Mund sich zum Lächeln zurecht zu legen.)" (W, S. 13), „Voltaire macht verdammt große Augen" (W, S. 13).

[37] „Aufgebracht.)" (W, S. 7), „(Bey diesem Gedanken vertieft er sich wieder eben so sehr in sich selbst als ers zu Anfang der Scene war, kein Rufen noch Schütteln kann ihn seiner Starrheit entreissen.)" (W, S. 11f.), „(zurückbebend.)" (W, S. 12), „(faßt nach und nach Muth.)" (W, S. 13), „aber doch etwas furchtsam.)" (W, S. 13), „(all sein Herz zusammennehmend)" (W, S. 13), „(erholt sich vollends von seinem Schrecken" (W, S. 13), „(ohne an einen Kahlkopf zu denken" (W, S. 13), „(ganz heiter.)" (W, S. 14), „(ängstlicher)" (W, S. 16), „(ganz weichherzig)" (W, S. 18), „(sucht den Zusammenhang heimlich" (W, S. 19).

[38] Voltaires Schlussmonolog erhält durch die Lektüre des Lexikonartikels eine eigentümliche Zweistimmigkeit. Zwar spricht nur der laut lesende Voltaire, der aber immer wieder das Gelesene kommentiert. Diese unterschiedlichen Textsegmente (Lexikonartikel und Voltaires Kommentar) kennzeichnet die Satire grafisch, indem sie den Lexikonartikel nicht nur in Anführungszeichen setzt, sondern auch weiter nach rechts einrückt als Voltaires Kommentare. Die letzten sechs Seiten der Satire sind durch diesen Wechsel zwischen Zukunftstext (Lexikon von 1875) und Gegenwartskommentar (Voltaires Rede 1778) geprägt. Man kann diese, Gegenwart

ans Ende immer decrescendo, biß ihm auf die lezt unter tremulirten pizzicato die lezte Sylbe im Hals stecken bleibt." (W, S. 16) Die üblicherweise Streichinstrumenten vorbehaltene Angabe des „Pizzicatos" wird genutzt, um ein kurzatmiges, angerissenes und nachhallarmes Sprechen zu verbildlichen. Das Zittern in der leiser werdenden Stimme wird greifbar, indem in die fortlaufende Lektüre Voltaires erinnernd eingeworfen wird: „Nun kommt das Tremulando" (W, S. 18). Bei der Lektüre des Postskriptums schließlich erfolgt der Hinweis: „Hier wird das pizzicato immer stärker im Lesen." (W, S. 18) Solche, sich demonstrativ wiederholenden Angaben zur Sprechweise (Descresendo, Pizzicato, Tremulando) geben sich als Hinweise für einen Schauspieler, entfalten aber im imaginären Theater des Lesedramas zugleich eine musikalisierende Atmosphäre.

Während die bisher betrachteten Regiebemerkungen im Inneren des Dramas sich in kurzen ein- bis zweizeiligen Sequenzen mit dem Haupttext abwechseln und ein lockeres Gefüge von dramatischer Rede und narrativem Kommentar bilden, fallen zwei kompakte Nebentextblöcke in der Literatursatire auf, die den dramatischen Modus massiv unterbrechen. Zum einem wird der Auftritt des Geistes des 19. Jahrhunderts in eine halbseitige präsentische Erzählung (vgl. W, S. 12) überführt: Der Zauber der Amme, Voltaires gestische Reaktion sowie das Erscheinen des Geistes sind nicht mehr durch Absätze getrennt, die einen Figurenwechsel anzeigen, sondern die Handlung wird episch in einem Block verdichtet vermittelt. Damit wird der Punkt der Satire narrativ hervorgehoben, an dem der albtraumartige Realitätsstatus der fiktionalen Welt sich vereindeutigt, eine 98-jährige Kinderfrau einen Geist der Zukunft herbeizuhexen vermag, der dann als Koloss den Kopf der Amme und den Lorbeerkranz Voltaires zertritt.

Noch Aufsehen erregender als diese halbseitige Regiebemerkung, die gegenwärtiges Bühnengeschehen narrativ vermittelt, ist allerdings noch ein anderer fast zweiseitiger Nebentextblock (vgl. W, S. 10f.), der immerhin gut zehn Prozent dieses kleinen Dramas darstellt. Noch bevor gezau-

---

und Zukunft grafisch trennende Textanordnung intertextuell auch auf Mercier zurückführen, der in seinem Roman eine eigenwillige Fußnotenpraxis einführte. Während der Fließtext der Zukunft des Jahres 2440 gilt und innerhalb der Fiktion angesiedelt ist, kommentieren die umfangreichen Fußnoten die Gegenwart des Jahres 1769 und sind wohl auch nicht (immer) Teil der fiktionalen Welt (vgl. Jaumann 1989, S. 343). Andreas Urs Sommer beschreibt für Mercier rezeptionsästhetisch diesen springenden Lektürewechsel zwischen der fiktionalen Ebene des 25. Jahrhunderts im Fließtext und der außerfiktionalen Ebene des 18. Jahrhunderts in den Anmerkungen, „die im Fußnoten-Souterrain den moralisierenden Generalbass spielen" (Sommer 2006, S. 271, Anm. 428) und der Geschichte ihren Rhythmus geben. So überführt Wagner Merciers Fußnotenpraxis im Roman transgenerisch in seine dramatischen Nebentext-Experimente und Lektürearrangements, die auch zukünftige und gegenwärtige Textpassagen grafisch auffällig separieren.

bert wird, erzählt der noch glückselige Voltaire der Amme von seiner Ehrung in der Académie française und der Krönung im Theater – allein diese Figurenrede Voltaires wird nicht im dramatischen Modus eins zu eins wiedergegeben, sondern in eine fast zweiseitige Nacherzählung dieses Berichts in indirekter Rede transponiert. Nachdem sich die Amme zu Voltaire auf den Arm seines Lehnstuhls gesetzt hat, um widerwillig seiner Erzählung zu lauschen, folgt nicht etwa eine dramatische Figurenrede Voltaires, sondern es schaltet sich eine narrative Instanz folgendermaßen ein:

> (Hier erzählt nun der eigenliebige Alte seiner Amme, welche so oft er sie ansieht nur mit dem Kopfe nicket, – was man in allen französischen und teutschen Zeitungsblättern weitläufig lesen kann, mit der ihm eigenen Suada: Wie er nemlich den 30. Merz 1778. die Versammlung der Academie françoise mit seiner Gegenwart beehrt hätte, von seinen sämtlichen Herren Kollegen auf halbem Weg empfangen, alsobald auf den Platz des Directeur geführt, und einstimmig, nicht durchs Loos erst, wie dies bey Alltagswahlen gewöhnlich ist, zum Directeur der Akademie aufs zweite Vierteljahr ernannt worden wäre. (W, S. 10)

Der hier eingeführte Konjunktiv („ernannt worden wäre") wird auf der nächsten halben Seite weitergezogen und rhetorisch besonders dadurch ausgestellt, dass die Ereignisse des Tages in monotonen Satzparallelismen sortiert werden, die drei Mal, anaphorisch betont, beginnen mit einem katalogisierenden „ferner" (W, S. 10) und schließen mit einem manierierten Konjunktiv („empfangen worden wäre", „aufgesetzt hätte", „hätte machen können" [W, S. 10]). Die drei Sätze nehmen – klimaktisch sich steigernd – an Umfang zu, vermehren die Satzglieder in ein hypotaktisches Tohuwabohu und tummeln immer mehr sperrige Konjunktive. Voltaires Apotheose wird so ziemlich umständlich und nur äußerst vermittelt den Lesenden präsentiert. Unmerklich gleitet dabei die präsentische Regieanweisung in ein episches Präteritum über, das nach einem Absatz dann auch explizit wird, wenn es heißt: „Noch weit beredter wurde er aber bei der Schilderung des Nachspiels [im Theater]. Worte, meynte er, reichten nicht hin seine und des ganzen Publikums Ueberraschung nur im Schatten zu entwerfen." (W, S. 10) Die Rede Voltaires wird nicht mehr im dramatischen Modus mit einer Sprecherangabe mit Namen versehen, sondern im epischen Verfahren durch eine pronominalisierte Inquit-Formel („meynte er") angezeigt. Der Text simuliert nicht mehr Gegenwärtigkeit auf der Bühne, sondern entrückt nicht nur die Ehrung im Theater, sondern auch das eigentlich gegenwärtige Bühnengeschehen im Schlafzimmer des Dichters selbst episch in eine Vorzeitigkeit („noch weit beredter *wurde* er", „meyn*te* er" [Hervorhebung B.B.]).

Das, was dem Text den Titel gibt (die Apotheose Voltaires), findet nicht nur nicht auf der Bühne statt, sondern es wird davon noch nicht einmal von Voltaire im Nachhinein direkt berichtet. Das Geschehen distanziert sich in den Konjunktiv und die Vergangenheit. Die Dichterkrönung verrutscht vom Haupt- in den Nebentext, von der direkten Rede in die indirekte Rede, von der Gegenwart in die Vergangenheit und entschwindet ins konjunktivisch Vage und epische Ungefähre. Wagner nutzt hier in seinem Traumtheater die episierenden Nebentext-Experimente, um dramatische Unmittelbarkeit zu minimieren und das, was ihm missbehagt (die Dichterkrönung im Allgemeinen und die von Voltaire im Besonderen), an den Rand der Imagination der Lesenden zu drängen.[39]

Merciers *L'an 2440* hat als Bestseller des 18. Jahrhunderts eine Fülle von Nachfolgetexten hervorgebracht, ähnlich wie Goethes *Werther* eine Flut von literarischen Reaktionen provozierte.[40] Mir scheint Wagners Literatursatire in der Mercier-Rezeption eine besondere Stellung einzunehmen, ähnlich wie für die *Werther*-Rezeption Lenz' *Waldbruder*, der sich im Untertitel als *Ein Pendant zu Werthers Leiden* ausgibt, aber eine eigene polyperspektivische Romanpoetik entfaltet und selbständig und durchaus kritisch neben Goethes monoperspektivischem Briefroman besteht. Wagners Pendant zu Merciers Utopie knüpft zwar an die deutsche aufklärerische Rezeption von *L'an 2440* in der Tradition der frühneuzeitlichen Gelehrtensatire an,[41] erweitert diese aber gattungsästhetisch kreativ, indem es die Zukunftsthematik des Romans in die im Sturm und Drang so beliebte dramatische Literatursatire überführt. Während der zeitutopische Charakter von Merciers Text in der deutschen Rezeption des 18. Jahrhunderts sonst oft in den Hintergrund rückte (vgl. Fohrmann 1983; Jaumann 2014), ist er für Wagners Anverwandlung entscheidend, wenn der eine nachgetragene Vorgeschichte zu Merciers Text entwickelt, die von einem imaginierten 19. Jahrhundert aus die Gegenwart als Vergan-

---

[39] Wie man sich eine bühnenpraktische Umsetzung dieser Passage denken soll, bleibt in diesem Lesedrama unklar und offen. Es ließe sich ein Verdunkeln des Bühnenvordergrundes denken und prospektartiges Zeigen der jeweiligen Tagesereignisse in Einzelbildern vorstellen.

[40] Möglicherweise hat Wagner auch noch anknüpfen können an den deutschsprachigen, 1777 anonym erschienenen Nachfolgetext *Das Jahr 1850*. Auch dieser Text übernahm die Traumfiktion, verblieb aber gattungsästhetisch im Romankontext und beanspruchte nicht die Funktion eines Prequels. Dass dieser Text keine literatursatirische Absicht, sondern sehr spezielle schweizerische sozialreformerische Diskurse im Blick hatte, illustriert schon der lange Untertitel: [Walther Merian:] *Das Jahr 1850, oder Gedanken über die Armenanstalten, den öffentlichen Gottesdienst, den Huldigungseid eines schweizerischen Kantons*. Frankfurt, Leipzig 1777.

[41] Diese deutsche Mercier-Rezeption in der Tradition der Gelehrtensatire hat Herbert Jaumann herausgearbeitet (vgl. Jaumann 1990, S. 233f.). Vgl. auch Košenina 2003.

genheit der Zukunft betrachtet. Diese prognostizierte Retrospektive experimentiert innovativ mit unterschiedlichen Formen des Nebentextes, fiktionalisiert die Paratexte des Einakters und erweitert das didaskalische Repertoire der Lesedramen des Sturm und Drang erheblich. Dass Wagner dabei die Einschätzungen zu Voltaire aus dem Bibliothekskapitel von Mercier übernimmt und fortführt, zeigt einmal mehr, dass der Sturm und Drang entgegen seiner rhetorisch plakativ apotropäischen Programmatik an französische Ästhetikdiskurse anzuknüpfen weiß.

Werke

[Anonym:] [Rezension über] Voltaire am Abend seiner Apotheose, in: Frankfurter gelehrte Anzeigen, Nr. 58 vom 2. Juli 1778, S. 461f. [= FgA 1778]

[Anonym:] [Rezension über] Voltaire am Abend seiner Apotheose, in: Litteratur- und Theaterzeitung Berlin, Nr. 31 vom 1. August 1778, S. 492f. [= LTZ 1778]

Goethe, Johann Wolfgang: Götter, Helden und Wieland [1774], in: Ders.: Der junge Goethe 1757–1775. Hg. von Gerhard Sauder. München 1985 (Münchner Ausgabe I, 1), S. 681–693. [= G 1774]

Hume, David: Eine Untersuchung über den menschlichen Verstand [1748]. Hg. von Jens Kulenkampff. Hamburg 1993.

Mercier, Louis Sébastien: L'an deux mille quatre cent quarante suivi de L'homme de Fer [1771]. Avec une préface de Raymond Trousson. Genf 1979.

[Mercier, Louis-Sébastien:] Das Jahr Zwey tausend vier hundert und vierzig. Ein Traum aller Träume. London 1772. [= M]

Mercier, Louis Sébastien: Der Schubkarn des Eßighändlers. Ein Lustspiel in drey Aufzügen. Aus dem Französischen des Herrn Mercier. Frankfurt am Mayn bey den Eichenbergischen Erben 1775.

[Mercier, Louis Sébastien; Wagner, Heinrich Leopold:] Neuer Versuch über die Schauspielkunst. Aus dem Französischen mit einem Anhang aus Goethes Brieftasche. Faksimiledruck nach der Ausgabe von 1776, mit einem Nachwort von Peter Pfaff. Heidelberg 1967. [= MW]

[Merck, Johann Heinrich:] [Rezension über:] L'an deux mille quatre cent quarante. Rêve s'il en fut jamais. 1771, in: Frankfurter gelehrte Anzeigen vom 10. Januar 1772, S. 17–20. [= FgA 1772]

[Merian, Walther:] Das Jahr 1850, oder Gedanken über die Armenanstalten, den öffentlichen Gottesdienst, den Huldigungseid eines schweizerischen Kantons. Frankfurt und Leipzig 1777.

Shaftesbury, Anthony Ashley Cooper, Third Earl of: Characteristics of Men, Manners, Opinions, Times I [1711]. Hildesheim, New York 1978 (Anglistica & Americana, 123). [= S 1711]

Wagner, Heinrich Leopold: Voltaire am Abend seiner Apotheose [1778]. Stuttgart 1881 (Deutsche Litteraturdenkmale des 18. Jahrhunderts in Neudrucken hg. von Bernhard Seuffert). [= W]

Forschung

Adam, Wolfgang; Florack, Ruth; Mondot, Jean (Hg.): Gallotropismus. Bestandteile eines Zivilisationsmodells und die Formen der Artikulation. Heidelberg 2016.

Adam, Wolfgang; Mix, York-Gothart; Mondot, Jean (Hg.): Gallotropismus im Spannungsfeld von Attraktion und Abweisung. Heidelberg 2016.

Ammon, Frieder von; Vögel, Herfried (Hg.): Die Pluralisierung des Paratextes in der Frühen Neuzeit. Theorie, Formen, Funktionen. Berlin 2008.

Bergengruen, Maximilian: Das neue Recht und der neue Körper. Wagners *Kindermörderin* zwischen Anthropologie und Rechtstheorie, in: Die Grenzen des Menschen. Anthropologie und Ästhetik um 1800. Hg. von Maximilian Bergengruen, Roland Borgards und Johannes Friedrich Lehmann. Würzburg 2001 (Stiftung für Romantikforschung 16), S. 37–49.

Binneberg, Kurt: Über die Dramensprache des Sturm und Drang. Am Beispiel der Aposiopesen in Heinrich Leopold Wagners *Kindermörderin*, in: Jahrbuch des Freien Deutschen Hochstifts 1977, S. 27–54.

Braese, Stephan: Hanswurst und Geniekultur. Die Idee vom Ende der Kritik in Heinrich Leopold Wagners *Prometheus, Deukalion und seine Recensenten*, in: Lessing Yearbook 40 (2013), S. 123–135.

Detken, Anke: Im Nebenraum des Textes. Regiebemerkungen in Dramen des 18. Jahrhunderts. Tübingen 2009.

Dörr, Volker C.: „Wie die Kerls mit dem guten W** umgehn". Heinrich Leopold Wagners *Prometheus, Deukalion und seine Recensenten* im Kontext der *Werther*-Kontroverse, in: Neophilologus 93 (2011), S. 461–476.

Duden. Deutsches Universalwörterbuch. Hg. von der Dudenredaktion. Berlin 8. Aufl. 2015.

Fohrmann, Jürgen: Utopie und Untergang. L.-S. Merciers *L'An 2440*, in: Literarische Utopien von Morus bis zur Gegenwart. Hg. von Klaus L. Berghahn und Hans U. Seeber. Königstein 1983, S. 105–124.

Genton, Elisabeth: La Vie et les Opinions de Heinrich Leopold Wagner (1747–1779). Frankfurt a.M. 1981 (Europäische Hochschulschriften, Reihe 1: Deutsche Sprache und Literatur 300).

Herboth, Franziska: Satiren des Sturm und Drang. Innenansichten des literarischen Feldes zwischen 1770 und 1780. Hannover 2002.

Jaumann, Herbert: Nachwort, in: Louis-Sébastien Mercier: *Das Jahr 2440. Ein Traum aller Träume.* Aus dem Französischen übertragen von Christian Felix Weiße. Hg., mit Erläuterungen und einem Nachwort versehen von Herbert Jaumann. Frankfurt a.M. 1989, S. 335–355.

Jaumann, Herbert: Die deutsche Rezeption von Merciers *L'an 2440.* Ein Kapitel über Fortschrittsskepsis als Utopiekritik in der späten Aufklärung, in: Der deutsche Roman der Spätaufklärung. Fiktion und Wirklichkeit. Hg. von Harro Zimmermann. Heidelberg 1990, S. 217–241.

Jaumann, Herbert: Louis-Sébastien Merciers *L'An 2440* (1771). Wende zum zeitutopischen Paradigma?, in: Idealstaat oder Gedankenexperiment? Zum Staatsverständnis in den klassischen Utopien. Hg. von Thomas Schölderle. Baden-Baden 2014 (Staatsverständnisse 67), S. 207–230.

Kauffmann, Kai: Polemische Angriffe im literarischen Feld. Literatursatiren der Stürmer und Dränger (Goethe, Merck, Lenz), in: Sturm und Drang. Epoche – Autoren – Werke. Hg. von Matthias Buschmeier und Kai Kauffmann. Darmstadt 2013, S. 29–48.

Körte, Mona: Essbare Lettern, brennendes Buch. Schriftvernichtung in der Literatur der Neuzeit. München 2012.

Korff, Hermann A.: Voltaire im literarischen Deutschland des XVIII. Jahrhunderts. Ein Beitrag zur Geschichte des deutschen Geistes von Gottsched bis Goethe. Zweiter Halbband. Heidelberg 1917.

Koselleck, Reinhart: Die Verzeitlichung der Utopie, in: Utopieforschung. Interdisziplinäre Studien zur neuzeitlichen Utopie. Hg. von Wilhelm Voßkamp. Bd. 3, Stuttgart 1982, S. 1–14.

Košenina, Alexander: Der gelehrte Narr. Gelehrtensatire seit der Aufklärung. Göttingen 2003.

Le Moël, Sylvie: Lenz et Mercier adapteurs de Shakespeare. Regard croisé sur les enjeux d'une réception productive, in: Shakespeare vu d'Allemagne et de France des lumières au Romantisme. Paris 2007, S. 91–107.

Lepape, Pierre: Voltaire oder die Geburt der Intellektuellen im Zeitalter der Aufklärung. Aus dem Französischen von Gabriele Krüger-Wirrer. Frankfurt a.M., New York 1996.

Löwe, Matthias: Idealstaat und Anthropologie. Problemgeschichte der literarischen Utopie im späten 18. Jahrhundert. Berlin 2012.

Luserke, Matthias: Sturm und Drang. Autoren – Texte – Themen. Bibliographisch ergänzte Ausgabe. Stuttgart 2019 [¹1997].

Martin, Ariane: *Gedanken des Verfaßers der Anmerkungen übers Theater.* Wagners Mitteilung wirkungsästhetischer Bemerkungen von Lenz im *Neuen Versuch über die Schauspielkunst,* in: Lenz-Jahrbuch 19 (2012), S. 49–57.

McInnes, Edward O.: Louis-Sébastien Mercier and the drama of the „Sturm und Drang", in: Publications of the English Goethe Society 54 (1983/84), S. 76–100.

Nünning, Ansgar; Sommer, Roy: Diegetic and mimetic Narrativity. Some further Steps towards a Narratology of Drama, in: Theorizing Narrativity. Hg. von John Pier und José Angel Garcia Landa. Berlin, New York 2008, S. 331–354.

Rieck, Werner: Literatursatire im Sturm und Drang, in: Sturm und Drang. Hg. von Manfred Wacker. Darmstadt 1985 (Wege der Forschung 559), S. 144–164.

Rieger, Dietmar: Imaginäre Bibliotheken. Bücherwelten in der Literatur. München 2002.

Ripper, Annette: *Voltaire am Abend seiner Apotheose* (Wagner), in: Handbuch Sturm und Drang. Hg. von Matthias Luserke-Jaqui unter Mitarbeit von Vanessa Geuen und Lisa Wille. Berlin, Boston 2017, S. 635–639.

Schmidt, Erich: Heinrich Leopold Wagner, Goethes Jugendgenosse. 2. völlig umgearbeitete Aufl. Leipzig 1879.

Seuffert, Bernhard: [Einleitung], in: Heinrich Leopold Wagner: *Voltaire am Abend seiner Apotheose* [1778]. Stuttgart 1881 (Deutsche Litteraturdenkmale des 18. Jahrhunderts in Neudrucken hg. von Bernhard Seuffert), S. I–XI.

Sommer, Andreas U.: Sinnstiftung durch Geschichte? Zur Entstehung spekulativ-universalistischer Geschichtsphilosophie zwischen Bayle und Kant. Basel 2006.

Takeda, Arata: Die Erfindung des Anderen. Zu Genese des fiktionalen Herausgebers im Briefroman des 18. Jahrhunderts. Würzburg 2008.

Weber, Alexander: Episierung im Drama. Ein Beitrag zur transgenerischen Narratologie. Berlin 2017.

Werle, Dirk: Copia librorum. Problemgeschichte imaginierter Bibliotheken 1580–1630. Tübingen 2007.

Wirth, Uwe: Die Geburt des Autors aus dem Geist der Herausgeberfiktion. Editoriale Rahmung im Roman um 1800: Wieland, Goethe, Brentano, Jean Paul und E.T.A. Hoffmann. München 2008.

Wagner neu beleuchtet:
Hacks' *Kindermörderin*-Bearbeitungen (1957 und 1963) und Harigs *Ein Fest für den Rattenkönig* (1982)

Grit Dommes

„Evchen Humbrecht, des Metzgers Kind
Zu Straßburg, der Domstadt am Rhein,
Sie sprach: warum solln, die vom Adel sind,
Alleine lustig sein?"
(Peter Hacks: *Die Kindermörderin – ein Lust-
und Trauerspiel nach Heinrich Leopold Wagner*,
S. 73)

„Heute erklingen diese Lieder [aus dem Liederbuch der Fürstin Erdmuthe] für uns, denn die
Fürsten, das sind wir."
(Ludwig Harig: *Und wenn sie nicht gestorben
sind*, S. 323)

Für das 20. Jahrhundert sind vier literarische Auseinandersetzungen mit Heinrich Leopold Wagner zu verzeichnen: eine Bearbeitung des Trauerspiels *Die Kindermörderin* von Ferdinand Bruckner (1891–1958) und zwei von Peter Hacks (1928–2003) sowie Ludwig Harigs (1927–2018) Hörspiel *Ein Fest für den Rattenkönig*, das mit Wagners Biografie, Briefzitaten und seinen Gedichten *Der Fuchs als Gratulant* und *Phaeton* arbeitet.

Ferdinand Bruckner, eigentlich Theodor Tagger, gründete 1923 das Berliner Renaissance-Theater, das er bis 1927 leitete. 1933 emigrierte er nach Österreich, ging von dort nach Frankreich und drei Jahre später in die USA. 1951 kam er nach Berlin zurück, wo er 1958 starb. In seinen späten Berliner Jahren entstand eine Bearbeitung der *Kindermörderin*, die jedoch erst 1976 in der Zeitschrift *Recherches Germaniques* veröffentlicht wurde (vgl. Jacobs 1983, S. 298). Aufführungen sind nicht dokumentiert (vgl. Lehfeldt 1975, S. 193)[1]. Wegen der kaum vorhandenen Wirkung wird diese Bearbeitung hier nicht behandelt, soll aber erwähnt werden als das früheste belegte Beispiel dafür, dass ein theaterversierter Schriftsteller des 20. Jahrhunderts die Qualität von Wagners *Kindermörderin* erkannt hat.

---

[1] Lehfeldt bietet in ihrer Dissertation eine knappe Analyse von Bruckners Bearbeitung und geht dabei vergleichend auch auf Hacks ein; vgl. ebd. S. 193–197. Vgl. auch Jacobs 1983, S. 299f.

Denn Wagner gehörte „erst zu den Vergessenen der Literaturgeschichte, dann zu den Geschmähten" (Wille 2017, S. 179). Inzwischen ist seine *Kindermörderin* aus der Geschichte des Sturm und Drang nicht mehr wegzudenken.

Peter Hacks, der nach einem Studium und ersten schriftstellerischen Arbeiten in München 1955 in die DDR übersiedelte, ist für seine Bearbeitungen historischer oder klassischer Stoffe bekannt, aber seine beiden *Kindermörderin*-Fassungen haben wenig Beachtung gefunden.[2] In der Aufbauphase der DDR war das Theater in „Dramaturgie und Schreibweise" stark von Bertolt Brecht (1898–1956) beeinflusst, als Stoffe dienten allerdings die „neuen Produktionsverhältnisse in Stadt und Land, wobei das Thema ‚sozialistisches Landleben‘ eindeutig favorisiert" wurde (Emmerich 2000, S. 152). Brecht selbst ging thematisch andere Wege, er bearbeitete vor allem ältere Stücke und gab dabei dem Sturm und Drang gegenüber dem ‚klassischen Erbe‘ den Vorzug: 1950 setzte er sich mit Lenz' *Der Hofmeister*, 1952 mit Goethes *Urfaust* auseinander (vgl. Emmerich 2000, S. 153f.). Hacks folgte seinem Mentor Brecht, indem er Ende 1957 eine erste Bearbeitung von *Wagners Kindermörderin* in der Zeitschrift *Junge Kunst* veröffentlichte. In seinen Anmerkungen verbeugt sich Hacks vor dem Original von 1776: „Wagners *Kindermörderin* ist eins der schönsten Trauerspiele deutscher Sprache. Ein Stück von aufrichtigem sozialem Empfinden, großer plebejischer Gewalt der Sprache und einem in seiner Vorurteilslosigkeit einmaligen Sinn für Widersprüche." (Hacks 1957, S. 23) In der Tat verfolgte Wagner „das Programm einer Volkspoesie [...], indem er in seinem Stück Volkssprache und Dialekt wiedergibt" (Luserke-Jaqui 2002, S. 134). Mit dieser Alltagssprachlichkeit und den häufig sozial konnotierten Regieanweisungen[3] weist *Die Kindermörderin* bereits auf das

---

[2] Andrea Jäger erwähnt die *Kindermörderin*-Bearbeitungen weder in ihrem KLG-Essay über Peter Hacks noch im Hacks-Artikel des *Metzler Lexikon DDR-Literatur*. Horst Laube widmet ihnen in seiner Hacks-Monografie von 1972 eineinhalb Seiten, auf denen er hauptsächlich die Absichtserklärungen des Verfassers zitiert. Herbert Haffner schließt 1982 einen gründlichen Vergleich von „Original und Bearbeitungen" mit Skepsis ab: Er deutet an, dass Hacks Bearbeitungen die Gratwanderung zwischen „Geschichtsklitterung" und „vereinfachte[r] Klassenmechanik" nicht gelingt (Haffner 1982, S. 47). Auch Pilz kritisiert in seiner Studie zu deutschen „Kindesmordtragödien" die „allzu plakative Schwarz-Weiß-Zeichnung" der Figuren bei Hacks (Pilz 1982, S. 44). Nur Bosker kommt in ihrer Dissertation über Hacks' Bearbeitungen zu einer positiven Einschätzung. Besonders seine spätere Fassung der *Kindermörderin* mit der „selbstsichere[n], optimistische[n] Heldin" sei nicht „allein als Literatur, sondern auch als Theaterstück [...] von Interesse" (Bosker 1994, S. 39).

[3] Die Humbrechts sind stolz auf ihren bürgerlichen Stand und verteidigen ihn nach Kräften. Frau Humbrecht trägt im ersten Akt unter dem Kostüm ein schmutziges Kleid: „ich hab eben gedacht, unter der Maske sieht mans ja nicht, obs rein oder schmutzig ist, und thust du ein weißes an, dacht ich, so wirds doch auch verkrum-

naturalistische Milieudrama voraus. Wagners Bemühen, gesellschaftliche Gegensätze deutlich zu machen, kam Hacks' Intentionen entgegen. Trotzdem hielt er eine Bearbeitung für unabdingbar, weil die bei Wagner angelegte „Sachlage ganz klargestellt werden" (Hacks 1957, S. 23) müsse. Und die Sachlage, das sind für Hacks die typischen Verhältnisse „in Ausbeutergesellschaften" (ebd.). Natürlich geht es dabei vor allem um die Klassengesellschaft, trotzdem verzichtet Hacks auf eine Modernisierung des Stoffes, er behält den historischen Kontext bei und ahmt die zeitgenössische Sprache in den eingefügten Liedern und Dialogen nach.[4] Gleichwohl sind seine Eingriffe in den Text, wie Jacobs zu Recht formuliert hat, so gravierend, „daß man von einem völlig neuen Stück wird sprechen müssen." (Jacobs 1983, S. 298)

„Der Lieutenant von Gröningseck die Humbrechtin! – Unmöglich!" (Wagner 1983, S. 44) – in diesem erstaunten Ausruf bringt von Hasenpoth schon bei Wagner die historische Unmöglichkeit der Verbindung zwischen Evchen und dem Leutnant, der Kleinbürgerstochter und dem Adligen, auf den Punkt. Aus diesem Kernkonflikt des Bürgerlichen Trauerspiels, der unüberwindbaren Standesgrenze, entwickelt sich das tragische Ende, das in diesem Fall, weil Gröningseck Evchen nicht nur vergewaltigt, sondern auch geschwängert hat, den Tod des Kindes einschließt. Evchen hat, durch die Schwangerschaft für alle sichtbar, mit ihrer Jungfräulichkeit das größte Kapital eingebüßt, das ein Bürgermädchen des 18. Jahrhunderts besitzt und über das deshalb auch die Väter argwöhnisch wachen. Retten kann sie nur eine Hochzeit mit dem Leutnant, die für diesen jedoch das jähe Ende seiner militärischen Karriere und die gesellschaftliche Ächtung bedeuten würde. Hacks übersetzt diese Konstellation aus der Ständegesellschaft in die Terminologie des Klassenkampfs: Wagners

---

pelt." (Wagner 1983, S. 10) Am Anfang des zweiten Akts heißt es über die Wohnstube der Humbrechts: „bürgerlich meublirt; auf der Seite ein Klavier" (ebd., S. 19); Evchen tauscht im fünften Akt ihren Mantel aus Taft gegen den baumwollenen der Magd Lisbet, weil sie als Bürgerstochter nicht erkannt werden will, und Humbrecht öffnet kurz darauf „im Nachtkamisölchen, Schlafmütz, und niedergetretenen Schuhen" (ebd., S. 56) dem Magister die Tür. Während die Humbrechts ihr Auskommen haben, aber doch sparsam sein müssen, sind die Verhältnisse, in denen Frau Marthan wohnt, vom Elend gezeichnet: In ihrem Zimmer steht nur „ein armseliges Bett ohne Vorhäng" (ebd., S. 71). Was sie Evchen zum Essen anbieten kann, das ist am „eigenen Maul erspart" (ebd., S. 72).

[4] Herbert Haffner hat nachgewiesen, dass das im vierten Akt von Evchen vorgetragene Lied „O Freund, o Seele meiner Lieder, …" (Hacks 1957, S. 12) eine leicht abgewandelte Version der dritten Strophe aus Hagedorns *Hoheit und Liebe* ist und die Daphne-Sage als Schäferspiel, die Gröningseck und Odile im fünften Akt einstudieren, im Ton Wieland nachempfunden ist. Vgl. Haffner 1982, S. 28, 31.

Stück handelt über die sexuelle Ausbeutung der Unteren durch die Oberen. Einem adeligen Offizier gelingt es, mit Hilfe der ihm von der Gesellschaft mitgegebenen Waffen (Bildung, Schönheit, Weltkenntnis) ein Mädchen aus dem Kleinbürgertum zu schwängern. Das Mädchen wehrt sich seiner Haut, es will geheiratet werden. Aber die einfältigen Waffen des Mädchens sind die Waffen eines Lammes, das mit dem Wolf kämpft. Die Angelegenheit endet mit dem Tod des Schwächeren. (Hacks 1957, S. 23)

Damit die Verhältnisse sich so eindeutig in oben und unten, schwach und stark einteilen lassen, verschärft Hacks in seiner Bearbeitung das Dilemma der Hauptfiguren: Während Gröningseck bei Wagner vermögend genug ist, um sich mit Evchen als Privatier zurückzuziehen,[5] stellt Hacks seiner Figur nicht nur den Abbruch der Offizierslaufbahn, sondern auch die Mittellosigkeit in Aussicht: „ich kenne die verzweifelten Umstände deines Vermögens", ermahnt Hasenpoth seinen Freund im dritten Akt und weiß auch gleich Rat: „Odile ist reich; du brauchst dringend Geld." (Ebd., S. 10) Mit Hasenpoths reicher Cousine Odile steht Evchen bei Hacks eine Rivalin gegenüber. Gröningseck ist zwischen den beiden Frauen hin- und hergerissen wie Ferdinand in Schillers *Kabale und Liebe* (1784) zwischen Louise und Lady Milford.[6] Evchen schwört er am Ende des vierten Akts „im Angesicht des Monds und aller der Sterne, die dort am Firmament glänzen" (ebd., S. 13), spätestens nach zwei Monaten zu ihr zurückzukehren, und Odile hört am Ende des fünften Akts den gleichen Schwur aus seinem Mund, nur dass der bürgerlich-romantische Mond dabei gegen die aristokratische Sonne ausgetauscht ist.

Eine weitere signifikante Veränderung besteht darin, dass viele Schauplätze des Stücks in die Öffentlichkeit verlegt worden sind. Wagners Trauerspiel nimmt seinen Anfang im Wirtshaus und endet im Zimmer der Frau Marthan. Die vier mittleren Akte spielen in unterschiedlichen Zimmern des „Humbrechtischen Haus[es]" (Wagner 1983, S. 19). Diese Konzentration auf private Räume ist typisch fürs Bürgerliche Trauerspiel, dessen Themen ja das bürgerliche Familienleben betreffen. Wagner steigert die Intimität der Räume sogar im Laufe des Spiels (vgl. Luserke-Jaqui 2002, S. 134f.), bis sich am Ende um das ärmliche Bett der Lohnwäscherin herum ein Querschnitt durch die ganze damalige Gesellschaft versammelt hat. Deutlich zeigt dieses Tableau, das sich als Negativ

---

[5] „Sie als Frau zu erhalten, das soll mir nicht schwer werden: ich hab vieles verschleudert, aber auch noch manches gerettet. – Den Rest meines Vermögens selbst zu übernehmen, dies ist die Absicht, in welcher ich um Urlaub anhielt" (Wagner 1983, S. 44).

[6] Theo Elm hat auf die Bedeutung der wagnerschen *Kindermörderin* für Schillers Trauerspiel hingewiesen (vgl. Elm 2004, S. 86f.). Hacks' Bearbeitungen wiederum zeigen deutlich den Einfluss von *Kabale und Liebe* und weisen ihn insgesamt als einen Kenner der Literatur des 18. Jahrhunderts aus.

zur Weihnachtskrippe lesen lässt, wie politisch die Privatangelegenheiten der Figuren sind. Bei Hacks sollen die Räume die sozialen Konturen der Figuren verstärken. Die Bearbeitung beginnt unmissverständlich „im Bordell" (Hacks 1957, S. 2), in dem ganz offensichtlich auch der Konrektor Pohlmann ein- und ausgeht, während die entsprechende Figur bei Wagner, Magister Humbrecht, nur theoretisiert, dass er es „für Pflicht halte alles zu sehn, alles zu prüfen um selbst davon urtheilen zu können" (Wagner 1983, S. 23). Der zweite Akt der Bearbeitung zeigt dann die Kleinbürger bei der Arbeit im „Humbrechtischen Metzgerladen" (Hacks 1957, S. 6), wo Humbrecht sich wechselweise mit seiner Frau über Evchens Erziehung streitet und als Geschäftsmann agiert. Die Darstellung des nach der einen Seite eifernden, nach der anderen Seite servil säuselnden Metzgers wird zur Parodie auf den Kapitalismus. War Wagners Humbrecht noch ein Kerl, der für seine Überzeugungen einsteht, ähnlich dem Musikus Miller aus *Kabale und Liebe*, so zeigt Hacks eher eine „Figur des ‚gebrochenen Rückgrats'" (Haffner 1984, S. 30). Da er in den Kundinnen nur das Geld sieht, das diese möglicherweise in seinem Laden lassen, verliert er ihre Achtung und muss sich sogar von einem Dienstmädchen „alter Klotz" (Hacks 1957, S. 7) schimpfen lassen. Der dritte Akt führt in ein Kaffeehaus, Gröningseck und sein Kreis werden also ebenfalls im öffentlichen Raum vorgeführt, wenn auch gerade nicht bei der Arbeit. Die Wohnstube der Humbrechts wird nur einmal, im vierten Akt, zum Schauplatz. Hacks fügt den sechs Akten bei Wagner einen siebten hinzu, den er zwischen die Akte IV und V einschiebt; dieser neu hinzugefügte fünfte Akt spielt im Garten des Kammerschen Guts, auf dem Odile das unbeschwerte Leben einer Adligen führt. Der sechste Akt führt vor das Haus der Humbrechts und das bearbeitete Stück endet, wie bei Wagner, in der Kate der Frau Marthan.

Gerade an Gröningseck, dem Magister/Konrektor und Humbrecht lässt sich gut zeigen, dass Hacks die Figuren eindeutiger bewertet als Wagner. War es das Ziel des Bürgerlichen Trauerspiels, die Zuschauenden im Sinne von Lessings Poetik auf der Basis einer universellen Menschlichkeit zum Mitleid zu bewegen, so mussten die Stücke ‚mittlere' Charaktere zeigen. Wagners Gröningseck, der auf der einen Seite von seinem Standesrecht Gebrauch macht und unterprivilegierte Frauen als „Spielwerk" (Wagner 1983, S. 34) ansieht, auch vor Vergewaltigung nicht zurückschreckt, lässt sich von Evchen immerhin zu verlässlicher Liebe bekehren. Er fällt wiederholt in sein altes Verhalten zurück, zeigt sich aber lernfähig,[7] so hält die Konzeption dieser Figur noch an der Reformierbarkeit

---

[7] Etwa im vierten Akt, als er Evchens „Hand mit Gewalt küssen" will und sie ihm erklären muss, so könne er ihr Vertrauen nicht zurückgewinnen, oder im Schlussakt, als er neben seinem ermordeten Kind nach „Selbstrache" gegenüber Hasen-

des Adels fest. Der Magister ist ein gelegentlich etwas verschrobener, aber doch durch und durch aufgeklärter Kopf und Humbrecht, der zwar häufig den polternden Hausvater gibt und im Zorn auch prügelt, bleibt seiner Tochter doch „immer Vater" (ebd., S. 81). Wie der Liebhaber kommt er am Schluss zu spät, der Kindsmord ist bereits geschehen und selbst sehr viel Geld kann den „Ball mit allen seinen Folgen" (ebd., S. 85) nicht rückgängig machen. Bei Hacks dagegen ist Gröningseck die Figur gewordene Halbherzigkeit, der Konrektor ein scheinheiliger Moralist[8] und Humbrecht bis zum Schluss allein auf seinen materiellen Wohlstand bedacht.[9] „Will er sie heiraten, mir den restlichen Zins zahlen?" (Hacks 1957, S. 22), fragt er Gröningseck, als wäre das Leben seiner Tochter mit dem noch ausstehenden Mietzins irgendwie zu verrechnen. Frau Marthan, die ihn zu Evchen geführt hat, zahlt er nur ein Hundertstel des ausgesetzten Lohns (vgl. ebd.). So wird Humbrecht zum gerissenen Kleinunternehmer, den das Geld verdorben hat – und ist damit, entgegen den Anmerkungen des Autors, fürs 18. Jahrhundert eher ein „einmalige[r] Fall" (ebd., S. 23), jedenfalls kein typischer kleinbürgerlicher Familienvater.

Die Bearbeitung hat der *Kindermörderin* die Tugend ausgetrieben. Schon Wagners Trauerspiel lässt Zweifel aufkommen an diesem bürgerlichen Konzept, dessen Anspruch so übermenschlich ist, dass ein einziger Fehltritt gleich zwei Leben zerstört. Als Wertmaßstab für das Handeln der bürgerlichen Figuren behält die Tugend aber ihre Gültigkeit. Bei Hacks dagegen wird unmissverständlich gezeigt: Wer an die Tugend glaubt, ist verloren. Viel deutlicher kann er deshalb die Menschlichkeit gegen die Tugend ausspielen und Evchen sagen lassen: „Das ist ein Verbrechen, ein Mensch sein. Ich hab geliebt, hörst du, von Herzen geliebt, war das nicht menschlich?" (Hacks 1957, S. 21) Die Moral dient nur als Mittel zum Zweck, eigentlich geht es um Geld und Sexualität. Wer es sich leisten kann, wie Odile, der kann mit der Tugend spielen. Der eingeschobene Akt auf dem Kammerschen Gut hat vor allem die Funktion, das zu zeigen: Im Schäferspiel von Apoll und Daphne, wie Beluzzi es mit Odile und Gröningseck einstudiert, ist die Tugend nur das Vorspiel zur Verführung. Und während Odile Gröningseck bereits Nacht für Nacht „zwingende, unabweisliche und superieure Gründe für [sein] Bleiben" (ebd., S. 14) geliefert hat und zusammen mit Beluzzi dafür sorgt, dass Daphne

---

poth ruft, statt „diese arme Betrogne vom Schavott zu retten", wie ihm der Magister nahelegt. In beiden Fällen zeigt der Leutnant sich einsichtig.

[8] Hierin folgt Hacks der Veränderung, die Brecht an Herrn von Berg aus Lenz' *Hofmeister* vornimmt. Vgl. Jacobs 1983, S. 299.

[9] Die Eindimensionalität der Figur des Metzgermeisters bei Hacks wird in der Forschung durchgehend wahrgenommen: Vgl. Haffner 1982, S. 30; Pilz 1982, S. 42f.; Jacobs 1983, S. 299; Bosker 1994, S. 23. Haffner weist dabei auf die Analogie zum „Brechtsche[n] Läuffer" (Haffner 1982, S. 30), also wiederum auf Brechts Lenz-Adaption hin.

„fast nackend" (ebd.) gegeben wird, wiederholt das Schäferspiel eher Ev- chens Geschichte. Nur dass die Bürgerstochter unter Gröningsecks Zu- dringlichkeit eben nicht zum Baum werden konnte, wie es Ovids *Meta- morphosen* erzählen, ihr bleibt als Gegenwehr nur „hölzerne Tugend" (ebd., S. 15). Odile kann „diese [...] nicht ausstehn" (ebd.), sie zählt ja als Aristokratin zu den „volle[n], harmonische[n] Menschen" (ebd., S. 14), die ihre Leidenschaft ausleben können. Für Gröningseck ist sie ganz klar die bessere Partie, denn außer Schönheit und Freizügigkeit bringt sie ein Vermögen mit. Hasenpoth erkennt diese Vorzüge deutlicher als sein Freund und regelt die Angelegenheit mit der Briefintrige. Er, der bei Wagner im Schlussakt nur noch als „Teufel" und „Ungeheuer" (Wagner 1983, S. 83, 84) erinnert wird, darf sich bei Hacks persönlich rechtfertigen als die einzige Figur, die ihre egoistischen Interessen zugunsten einer Ordnung zurückstellt, die „ein angemessenes Glück aller" (Hacks 1957, S. 23) gewährleistet. Was er damit meint, ist allerdings längst deutlich, hat er doch in Akt III Evchen als „das Metzgerdings" (ebd., S. 9) bezeichnet. Zudem wird seine Formulierung vom tragischen Ende korrigiert. Sagt schon das Epitheton ‚angemessen', dass nicht allen das gleiche Glück zusteht, so zeigt das Drama, dass die Unteren sich mit dem kleinen Glück nicht zufriedengeben wollen, was die Oberen schamlos ausnutzen. Hacks lässt die beiden Militärs kurz vor dem Ende des Trauerspiels ihre Freund- schaft feiern: „Sie umarmen einander bewegt" (ebd., S. 23). Mit solchen Brechungen erreicht Hacks, dass man mit den Figuren nicht mehr warm wird, auch die komischen und parodistischen Effekte steigern die vom epischen Theater angestrebte Distanz. „Edelster Beruf des historischen Dramas ist, im Publikum Abscheu vor der Vorzeit zu erwecken" (ebd.), schließt Hacks seine Anmerkungen. Die Ablehnung der Ständegesell- schaft ist 1957 allerdings keine großartige Erkenntnis mehr und die histo- rischen Verhältnisse sind bei Wagner allemal differenzierter dargestellt.

Der Herausgeber der Monatsschrift *Junge Kunst* stellte das Stück „zur Diskussion" und gab gleich „eins zu bedenken: Die einfache *Aufhe- bung* historisch positiver Inhalte und Gehalte, Formen und Genres ist nicht identisch mit kritischer Aneignung und Verarbeitung." ([Vorwort] 1957, S. 1) In der Folge entzündete sich die Debatte tatsächlich an der Frage, ob Hacks die Funktion des historischen Dramas richtig benannt habe. An seinem *Müller von Sanssouci* (1958) monierte man vor allem das Fehlen von „positiven Haltungen" (zit. nach Haffner 1982, S. 38). In der DDR kam die Bearbeitung der *Kindermörderin* nicht auf die Bühne, die Uraufführung fand im Mai 1959 in Wuppertal unter der Regie von Peter Palitzsch statt, noch im selben Monat inszenierte es Hans Schweikart an den Münchner Kammerspielen; beide Inszenierungen wichen allerdings deutlich von Hacks Textvorlage ab (vgl. Haffner 1982, S. 34).

1963 legte Hacks eine neue Bearbeitung vor, diesmal mit dem Untertitel „ein Lust- und Trauerspiel". Tatsächlich hat er die komischen Elemente noch einmal verstärkt, vor allem im fünften Akt, der nicht wie die frühere Adaption die Libertinage, sondern die Jagdvorlieben des Adels thematisiert. Im Mittelpunkt des Aufzugs steht Baron Kammern, Odiles Vater, wie Odile selbst eine von Hacks erfundene Figur. Er kommt mit einem Sieben-Kilo-Hasen zurück auf sein „Schloß" (Hacks 1963, S. 110) und berichtet seiner Tochter ausführlich von seinem Jagdabenteuer. Dabei wird deutlich, dass ihn das Erlegen des Hasen eine Berberstute und drei Jagdhunde gekostet hat, außerdem liegt der Reitknecht nach einem Sturz vom Pferd mit einem Lungenriss im Spital. „Ein Edelmann läßt sich seine Passionen was kosten. Siehst du, für so einen fetten Rammler, da ist mir nichts zu schade" (ebd., S. 113), erklärt Kammern seiner Tochter. Diese Verhältnisrechnung hat ein historisches Vorbild in Schillers Kammerdienerszene (II,2) aus *Kabale und Liebe*. Der Kammerdiener überbringt der soeben von der „Bärenhaz" (NA 5N, S. 50/51) zurückgekehrten Lady Milford als Hochzeitsgeschenk des Herzogs „Brillanten" (ebd., S. 48/49), bezahlt mit dem Leben von 7.000 Soldaten, die der Landesherr in den Amerikanischen Unabhängigkeitskrieg verkauft hat. Diese Adelskritik, vorgetragen von einer betroffenen Nebenfigur,[10] lässt sich in ihrer Drastik nicht mehr steigern. Hacks präsentiert eine Parodie, die den Baron grausam und lächerlich zugleich erscheinen lässt, eine Figur der Dekadenz. Über „den Gröningseckschen Ulmenwald" (Hacks 1963, S. 112) wird Kammern in die Handlung einbezogen. Dieses Waldstück als Brautpreis für Odile sichert ihre Verbindung mit Gröningseck, sie wäre sonst gescheitert, denn für Kammern ist der Leutnant „niemand" (ebd., S. 113). Der „Lümmel" (ebd., S. 112), auf den der Baron so stolz ist und der ihm im nachbarlichen Ulmenwald fast entkommen wäre, droht also mittelbar, auch noch Evchen das Leben zu kosten. Und diese veranschaulicht zu allem Überfluss die eigene Ängstlichkeit im Schlussakt mit einer Hasen-Metapher: Sie habe für gewöhnlich „einen Hasen im Busen" (ebd., S. 139). War bei Wagner das Kind, das Evchen ‚unterm Busen' trägt, die eigentliche Hauptfigur, an der die Gesellschaft ihre Menschlichkeit unter Beweis stellen muss, so rückt Hacks den neu eingeführten Hasen in den Fokus. Im Zusammenhang mit dem Kindsmord wäre diese parodistische Verschiebung gewagt: entweder radikal oder geschmacklos.

Doch bleiben die Bürgerstochter und das uneheliche Kind in dieser Version ja verschont. An den sie umgebenden Figuren liegt das nicht, sie werden sogar noch unmenschlicher gezeichnet als 1957. Auch die Spiegel-

---

[10]   „Kammerdiener. (wischt sich die Augen, mit schreklicher Stimm, alle Glieder zitternd) Edelsteine wie *diese* da – Ich hab auch ein paar Söhne drunter." (NA 5N, S. 50/51)

geschichte[11] im zweiten Akt hat Hacks beibehalten (vgl. ebd., S. 92). Evchens Hoffnung, „eine menschliche Seele zum Brotherrn" (ebd., S. 144) zu finden, wirkt da kaum berechtigt (vgl. auch Haffner 1982, S. 44). Hacks hat in seiner zweiten Bearbeitung jedem Akt in der Manier des epischen Theaters eine Gedichtstrophe vorangestellt. Evchens emanzipatorischer Anspruch findet sich in den Versen des ersten wie des letzten Aktes. Am Schluss stellen sie sogar die göttliche Ordnung in Frage: „Viel Gärten sind im Sonnenschein. / Warum mein Herrgott, pflanztest / Du mich in diesen ein?" (Hacks 1963, S. 135) Als utopischer Fingerzeig ließen sich diese Verse lesen, wenn sie etwa zur Handlung des Dramas im Widerspruch stünden. Evchen aber befreit sich im Schlussakt eigenmächtig „aus diesem Kerker von Pflicht und Bosheit." (Ebd., S. 144) Wie sie mit den Männern, die sie im Stich gelassen haben, der Reihe nach abrechnet – „Sie, Herr Liebster, [...], Sie, Herr Bewerber, [...] und Sie, Herr Vater, [...] und nur Ihnen, Herr Feind," (ebd.) –, das macht aus Wagners Trauerspiel endgültig ein dünnes Lehrstück.

Bei allen Zweifeln an seinen Bearbeitungen ist es Hacks' Verdienst, die Qualität *Der Kindermörderin* erkannt zu haben, als Wagner selbst noch kaum bekannt war.[12] Auch wenn seinen Bearbeitungen keine glänzende Theaterkarriere beschieden war – die Fassung von 1963 hatte erst 1968 im Pforzheimer Stadttheater Premiere und wurde dann 1973 in Göttingen und 1974 in Oldenburg gezeigt (vgl. Haffner 1982, S. 49) –, trugen sie ihren Teil zu Wagners Wiederentdeckung bei. 1969 brachte der Reclam-Verlag eine von Jörg-Ulrich Fechner besorgte Leseausgabe der *Kindermörderin* mit umfangreichem Material im Anhang heraus.[13] Eine breitere Wagner-Forschung setzte aber erst in den 1980er-Jahren ein. Insofern war Ludwig Harig, dessen Beschäftigung mit Wagner 1981 einen literarischen Niederschlag fand, noch immer ein Pionier.

Sein Hörspiel *Ein Fest für den Rattenkönig* ist eine Koproduktion von Westdeutschem und Saarländischem Rundfunk unter Federführung des WDR. Es wurde im März 1982 erst im SR und zwei Wochen später im WDR in der Reihe „Treffpunkt Hörspiel" gesendet (vgl. Rech 2008, S. 507).[14] Die Regie hatte Heinz Hostnig.[15] Harig, von der konkreten Poesie

---

[11] Vgl. Luserke-Jaqui 2002, S. 140.

[12] Die Einleitung zu jenem Heft der *Jungen Kunst*, in dem Hacks' frühe Bearbeitung abgedruckt ist, stellt Wagner in einer Fußnote ausführlich vor. Vgl. [Vorwort] 1957, S. 1.

[13] Hier sind auch die Bearbeitungen des 18. Jahrhunderts dokumentiert, K.G. Lessings Bearbeitung der *Kindermörderin* von 1777 und Wagners eigene Umarbeitung von 1779.

[14] Ich danke dem WDR für den Hörspiel-Mitschnitt.

[15] Unter den Radioregisseuren setzte sich Heinz Hostnig seit 1965 entschieden für das Neue Hörspiel ein (vgl. Döhl 1992, S. 12). Nach Hostnigs eigenen Erinnerungen hat Ludwig Harig dazu den Anstoß gegeben: Bei der Produktion von Harigs

Max Benses beeinflusst, gilt als Vertreter des Neuen Hörspiels, das seit Mitte der sechziger Jahre Furore machte.[16] Dabei sollte die Gattungsbezeichnung vor allem einen Bruch mit der Tradition markieren und als Klammerbegriff alle avantgardistischen Ansätze der Zeit bündeln. Horst Ohde bringt diese mit dem Begriff ‚akustisches Spiel' auf einen gemeinsamen Nenner (vgl. Ohde 1992, S. 597). Und in der Tat experimentiert Harig von seinem ersten Hörspiel *Das Geräusch* (1963) an mit verschiedenen Techniken, denen gemeinsam ist, dass sie keine lineare Handlung ins Zentrum der Texte stellen. Stattdessen wird das Prinzip der Montage immer wichtiger[17]: O-Töne, Zitate und eigene Texte stehen dabei nebeneinander und kommentieren sich wechselseitig. Wie disparat dieses Material sein konnte, zeigt Harigs Erklärung, die er dem *Blumenstück* von 1968 voranstellte: „Das Hörspiel *Ein Blumenstück* ist ein Gebinde aus Blüten / welche die deutsche Sprache im Zustand der Naturseligkeit getrieben hat. / Kinderlieder Kinderspiele Abzählreime Zitate aus Märchen / Lese- und Naturkundebüchern / und Stellen aus dem Tagebuch des Auschwitzkommandanten Rudolf Höß / ranken sich um eine Permutationskette / die aus Namen von Blumen die auf der Rampe wachsen gebildet ist." (Harig 2008, S. 37)[18] *Staatsbegräbnis* (1969) arrangiert Ausschnitte aus der Berichterstattung über Konrad Adenauers Begräbnis zu einer akustischen Collage[19] und *Ein Fest für den Rattenkönig* kombiniert vornehmlich literarische Zitate aus unterschiedlichen Quellen mit Passagen von Harig selbst.

Von der Anlage her orientiert sich dieses Hörspiel mit einem Verzeichnis der Dramatis Personae, den Szenenanweisungen, Dialogen und Monologen am Drama. Als Handlungsgerüst ließe sich die Ankunft und

---

Hörspielen habe der Regisseur die „neue Ästhetik" gelernt, die „den radikalen Abschied von der bisherigen Illusionsmanier der Hörspielliteratur" verlangte „und statt des Verbergens ein spielerisches Vorzeigen der technischen Mittel" (Hostnig 1987, S. 118). Mit dieser personellen Besetzung wurde der SR „für etliche Jahre zu einem Zentrum avantgardistischer Hörspielarbeit" (ebd., S. 119).

[16] Hellmut Geißner hat Ludwig Harigs Hörspiele als Paradigma für seinen Aufsatz über das Neue Hörspiel gewählt: Vgl. Geißner 1984. *Blumenstück* und *Staatsbegräbnis* werden regelmäßig angeführt, wenn es um das Neue Hörspiel geht.

[17] *Das Geräusch* besteht aus Dialogen und Monologen, in denen permanent ein Geräusch thematisiert wird, das man aber nicht hört. Das Unausgesprochene, Verdrängte beherrscht das Sprechen. Dieses Hörspiel ist keine Montage, aber eher eine Demonstration als eine Handlung. Vgl. auch Geißner 1984, S. 111; Rech 2008, S. 468–470.

[18] Neben Jandl/Mayröckers *Fünf Mann Menschen* war das *Blumenstück* 1969 für den renommierten Hörspielpreis der Kriegsblinden nominiert und blieb, auch wenn es schließlich nicht ausgezeichnet wurde, schon deshalb ein prominentes Beispiel für das Neue Hörspiel. Vgl. Döhl 1992, S. 5–8; Rech 2008, S. 467.

[19] Vgl. dazu Drews 1997.

Tätigkeit eines jungen, unerfahrenen[20] Dichters am Hof in Saarbrücken bis zu seinem Rauswurf angeben.[21] Genauer betrachtet handelt es sich jedoch um eine Situation, welche als Anlass dient, die Stellung des Schriftstellers in der Gesellschaft zu beleuchten. Die Konstituierung der Dichterfigur lehnt sich dabei an die Biografie Heinrich Leopold Wagners an, die Bezüge sind deutlich, ohne je im Vordergrund zu stehen. Erst im neunten Abschnitt wird der Name „Heinrich Leopold Wagner" im Hörspiel genannt (FRK, S. 429), Goethe, Lenz, Jung-Stilling und andere Zeitgenossen sind da bereits erwähnt worden (vgl. ebd., S. 427). Schon die wechselhafte Rezeptionsgeschichte seines Werks lässt Wagner für die Dichterrolle in Harigs Hörspiel geeignet erscheinen. Vom „Hanswurst" (ebd., S. 423) über den Hofdichter, das Genie[22] und den Agitator (vgl. ebd., S. 436) bis zur „Dreckschleuder" (ebd., S. 440) werden vielfältige Zuschreibungen durchprobiert. Auf Heinrich Leopold Wagner wird dabei ausdrücklich als Stellvertreter verwiesen: „1. Höfling: Heute heißt er Wagner. / 2. Höfling: Und morgen? Und übermorgen? / 1. Höfling: Morgen heißt er Schiller. / 1. Mann: Und übermorgen heißt er Heinrich Heine." (Ebd., S. 445f.)

Harigs Verfahren der Zitatmontage wird gleich zu Beginn des Textes regelrecht demonstriert. Zweimal werden Zitate durch die Nennung ihrer Quellen ausgewiesen, es handelt sich dabei um einen Roman von Hans Christian Andersen (1805–1875) und einen Brockhaus-Artikel. Diese Belege, die dicht aufeinander folgen, sind so auffällig, dass sie Signalwirkung haben. Im Weiteren sind die Zitate dann nicht mehr so deutlich gekennzeichnet. Die erste Replik des Dichters folgt zunächst dem Wortlaut eines Briefes, den Wagner am 2. Juni 1774 dem Hofrat Friedrich Dominicus Ring in Karlsruhe schrieb (vgl. Rech 2008, S. 508).[23] Wagner beklagt sich aus der Rückschau über seine Zeit in Saarbrücken; „hier", im historischen Brief und in Harigs Hörspiel, soll „eine zusammenhängende Geschichte meines Aufenthalts in Saarbrücken" (FRK, S. 420) erzählt werden. Die beiden folgenden Fragesätze knüpfen im Ton an den zitierten Brief an, ohne selbst Zitate zu sein. Stattdessen beziehen sie sich mit der heraufbeschworenen Situation des auf dem Maskenball verführten Mädchens auf Wagners Trauerspiel *Die Kindermörderin*. Dessen Titelfigur Evchen Humbrecht ist „achtzehn Jahr alt" (Wagner 1983, S. 11), als Leutnant von Gröningseck sie und ihre Mutter auf den Maskenball führt.

---

[20] „Du bist noch so grün, mein Freund" (FRK, S. 419).
[21] Geißners These, „mit der Geschichte des unangepaßten Autors" ziehe „sich nicht nur ein roter Faden durch das Spiel [...], sondern eine handfeste Story" (Geißner 1984, S. 117f.), ist gewiss dem Umstand geschuldet, dass er *Ein Fest für den Rattenkönig* als letztes in einer Reihe von experimentellen Hörspielen bespricht.
[22] „Vielleicht sind die echten Dichter allwissend." (FRK, S. 429)
[23] Der Brief ist abgedruckt bei Genton 1981, S. 392–396, hier zitiert S. 392f.

Gröningsecks Reaktion auf die Altersangabe, mit der Frau Humbrecht die Unerfahrenheit ihrer Tochter hervorhebt, ist: „Schon drey Jahr verlohren!" (ebd.) Im Hörspiel wird der Fall „eines 15jährigen Mädchens" konstruiert, „das zum ersten Mal sein bißchen Reiz auf einen maskierten Ball wagt" (FRK, S. 420). Und mit dieser durch die Maske nur scheinbar geschützten, in Wirklichkeit der Verführung preisgegebenen Figur vergleicht sich der Dichter. Auch er ist am absolutistischen Hof den Launen des Fürsten ausgeliefert. Damit ist das Verfahren offengelegt: Harig verschmilzt Zitate, anverwandelte Zitate, Anspielungen und eigene Sätze zu einem in sich schlüssigen Text, der gleichwohl Nahtstellen und historische Sprünge aufweist, also seine zusammengesetzte Machart nicht verbirgt. Darüber hinaus führt diese frühe Textstelle zentrale Motive ein: Maskierung, Abhängigkeit und Gewalt.

Das Hörspiel nimmt seinen Ausgang in einer höfischen Gesellschaft und geht dabei auch auf die Bedingungen des Schreibens ein. Zum Dichter gehört das „enge Zimmer" (FRK, S. 419, 422, 425 u.ö.). Diese Ortsangabe steht textimmanent im Gegensatz zum „großen Saal" (FRK, S. 420, 422, 426 u.ö.), weckt aber außerdem Assoziationen, etwa zu Spitzwegs Gemälde *Der arme Poet* von 1839, diesem ‚Lieblingsbild' der Deutschen, das den Künstler als verschrobenen Außenseiter in einer desolaten Dachkammer präsentiert, wo er beim Verseschmieden permanent mit der Tücke des Objekts kämpft: Die Feder zwischen die Lippen geklemmt, zerdrückt er mit der rechten Hand einen Floh. In der Inszenierung des Hörspiels lassen sich zwar deutlich zwei Räume unterscheiden, der private Rückzugsraum des Dichters, in dem ausschließlich seine Stimme und die kratzende Feder zu hören sind, und der öffentliche Raum, der durch eine Vielzahl von Stimmen, häufig auch noch durch Musik gekennzeichnet ist. Die Enge des Dichterzimmers, in den Regieanweisungen festgehalten, wird jedoch nicht weiter verklanglicht. Offensichtlich hat der Regisseur sich darauf verlassen, dass der prekäre Ort beim Geräusch der Feder von selbst aus dem kollektiven Bildergedächtnis auftaucht.[24] Im Nebentext ist noch ein dritter Raum bezeichnet, der „neutrale Raum" (FSK, S. 427, 431, 438 u.ö.), der zum Ende hin immer häufiger Schauplatz des Hörspiels wird. Es ist der historisch weit gefasste Ort einer bürgerlichen Öffentlichkeit, welche die Hofgesellschaft ablöst. Die hier das Wort haben, werden einfach als Männer und Frauen bezeichnet. Die Allgemeingültigkeit ihrer Äußerungen wird durch redensartliches Sprechen ausgedrückt. Die Inszenierung markiert den Unterschied zwischen Höflingen und Männern und Frauen mit Hilfe der Intonation: Während die Höflinge affektiert sprechen, häufig das gewöhnliche Sprechtempo steigern und übertrieben

---

[24] Der Schriftsteller mit Feder und Tintenfass im kargen Zimmer ist nicht nur bei Spitzweg, sondern auch auf zahlreichen Dichterporträts zu sehen, auch in verfilmten Klassikerbiografien.

akzentuieren, sind die Dialoge der Männer und Frauen im Ton unserer Alltagssprache näher. Später imitieren alle Jargon und Tenor von Politikerreden, dabei ist den Stimmen an manchen Stellen sogar noch ein Hall unterlegt.[25] Die historische Zugehörigkeit von Stimmen und Inhalten orientiert sich im Laufe des Hörspiels immer weniger an einer chronologischen Abfolge, das Dichterzimmer stellt mit der Beschränkung auf eine einzige Stimme und das Federkratzen auch akustisch eine Kontinuität dar.

Neben den materiellen Bedingungen und den Beziehungen zwischen Künstler und Herrschaftssystem ist das Verhältnis der Schriftsteller untereinander Thema des Hörspiels. Auch hierbei gibt Wagner das Paradigma ab. Goethes Urteil über den zwei Jahre älteren Kollegen hat dessen Bewertung auf Jahrhunderte geprägt. Im 14. Buch von *Dichtung und Wahrheit* hatte Goethe festgehalten, Wagner habe das Sujet seiner *Kindermörderin* ihm zu verdanken, der unbekümmert genug gewesen sei, Wagner von der Gretchentragödie aus dem *Faust* zu erzählen, an der Goethe zu dieser Zeit arbeitete. Um diesen „Gedankenraub" (WA I,28, S. 252) plausibel zu machen, legte Goethe seine ganze knappe Beschreibung darauf an, Wagner als wenig eigenständiges Talent erscheinen zu lassen.[26] Noch Ende des 19. Jahrhunderts präsentiert Wagners erster Biograf Erich Schmidt die Person, der seine Darstellung gilt, von Anfang an als einen „minder originelle[n] Kopf" (Schmidt 1879, S. 1). Das Urteil, das Goethe in seiner Lebensbeschreibung verewigte, stand offensichtlich bereits fest, als Goethe und Wagner einander in Straßburg begegneten. Heinrich Jung-Stilling schreibt 1777 in seiner Autobiografie über Wagner, den er zusammen mit Goethe am Mittagstisch der Jungfern Lauth traf, nur einen einzigen Satz: „Noch einer fand sich ein, der sich neben Goethe hinsetzte, von diesem will ich nichts mehr sagen, als daß er – ein guter Rabe mit Pfauenfedern war." (Jung-Stilling 1982, S. 254; vgl. FRK, S. 427f.)[27] Die Formulierung spielt auf die mittelalterliche Fabel des Stricker *Der Rabe mit den Pfauenfedern* an, in der sich der Rabe mit falschen Federn schmückt und in dieser Gestalt seine ehemaligen Gefährten zurückweist. In der Moral der Fabel wird der Rabe mit einem eingebildeten Menschen gleichgesetzt, der sich ohne Recht über andere erhebt und in der Folge von ihnen fallen gelassen wird: „sô muoz er immer ir spot / lîden unz an sînen tôt. / daz erholt er âne nôt. / des ist er tump, der sich sô traget, /

---

[25] Vgl. die Szenen 15 und 16.

[26] Vgl. auch WA I,28, S. 331 (*Dichtung und Wahrheit*, 15. Buch). – Dass Goethes Vorwurf nicht haltbar ist, weil er „als geistiges Eigentum reklamierte, was zeitgenössisch ‚Tagesgespräch' war", hat Luserke-Jaqui klargestellt. Vgl. Luserke-Jaqui 2002, S. 131.

[27] Dass mit dieser Anspielung Wagner gemeint sei, liest man in seiner Biografie: Schmidt bedient sich zur Begründung einer vergleichbaren Redensart, nämlich dass Wagner, „der in Goethes Kreisen für nicht sehr bedeutend galt, gern mit fremdem Kalbe pflügte" (Schmidt 1879, S. 8).

daz niemen sîñen schaden klaget." (Der Stricker 2011, S. 10) Harig nimmt diese Tradition der Verurteilung am Beispiel Wagners auf. Er zeigt, dass dessen Ruf geprägt war von seiner Herkunft „aus dem Volk" (FRK, S. 429). Weil er diese Herkunft hinter sich lassen will, wird er als „Ehrgeizling" (ebd.) diffamiert: „Er war zum Verhöhnen geboren." (FRK, S. 428) Mit dieser Formulierung kommentiert Harig das Epitheton ‚gut' in Jung-Stillings Bericht. Während in der mittelhochdeutschen Fabel der Rabe durch den zufälligen Fund von Pfauenfedern zum Gespött seiner Umgebung wird, impliziert Jung-Stilling eine Eignung „zum Verhöhnen" qua Geburt. Hier spannt das Hörspiel einen besonders weiten historischen Bogen vom Mittelalter über die Straßburger Sturm-und-Drang-Autoren bis in die Gegenwart, in der Vorverurteilungen noch immer einen Nährboden in der Herkunft finden. Über den Dichter heißt es, er sei eine „Lokalgröße", und als seine größte Tugend wird die Zurückhaltung herausgestellt: „Immer ist er im Hintergrund geblieben." (FRK, S. 427) Das lässt sich durchaus auch als selbstironischer Kommentar Harigs lesen, der gerne als „der bekannteste saarländische Autor" (Müller-Blattau 2001, S. 7) gepriesen wird.[28]

Als Hofdichter steht der Schriftsteller in einem Abhängigkeitsverhältnis, er wird alimentiert und stellt dafür sein Talent in den Dienst der Huldigung des Herrscherhauses. Im Zuge der Aufklärung führt der Weg aus solcher Abhängigkeit hinaus, die Grundlage des Dichtens wird das eigene Denken. Doch damit droht dem ‚freien' Schriftsteller nicht nur der Verlust seiner materiellen Existenz, sondern auch seiner Bedeutsamkeit: „Der hat wohl nicht viel Zukunft. [...] Nach solch einem kräht kein Hahn." (FRK, S. 431) Wagner eignet sich auch in dieser Hinsicht als Paradigma: In Halle und seiner Geburtsstadt Straßburg hatte er zunächst Theologie, dann Jura studiert und nebenbei erste Übersetzungen und „kleinere literarische Arbeiten" (Wille 2017, S. 179) verfasst. Das Studium brach er ab, nahm eine Anstellung beim Kammerpräsidenten von Günderrode als Hofmeister in Saarbrücken an und arbeitete gleichzeitig „an seiner Schriftstellerkarriere" (ebd., S. 180). Wie bei vielen seiner Zeitgenossen vereinigten sich in seiner Person also beide Tätigkeiten, die des Hauslehrers und des Schriftstellers. Im Hörspiel tuscheln die Höflinge: „Dichter hin, Dichter her, worüber regen Sie sich auf? Er ist als Lehrer engagiert. Der Präsident hatte keinen Dichter im Sinn, als er einen Lehrer für seine Söhne suchte." (FRK, S. 421) Und zur Betonung wird gleich noch einmal nachgefragt: „Lehrer und Dichter, Dichter und Lehrer, was ist das für eine Kombination?" (Ebd.) Erscheint das Fürstenlob des Dichters schon nicht mehr garantiert, so ist ein unabhängiger, freier Geist als

---

[28] Elogen sehen ihn in einer Doppelrolle: „Er brachte es fertig, zu Hause die Rolle des modernen Heimatschriftstellers zu spielen und gleichzeitig ein überregional anerkannter Autor zu sein." (Petto 1991, S. 22)

Lehrer umso bedrohlicher für die Ständegesellschaft. Jakob Michael Reinhold Lenz ist es mit seiner Komödie *Der Hofmeister oder Vorteile der Privaterziehung* von 1774 gelungen, an der Figur des Hofmeisters die Gleichzeitigkeit unterschiedlicher Gesellschaftsvorstellungen in der zweiten Hälfte des 18. Jahrhunderts zu veranschaulichen: Galanterie und höfische Etikette, frühaufklärerischer Tugendrigorismus und liberales Gedankengut treffen hier aufeinander und konfrontieren Läuffer mit den entsprechenden Anforderungen, der sich bald als „einen Sklaven im betreßten Rock" (Lenz 1993, S. 43) sieht (vgl. Weiß 1990, S. [I]). Wagner, der sich mit seinem Arbeitgeber zwar gut verstand, aber, als dieser bei Hof in Ungnade fiel, seinen Abschied nehmen musste, verschaffte seine Tätigkeit im Hause des Kammerpräsidenten tiefe Einblicke in die Zustände im Fürstentum Saarbrücken und schärfte seine Kritik am absolutistischen Hofstaat.[29]

Mit dem Maskenball klingt gleich zu Beginn des Hörspiels das Motiv des Fests an. Da bereits der Titel ein Fest ankündigt, ist es von besonderer Relevanz. Aber wer oder was wird hier eigentlich gefeiert? „Im großen Saal" (FRK, S. 420, 422 u.ö.) bereitet man das Geburtstagsfest des Prinzen vor (vgl. FRK, S. 422, 430). Der Tradition entsprechend erwartet die Hofgesellschaft bei dieser Gelegenheit einen Beitrag des Dichters. Gleich zu Beginn des Hörspiels redet der Autor dem Dichter ins Gewissen, der Adel sehe in ihm nur „eine hübsche Blume für eine Abendgesellschaft" (FRK, S. 419), man tränke diese mit Wasser und werfe sie, wenn sie verwelkt, fort. Explizit spielt der Text hier auf Hans Christian Andersens Künstlerroman *Lykke Peer* (*Glückspeter*) von 1870 an. Dort warnt der Gesangsmeister den jungen Künstler auf dem Zenit seiner Schaffenskraft mit demselben Vergleich:

> Für einige von ihnen [den Adligen] ist es einzig und allein eine Eitelkeitssache, ein Amüsement, und für andere ein Bildungsplakat, daß sie Künstler und für den Moment gefeierte Persönlichkeiten in ihren Kreis aufnehmen; diese gehören in den Salon wie Blumen in eine Blumenvase; erst müssen sie den Salon schmücken, und nachher werden sie fortgeworfen! (Andersen 1982, S. 100f.)

Im Hörspiel gewinnen die Erwartungen der Höflinge im Sprechgesang, der den letzten Abschnitt der vierten Szene untermalt, Konturen: „Erfreuen, zerstreuen. [...] Betreuen, erneuen. [...] Die Weisheit wiederkäuen" (FRK, S. 424) soll der Dichter. Dabei wird durchaus Wagemut von ihm erwartet, ständig wiederholt der Sprechgesang, er dürfe „nicht scheuen"

---

[29] Gerhard Sauder ist überzeugt, dass Wagner Teile des Romanfragments *Leben und Tod Sebastian Silligs* ohne die Saarbrücker Erfahrungen nicht hätte schreiben können. Erst durch seine Zeit als Hofmeister sei Wagner zum Sturm-und-Drang-Autor radikalisiert worden. Vgl. Sauder 1979, S. 62; Wille 2017, S. 181.

(ebd.). Für den Fall, dass dieser Spagat zwischen Traditionswahrung und Erneuerung, zwischen Unterhaltung und Unterrichtung[30] gelingt, steht aber auch fest, dass kaum jemand diese Qualität wertschätzen wird: Die „Perlen", sie „liegen vor den Säuen." (FRK, S. 424, 425) Denn von den Höflingen wird eben gerade nicht gefordert, dass sie einen eigenen Kopf haben. Der Dichter, der als Erneuerer auftreten soll, weil er „mehr zu bieten" habe, sogar „Weisheit"[31] (FRK, S. 425, 424), stößt bei ihnen zwangsläufig auf Unverständnis. Unter diesen schwierigen Umständen soll das Fest zum Prüfstein für die richtige Gesinnung des Dichters werden. Doch statt des üblichen Gelegenheitsgedichts, das eine Lobpreisung hätte sein müssen, wird Wagners Fabel *Der Fuchs als Gratulant* vorgetragen.[32] Dieser Text setzt sich poetologisch mit der Gattung Gelegenheitslyrik auseinander und kommt zu dem Schluss, dass das bestellte Lob dem Jubilar gerade nicht schmeichelt. An die Stelle des „Lobgedicht[s]" (FRK, S. 431) tritt die kritische Reflexion der Textsorte. Die Hofgesellschaft goutiert diese Haltung nicht, sondern reagiert mit Spott und Enttäuschung: „Das ist der Dank für Dichtkunst in Saarbrücken." (Ebd.) Der Hinweis, der Prinz sei glücklicherweise noch ein Kind und könne nicht verstehen, „was da gesagt wird zu seiner Ehre" (ebd.), liest sich wie der pervertierte Erziehungsoptimismus der Aufklärung. Bei Hof ist alles Denken Standesdenken und damit eben nicht „der Ausgang des Menschen aus seiner selbst verschuldeten Unmündigkeit" (Kant, Weischedel 1983, S. 53), wie Kant 1784 unter dem Titel *Beantwortung der Frage: Was ist Aufklärung?* formuliert hat. Wagners gereimte Fabel markiert die Grenze zwischen Mäzenatentum und freier Schriftstellerei.

Kaum hat sich die erste Aufregung gelegt, bringt der Dichter eine neue Probe seiner Arbeit, die im Hörspiel immer wieder durch das „Geräusch einer kratzenden Schreibfeder" (FRK, S. 419, vgl. auch S. 422, 425 u.ö.) ins Bewusstsein gerufen wird. Vorgetragen wird nun, nur leicht gekürzt, die Romanze *Phaeton*, ein weiteres Beispiel für Wagners unkonventionelle Gelegenheitsdichtung. Der Text von 1774 trägt die Widmung „Dem Durchlauchtigsten Fürsten und Herrn Ludwig, Fürsten zu Nassau / Grafen zu Saarbrücken und Saarwerden, Herrn zu Lahr, Wisbaden und

---

[30] Der 1. Höfling zitiert Horaz' Forderung aus der *Ars poetica*, Dichtung solle nützlich oder unterhaltsam sein (‚prodesse et delectare'), die in der Aufklärung wieder aufgegriffen wurde: „Will er [der Dichter] uns nützen oder ergötzen?" (FRK, S. 429)

[31] Noch zusätzlich betont durch den Rekurs auf Matthias Claudius' Verse aus dem Gedicht *Mein Neujahrslied*, mit dem der Autor seine *Sämtlichen Werke des Wandsbecker Boten* (1775) beginnen ließ: „Dein Dichter soll nicht ewig Wein / Nicht ewig Amorn necken! / Die Barden müssen Männer sein, / Und Weise sein, nicht Gecken!" (Claudius 1975, S. 35; vgl. FRK, S. 425.)

[32] Das Gedicht ist als Teil eines Briefes an den Hofrat Ring vom 2. Mai 1773 abgedruckt bei Genton 1981, S. 375.

Idstein etc. etc. etc. in tiefster Ehrfurcht erzehlet" und war ein Geschenk zum Neujahrstag (vgl. Schmidt 1879, S. 24). Den Phaeton-Stoff kannte Wagner aus Ovids *Metamorphosen* in der Hexameter-Übertragung von Johann Heinrich Voß (vgl. Weiß 1990, S. [IV]).[33] Seinen eigenen *Phaeton* hat er aber in Jamben verfasst und ihm einen „burlesk-komische[n] Gestus" (ebd.) verliehen. Wagners Romanze enthält zwei heikle Stellen: Phaetons Zweifel an Phoebus' Vaterschaft, die sich unschwer auf das Mätressenwesen an den deutschen Fürstenhöfen beziehen lassen, und die Darstellung eines jähzornigen, ja wahnsinnigen Göttervaters – „der Regente, / der seine Kräfte nie studiert, / beim kleinsten Sturm den Kopf verliert / und alles nur nach seinem Wahn regiert" (FSK, S. 436; vgl. Wagner 1990) – sowie des „pubertierende[n] Prinz[en]" (Weiß 1990, S. [IV]), der ebenfalls den Sonnenwagen lenken, also regieren möchte, obwohl er dazu noch gar nicht in der Lage ist. Auch diese Persiflage ließ sich unschwer auf die absolutistisch regierenden Duodezfürsten übertragen und leichter noch auf Saarbrücken, wo erst vor einigen Jahren, 1770, die Macht vom Vater (Wilhelm Heinrich) auf den Sohn (Ludwig) übergegangen war. Allerdings gab es in der zweiten Hälfte des 18. Jahrhunderts bereits das Konzept des aufgeklärten Absolutismus, und so konnte Wagner in der abschließenden Widmungsstrophe versichern, das Gedicht sei „himmelweit" (FSK, S. 437; vgl. Wagner 1990) von der Realität in Saarbrücken entfernt – vor dem Hintergrund der geschilderten Egomanie scheine die Güte des eigenen Landesvaters erst recht auf. Das individuelle Fürstenlob soll Raum für allgemeine Fürstenkritik schaffen, eine durchaus gängige Doppelstrategie. Explizit verweist die letzte Strophe auf den „Schutz" (FRK, 437), der dem Verfasser durch den Fürsten gewährt werde. Bei Ludwig von Saarbrücken selbst war Wagner mit dieser Strategie zunächst sogar erfolgreich, mit dessen Worten aus dem Brief an Hofrat Ring vom 6. Februar 1774[34] beteuert der Dichter im Hörspiel, der Fürst habe sein Gedicht „sehr geneigt aufgenommen" (FRK, S. 437). Wenig angetan waren dagegen die „Frauenzimmer" der Stadt, die sich von Phaetons Vaterschaftsfrage „insgesamt [...] beleidigt" (ebd.) fühlten und so das Gedicht ins Gerede brachten. Wagner bat seinen Freund Ring zu intervenieren: Durch ein in den *Frankfurter Anzeigen* gedrucktes Kompliment an den Herrscher könne die allgemeine Aufregung vielleicht noch abgemildert werden. Doch ist dem Brief auch zu entnehmen, dass Wagner bereits damit rechnete, Saarbrücken verlassen zu müssen (vgl. FRK, S. 438; Weiß 1990, S. [V]f.). Die Kritik am aufgeklärten Absolutismus ist den *Phaeton*-Szenen (12 und 13) überdeutlich eingeschrieben: Zeigt sich der Herrscher aufgeklärt und kritikfähig, so sind es seine Untertanen noch lange nicht:

---

[33] Strophe 20, in der Wagner selbst auf Ovid verweist, wird im Hörspiel nicht zitiert. Auch die Strophen 2 und 10 sind hier gestrichen.

[34] Abgedruckt bei Genton 1981, S. 387–389, zum *Phaeton* S. 389.

Sie bleiben eben Höflinge. Die Absolutismuskritik war eine Signatur der Aufklärung, mit der sich die bürgerlichen Intellektuellen gegen den Stand der Adligen positionierten, der Sturm und Drang formulierte vor allem Kritik am bürgerlichen Tugendrigorismus, der jede Leidenschaft im Keim erstickte.[35] Zusammen mit den Briefzitaten zielen die *Phaeton*-Szenen in Harigs Hörspiel mit der ungeklärten Vaterschaft auch in diese Richtung. Schon vorher beschreibt der Dichter mit bitterer Ironie die Folgen der moralischen Zensur: „Wie unschuldig, wie rein, wie untadelhaft muß nicht die Stadt sein, in der man ein Lied von einem Kuß und einem Mädchenbusen schon unter die Zoten zählt." (FRK, S. 426)

Dass das Mäzenatentum durchaus zum Katalysator kultureller Entwicklungen werden konnte, dokumentiert das Hörspiel am Beispiel der Fürstin Sophie Erdmuthe von Nassau-Saarbrücken (1725–1795). In Erbach im Odenwald war Sophie „in einer von Musik erfüllten Atmosphäre" (Müller-Blattau 2001, S. 11) aufgewachsen. Auf Drängen ihres Vaters heiratete sie 1742, mit 17 Jahren, den Fürsten Wilhelm Heinrich von Nassau-Saarbrücken, dem 1770 ihr Sohn Ludwig auf dem Thron folgte. Sophie unterhielt vielfältige Beziehungen zu den Geistesgrößen ihrer Zeit, besonders zu den Enzyklopädisten im benachbarten Frankreich (vgl. Müller-Blattau 2001, S. 16). Denis Diderot widmete ihr seine Komödie *Le Père de famille* (vgl. ebd., S. 17). Auch eine Liederhandschrift mit französischen Liebesliedern wurde der Fürstin dediziert, mutmaßlich von einem der Pariser Enzyklopädisten (vgl. ebd., S. 22)[36]. 1997 wurde diese Handschrift mit Faksimile und Übersetzungen unter Mitarbeit von Ludwig Harig herausgegeben, der sich, wie das Hörspiel zeigt, schon viel früher mit den Liedern der Fürstin beschäftigt hatte. Für *Ein Fest für den Rattenkönig* hat Harig nicht nur vier Lieder aus dem Französischen ins Deutsche übertragen, sondern den Texten auch eigene Strophen hinzugefügt.[37] Im Hörspiel werden die Lieder von der Folklore-Gruppe Espe interpretiert, die sich 1976 gegründet hatte und für die Harig häufiger Texte schrieb. Die Rolle des „Sänger[s]" (FRK, S. 418) übernimmt bei der akustischen Realisation häufig eine Frauenstimme, gelegentlich im Wechsel oder im Duett

---

[35] Vgl. dazu Luserke-Jaquis „Verschiebungsthese": „Diese These geht davon aus, daß sich in der Literatur des Sturm und Drang die für die Aufklärung kennzeichnende Kritik an Adel und Hof auf eine Binnenkritik bürgerlicher Normen und Bewußtseinsformen verschiebt, die gleichwohl von Adligen und Bürgerlichen repräsentiert werden." (Luserke 2019, S. 16)

[36] Müller-Blattau nimmt an, dass es der Baron Melchior von Grimm war, Harig dagegen nennt Diderot; vgl. Harig 2002, S. 323.

[37] Drei dieser Strophen sind auch in der Edition von 2001 abgedruckt: Vgl. FRK, S. 432 – Müller-Blattau 2001, S. 55; FRK, S. 439 – Müller-Blattau 2001, S. 51; FRK, S. 444 – Müller-Blattau 2001, S. 95. Nur die Zusatzstrophe zu *Au fond d'un bois solitaire* „Leere Worte, leere Klagen, ..." (FRK, S. 426f.) hat keinen Eingang in die Edition der Liederhandschrift gefunden.

mit einer Männerstimme, Harigs eigene Strophen werden vom Dichter bisweilen mehr gesprochen als gesungen. Der Sänger bildet den Gegenpol zum Dichter, die Singstimmen bleiben völlig unangetastet, während der Dichter nach jeder Äußerung von der Kritik förmlich auseinandergenommen wird. Der Sänger, der selbstbewusst von sich behauptet „Ein jeder kennt mich im ganzen Land" (FRK, S. 422) und Liebeslieder in anakreontischer Manier vorträgt, erntet „Applaus", der Dichter, der den „Riß" beklagt, der durch seine Gitarre geht, und „mit dem Rücken an der Wand" steht, kann sich freuen, wenn ihm wenigstens „[s]pärlicher Applaus" zuteilwird (FRK, S. 423). Er ist derjenige, der Konflikte benennt und dafür mit Ablehnung bestraft wird. Selbst die fröhlich-frivolen Lieder des Sängers muss er pessimistisch kommentieren: „was die zwei Geliebten sagen, / macht sie nicht im Herzen froh. / Fürstengunst und Fürstengalle / liegen beieinander dicht, / zeigt der Herr die scharfe Kralle, / finden sich die beiden nicht." (FRK, S. 427) Man kann in diesen Antagonismus zwischen leichter und schwerer Kost unschwer die Reflexion einer Problematik hineinlesen, die das Hörspiel von den 70er-Jahren an betraf: Das Medium Radio befriedigte mehr und mehr ein Bedürfnis nach Unterhaltung und Zerstreuung, es wurde ‚nebenbei' konsumiert, konnte also nicht länger auf die volle Konzentration der Hörenden setzen (vgl. Ohde 1992, S. 592–594).[38] Die gleichmäßig über den Text verteilten Lieder sind auf jeden Fall auch ein ‚Hinhörer'.

Während der Sänger auf der zwischenmenschlichen Ebene das Auf und Ab des Liebeslebens beschreibt, fragt der Dichter nach den gesellschaftlichen Mechanismen und wird dabei zur Mitte des Hörspiels hin immer entschiedener. Historisch bewegt sich der Text hier auf den Spuren des Vormärz: „Wut" ist jetzt der Affekt der Kunst und reimt sich auf „Mut", „Wörter" werden zum „Schwert" (FRK, S. 439). Und obwohl die Höflinge gleich den bewaffneten Klassenkampf als Menetekel beschwören – „Die Bombe und die Maschinenpistole sind das Ende der Kette" (FRK, S. 440) –, wird der Dichter erst noch zu Heinrich Heines Sprachrohr und rezitiert dessen Gedicht *Die Wanderratten*, 1869 posthum in der *Gartenlaube* erschienen. Ironisch überzeichnet inszeniert Heine in 14 Strophen die kommunistische Gefahr als Rattenplage. Gottlos, triebgesteuert, ohne Respekt vorm Eigentum, selbst mittellos und keinerlei Argumenten zugänglich, will diese „radikale Rotte", die Welt „aufs neue [...] teilen" (FRK, S. 446, 447).[39] Da sich der Hörspiel-Dichter in diesen Versen der Rattenmetaphorik bedient, die im übrigen Text vor allem gegen ihn selbst gerichtet wird, ist es aufschlussreich, sich mit der Perspektive des Gedich-

---

[38] Zum Unterhaltungswert des Neuen Hörspiels vgl. auch Hostnig 1987, S. 118f.

[39] Harig hat in die zitierten Verse kaum eingegriffen, sie sind lediglich orthografisch modernisiert, was aber auch an der von ihm benutzten Textausgabe liegen kann. Vgl. Heine 1997, S. 306f.

tes zu befassen. Die ersten drei Strophen bleiben überwiegend beschreibend, es lässt sich aber ein subtiler Unterton der Faszination angesichts der durch nichts aufzuhaltenden Vorwärtsbewegung der wandernden Ratten erkennen. Die Distanzierung erfolgt in der vierten Strophe. Von da an gibt der Text den Tenor der bürgerlichen Kritik wieder, bis das sprechende Ich in der achten Strophe erkennt, dass es selbst bedroht ist: „Die Wanderratten, o wehe! / sie sind schon in der Nähe." (FRK, S. 447) Aus dem „ich" wird in der folgenden Strophe ein „wir" – im Kontext des Hörspiels ist der Schulterschluss zwischen Bourgeoisie und Künstler besiegelt. Doch angesichts der Maßnahmen, die „Bürgerschaft" und „Pfaffen" (ebd.) zu ihrer Verteidigung ergreifen, Glockenläuten, Gebete, Senatsdekrete und Kanonen, fühlt der Dichter sich zum Einspruch berufen. Ab Strophe 11 unterbreitet das Gedicht Ratschläge. Die Angesprochenen werden sogar als „liebe Kinder!" (ebd.) tituliert. Der Dichter verwirft die aufgebotenen kirchlichen und weltlichen Waffen und wendet sich dann ausführlicher der Sprache als Mittel im Kampf gegen die Rattenplage zu. Ausgerechnet er, der selbst gar kein anderes Mittel hat,[40] hält diese „Wortgespinste" für wertlos:

> Im hungrigen Magen Eingang finden / nur Suppenlogik mit Knödelgründen, / nur Argumente von Rinderbraten, / begleitet mit Göttinger Wurstzitaten. // Ein schweigender Stockfisch, in Butter gesotten, / behaget den radikalen Rotten / viel besser als ein Mirabeau / und alle Redner seit Cicero. (FRK, S. 448)

Und in der Ausführlichkeit, mit der diese Schlussstrophen das existenzielle Bedürfnis, satt zu werden, geradezu ausmalen, liegt unter der Ablehnung eine subtile Anerkennung. Es ist ja, kann man im Rückblick auf die Eingangsstrophe sagen, allein dieses Bedürfnis, das den Unterschied macht zwischen den satten Ratten, die vergnügt zu Hause bleiben, und ihren hungrigen Artgenossen, die zu Wanderratten werden. „Erst kommt das Fressen, dann kommt die Moral" (Brecht 1968, S. 69) – so hat Brecht 1923 diese Einsicht in der *Dreigroschenoper* auf die Formel gebracht. Und das Hörspiel hat längst eine Nähe hergestellt zwischen dem Dichter, der als „eines der größten Schweine" (FRK, S. 446) beschimpft wird, und den Wanderratten aus seinem Text.

Die oben zitierten Urteile über den marginalisierten Dichter werden im „neutralen Raum" geäußert. ‚Neutral' ist dieser Raum allerdings gerade nicht, immer stärker dringen in ihn die Diskurse der Gegenwart ein. Im geteilten Deutschland war der Hinweis, man könne ja rübergehen, wenn es einem ‚hier' nicht passe, ein geflügeltes Wort, mit dem im Westen jede Kritik von links pariert werden konnte.[41] Über die Zeit des Nationalsozia-

---

[40] Vgl. die Dichter-Strophe FRK, S. 439.
[41] Vgl. FRK, S. 438: „1. Mann: Wem es bei uns nicht paßt, der kann ja gehen.

lismus hinaus war die sprachliche Herabsetzung von Andersdenkenden gebräuchlich, häufig über den Vergleich mit unbeliebten Tierarten. Als sich im Wahlkampf 1965 einige Schriftsteller gegen die CDU/CSU und Bundeskanzler Ludwig Erhard stellten, bezeichnete dieser sie als „Banausen und Nichtskönner" (*Im Stil der Zeit* 1965, S. 18). Über Rolf Hochhuth, der mit seinem Drama *Der Stellvertreter* einen Skandal provoziert hatte, äußerte Erhard: „Da hört bei mir der Dichter auf, und es fängt der ganz kleine Pinscher an, der in dümmster Weise kläfft." (Ebd.) Seit Willy Brandt 1969 zum ersten sozialdemokratischen Kanzler der Bundesrepublik gewählt worden war, engagierten sich Künstler und Publizisten für ihn. Besonders im Rahmen des von der CDU/CSU beantragten Misstrauensvotums war diese Unterstützung entscheidend. Das Votum scheiterte, und aus den vorgezogenen Neuwahlen 1972 ging die SPD erstmals als stärkste Partei hervor. Für die Intellektuellen war Brandt eine „Symbolfigur politischer Erneuerung, die Einheit von Macht und Geist, Pragmatik und Moral, Aufklärung und Fortschritt verkörpernd." (Glaser 1998, S. 340) Kein Wunder, dass sich die Opposition, allen voran der CSU-Vorsitzende Franz Josef Strauß auf diese Gruppe der Intellektuellen stürzte, auf Studierende, Künstler, Journalisten und Pädagogen. Das Hörspiel zitiert Strauß' Verunglimpfung dieser Intellektuellen als „Ratten und Schmeißfliegen" (FRK, S. 444). Schon im heißen Wahlkampf 1972 war das Bild einer fetten, roten Ratte als Abschreckung auf die Plakate der SPD geklebt worden, seitdem gehörte es in den rhetorischen Fundus der CSU. Berüchtigt ist Strauß' Ausspruch über den „Presseausschuß Demokratische Initiative" von 1978: „Mit Ratten und Schmeißfliegen führt man keine Prozesse" (zit. nach *Das deutsche Wort* 1980, S. 32), die Harig wörtlich zitiert (vgl. FRK, S. 447). Im Kontext der Entstehung seines Hörspiels war diese Floskel gerade noch einmal hochaktuell geworden: 1980 hatte Edmund Stoiber, damals Generalsekretär der CSU, in einem Gespräch mit dem Literatur-Redakteur des Süddeutschen Rundfunks Strauß' Wortwahl bekräftigt und dadurch einen Sturm der Entrüstung ausgelöst. *Der Spiegel* widmete der Thematik einen achtspaltigen Artikel in der Rubrik „Affären" unter dem Titel *Das deutsche Wort*. Im Hörspiel wird auf Albertus Magnus verwiesen, der die Ratte als „deutsches Tier" (FRK, S. 445) beschrieben habe. Und den Ausruf „Rote Brut, verrecke!" quittieren die Hofdamen so: „Das ist deutsches Wort. [...] Das ist deutsche Sprache. [...] Das ist deutscher Umgangston." (Ebd.) Aus der deutschen Geschichte konnte man 1982 längst gelernt haben, dass der Radikalisie-

---

2. Mann: Der kann rausgehen.
1. Mann: Der kann rübergehen.
2. Mann: Der braucht aber nicht wiederzukommen.
1. Mann: Wir halten niemanden fest.
2. Mann: Wir legen keinen Wert auf Unruhestifter."

rung von Sprache brutale Gewalt folgt. Nur die Hofdame kann noch naiv fragen: „Sollen wir ein Volk von Kammerjägern werden?" (Ebd.)

Das Motiv der Ratte führt zum Titel des Hörspiels, der verschiedene Anschlüsse ermöglicht. Am Phänomen des ‚Rattenkönigs' wird im Text dokumentiert, wie gesellschaftliche Vorstellungen in die Tierwelt übertragen werden. Zweimal wird der Begriff im Hörspiel definiert, gleich zu Beginn mit einem Zitat aus dem *Brockhaus* vom Anfang des Jahrhunderts: „Der Rattenkönig ist ein Kunstprodukt schalkhafter menschlicher Laune" (FRK, S. 419), hieß es da sybillinisch.[42] Am Ende ist es wieder die 1. Frau, die Erläuterungen parat hat. Ihre Darstellung zeigt, wie die „eigentümliche Erscheinung" (FRK, S. 448) des Rattenkönigs, einer Gruppe von mehreren an den Schwänzen verklebter oder verknoteter Ratten, die bis heute nicht abschließend erforscht ist, in der Frühen Neuzeit geradezu gesellschaftsallegorisch ausgedeutet wurde: „Früher glaubte man, daß der Rattenkönig, geschmückt mit goldener Krone, auf einer Gruppe innig verwachsener Ratten thronte und von hier einen ganzen Rattenstaat regiere." (FRK, S. 448f.) Die Titel-Metapher verweist also auf den absolutistischen Hofstaat mit seinem Prunk, dem alle anderen Interessen unterworfen wurden, der Rattenkönig erinnert außerdem an E.T.A. Hoffmanns romantisches Märchen *Nussknacker und Mausekönig* von 1816, in dem am Weihnachtsabend zur Geisterstunde unvermittelt ein Heer von Mäusen, angeführt vom Mausekönig, gegen den Nussknacker, die Spielzeugsoldaten und Puppen antritt und die bürgerliche Ordnung, in der das Mädchen Marie heranwächst, ins Wanken bringt. Diese bedrohliche Motivik findet sich in Heines *Wanderratten* ebenso wieder wie in der politischen Rhetorik der 1970er- und 80er-Jahre, die mit dem Bild der Rattenplage die Angst vor einer linken Gefahr schürte: „1. Mann: Heute ist es eine einzige Ratte. / 2. Mann: Morgen ist es ein Rattenvolk. / 1. Mann: Ein Rattenschwanz. / 2. Mann: Ein ganzer Rattenkönig." (FRK, S. 448) Angst ist zu Beginn der achtziger Jahre ein beherrschendes Gefühl in Deutschland, das sich aus wirtschaftlicher Unsicherheit, militärischer Bedrohung und dem zunehmenden Bewusstsein für eine geschundene Umwelt zusammensetzt (vgl. Leinemann 1982, S. 70).

Am Schluss kehrt der Text noch einmal zurück ins „enge Zimmer" des Dichters. Unverstanden und alleingelassen zitiert dieser Metzger Humbrecht aus der *Kindermörderin*, der im sechsten Akt erfährt, dass seine Tochter ihr Kind ermordet hat: „Gott! ich meyn, der Münsterthurn läg mir auf dem Herzen, so schwer fiel mir das auf. – Jetzt kann ich nur

---

[42] Im Lexikon von 1903 wird dem Phänomen ein natürliches Vorkommen abgesprochen, vielmehr sei ein Rattenkönig „ein Kunstprodukt menschlicher Laune, bei dem die Schwänze der Tiere verflochten wurden." (Brockhaus' Konversations-Lexikon 1903, S. 637)

auch Rattenpulver nehmen!" (Wagner 1983, S. 83)[43] So schließt sich in mehrfacher Hinsicht der Teufelskreis. Vom Anfang, an dem das Verführungsmotiv aus der *Kindermörderin* zitiert wird, zum ausweglosen Schluss von Drama und Hörspiel. Von der zwiespältigen Metapher des „Rattenkönigs", zunächst optimistisch aufgewertet durch den Bezug auf „Fest", zum tödlichen „Rattengift" am Ende. Der fiktive Autor, den man nicht im Personenverzeichnis findet, der jedoch zu Beginn dem Dichter im Gestus des jovialen Schulterschlusses entgegentritt, ist da bereits aus dem Hörspiel gefallen. Und während Willy Brandt dem Motto seiner Regierungszeit gemäß „mehr Demokratie wagen" (zit. nach Glaser 1997, S. 337) wollte, durchzieht das Hörspiel eine deutliche Skepsis gegenüber dem Stand der Demokratisierung. Die Stimme des Volkes ist jedenfalls nicht die der Kunst, der Künstler steht ihm als Solitär gegenüber. Alle gegenteiligen Tendenzen, Bekundungen und Experimente aus der zweiten Hälfte des 20. Jahrhunderts[44] klammert das Hörspiel, das selbst ein Beitrag zur experimentellen Literatur ist, aus und hält so an einem erstaunlich elitären Künstler-Konzept fest.

Werke

Andersen, Hans Christian: Glückspeter. [Frankfurt a.M.] 1982.

Brecht, Bertolt: Die Dreigroschenoper. Nach John Gays *The Beggar's Opera*. [Frankfurt a.M.] 1968.

Claudius, Matthias: Der Wandsbecker Bote. Frankfurt a.M. 1975.

Der Stricker: Erzählungen, Fabeln, Reden. Mittelhochdeutsch / Neuhochdeutsch. Hg., übersetzt und kommentiert von Otfrid Ehrismann. 2., überarbeitete Aufl. Stuttgart 2011.

Goethes Werke. Hg. im Auftrage der Großherzogin Sophie von Sachsen. I. Abtheilung: Goethes Werke. Bd. 28. Weimar 1890. [= WA I, 28]

Hacks, Peter: Wagners Kindermörderin. Junge Kunst (1957) 2, S. 2–23.

Hacks, Peter: Zwei Bearbeitungen. *Der Frieden* nach Aristophanes, *Die Kindermörderin*, ein Lust- und Trauerspiel nach Heinrich Leopold Wagner. Frankfurt a.M. 1963.

Harig, Ludwig: Ein Blumenstück, in: L.H.: Gesammelte Werke. Bd. 3: Stimmen aus dem Irgendwo. Hörspiele. Hg. von Benno Rech. München 2008. S. 37–127.

Harig, Ludwig: Ein Fest für den Rattenkönig, in: L.H.: Gesammelte Werke. Bd. 3: Stimmen aus dem Irgendwo. Hörspiele. Hg. von Benno Rech. München 2008. S. 417–449. [= FRK]

---

[43] Vgl. FRK, S. 449: „Ich mein grad, der Kirchturm läg mir auf dem Herzen. Jetzt kann ich nur noch Rattenpulver nehmen."

[44] Gemeint sind Pop Art, Laienschriftstellerei, kollektives Schreiben, Dokumentarismus und Neue Subjektivität.

Harig, Ludwig: Ein Fest für den Rattenkönig. Ein Hörspiel von Ludwig Harig, in: Lenz-Jahrbuch. Sturm-und-Drang-Studien. Bd. 7 (1997). Hg. von Christoph Weiß in Verbindung mit Matthias Luserke, Gerhard Sauder u. Reiner Wild, S. 27–49.

Harig, Ludwig: Und wenn sie nicht gestorben sind. Aus meinem Leben. München, Wien 2002.

Heine, Heinrich: Die Wanderratten, in: H.H.: Sämtliche Schriften. Hg. von Klaus Briegleb. Bd. 6/I. München 1997, S. 306f. [Kommentar: Bd. 6/II. S. 88f.]

Jung-Stilling, Johann Heinrich: Henrich Stillings Jugend, Jünglingsjahre und Wanderschaft. Hg., erläutert und mit einem Nachwort von Gabriele Drews. Leipzig 1982.

Kant, Immanuel: Beantwortung der Frage: Was ist Aufklärung?, in: I.K.: Werke in zehn Bänden. Hg. von Wilhelm Weischedel. Bd. 9. Darmstadt 1983. S. 51–61.

Lenz, Jakob Michael Reinhold: Der Hofmeister oder Vorteile der Privaterziehung. Eine Komödie. Stuttgart 1993.

Müller-Blattau, Wendelin (Hg.): Zarte Liebe fesselt mich. Das Liederbuch der Fürstin Sophie Erdmuthe von Nassau-Saarbrücken. Teiledition mit Nachdichtungen von Ludwig Harig. Saarbrücken 2001.

Schiller, Friedrich: Kabale und Liebe – ein bürgerliches Trauerspiel in fünf Aufzügen [Paralleldruck von Druckfassung und Bühnenbearbeitung], in: Schillers Werke. Nationalausgabe. Bd. 5N, hg. von Herbert Kraft, Claudia Pilling und Gert Vonhoff in Zusammenarbeit mit Grit Dommes und Diana Schilling. Weimar 2000, S. 5–193. [= NA 5N]

Wagner, Heinrich Leopold: Die Kindermörderin. Ein Trauerspiel. Im Anhang: Auszüge aus der Bearbeitung von K.G. Lessing (1777) und der Umarbeitung von H.L. Wagner (1779) sowie Dokumente zur Wirkungsgeschichte. Hg. von Jörg-Ulrich Fechner. Bibliographisch ergänzte Ausgabe. Stuttgart 1983.

Wagner, Heinrich Leopold: Phaeton, eine Romanze, Dem Durchlauchtigsten Fürsten und Herrn Ludwig, Fürsten zu Nassau / Grafen zu Saarbrücken und Saarwerden, Herrn zu Lahr, Wisbaden und Idstein etc. etc. etc. in tiefster Ehrfurcht erzehlet. Nachdruck der Ausgabe Saarbrücken 1774. St. Ingbert 1990.

Forschung
Brockhaus' Konversations-Lexikon. 14. vollständig neubearbeitete Aufl. Neue Revidierte Jubiläums-Ausgabe. Bd. 13. Leipzig, Berlin, Wien 1903.

Bosker, Margo R.: Sechs Stücke nach Stücken. Zu den Bearbeitungen von Peter Hacks. New York, Washington (DC/Baltimore), San Francisco u.a. 1994.

Das deutsche Wort. Was veranlaßt Strauß, Gegner als „Ratten" zu diffamieren? Der Spiegel 9 (1980), S. 29–33.

Döhl, Reinhard: Das Neue Hörspiel. Darmstadt 1992.

Drews, Jörg: Welch ein Glücksfall. Das Hörspiel *Staatsbegräbnis*, wiedergehört nach 28 Jahren, in: Sprache fürs Leben, Wörter gegen den Tod. Ein Buch über Ludwig Harig. Hg. von Benno Rech. Blieskastel 1997, S. 55–68.

Elm, Theo: Das soziale Drama. Von Lenz bis Kroetz. Stuttgart 2004.

Emmerich, Wolfgang: Kleine Literaturgeschichte der DDR. Erweiterte Neuausgabe. Berlin 2000.

Geißner, Hellmut: Sprechen und Hören – und doch kein Gespräch. Über das Neue Hörspiel im allgemeinen, das von Ludwig Harig im besonderen, in: Norbert Gutenberg (Hg.): Hören und Beurteilen. Gegenstand und Methode in Sprechwissenschaft, Sprecherziehung, Phonetik, Linguistik und Literaturwissenschaft. Frankfurt a.M. 1984, S. 101–125. [Wiederabgedruckt in: Harig lesen. Hg. von Gerhard Sauder und Gerhard Schmidt-Henkel. München, Wien 1987, S. 92–111.]

Genton, Elisabeth: La Vie et les Opinions de Heinrich Leopold Wagner (1747-1779). Frankfurt a.M., Bern, Cirencester/U.K. 1981.

Glaser, Hermann: Deutsche Kultur. 1945–2000. Frankfurt a.M., Wien 1998.

Haffner, Herbert: Heinrich Leopold Wagner / Peter Hacks, Die Kindermörderin. Original und Bearbeitungen im Vergleich. Paderborn, München, Wien u.a. 1982.

Hostnig, Heinz: Regie- und andere Erfahrungen mit Ludwig Harigs Hörspielen, in: Harig lesen. Hg. von Gerhard Sauder und Gerhard Schmidt-Henkel. München, Wien 1987, S. 112–120.

Im Stil der Zeit. Der Spiegel 19, 30 (1965), S. 17f.

Jäger, Andrea: [Art.] ‚Hacks, Peter', in: nachschlage.NET/KLG – Kritisches Lexikon zur deutschsprachigen Gegenwartsliteratur, URL: http://www.nachschlage.NET/document/16000000196 (zuletzt abgerufen am 5.1.2019).

Jäger, Andrea: [Art.] ‚Hacks, Peter', in: Metzler Lexikon DDR-Literatur. Autoren – Institutionen – Debatten. Hg. von Michael Opitz und Michael Hofmann unter Mitarbeit von Julian Kanning. Stuttgart, Weimar 2009, S. 116–118.

Jacobs, Jürgen: Zur Nachgeschichte des Bürgerlichen Trauerspiels im 20. Jahrhundert. In: Drama und Theater im 20. Jahrhundert. Festschrift für Walter Hinck. Hg. von Hans Dietrich Irmscher und Werner Keller. Göttingen 1983, S. 294–307.

Laube, Horst: Peter Hacks. Hannover 1972.

Lehfeldt, Christiane: Der Dramatiker Ferdinand Bruckner. Göppingen 1975.

Leinemann, Jürgen: Die deutsche Depression. Der Spiegel 36/3, 18. Januar 1982, S. 56–71.

Luserke-Jaqui, Matthias: Medea. Studien zur Kulturgeschichte der Literatur. Tübingen, Basel 2002.

Luserke, Matthias: Sturm und Drang. Autoren – Texte – Themen. Bibliographisch ergänzte Ausgabe. Stuttgart 2019 [¹1997].

Ohde, Horst: Das Hörspiel. Akustische Kunst in der Nische, in: Gegenwartsliteratur seit 1968. Hg. von Klaus Briegleb und Sigrid Weigel. München, Wien 1992 [Hansers Sozialgeschichte der deutschen Literatur vom 16. Jahrhundert bis zur Gegenwart. Bd. 12]. S. 586–615.

Petto, Rainer: Fallstudie: Ludwig Harig, in: Saarland im Text. Autorinnen und Autoren stellen sich vor. Hg. von Bernd Philippi, Gerhard Stebner und Gerhard Tänzer. Mit einem Vorwort von R.P. Lebach 1991, S. 22–27.

Pilz, Georg: Deutsche Kindesmordtragödien. Wagner – Goethe – Hebbel – Hauptmann. München 1982.

Rech, Bruno: Kommentar, in: Ludwig Harig: Gesammelte Werke. Bd. 3: Stimmen aus dem Irgendwo. Hörspiele. Hg. von Benno Rech. München 2008. S. 466–511.

Sauder, Gerhard: Kein Sturm und Drang in Saarbrücken. Heinrich Leopold Wagners Hofmeisterzeit. Saarheimat, H. 3–4 (1979), S. 57–62.

Schmidt, Erich: Heinrich Leopold Wagner. Goethes Jugendgenosse. Jena 1879.

[Vorwort.] Junge Kunst (1957) 2, S. 1.

Weiß, Christoph: Nachwort, in: Heinrich Leopold Wagner: Phaeton, eine Romanze, Dem Durchlauchtigsten Fürsten und Herrn Ludwig, Fürsten zu Nassau / Grafen zu Saarbrücken und Saarwerden, Herrn zu Lahr, Wisbaden und Idstein etc. etc. etc. in tiefster Ehrfurcht erzehlet. Nachdruck der Ausgabe Saarbrücken 1774. St. Ingbert 1990.

Wille, Lisa: [Art.] ‚Wagner, Heinrich Leopold‘, in: Handbuch Sturm und Drang. Hg. von Matthias Luserke-Jaqui unter Mitarbeit von Vanessa Geuen und L.W. Berlin, Boston 2017, S. 179–185.

Biobibliografie

Prof. Dr. Barbara Beßlich, Professorin für Neuere deutsche Literatur an der Universität Heidelberg, Promotion 1999 (*Wege in den 'Kulturkrieg'. Zivilisationskritik in Deutschland 1890–1914*. Darmstadt 2000), Habilitation 2005 (*Der deutsche Napoleon-Mythos. Literatur und Erinnerung 1800 bis 1945*. Darmstadt 2007). Forschungsschwerpunkte: Literatur und Geschichte vom 18. bis 21. Jahrhundert, Narratologie, Klassische Moderne (Junges Wien, Thomas Mann, Stefan George), Kulturkritik und Weltanschauungsliteratur.

Dr. Grit Dommes, Studium und Promotion an der Westfälischen Wilhelms-Universität Münster (*Prosa von Gabriele Wohmann*, Frankfurt a.M. 2012), Projekte und Lehraufträge an der TU Darmstadt und der Freien Universität Berlin. Forschungsschwerpunkte: Lyrik und Prosa der Gegenwart, DDR-Literatur, Annette von Droste-Hülshoff, Schiller, Literatur des Barock, Editionsphilologie. Jüngste Veröffentlichungen: *Sabine Schos Schautiere*, Germanica 64/2019, S. 73–89; *„Hoffentlich [...] nicht normal": Behinderung als Thema der deutschsprachigen Kinder- und Jugendliteratur*, in: Literary Disability Studies. Theorie und Praxis in der Literaturwissenschaft. Hg. von Matthias Luserke-Jaqui. Würzburg 2019, S. 45–83.

Dr. Nils Lehnert, wurde 2018 mit einer Studie zu Wilhelm Genazinos Romanfiguren promoviert. Als Post-Doc forscht und lehrt er an der Universität Kassel in literatur-, kultur- und medienwissenschaftlichen Gefilden vom 18. Jahrhundert bis heute. Projekte zur Ästhetik des Idyllischen, der Repräsentation des NSU im Theater, deutschsprachigem Rap, dem Pophörspiel und der KJL. 2016 Mitarbeit am *Herder Handbuch* (Fink); 2017 Artikel zu Paul Maar (Königshausen & Neumann), 2019 Mitherausgabe *Sven Regener* (TEXT+KRITIK 224), 2020 Mitherausgabe *Rap – Text – Analyse* (transcript), 2020 Beitrag zur Briefkultur bei Therese Forster/Huber (Georg-Forster-Studien).

Prof. Dr. Susanne Lepsius, M.A. (Univ. of Chicago), Professorin für Gelehrtes Recht, Deutsche und Europäische Rechtsgeschichte sowie Bürgerliches Recht an der LMU München. Promotion 2000 (*Der Richter und die Zeugen*, 2003), Habilitation 2006 (*Von Zweifeln zur Überzeugung. Der Zeugenbeweis im gelehrten Recht*, 2003). Leiterin eines Teilprojekts zu *Natur* *als Argument in juridischen Diskursen und literarischen Imaginationen von der Frühen Neuzeit bis zur Aufklärung* (DFG-Forschergruppe, mit Friedrich Vollhardt, 2013–2019), sowie eines Teilprojekts zu *Denunziation und Rüge* (SFB, seit 2019). Publikationen u.a.: *Das Sitzen des Richters als Rechtsproblem*, in: Alles nur symbolisch? Bilanz und Perspektiven der Erforschung symbolischer Kommunikation (Symbolische Kommunikation in der Vormoderne) (hg. von B. Stollberg-Rilinger, Tim Neu u. Christina Brauner. Köln u.a. 2013) sowie *Von der Allegorie zur Empirie. Natur im Rechtsdenken des Spätmittelalters und der Frühen Neuzeit* (hg. zus. mit Friedrich Vollhardt u. Oliver Bach 2018).

Prof. Dr. Matthias Luserke-Jaqui, lehrt an der TU Darmstadt Neuere deutsche Literaturwissenschaft. Seine Lehr- und Forschungsgebiete umfassen die Literatur vom Beginn des Buchdrucks bis zur Gegenwart, Kulturgeschichte der Literatur und Literaturtheorie. Studium der Germanistik, Philosophie und Komparatistik in Tübingen und Saarbrücken. Promotion 1986 (*Wirklichkeit und Möglichkeit. Modaltheoretische Untersuchung zum Werk Robert Musils*), Habilitation 1993 (*Die Bändigung der wilden Seele. Literatur und Leidenschaft in der Aufklärung*). Zuletzt erschienen *Handbuch Sturm und Drang* (hg. 2017); *Deutsche Literaturgeschichte in 10 Schritten* (2017); *Querwege. Interpretationen zur deutschen Lyrik* (2019); *Literary Disability Studies* (hg. 2019) und *Sturm und Drang. Ausgewählte Beiträge zur Binnenkritik und Dynamisierung der Aufklärung* (2020).

Prof. Dr. Gaby Pailer, Professorin für deutsche und vergleichende Literaturwissenschaft an der University of British Columbia in Vancouver B.C., Kanada. Neuere Buchpublikationen: *Scholarly Editing and German Literature* (hg. zus. mit Lydia Jones, Bodo Plachta und Catherine K. Roy, Brill/Rodopi 2015); Charlotte Schiller, *Literarische Schriften* (hg. zus. mit Andrea Dahlmann-Resing und Melanie Kage. WBG 2016); Sophie Albrecht, *Theresgen. Ein Schauspiel mit Gesang, in fünf Aufzügen* (hg. zus. mit Rüdiger Schütt. Wehrhahn 2016); Charlotte von Stein, *Die zwey Emilien* (hg. von Gaby Pailer. Wehrhahn 2020); *Gender Performances of the Enlightened Stage. The German Drama of the 18th Century* (Frank & Timme, in Vorbereitung).

Annette Ripper, M.A., wissenschaftliche Mitarbeiterin und Koordinatorin des interdisziplinären Studienschwerpunkts Wissenschafts- und Technikforschung an der TU Darmstadt. Sie studierte Literaturwissenschaft, Geschichte und Kunstgeschichte und arbeitet an einer Dissertation zur Sicherheitskultur im Luftverkehr. Ihre Forschungsschwerpunkte liegen im Bereich des Sturm und Drang sowie der kulturwissenschaftlichen Sicherheits-, Raum- und Technikforschung. Ausgewählte Publikation: *Prometheus, Deukalion und seine Recensenten* (Wagner), in: Handbuch Sturm und Drang. Hg. von Matthias Luserke-Jaqui unter Mitarbeit von Vanessa Geuen u. Lisa Wille. Berlin, Boston 2017, S. 577–581.

PD Dr. Heribert Tommek, Privatdozent für Neuere deutsche Literaturwissenschaft an der Universität Regensburg. Zahlreiche Veröffentlichungen zu J.M.R. Lenz (zuletzt Gastherausgeber des Lenz-Jahrbuches 25 [2018:] *Lenz in Russland [1780–1792]),* zur Entwicklung von der Nachkriegs- zur Gegenwartsliteratur (*Der lange Weg in die Gegenwartsliteratur. Studien zur Entwicklung des literarischen Feldes in Deutschland von 1960 bis 2000,* 2015) und zu literatursoziologischen Fragestellungen. Zu seinen jüngsten Forschungsthemen gehören *Schreibweisen des Realismus und literarische Globalisierung* (19.–21. Jahrhundert). In Vorbereitung ist ein Sammelband zum Thema *Europäische Regelsysteme des Klassischen im 17. und 18. Jahrhundert.*

Dr. Lisa Wille, Magisterstudium der Germanistik, Kunstwissenschaft und Philosophie sowie Bachelorstudium der Wirtschaftswissenschaften an der Universität Kassel. Seit 2015 wissenschaftliche Mitarbeiterin am Fachgebiet Neuere deutsche Literaturwissenschaft der TU Darmstadt. 2019 Promotion mit der Dissertation *Zwischen Autonomie und Heteronomie. Bürgerliche Identitätsproblematik in Heinrich Leopold Wagners dramatischem Werk* (Würzburg 2020 [in Druck]). Weitere Forschungsinteressen sind die Literatur im Kontext von Kultur und Ökonomie unter besonderer Berücksichtigung des 20. und 21. Jahrhunderts. Publikationen u.a. zur Bedeutung von Literaturwissenschaft als Kulturwissenschaft, zu Geschlechterkonstruktionen und dem Narrativ der romantischen Liebe sowie zum Zusammenhang von Medien, Macht und #MeToo.